住房和城乡建设领域职业培训教材

建筑施工企业管理人员相关法规

本书主编 林志伟 吴 彦

本书编写委员会

（按姓氏笔画排序）

上官子昌 王 健 王洪德 白会人
白雅君 巩晓东 吴 彦 杨 伟
苏永清 周 梅 林志伟 高永新
曹启坤 戴成元

华中科技大学出版社
（中国·武汉）

图书在版编目(CIP)数据

建筑施工企业管理人员相关法规/林志伟　吴　彦　主编.
—武汉：华中科技大学出版社，2013.9
住房和城乡建设领域职业培训教材
ISBN 978-7-5609-5428-8

Ⅰ. 建… Ⅱ. ①林… ②吴… Ⅲ. 建筑法－中国－技术培训－教材 Ⅳ. D922.297

中国版本图书馆CIP数据核字(2009)第084062号

住房和城乡建设领域职业培训教材
建筑施工企业管理人员相关法规　　林志伟　吴　彦　主编

责任编辑：夏　莹　　封面设计：张　璐
责任监印：张正林

出版发行：华中科技大学出版社(中国·武汉)　武昌喻家山　邮编：430074
销售电话：(022)60266190　(022)60266199(兼传真)
网　　址：www.hustpas.com

录　　排：北京金海德科贸发展有限公司
印　　刷：北京京丰印刷厂

开本：787 mm×1 092 mm 1/16　印张：18　字数：449千字
版次：2009年8月第1版　印次：2013年9月第4次印刷　定价：32.00元
ISBN 978-7-5609-5428-8/D·109

内 容 提 要

本书依据我国工程建设领域最新的法律、法规和相关司法解释进行编写，注重理论和实践相结合，通过若干案例分析，帮助读者活学活用。全书共分十二章，分别为法律体系与民法基本制度、建筑市场基本法律制度、建设工程招标投标制度、建设工程安全生产管理制度、建设工程质量管理制度、建设工程环境保护及消防法律制度、建设工程保险及劳动合同法律制度、建设工程合同法律制度、建设工程施工合同范本体系、工程建设强制性标准制度、建设工程纠纷的处理、建设工程法律责任。

本书的特点是实用性、操作性和针对性强，既可作为施工企业管理人员岗位资格培训教材，亦可供建设行业相关技术人员参考。

前　　言

现代建设快速发展，施工企业间的竞争日趋激烈，建筑工程能否高质量、按期完成，基层岗位人员是最终决定因素。活跃在基层岗位的业务管理人员，其业务水平和管理工作的好坏，已经成为我国工程项目能否有序、高效、高质量完成的关键。这些人员，工作忙，热情高，但文化业务水平有限，他们十分需要业务培训和专业知识，更迫切需要可供学习及工作参考的知识性书籍。

随着建筑行业的持续发展，一线业务管理人员的需求越来越大。但我国基层业务管理人员非常匮乏，目前基层技术人员约有7 000多万人，这一规模远不能满足经济社会发展的需要。据预测，到2010年，基层技能人才的需求仍然呈上升趋势，人员总量将增长10%～15%。目前，全国各个城市的建设行业专业技术管理人员职业资格考试都在陆续展开，为了满足建设行业企事业单位的需要以及广大建设职工学习和培训的需求，我们编写了这本《建筑施工企业管理人员相关法规》。本书内容全面，重点突出，实用性强，充分考虑到培训教学和读者自学参考的需要。

本书采用“提纲式”的编写方式，运用最简单、最直接的手法进行编写，各节内容相对独立，均可独立作为手册使用。因此，不管从哪一节开始读都能很好地理解。各分册内容均按照章、节体例划分。各节内容设置采用如下体例（前三部分为必须设置的项目，其余可以根据实际情况选择设置）：

【要　　点】置于每一节的最前面，对该节内容进行概要叙述与总结。

【解　　释】通过设置一系列醒目的小标题，对【要点】内容进行详细的说明与分析。

【相关知识】对与本节题目相关的事项和关键词做扼要说明。

【基础知识】介绍本节相关基础知识内容。

【案例分析】为了加深理解，设置相关的案例，并进行具体分析。

【禁　　忌】介绍本节相关内容运用到实际工作中应避免的禁忌。

随着我国建筑工程领域法制化进程的不断深入发展，法律在工程项目管理过程中的地位也日益凸显。所以迫切需要提高建筑施工企业管理人员的法律知识水平，增强管理人员的法律意识，以满足建筑施工企业管理人员的相关需要。

本书依据我国工程建设领域最新的法律、法规和相关司法解释，注重理论和实践相结合，通过若干案例分析，帮助读者活学活用。本书的特点是实用性、操作性和针对性强，既可作为施工企业管理人员岗位资格培训教材，也可供建设工程项目业主、承包商、项目管理人员、监理工程师及高等院校工程管理专业的师生学习参考使用。

由于法律法规的不断完善，并且编者的经验和学识所限，加之时间仓促，内容难免有疏漏或未尽之处，敬请专家和读者批评指正。

编者

2009年7月

目　　录

1

法律体系与民法基本制度

FALVTIXIYUMINFAJIBENZHIDU

1.1 法律体系和法的形式

1.2 民法

1.1 法律体系和法的形式

【要　　点】

与建筑施工相关的法律有很多,尽管这些法律有着各自的主要调整范围,但也经常相互发生作用。因此,在学习建筑法规之前,需要掌握我国的法律体系,熟悉法的形式,以便掌握规范建筑施工行为的整体法律框架。

【解　　释】

◎法律体系

法律体系,也称为部门法体系,是指一国的全部现行法律规范,按照一定的标准和原则,划分为不同的法律部门而形成的内部和谐一致、有机联系的整体。我国的法律体系通常包括的法律部门有宪法、民法、商法、经济法、行政法、劳动法与社会保障法、自然资源与环境保护法、刑法和诉讼法。

1)宪法

宪法是我国整个法律体系的基础,主要表现形式是《中华人民共和国宪法》(以下简称《宪法》)。此外,还包括主要国家机关组织法、选举法、民族区域自治法、特别行政区基本法、授权法、立法法、国籍法等附属的低层次的法律。

2)民法

民法是调整平等主体的自然人之间、法人之间、自然人和法人之间的财产关系和人身关系的法律,主要由《中华人民共和国民法通则》(以下简称《民法通则》)和单行民事法律组成,单行法律主要包括合同法、担保法、专利法、商标法、著作权法、婚姻法等。

3)商法

商法是调整平等主体之间的商事关系或商事行为的法律,主要包括公司法、保险法、票据法等。我国实行“民商合一”的原则,商法虽然是一个相对独立的法律部门,但其也适用民法的许多规定。

4)经济法

经济法是调整国家在经济管理中发生的经济关系的法律,主要包括建筑法、招标投标法、反不正当竞争法、税法等。

5)行政法

行政法是调整国家在行政管理中各种社会关系的法律规范的总和。主要包括行政处罚法、行政复议法、行政监察法、治安管理处罚法等。

6)劳动法与社会保障法

劳动法是调整劳动关系的法律,主要是《中华人民共和国劳动法》和《中华人民共和国劳动合同法》;社会保障法是调整有关社会保障和社会福利的法律,包括安全生产法、消防法等。

7)自然资源与环境保护法

自然资源与环境保护法是关于保护自然资源和环境、防治污染和其他公害的法律。自然资源方面的法律主要包括土地管理法、节约能源法等;环境保护方面的法律主要包括环境保护法、环境影响评价法、噪声污染环境防治法等。

8)刑法

刑法是规定犯罪和刑罚的法律,主要是《中华人民共和国刑法》。一些单行法律、法规的有关条款也可能规定刑法规范内容。

9)诉讼法

诉讼法,又称诉讼程序法,是有关各种诉讼活动的法律,其作用在于从程序上保证实体法的正确实施。诉讼法主要包括民事诉讼法、行政诉讼法、刑事诉讼法。仲裁法、律师法、法官法、检察官法等法律的内容也可归属于该法律部门。

◎法的形式

法的形式,实质是法的效力等级问题。根据《宪法》和《中华人民共和国立法法》(以下简称《立法法》)及有关规定,我国法的形式主要包括宪法、法律、行政法规、地方性法规、行政规章、最高人民法院司法解释规范性文件和国际条约。

1)宪法

宪法是每一个民主国家最根本的法的渊源,其法律地位和效力是最高的。当代中国法的渊源主要是以宪法为核心的各种制定法。我国的宪法是由我国的最高权力机关——全国人民代表大会制定和修改的,一切法律、行政法规和地方性法规都不得与宪法相抵触。

2)法律

广义上的法律,泛指《立法法》调整的各类法的规范性文件;狭义上的法律,仅指全国人大及其常委会制定的规范性文件。在这里,我们仅指狭义上的法律。法律的效力低于宪法,但高于其他的法。

按照法律制定的机关及调整的对象和范围不同,法律可分为基本法律和基本法律以外的法律。

(1)基本法律是由全国人民代表大会制定和修改的,规定和调整国家和社会生活中某一方面带有基本性和全面性的社会关系的法律,如《民法通则》、《合同法》、《刑法》和《民事诉讼法》等。

(2)基本法律以外的法律是由全国人民代表大会常务委员会制定或修改的,规定和调整除由基本法律调整以外的,涉及国家和社会生活某一方面的关系的法律,如《建筑法》、《招标投标法》、《安全生产法》和《仲裁法》等。

3)行政法规

行政法规是最高国家行政机关即国务院制定的规范性文件,如《建设工程质量管理条例》、《建设工程勘察设计管理条例》、《建设工程安全生产管理条例》、《安全生产许可证条例》和《建设项目环境保护管理条例》等。行政法规的效力低于宪法和法律。

4)地方性法规

地方性法规是指省、自治区、直辖市以及省、自治区人民政府所在地的市和经国务院批准的较大的市的人民代表大会及其常委会,在其法定权限内制定的法律规范性文件,如《北京市招标投标条例》、《深圳经济特区建设工程施工招标投标条例》等。地方性法规只在本辖区内有效,其效力低于法律和行政法规。

5)行政规章

行政规章是由国家行政机关制定的法律规范文件,包括部门规章和地方政府规章。

(1)部门规章是由国务院各部委制定的法律规范性文件,如《工程建设项目施工招标投标办法》(2003 年 3 月 8 日国家发改委等 7 部委第 30 号令)、《评标委员会和评标方法暂行规定》(2001 年 7 月 5 日国家发改委等 7 部委第 12 号令)、《建筑业企业资质管理规定》(2001 年 4 月 18 日建设部第 87 号令)等。部门规章的效力低于法律和行政法规。

(2)地方政府规章是由省、自治区、直辖市以及省、自治区人民政府所在地的市和经国务院批准的较大的市的人民政府所制定的法律规范性文件,如《北京市建筑工程施工许可办法》(2003 年 11 月 25 日北京市人民政府第 139 号令颁布)。地方政府规章的效力低于法律和行政法规,也低于同级或上级地方性法规。

《立法法》第 86 条规定,地方性法规与部门规章之间不一致时,由有关机关依照下列规定的权限作出裁决:

①同一机关制定的新的一般规定与旧的特别规定不一致时,由制定机关裁决。

②地方性法规与部门规章之间对同一事项的规定不一致,不能确定如何适用时,由国务院提出意见,国务院认为应当适用地方性法规的,应当决定在该地方适用地方性法规的规定;认为应当适用部门规章的,应当提请全国人民代表大会常务委员会裁决。

③部门规章之间、部门规章与地方政府规章之间对同一事项的规定不一致时,由国务院裁决。

根据授权制定的法规与法律规定不一致,不能确定如何适用时,由全国人民代表大会常务委员会裁决。

6)最高人民法院司法解释规范性文件

最高人民法院对于法律的系统性解释文件和对法律适用的说明,对法院审判有约束力,具有法律规范的性质,在司法实践中具有重要的地位和作用。在民事领域,最高人民法院制定的司法解释文件有很多,例如,《关于审理建设工程施工合同纠纷案件适用法律问题的解释》、《关于贯彻执行〈中华人民共和国民法通则〉若干问题的意见(试行)》等。

7)国际条约

国际条约是指我国作为国际法主体同外国缔结的双边、多边协议和其他具有条约、协定性质的文件,如《建筑业安全卫生公约》等。因此,国际条约是我国法的一种形式,具有法律效力。

此外,自治条例和单行条例、特别行政区法律等,也属于我国法的形式。自治条例和单行条例依法对法律、行政法规、地方性法规作变通规定的,在本自治地方适用自治条例和单行条例的规定。经济特区法规根据授权对法律、行政法规、地方性法规作变通规定的,在本经济特区适用经济特区法规的规定。

【相关知识】

◎《建筑业安全卫生公约》定义与范围

1)定义

(1)“建筑”一词包括:①建造,包括挖掘和建筑、改建、修复、修理、维护(包括清扫和油漆)以及拆除一切类型的建筑物或工程。②土木工程,包括诸如机场、码头、港口、内河航道、水坝、河流和海滨堤坝或海防工程、公路和高速公路、铁路、桥梁、隧道、高架桥以及用于通信、排水、污水处理、饮水和能源供应等公共工程的挖掘和建筑、改建、修理、维修及拆除。③安装、拆除预制建筑物和结构，以及在建筑工地制造预制构件。

(2)"建筑工地"一词是指从事上述(1)项所述任何一项工序或作业的工作场地。

(3)"工作场所"一词是指工人因工作原因必须在场或前往的，并由下述(5)项限定的雇主所控制的一切场所。

(4)"工人"一词是指从事建筑的任何人员。

(5)"雇主"一词是指在建筑工地雇用一名或数名工人的任何自然人或法人和视具体情况而定的主承包商、承包商或转包商。

(6)"主管人员"一词是指具有适当资格，即能顺利地完成一些特定任务所需的经适当培训以及有足够的知识、经验和技能的人员。主管当局可规定任命此类人员的适当标准并确定赋予他们的职责。

(7)"脚手架"一词是指任何固定、悬吊或活动的临时台架及用于承载工人和物料或进入此钟台架的支撑结构，不包括下述(8)项所限定的"起重机械"。

(8)"起重机械"一词是指任何用于升降人员或装载物的固定或活动机械。

(9)"升降附属装置"一词是指可将装载物固定在起重机械上，但不构成该机械或装载物的组成部分的任何装置。

2)公约范围

(1)本公约适用于一切建筑活动，即建造、土木工程、安装与拆卸工作，包括从工地准备工作直到项目完成的建筑工地上的一切工序、作业和运输。

(2)凡批准本公约的会员国在与最有代表性的有关雇主组织和工人组织(如存在此类组织)磋商后，可对存在较重大特殊问题的特定经济活动部门或特定企业免于实施本公约或其中某些条款，但应以保证安全卫生的工作环境为前提。

(3)本公约还适用于由国家法律或条例确定的独立劳动者。

1.2　民法

【要　　点】

民法包括的范围很广，此处仅介绍《中华人民共和国民法通则》(以下简称《民法通则》)的部分内容。

《民法通则》于1986年4月12日第六届全国人民代表大会第四次会议通过，1987年1月1日起实施。《民法通则》的立法目的在于保障公民、法人合法的民事权益，正确调整民事关系。《民法通则》共分为九章，一百五十六条。

民事法律关系是由民法规范调整的以权利义务为内容的社会关系，包括人身关系和财产关系。民事法律关系包括主体、客体和内容三个要素。这三个要素统一存在于某一个特定的法律关系之中，如果其中的任何一个要素发生了变化，就必然导致这个特定的法律关系发生变化。本书仅就与建筑施工密切相关的部分内容进行介绍。

【解　　释】

◎民事法律关系主体

民事法律关系主体，简称民事主体，是指民事法律关系中享受权利，承担义务的当事人和参与者，包括公民（自然人）、法人和其他组织。

1）公民（自然人）

自然人不仅包括公民，还包括外国人和无国籍人。他们都可以成为民事法律关系的主体。我国《宪法》规定，凡具有中华人民共和国国籍的人都是中华人民共和国公民。

公民作为民事主体的一种，能否通过自己的行为取得民事权利、承担民事义务，取决于其是否具有民事行为能力。所谓民事行为能力，是指民事主体通过自己的行为取得民事权利、承担民事义务的资格。民事行为能力分为完全民事行为能力、限制民事行为能力、无民事行为能力三种。

（1）完全民事行为能力。

《民法通则》第11条规定："18周岁以上的公民是成年人，具有完全民事行为能力，可以独立进行民事活动，是完全民事行为能力人。16周岁以上不满18周岁的公民，以自己的劳动收入为主要生活来源的，视为完全民事行为能力人。"

（2）限制民事行为能力。

限制民事行为能力又称为限制民事能力或部分民事行为能力。《民法通则》第12条第1款规定："10周岁以上的未成年人是限制民事行为能力人，可以进行与他的年龄、智力相适应的民事活动。"

《民法通则》第13条第2款还规定："不能完全辨认自己行为的精神病人是限制民事行为能力人，可以进行与他的精神健康状况相适应的民事活动；其他民事活动由他的法定代理人代理，或者征得他的法定代理人的同意。"

（3）无民事行为能力。

《民法通则》第12条第2款规定："不满10周岁的未成年人是无民事行为能力人，由他的法定代理人代理民事活动。"

《民法通则》第13条第1款规定："不能辨认自己行为的精神病人是无民事行为能力人，由他的法定代理人代理民事活动。"

各国法律对成年年龄、构成限制民事行为能力的条件的规定是不同的。对于此，我国《民法通则》第143条规定："中华人民共和国公民定居国外的，他的民事行为能力可以适用定居国法律。"《最高人民法院关于贯彻执行〈中华人民共和国民法通则〉若干问题的意见（试行）》进一步作出了补充：

①定居国外的我国公民的民事行为能力，如其行为是在我国境内所为，适用我国法律；在定居国所为，可以适用其定居国法律；

②外国人在我国领域内进行民事活动，如依其本国法律为无民事行为能力，而依我国法律为有民事行为能力，应当认定为有民事行为能力；

③无国籍人的民事行为能力，一般适用其定居国法律；如未定居的，适用其住所地国法律。

2)法人

《民法通则》第36条规定:"法人是具有民事权利能力和民事行为能力,依法独立享有民事权利和承担民事义务的组织。"

根据《民法通则》第37条的规定,法人应当具备以下四个条件:

(1)依法成立;

(2)有必要的财产或者经费;

(3)有自己的名称、组织机构和场所;

(4)能够独立承担民事责任。

《民法通则》把法人分为企业法人和非企业法人两大类。企业法人是指以营利为目的的法人,是法人中数量最大的一种。非企业法人是指不直接从事生产和经营活动的法人,以国家管理和非经营性的社会活动为其内容的法人。是否以将利润分配给出资人为目的,是企业法人与非企业法人的根本区别。根据组织形式不同,可以将企业法人分为公司法人和非公司法人。其中,公司法人是企业法人的主要形态。非企业法人可分为机关法人、事业单位法人和社会团体法人。

3)其他组织

根据我国《合同法》及相关法律的规定,法人以外的其他组织也可以成为民事法律关系的主体,称为非法人组织。根据最高人民法院《关于适用〈中华人民共和国民事诉讼法〉若干问题的意见》第40条的规定,其他组织是指合法成立、有一定的组织机构和财产,但又不具备法人资格的组织。在实践中,较为常见的主要包括以下几种:

(1)法人依法设立并领取营业执照的分支机构;

(2)依法登记领取营业执照的私营独资企业、合伙组织;

(3)依法登记领取营业执照的合伙型联营企业;

(4)依法登记领取我国营业执照的中外合作经营企业、外资企业等。

◎民事法律关系客体

民事法律关系客体,是指民事法律关系之间权利和义务所指向的对象。法律关系客体的种类包括财、物、行为和非物质财富四种。

1)财

财一般是指资金及各种有价证券。在法律关系中表现为财的客体主要是建设资金,如基本建设贷款合同的标的,即一定数量的货币。

2)物

物是指法律关系主体支配的、在生产上和生活上所需要的客观实体。如施工中使用的各种建筑材料、施工机械都属于物的范围。

3)行为

作为法律关系客体的行为是指义务人所要完成的能满足权利人要求的结果。这种结果表现为物化的结果和非物化的结果。

(1)物化的结果指的是义务人的行为凝结于一定的物体,产生一定的物化产品。例如,房屋、道路等建设工程项目。

(2)非物化的结果指的是义务人的行为没有转化为物化实体,而仅表现为一定的行为过程,最终产生了权利人所期望的法律效果。例如,企业对员工的培训行为。

4)非物质财富

非物质财富是指人们脑力劳动的成果或智力方面的创作,也称智力成果。例如,文学作品就是这种智力成果。

上述各种客体并不是孤立地存在于法律关系之中的,往往会同时存在于一个特定的法律关系中。

◎民事法律关系内容

民事法律关系内容,是指民事主体之间基于民事法律关系客体所形成的民事权利和民事义务。

这种法律权利和法律义务的来源可以分为法定的权利、义务和约定的权利、义务。

权利和义务都是在一定范围内存在的权利和义务,超出范围的权利是不受法律保护的。同样,要求义务人作出超出范围的义务也同样是法律所禁止的。

在一个特定的法律关系中,一方当事人的权利就是另一方当事人的义务。当事人在享受权利的同时也必须要履行相应的义务。

◎民事法律行为的成立

1)民事法律行为的概念

根据《民法通则》第 54 条规定,所谓民事法律行为,是指“公民或者法人设立、变更、终止民事权利和民事义务的合法行为”。

民事法律行为不同于民事行为。民事行为指民事主体以发生一定的法律后果为目的而进行的行为。民事行为如果符合法律规定的生效条件,就发生法律效力,构成民事法律行为;如果不具备法律规定的生效条件,将自始不发生法律效力,也即不能转化为民事法律行为。

2)民事法律行为的分类

民事法律行为有多种分类方法,这里仅介绍两种常见的分类方式。

(1)根据民事法律行为所需的意思表示的构成,民事法律行为可分为单方法律行为和双方法律行为。

①单方法律行为。单方法律行为是指基于当事人一方的意思表示就可以发生法律效力的民事法律行为。例如,合同当事人一方就可变更、可撤销合同依法行使变更、撤销权的行为,不需要经过对方当事人同意就可以发生法律效力。

②双方法律行为。双方法律行为是指基于双方当事人意思表示一致才能够发生法律效力的民事法律行为。在实践中,民事法律行为绝大多数都是双方法律行为,而双方法律行为则更多地表现为合同的设立、变更、终止等行为。

(2)根据民事法律行为的成立是否必须采用特定形式,民事法律行为可分为要式法律行为和不要式法律行为。

①要式法律行为。要式法律行为指法律规定必须采用特定形式的民事法律行为。《民法通则》第 56 条规定:“民事法律行为可以采取书面形式、口头形式或者其他形式。法律规

定是特定形式的，应当依照法律规定。”

②不要式法律行为。不要式法律行为指法律没有规定特定形式，当事人选择采用书面、口头或其他任何形式均可成立的民事法律行为。

3）民事法律行为的要件

根据《民法通则》第55条、第56条的规定，民事法律行为应当具备下列条件。

（1）行为人具有相应的民事行为能力。

一般而言，行为人应具有完全民事行为能力；限制民事行为能力人只能实施与其意思能力相适应的法律行为，而在能力范围之外的行为，除经其法定代理人同意或者追认外，不发生法律效力，但限制民事行为能力人的纯获利益的行为不受该条件的限制。对于法人，要求其所为的民事法律行为不违反法律的禁止性规范。

（2）意思表示真实。

意思表示真实指的是行为人内心的效果意思与表示意思一致，也即不存在认识错误、欺诈、胁迫等外在因素而使得表示意思与效果意思不一致。

但是，意思表示不真实的行为也不是必然的无效行为，因其导致意思不真实的原因不同，可能会发生无效或者被撤销的法律后果。

（3）不违反法律或者社会公共利益，这种要求表现在以下三个方面。

①标的合法。民事法律行为的标的即意思的内容合法。不得违反强制性法律规范和社会公共利益。

②形式合法。对于要式民事法律行为，如果当事人没有按照法律规定去实施行为将可能导致行为不发生法律效力。

③不存在以合法形式掩盖非法目的。以合法形式掩盖非法目的的行为尽管从外在形式上看并没有违反法律或者社会公共利益，但是由于该行为的进一步法律后果违反了法律或者社会公共利益，也会使得该行为无效。

◎代理制度

1）代理的概念

代理是指代理人以被代理人的名义，在代理权限范围内与第三人实施的法律行为，其法律后果直接由被代理人承担的民事法律制度。

《民法通则》第63条规定：“代理人在代理权限内，以被代理人名义实施民事法律行为，被代理人对代理人的代理行为，承担民事责任。”代理涉及三方当事人，分别是被代理人、代理人和代理关系所涉及的第三人。同时规定：“依照法律规定或者按照双方当事人约定，应当由本人实施的民事法律行为，不得代理。”

自然人和法人均可成为代理人，但法律对代理人资格有特别规定的除外。例如，《招标投标法》中规定，招标投标活动中的招标代理机构应当依法设立，并具备法律规定的条件。

2）代理的种类

根据《民法通则》第64条第1款的规定，代理包括委托代理、法定代理和指定代理。

（1）委托代理。

委托代理是代理人根据被代理人授权而进行的代理。在工程建设领域，通过委托代理

实施民事法律行为的情形较为常见,主要表现在以下几个方面:

①招标人委托招标代理机构进行招标活动;

②投标人委托授权代表签署投标文件、参加开标或签订合同等;

③建设单位委托工程监理单位或项目管理单位对工程项目实施管理;

④建筑施工企业法定代表人委托项目经理对工程项目施工全面负责等。

《民法通则》第 65 条规定,民事法律行为的委托代理,可以用书面形式,也可以用口头形式。法律规定用书面形式的,应当用书面形式。书面委托代理的授权委托书应当载明下列事项:

①代理人的姓名或者代理机构的名称;

②代理事项、权限和期间;

③委托人签名或者盖章。

实施委托代理时,委托书授权必须明确。否则,根据《民法通则》第 65 条的规定,被代理人应当向第三人承担民事责任,代理人负连带责任。在工程建设领域,因委托代理权问题而导致的纠纷十分常见。各方当事人必须时刻注意加强内部委托授权的管理,建立严格、完善的委托授权管理机制,否则,将可能承担不利的法律后果。

此外,委托代理事项必须合法。否则,根据《民法通则》第 67 条的规定,代理人知道被委托代理的事项违法仍然进行代理活动的,或者被代理人知道代理人的代理行为违法不表示反对的,由被代理人和代理人负连带责任。

(2)法定代理。

法定代理是根据法律的直接规定而产生的代理。《民法通则》第 14 条规定:“无民事行为能力人、限制民事行为能力人的监护人是他们的法定代理人。”

(3)指定代理。

指定代理是根据人民法院或者有关机关的指定而产生的代理。例如,根据最高人民法院《关于适用〈中华人民共和国民事诉讼法〉若干问题的意见》第 67 条的规定,在诉讼中,如果无民事行为能力人、限制民事行为能力人事先没有确定监护人,有监护资格的人又协商不成的,由人民法院在他们之间指定的人担任诉讼中的代理人。

3)代理人与被代理人的责任承担

(1)授权不明确的责任承担。

《民法通则》第 65 条规定:“委托书授权不明的,被代理人应当向第三人承担民事责任,代理人负连带责任。”

(2)无权代理的责任承担。

《民法通则》第 66 条规定:“没有代理权、超越代理权或者代理权终止后的行为,只有经过被代理人的追认,被代理人才承担民事责任。未经追认的行为,由行为人承担民事责任。本人知道他人以本人名义实施民事行为而不作否认表示的,视为同意。”

《民法通则》第 66 条同时规定:“第三人知道行为人没有代理权、超越代理权或者代理权已终止还与行为人实施民事行为给他人造成损害的,由第三人和行为人负连带责任。”

(3)代理人不履行职责的责任承担。

《民法通则》第 66 条规定:“代理人不履行职责而给被代理人造成损害的,应当承担民事责任。代理人和第三人串通，损害被代理人的利益的，由代理人和第三人负连带责任。”

(4)代理事项违法的责任承担。

《民法通则》第67条规定：“代理人知道被委托代理的事项违法仍然进行代理活动的，或者被代理人知道代理人的代理行为违法不表示反对的，由被代理人和代理人负连带责任。”

(5)转托他人代理的责任承担。

《民法通则》第68条规定：“委托代理人为被代理人的利益需要转托他人代理的，应当事先取得被代理人的同意。事先没有取得被代理人同意的，应当在事后及时告诉被代理人，如果被代理人不同意，由代理人对自己所转托的人的行为负民事责任，但在紧急情况下，为了保护被代理人的利益而转托他人代理的除外。”

4)表见代理和无权代理

(1)表见代理是指虽无代理权，但表面上有足以使人相信有代理权而须由被代理人负授权之责的代理。

①表见代理的表现形式。表见代理在本质上是无权代理，依据无权代理的表现形式，表见代理也可以分为：A. 未予授权的表见代理；B. 超越权限的表见代理；C. 代理权终止的表见代理。

②表见代理的构成要件：A. 行为人没有代理权；B. 没有代理权的代理人实施了代理的行为；C. 善意相对人有理由相信行为人有代理权。

③表见代理的法律后果。《合同法》第49条规定：“行为人没有代理权、超越代理权或者代理权终止后以被代理人名义订立合同，相对人有理由相信行为人有代理权的，该代理行为有效。”

(2)无权代理是指行为人没有代理权、超越代理权或代理权终止。根据《合同法》第48条第1款的规定：“行为人没有代理权、超越代理权或者代理权终止后以被代理人名义订立的合同，未经被代理人追认，对被代理人不发生效力，由行为人承担责任。”同时，根据《民法通则》第66条的规定：“第三人知道行为人没有代理权、超越代理权或者代理权已终止还与行为人实施民事行为给他人造成损害的，由第三人和行为人负连带责任。”

5)代理的终止

(1)委托代理的终止。有下列情形之一的，委托代理终止：

①代理期间届满或者代理事务完成；

②被代理人取消委托或者代理人辞去委托；

③代理人死亡；

④代理人丧失民事行为能力；

⑤作为被代理人或者代理人的法人终止。

(2)法定代理或指定代理的终止。有下列情形之一的，法定代理或者指定代理终止：

①被代理人取得或者恢复民事行为能力；

②被代理人或者代理人死亡；

③代理人丧失民事行为能力；

④指定代理的人民法院或者指定单位取消指定；

⑤由其他原因引起的被代理人和代理人之间的监护关系消灭。

◎诉讼时效制度

1)诉讼时效的概念

诉讼时效,是指权利人在法定期间内不行使权利即丧失请求人民法院予以保护的权利。

超过诉讼时效期间,在法律上发生的效力是权利人的胜诉权消灭,即丧失请求人民法院保护的权利。超过诉讼时效期间权利人起诉,如果符合民事诉讼法规定的起诉条件,法院仍然应当受理。但是,如果法院经受理后查明诉讼时效期间已经超过,将判决驳回诉讼请求。

超过诉讼时效期间,权利人虽然丧失胜诉权,但是实体权利本身并不消灭。根据《民法通则》第138条的规定,超过诉讼时效期间,当事人自愿履行的,不受诉讼时效限制。最高人民法院《关于贯彻执行〈中华人民共和国民法通则〉若干问题的意见(试行)》第171条则进一步规定,超过诉讼时效期间,义务人履行义务后又以超过诉讼时效为由反悔的,不予支持。

诉讼时效主要适用于各种财产性质的请求权。但是,根据最高人民法院《关于贯彻执行〈中华人民共和国民法通则〉若干问题的意见(试行)》第176条的规定,法律、法规对索赔时间和对产品质量等提出异议的时间有特殊规定的,按特殊规定办理。

2)诉讼时效期间的种类

根据我国《民法通则》及有关法律的规定,诉讼时效期间通常可划分为三类。

(1)普通诉讼时效。

除了法律有特别规定,民事权利适用普通诉讼时效期间。《民法通则》第135条规定:“向人民法院请求保护民事权利的诉讼时效期间为2年,法律另有规定的除外。”

(2)特别诉讼时效期间。

对于特殊的民事权利,法律认为有必要适用更长或更短的诉讼时效期间,因此进行特别规定。例如,根据《民法通则》第136条的规定,下列的诉讼时效期间为1年:

①身体受到伤害要求赔偿的;

②延付或者拒付租金的;

③出售质量不合格的商品未声明的;

④寄存财物丢失或者损毁的。

又如,根据《合同法》第129条的规定,因国际货物买卖合同和技术进出口合同争议提起诉讼或者申请仲裁的期限为4年。

(3)最长诉讼时效期间。

《民法通则》第137条规定,从权利被侵害之日起超过20年的,人民法院不予保护。最长诉讼时效期间与普通诉讼时效和特别诉讼时效有很大不同,主要是起算时间不同,可否中止、中断也不同。

3)诉讼时效期间的起算

《民法通则》第137条规定,诉讼时效期间从知道或者应当知道权利被侵害时起计算。

在下列情况下,诉讼时效期间的计算方法有以下几种。

(1)附延缓条件的债权,从条件成就之时起开始计算,但如果还定有履行期限,则从履行期限届满之时起开始计算。

(2)附起始期的债权,从起始期到来之时起开始计算,但如果还定有履行期限,则从履行期限届满之时起开始计算。

(3)未定有履行期限的债权,从权利成立之时起开始计算;定有履行期限的债权,从履行期限届满之时起开始计算。

(4)对于人身伤害而发生的损害赔偿请求权。伤害明显的,从受伤害之日起算;伤害当时未曾发现,后经检查确诊并能证明确由侵害引起的,从伤势确诊之日起算。

4)诉讼时效期间的中止和中断

(1)诉讼时效期间中止。

《民法通则》第 139 条规定,在诉讼时效期间的最后 6 个月内,因不可抗力或者其他障碍不能行使请求权的,诉讼时效中止。从中止时效的原因消除之日起,诉讼时效期间继续计算。

根据上述规定,诉讼时效中止,应当同时满足以下两个条件:

①权利人由于不可抗力或者其他障碍,不能行使请求权。

其中,不可抗力是指不能预见、不能避免、并不能克服的客观情况;其他障碍,根据最高人民法院《关于贯彻执行〈中华人民共和国民法通则〉若干问题的意见(试行)》第 172 条的规定,主要是指在诉讼时效期间的最后 6 个月内,权利被侵害的无民事行为能力人、限制民事行为能力人没有法定代理人,或者法定代理人死亡、丧失代理权,或者法定代理人本人丧失行为能力的。

②导致权利人不能行使请求权的事由发生在诉讼时效期间的最后 6 个月。

如果发生在 6 个月以上的时间,则不发生诉讼时效中止的效力。如果虽然有关事由开始时,诉讼时效还有 6 个月以上的时间,但是事由延续到了 6 个月以内,则从诉讼时效期间的最后 6 个月的开始时刻,发生诉讼时效中止。

同时符合上述两个条件,诉讼时效中止,即诉讼时效期间暂时停止计算。等到诉讼时效中止原因消除后,也就是从权利人开始可以行使请求权时起,诉讼时效期间继续计算。

(2)诉讼时效期间中断。

《民法通则》第 140 条规定,诉讼时效因提起诉讼、当事人一方提出要求或者同意履行义务而中断。从中断时起,诉讼时效期间重新计算。

根据《民法通则》的上述规定,导致诉讼时效中断的情形包括以下三种:

①起诉。权利人依法向法院提起诉讼,是导致诉讼时效中断的重要原因。特别是当权利人没有证据证明导致诉讼时效中断的其他情形时,向法院起诉将是权利人确保不丧失诉讼时效的重要手段。除向法院起诉外,其他与起诉性质相似的法律行为,如向法院申请支付令,或向仲裁机构申请仲裁等,均可产生诉讼时效中断的法律后果。

②债权人提出要求。债权人直接向债务人主张权利,是诉讼时效中断最常见的情形。但是,权利人应当注意保全有关证据。

根据最高人民法院《关于贯彻执行〈中华人民共和国民法通则〉若干问题的意见(试行)》的有关规定,债权人除了向债务人本人直接主张权利以外,向债务保证人、债务人的代理人或者财产代管人主张权利的,也可导致诉讼时效中断。诉讼时效的中断不受次数限制,但是要受到 20 年权利最长保护期限的限制。

③债务人同意履行债务。债务人通过一定的方式向债权人表示同意履行债务,将使当事人之间的债权债务关系变得明确,因此也将产生诉讼时效中断的法律后果。如果债务人

没有直接表示同意履行债务,但是明确承认了债务的存在,或者同意分期履行债务等,均可发生诉讼时效中断。

诉讼时效中止、中断均可适用于普通诉讼时效期间和特别诉讼时效期间,但是不适用于最长诉讼时效期间。

【相关知识】

◎债权制度

1)债的概念

根据《民法通则》的规定,债是按照合同的约定或者依照法律的规定,在当事人之间产生的特定的权利和义务关系。例如,在建设工程合同关系中,承包人有请求发包人按照合同约定支付工程价款的权利,而发包人则相应地有按照合同约定向承包人支付工程价款的义务。又如,根据《民法通则》的有关规定,在公共场所、道旁或者通道上挖坑、修缮安装地下设施等,没有设置明显标志和采取安全措施以致给他人造成损害的,施工人依法应当承担赔偿损失等民事责任,而受害人则相应地具有依法要求施工人赔偿损失的权利。这些都是特定当事人之间的权利和义务关系,即都是债的关系。

2)债的发生根据

根据《民法通则》的有关规定,债的发生根据主要包括如下几种:

(1)合同。

合同是平等主体的自然人、法人和其他组织之间设立、变更、终止民事权利义务关系的协议。当事人之间通过订立合同设立的以债权债务为内容的民事法律关系,称为合同之债。

(2)不当得利。

不当得利是指没有合法根据,取得不当利益,造成他人损失。当发生不当得利时,由于一方取得的利益没有法律或者合同根据且给他人造成损害,在这种情况下,受损害一方依法有请求不当得利人返还其所得利益的权利,而不当得利人则依法负有返还其所得利益的义务。这样,在当事人之间即发生债权债务关系。这种因不当得利而发生的债,称为不当得利之债。

(3)无因管理。

无因管理是指没有法定的或者约定的义务,为避免他人利益受损失而进行管理或者服务的行为。无因管理发生后,管理人依法有权要求受益人偿付因其实施无因管理而支付的必要费用。这种由于无因管理而产生的债,称为无因管理之债。

(4)侵权行为。

侵权行为是指侵害他人财产或人身权利的违法行为。在民事活动中,一方实施侵权行为时,根据法律规定,受害人有权要求侵害人承担赔偿损失等责任,而侵害人则有负责赔偿损失的义务,因此,侵权行为会引起侵害人和受害人之间的债权债务关系。这种因侵权行为而产生的债,称为侵权行为之债。

3)债的常见形式

债的分类方式有许多种,最常见的分类方式主要有以下几种:

(1)按照债的设定及其内容是否允许当事人以自由意思决定,债可以分为意定之债与法定之债。

①意定之债是指债的发生及其内容由当事人依其意思决定的债。最常见的意定之债就是合同之债,另外单方允诺之债也属于意定之债。

②法定之债是指债的发生及其内容均由法律予以规定的债。不当得利之债、无因管理之债、侵权行为之债都属于法定之债。

(2)根据多数债权人或多数债务人之间对债权或债务的承受情况,可将债分为按份之债和连带之债。

①按份之债。按份之债是指债的一方主体为多数人,各自按照一定的份额享有权利或者承担义务的债。《民法通则》第86条规定:“债权人为二人以上的,按照确定的份额分享权利。债务人为二人以上的,按照确定的份额分担义务。”

②连带之债。连带之债,是指债的具有多数人的主体一方之间有连带关系的债,包括连带债权和连带债务(或连带责任)。《民法通则》第87条规定:“债权人或者债务人一方人数为二人以上的,依照法律的规定或者当事人的约定,享有连带权利的每个债权人,都有权要求债务人履行义务;负有连带义务的每个债务人,都负有清偿全部债务的义务,履行了义务的人,有权要求其他负有连带义务的人偿付他应当承担的份额。”

连带之债既可因法律的直接规定而产生,也可因当事人之间的约定而产生。多数人之债中不分份额地承担债务,其中每一个人都有义务向债权人履行全部债务的多数债务人称为连带债务人。

连带责任具有如下特点:

①连带债务人的每一方都负有清偿全部债务的义务;

②债权人可以向其中任何一个或者多个债务人请求履行任何比例债务,债务人不得以债务人之间对债务分担比例有约定而拒绝履行;

③连带债务人一人或多人履行了全部债务后,其他债务人对债权人的债务即行解除;

④履行债务超过其应承担份额的债务人,有权向其他债务人追偿。

【案例分析】

◎基本案情

张某注册了一家公司,主营业务是对外租赁建筑机械。

2008年5月8日,张某委托赵某去购买一台挖掘机。于是,赵某启程去挖掘机的生产厂家。张某在等待中由于心脏病突发而死亡。由于张某去世的时候身边没有人,三天后,出差在外的儿子回家才发现父亲已经去世。此时,赵某已经购买了张某委托其购买的挖掘机。

赵某回到张某的家中,向张某的儿子说明了购买挖掘机的事宜。但是,张某的儿子以父亲已经于签订购买挖掘机的合同之前就去世了为由拒绝履行合同,并声称父亲与赵某的委托代理终止,赵某要自行为购买挖掘机承担责任。张某的儿子的说法正确吗?

◎案例分析

《民法通则》中仅仅规定了代理人死亡会导致委托代理的终止,而没有规定被代理人死亡也会导致委托代理的终止。事实上,被代理人死亡不一定导致委托代理的终止。最高人民法院《民通意见》第 82 条规定了以下四种情况下，被代理人死亡的，委托代理人实施的代理行为仍然有效。

(1)代理人不知道被代理人死亡的。

(2)被代理人的继承人均予承认的。

(3)被代理人与代理人约定到代理事项完成时代理权终止的。

(4)在被代理人死亡前已经进行，而在被代理人死亡后为了被代理人的利益继续完成的。

此案中，赵某在外购买挖掘机，并不知道张某已经死亡，所以其代理行为依然是有效的，其代理期间发生的费用应由张某所遗留的遗产支付。

2

建筑市场基本法律制度

JIANZHUSHICHANGJIBENFALVZHIDU

2.1 建筑施工许可制度

2.2 建筑业企业资质等级许可制度

2.3 建筑业专业人员执业资格制度

2.4 建设工程发包制度

2.5 建设工程承包制度

2.6 建设工程分包制度

2.7 建设工程监理制度

2.1 建筑施工许可制度

【要　　点】

建筑工程施工许可制度是指由国家授权有关行政主管部门对符合条件的建筑工程建设单位颁发的允许其开工建设的制度。本节要掌握建筑工程施工许可制度的概念及意义，掌握建筑单位申请领取施工许可证应具备的法定条件和不需要申请施工许可证的工程类型，掌握施工许可证或开工报告的管理以及施工许可证的时间效力，熟悉领取施工许可证的法律后果与未取得施工许可证擅自开工建设的后果。

【解　　释】

◎建筑工程施工许可制度的概念及意义

1)建筑工程施工许可制度的概念

建筑工程施工许可制度，是指由国家授权有关行政主管部门，在建筑工程施工开始以前，依建设单位申请，对该项工程是否符合法定的开工必备条件进行审查，对符合条件的建筑工程发给施工许可证，允许建设单位开工建设的制度。

2)建筑工程施工许可制度的意义

我国实行建筑工程施工许可制度，有利于确保建筑工程在开工前符合法定条件，进而为其开工后顺利实施奠定基础；也有利于有关行政主管部门全面掌握建筑工程的基本情况，依法及时有效地实施监督和指导，保证建筑活动依法进行。

◎建筑单位申请领取施工许可证应具备的法定条件

根据《建筑法》第 8 条规定，建设单位申请领取施工许可证时，应当具备一系列前提条件。建设单位在申请领取施工许可证时应当具备的条件包括以下几个。

1)已经办理该建筑工程用地批准手续

根据《中华人民共和国土地管理法》(简称《土地管理法》)的有关规定，任何单位和个人进行建设，需要使用土地的，必须依法申请使用土地。其中需要使用国有建设用地的，应当向有批准权的土地行政主管部门申请，经其审查，报本级人民政府批准。

2)在城市规划区的建筑工程，已经取得规划许可证

根据《中华人民共和国城市规划法》的有关规定，在城市规划区内进行建设需要申请用地的，建设单位在依法办理用地批准手续之前，必须先取得该工程的建设用地规划许可证；建设单位在申请办理开工手续前，还必须取得建设工程规划许可证。

3)需要拆迁的，其拆迁进度符合施工要求

需要先期进行拆迁的建筑工程，其拆迁工作状况直接影响到整个建筑工程能否顺利进行。在建筑工程开始施工时，拆迁的进度必须符合工程开工的要求，这是保证该建筑工程正常施工的基本条件。

拆迁工作必须依法进行。根据《城市房屋拆迁管理条例》的有关规定,拆迁房屋的单位取得房屋拆迁许可证后,方可实施拆迁。拆迁人应当在房屋拆迁许可证确定的拆迁范围和拆迁期限内,实施房屋拆迁。

4)已经确定建筑施工企业

确定了建筑施工企业是能够开始施工的前提条件,否则将由于不具有开工的可能性而无法获得施工许可证。

建设单位确定建筑施工企业,必须依据《建筑法》、《招标投标法》及其相关规定进行。《建筑工程施工许可管理办法》第 4 条进一步规定,发生以下情形者,所确定的施工企业无效:

(1)按照规定应该招标的工程没有招标;

(2)应该公开招标的工程没有公开招标;

(3)肢解发包工程;

(4)将工程发包给不具备相应资质条件的施工企业。

5)有满足施工需要的施工图纸及技术资料

按照设计深度不同,设计文件可以分为方案设计文件、初步设计文件和施工图设计文件。根据《建设工程勘察设计管理条例》第 26 条的规定,对以上几类设计文件的要求分别是:

(1)编制方案设计文件,应当满足编制初步设计文件和控制概算的需要;

(2)编制初步设计文件,应当满足编制招标文件、主要设备材料订货和编制施工图设计文件的需要;

(3)编制施工图设计文件,应当满足设备材料采购、非标准设备制作和施工的需要,并注明建设工程合理使用年限。

施工图设计文件是进行施工作业的技术依据,是在施工过程中保证建筑工程质量的关键因素。因此,在开工前必须有满足施工需要的施工图纸和技术资料。《建设工程质量管理条例》第 11 条规定,“建设单位应当将施工图设计文件报县级以上人民政府建设行政主管部门或者其他有关部门审查”,“施工图设计文件未经审查批准的,不得使用”。《建筑工程施工许可管理办法》第 4 条进一步规定,建设单位在申请领取施工许可证时,应当“有满足施工需要的施工图纸及技术资料”,并且要求“施工图设计文件已按规定进行了审查”。

6)有保证工程质量和安全的具体措施

《建设工程质量管理条例》第 13 条规定:“建设单位在领取施工许可证或者开工报告之前,应当按照国家有关规定办理工程质量监督手续。”《建设工程安全生产管理条例》第 10 条第 1 款规定:“建设单位在领取施工许可证时,应当提供建设工程有关安全施工措施的资料。”第 42 条第 1 款规定:“建设行政主管部门在审核发放施工许可证时,应当对建设工程是否有安全措施进行审查,对没有安全施工措施的,不得颁发施工许可证。”

7)建设资金已经落实

建筑活动需要较多的资金投入,建设单位在建筑工程施工过程中必须拥有足够的建设资金。申请领取施工许可证时必须有已经落实的建设资金,以保证施工顺利进行有基本的经济保障。《建筑工程施工许可管理办法》第 4 条做了进一步规定,具体如下:

(1)建设工期不足1年的,到位资金原则上不得少于工程合同价的50%,建设工期超过1年的,到位资金原则上不得少于工程合同价的30%;

(2)建设单位应当提供银行出具的到位资金证明,有条件的可以实行银行付款保函或者其他第三方担保(注:我国目前已开始在房地产开发项目推行业主工程款支付担保制度)。

8)法律、行政法规规定的其他条件

建筑工程申请领取施工许可证,除了应当具备以上七项条件外,还应当具备其他法律、行政法规规定的有关建筑工程开工的条件。这样规定的目的是为了同其他法律、行政法规的规定相衔接,避免出现法律的空白点。

建设行政管理部门应当自收到申请之日起15日内,对符合条件的申请颁发施工许可证。

◎不需要申请施工许可证的工程类型

并非所有的工程在开工前都需要办理施工许可证,有五类工程不需要办理。

1)国务院建设行政主管部门确定的限额以下的小型工程

根据2001年7月4日建设部发布的《建筑工程施工许可管理办法》第2条规定,所谓的限额以下的小型工程,指的是工程投资额在30万元以下或者建筑面积在300平方米以下的建筑工程。同时,《建筑工程施工许可管理办法》进一步作出了说明,省、自治区、直辖市人民政府建设行政主管部门可以根据当地的实际情况,对限额进行调整,并报国务院建设行政主管部门备案。

2)按照国务院规定的权限和程序批准开工报告的建筑工程

开工报告是建设单位依照国家有关规定向计划行政主管部门申请准予开工的文件。为了避免出现同一项建筑工程的开工由不同的政府行政主管部门多头重复审批的现象,本条规定对实行开工报告审批制度的建筑工程,不再领取施工许可证。至于哪些建筑工程实行开工报告审批制度,有关行政主管部门对开工报告的审批权限和审批程序,则应当按照国务院的有关规定执行。

3)抢险救灾工程

由于此类工程的特殊性,《建筑法》明确规定此类工程开工前不需要申请施工许可证。

4)临时性建筑

工程建设中经常会出现临时性建筑,如工人的宿舍、食堂等。这些临时性建筑由于其生命周期短,《建筑法》也明确规定此类工程不需要申请施工许可证。

5)军用房屋建设

由于此类工程涉及军事秘密,不宜过多公开信息,《建筑法》第84条明确规定:“军用房屋建筑工程建筑活动的具体管理办法,由国务院、中央军事委员会依据本法制定。”

◎施工许可证或开工报告的管理

颁发给建设单位施工许可证意味着认可了建设单位的开工条件。当这些条件面临变化的情况时,就存在不再符合开工条件的可能,因此就要废止施工许可证或者对其进行重新核验。

1)施工许可证废止的条件

《建筑法》第9条规定:“建设单位应当自领取施工许可证之日起3个月内开工。因故不能按期开工的,应当向发证机关申请延期;延期以两次为限,每次不超过 3 个月。既不开工又不申请延期或者超过延期时限的,施工许可证自行废止。”

2)重新核验施工许可证的条件

《建筑法》第 10 条规定:“在建的建筑工程因故中止施工的,建设单位应当自中止施工之日起 1 个月内,向发证机关报告,并按照规定做好建筑工程的维护管理工作。建筑工程恢复施工时,应当向发证机关报告;中止施工满 1 年的工程恢复施工前,建设单位应当报发证机关核验施工许可证。”

3)重新办理开工报告的条件

对于需要领取开工报告的工程,《建筑法》第 11 条规定:“按照国务院有关规定批准开工报告的建筑工程,因故不能按期开工或者中止施工的,应当及时向批准机关报告情况。因故不能按期开工超过 6 个月的,应当重新办理开工报告的批准手续。”

◎施工许可证的时间效力

施工许可证的时间效力,是指施工许可证在一定的时间范围内有效,超过这一期限即丧失效力。根据《建筑法》第 9 条规定,施工许可证的有效期限和延期的限制包括以下几个方面:

(1)建设单位应当自领取施工许可证之日起 3 个月内开工。所谓领取施工许可证之日,是指建设行政主管部门将施工许可证交给建设单位之日。建设单位应当履行这项义务,其目的是保证施工许可证的有效性,有利于发证机关的监督。

(2)建设单位因客观原因可以延期,但不得无故拖延开工。这里的客观原因一般是指“三通一平”(通水、通电、通道路、场地平整)没有完成,材料、构件、必要的施工设备等没有按计划进场。

(3)延期最多为两次,每次期限均为 3 个月。延期必须有合理的原因,如法律上规定的不可抗力的原因就是合理的原因。建设单位申请延期是其权利;但是延期的申请是否能够获得批准,这要由建设行政主管部门审查认定后,根据实际情况作出决定。建设行政主管部门认为合理、合法,就可以批准延期;不合理、不合法,就不批准延期。延期最多为两次,每次为 3 个月,延期最长为 6 个月,再加上领取施工许可证之日起 3 个月内开工时间,建设单位开工期限最长时间为 9 个月。超过 9 个月,该许可证即自行废止。

(4)施工许可证自行废止的两种情况:①3 个月内不开工,又不向发证机关申请延期;②超过延期期限。

建筑工程自颁发施工许可证之日起,不论何种原因,均须在 9 个月内开工,否则施工许可证自行废止。施工许可证废止后,建设单位须按规定重新领取施工许可证后方可开工。明确规定施工许可证的有效期限,可以督促建设单位及时开工,保证组织施工的顺利进行,有利于加强对建筑施工活动的监督管理,保护参与施工活动各方的合法权益,提高投资效益,维护施工许可证的严肃性。

◎未取得施工许可证擅自开工的后果

《建筑法》第 64 条规定:“违反本法规定,未取得施工许可证或者开工报告未经批准擅自施工的,责令改正,对不符合开工条件的责令停止施工,可以处以罚款。”

建筑工程未经许可擅自施工的，实践中有两种情况：一是该项工程已经具备了本法规定的开工条件，但未依照本法的规定履行开工审批手续；二是工程既不具备本法规定的开工条件，又不履行开工审批手续。依照本条规定，对违反建筑工程施工许可的规定擅自施工的行为，应根据不同情况分别作出相应的处理。

(1)凡是违反本法规定，未取得施工许可证或者开工报告未经批准擅自施工的，有关行政主管部门都应依照本条规定责令其改正，即要求建设单位立即补办取得施工许可证或开工报告的有关批准手续。

(2)在要求其依法补办施工许可或者开工报告审批手续的同时，根据该工程项目在违法开工时是否具备法定开工条件，作出不同的处理：对经审查，确属符合法定开工条件的，在补办手续后准予其继续施工；对不符合开工条件的，则应责令建设单位停止施工，并可以处以罚款。所谓“可以处以罚款”是指可以罚款，也可以不罚款，是否处以罚款由本法规定的行政执法部门根据违法行为的情节轻重、影响大小等具体情况决定。

【相关知识】

◎中止施工和恢复施工

1)中止施工

中止施工是指建筑工程开工后，在施工过程中，因特殊情况的发生而中途停止施工的一种行为。中止施工的时间一般都较长，恢复施工的日期难以在中止时确定。

中止施工的原因一般比较复杂。在建筑施工过程中，造成中止施工的特殊情况主要有地震、洪水等不可抗力因素，以及宏观调控、压缩基建规模、停建缓建建筑工程等。

中止施工后，建设单位应做好以下两方面的工作。

(1)向有关建设行政主管部门报告中止施工的原因、施工现状等。该报告应当在中止施工之日起1个月内完成。

(2)按照规定做好建筑工程的维护管理工作，主要表现在以下三个方面。

①对于中止施工工程，建设单位与施工单位应确定合理的停工部位。未完成合理停工部位之前，建设单位应要求施工单位完成好确定的停工部位。

②建设单位与施工单位应提出善后处理的具体方案。方案要明确双方的职责，确定各自的义务，提出明确的中止施工日期。

③建设单位要与施工单位共同做好中止施工工程的现场安全、防火、防盗等工作，并保管好工程技术档案资料。

2)恢复施工

恢复施工是指建筑工程中止施工后，造成中断施工的情况消除而继续进行施工的一种行为。恢复施工时，中止施工不满1年的，建设单位应当向该建筑工程颁发施工许可证的建设行政主管部门报告恢复施工的有关情况；中止施工满1年的，恢复施工前，建设单位应当报发证机关检验施工许可证。建设行政主管部门对中止施工满1年的建筑工程应进行审查，视其是否仍具备施工条件。符合条件的，应允许恢复施工，施工许可证继续有效；对不符合条件的，不许恢复施工，施工许可证收回，待具备条件后，建设单位可重新申领施工许可证。

【案例分析】

◎基本案情

某建筑公司承揽了某开发公司开发的某住宅小区的施工项目,建筑面积 50 万平方米。2007 年 5 月 23 日,在没有办理施工许可证的情况下开始施工。经群众举报,有关主管部门到施工现场命令建筑公司必须立即停止施工,补办施工许可证。但是考虑到《建筑法》并没有强制要求予以罚款,也就没有对建筑公司予以处罚。你认为主管部门的处理方法正确吗?

◎案例分析

在没有领取施工许可证的情况下施工,的确要补办施工许可证。但是,是否要停工取决于是否具备申请施工许可证的条件。主管部门在没有确认是否具备申请施工许可证的条件的前提下就要求施工现场停工是不合法的。

另外,是否要对建设单位和施工单位予以处罚,也是取决于是否具备申请施工许可证的条件。如果不具备申请施工许可证的条件,就必须要对建设单位和施工单位予以处罚。因为即使《建筑法》没有对处罚作出强制性的规定,但是《建筑工程施工许可管理办法》对此是有强制性规定的。《建筑工程施工许可管理办法》第 10 条规定:"对于未取得施工许可证或者为规避办理施工许可证将工程项目分解后擅自施工的,由有管辖权的发证机关责令改正,对于不符合开工条件的责令停止施工,并对建设单位和施工单位分别处以罚款。"

《建筑法》是上位法,《建筑工程施工许可管理办法》是下位法,在下位法不违反上位法的前提下,下位法是有效的。而《建筑工程施工许可管理办法》的适用范围为"在中华人民共和国境内从事各类房屋建筑及其附属设施的建造、装饰装修和与其配套的线路、管道、设备的安装,以及城镇市政基础设施工程的施工"。所以,此处应适用《建筑工程施工许可管理办法》的规定,如果不符合申请施工许可证的条件,应当对建设单位和施工单位予以处罚。

2.2 建筑业企业资质等级许可制度

【要　　点】

在我国,对从事建筑活动的建设工程企业——建筑施工企业、勘察单位、设计单位和工程监理单位,实行资质等级许可制度。

《建筑法》第 13 条规定:"从事建筑活动的建筑施工企业、勘察单位、设计单位和工程监理单位,按照其拥有的注册资本、专业技术人员、技术装备和已完成的建筑工程业绩等资质条件,划分为不同的资质等级,经资质审查合格,取得相应等级的资质证书后,方可在其资质等级许可的范围内从事建筑活动。"

国务院建设行政主管部门负责全国建筑业企业资质、建设工程勘察设计资质、工程监理企业资质的归口管理工作,国务院铁道、交通、水利、信息产业、民航等有关部门配合国务院建设行政主管部门实施相关资质类别和相应行业企业资质的归口管理工作。

新设立的企业,应在到工商行政管理部门登记注册手续并取得企业法人营业执照后,方可到建设行政主管部门办理资质申请手续。任何单位和个人不得涂改、伪造、出借、转让企业资质证书,不得非法扣押、没收资质证书。

【解　　释】

◎建筑业企业资质

1)资质序列

根据《建筑业企业资质管理规定》(2007 年 6 月 26 日建设部令第 159 号发布),我国建筑业企业资质分为施工总承包、专业承包和劳务分包三个序列。这三类建筑业企业按照各自工程性质和技术特点,分别划分为若干资质类别。其中,施工总承包企业划分为 12 个类别,专业承包企业划分为 60 个类别,劳务分包企业划分为 13 个类别。各资质类别按照规定的条件划分为若干等级。例如:房屋建筑工程施工总承包企业资质分为特级、一级、二级、三级;地基与基础工程专业承包企业资质分为一级、二级、三级;木工作业分包企业资质分为一级、二级。

2)资质标准

《建筑业企业资质管理规定》第三条规定:"建筑业企业应当按照其拥有的注册资本、专业技术人员、技术装备和已完成的建筑工程业绩等条件申请资质,经审查合格,取得建筑企业资质证书后,方可在资质许可的范围内从事建筑施工活动。"

◎工程勘察、设计企业资质

根据《建设工程勘察设计企业资质管理规定》(2001 年 7 月 25 日建设部令第 93 号发布),我国建设工程勘察、设计资质分为工程勘察资质和工程设计资质。

1)工程勘察资质

工程勘察资质分为工程勘察综合资质、工程勘察专业资质、工程勘察劳务资质。

工程勘察综合资质只设甲级;工程勘察专业资质根据工程性质和技术特点设立类别和级别;工程勘察劳务资质不分级别。

取得工程勘察综合资质的企业,其承接工程勘察业务范围不受限制;取得工程勘察专业资质的企业,可以承接同级别相应专业的工程勘察业务;取得工程勘察劳务资质的企业,可以承接岩土工程治理、工程钻探、凿井工程勘察劳务工作。

2)工程设计资质

工程设计资质分为工程设计综合资质、工程设计行业资质、工程设计专项资质。

工程设计综合资质只设甲级;工程设计行业资质和工程设计专项资质根据工程性质和技术特点设立类别和级别。

取得工程设计综合资质的企业,其承接工程设计业务范围不受限制;取得工程设计行业资质的企业,可以承接同级别相应行业的工程设计业务;取得工程设计专项资质的企业,可以承接同级别相应的专项工程设计业务。此外,取得工程设计行业资质的企业,可以承接本行业范围内同级别的相应专项工程设计业务,不需再单独领取工程设计专项资质。

◎工程监理企业资质

根据《工程监理企业资质管理规定》(2007 年 6 月 26 日建设部令第 158 号发布),工程监理企业资质分为综合资质、专业资质和事务所资质。其中,专业资质按照工程性质和技术特点划分为若干工程类别。综合资质、事务所资质不分级别。专业资质分为甲级、乙级;其中,房屋建筑、水利水电、公路和市政公用专业资质可设立丙级。

综合资质可以承担所有专业工程类别建设工程项目的工程监理业务;专业甲级资质可承担相应专业工程类别建设工程项目的工程监理业务;专业乙级资质可承担相应专业工程类别二级以下(含二级)建设工程项目的工程监理业务;专业丙级资质可承担相应专业工程类别三级建设工程项目的工程监理业务;事务所资质可承担三级建设工程项目的工程监理业务,但是,国家规定必须实行强制监理的工程除外。工程监理企业可以开展相应类别建设工程的项目管理、技术咨询等业务。

【相关知识】

◎房屋建筑工程施工总承包企业资质等级标准

房屋建筑工程施工总承包企业资质分为特级、一级、二级、三级。

1)特级资质标准

(1)企业注册资本金 3 亿元以上。

(2)企业净资产 3.6 亿元以上。

(3)企业近 3 年年平均工程结算收入 15 亿元以上。

(4)企业其他条件均达到一级资质标准。

2)一级资质标准

(1)企业近 5 年承担过下列 6 项中的 4 项以上工程的施工总承包或主体工程承包,工程质量合格。

①25 层以上的房屋建筑工程。

②高度 100 米以上的构筑物或建筑物。

③单体建筑面积 3 万平方米以上的房屋建筑工程。

④单跨跨度 30 米以上的房屋建筑工程。

⑤建筑面积 10 万平方米以上的住宅小区或建筑群体。

⑥单项建安合同额 1 亿元以上的房屋建筑工程。

(2)企业经理具有 10 年以上从事工程管理工作经历或具有高级职称;总工程师具有 10 年以上从事建筑施工技术管理工作经历并具有本专业高级职称;总会计师具有高级会计职称;总经济师具有高级职称。

企业有职称的工程技术和经济管理人员不少于 300 人,其中工程技术人员不少于 200 人;工程技术人员中,具有高级职称的人员不少于 10 人,具有中级职称的人员不少于 60 人。企业具有的一级资质项目经理不少于 12 人。

(3)企业注册资本金 5 000 万元以上,企业净资产 6 000 万元以上。

(4)企业近 3 年最高年工程结算收入 2 亿元以上。

(5)企业具有与承包工程范围相适应的施工机械和质量检测设备。

3)二级资质标准

(1)企业近 5 年承担过下列 6 项中的 4 项以上工程的施工总承包或主体工程承包,工程质量合格。

①12层以上的房屋建筑工程。

②高度50米以上的构筑物或建筑物。

③单体建筑面积1万平方米以上的房屋建筑工程。

④单跨跨度21米以上的房屋建筑工程。

⑤建筑面积5万平方米以上的住宅小区或建筑群体。

⑥单项建安合同额3 000万元以上的房屋建筑工程。

(2)企业经理具有8年以上从事工程管理工作经历或具有中级以上职称;技术负责人具有8年以上从事建筑施工技术管理工作经历并具有本专业高级职称;财务负责人具有中级以上会计职称。

企业有职称的工程技术和经济管理人员不少于150人,其中工程技术人员不少于100人;工程技术人员中,具有高级职称的人员不少于2人,具有中级职称的人员不少于20人。企业具有的二级资质以上项目经理不少于12人。

(3)企业注册资本金2 000万元以上,企业净资产2 500万元以上。

(4)企业近3年最高年工程结算收入8 000万元以上。

(5)企业具有与承包工程范围相适应的施工机械和质量检测设备。

4)三级资质标准

(1)企业近5年承担过下列5项中的3项以上工程的施工总承包或主体工程承包,工程质量合格。

①6层以上的房屋建筑工程。

②高度25米以上的构筑物或建筑物。

③单体建筑面积5 000平方米以上的房屋建筑工程。

④单跨跨度15米以上的房屋建筑工程。

⑤单项建安合同额500万元以上的房屋建筑工程。

(2)企业经理具有5年以上从事工程管理工作经历;技术负责人具有5年以上从事建筑施工技术管理工作经历并具有本专业中级以上职称;财务负责人具有初级以上会计职称。企业有职称的工程技术和经济管理人员不少于50人,其中工程技术人员不少于30人。工程技术人员中,具有中级以上职称的人员不少于10人。企业具有的三级资质以上项目经理不少于10人。

(3)企业注册资本金600万元以上,企业净资产700万元以上。

(4)企业近3年最高年工程结算收入2 400万元以上。

(5)企业具有与承包工程范围相适应的施工机械和质量检测设备。

【案例分析】

◎基本案情

2005年9月,原告A设计事务所和B设计院分院(不具备法人资格)签订了联合设计"××大厦"建设项目协议。随后,A设计事务所和B设计院分院与被告签订一份工程设计合同。约定:两原告为被告设计"××大厦"建设项目,总设计费用为50万元。两原告依约完成设计时,即通知被告付费50万元,被告未支付。经催讨未果,两原告向人民法院提起诉讼，要求被告支付50万元设计费。

被告辩称：被告的“××大厦”属乙级建设项目，而原告A设计事务所设计资质属丙级，属越级设计。原告B设计院无营业执照，根据建设部有关文件规定，不能从事地方上的设计，其下属的某分院更不具有法人资格，故原、被告间签订的工程设计合同属无效合同。由于两原告的过错造成合同无效，被告不应承担设计费50万元。

◎案例分析

合同当事人的主体资格合法，是合同生效的必要条件。我国对工程勘察设计行业实行准入制度，不具有相应资质等级条件的勘察设计企业不能承揽业务，也就不具有签订勘察设计合同的主体资格。

《建筑法》第13条明确规定：“从事建筑活动的建筑施工企业、勘察单位、设计单位和工程监理单位，按照其拥有的注册资本、专业技术人员、技术装备和已完成的建筑工程业绩等资质条件，划分为不同的资质等级，经资质审查合格，取得相应等级的资质证书后，方可在其资质等级许可的范围内从事建筑活动。”简言之，从事建筑活动应与其资质等级相适应。具体来讲，就是根据建筑工程项目本身被评定的等级，应由不低于该等级的相应资质等级的建筑施工企业、勘察单位、设计单位等承包建筑工程的勘察、设计和施工。如本案涉及的建筑工程项目属“乙级”项目，所要求的设计单位应为具有“乙级”资质等级的单位。

本案的特殊之处在于两原告实行联合设计且资质等级不同。根据《建筑法》第27条第2款的规定，两个以上不同资质等级的单位实行联合共同承包的，应当按照资质等级低的单位的业务许可范围承揽工程。

2.3 建筑业专业人员执业资格制度

【要　　点】

从事建筑活动的专业技术人员，应当依法取得相应的执业资格证书，并在执业资格证书许可的范围内从事建筑活动。我国目前在建筑业实行执业资格制度的专业技术人员包括注册建筑师、注册结构工程师、注册监理工程师、注册造价工程师、注册咨询工程师、注册建造师等。在本节需要了解执业资格制度的概述，掌握建筑业专业人员执业资格制度的含义、资格种类及共同点，熟悉建造师执业资格制度。

【解　　释】

◎执业资格制度概述

注册执业人员在执业过程中应遵守如下规定：

(1)不得以个人名义私自承接业务；

(2)不得同时受聘于两个以上单位执行业务；

(3)不得准许他人以本人名义执行业务。

违反上述规定的，将受到没收违法所得、罚款、责令停止执业或吊销资格证书等行政处罚。给他人造成损失的，还应当依法承担赔偿责任。

注册执业人员造成工程质量、安全事故的，将承担如下法律责任。

(1)根据《建设工程质量管理条例》第72条规定，违反该条例规定，注册建筑师、注册结构工程师、监理工程师等注册执业人员因过错造成质量事故的，责令停止执业1年；造成重大质量事故的，吊销执行资格证书，5年内不予注册；情节特别恶劣的，终身不予注册。

(2)根据《建设工程安全生产管理条例》第58条规定，注册执业人员未执行法律、法规和工程建设强制性标准的，责令停止执业3个月以上1年以下；情节严重的，吊销执业资格证书，5年内不予注册；造成重大安全事故的，终身不予注册；构成犯罪的，依照刑法有关规定追究刑事责任。

◎建筑业专业人员执业资格制度的含义、资格种类及共同点

《建筑法》第14条规定："从事建筑活动的专业技术人员，应当依法取得相应的执业资格证书，并在执业资格证书许可的范围内从事建筑活动。"

1)建筑业专业人员执业资格制度的含义

建筑业专业人员执业资格制度指的是我国的建筑业专业人员在各自的专业范围内参加全国或行业组织的统一考试，获得相应的执业资格证书，经注册后在资格许可范围内执业的制度。建筑业专业人员执业资格制度是我国强化市场准入制度、提高项目管理水平的重要举措。

2)目前我国主要的建筑业专业技术人员执业资格种类

在我国，对建筑业专业技术人员实行执业资格制度。我国目前在建筑业实行执业资格制度的专业技术人员包括：注册建筑师、注册结构工程师、注册监理工程师、注册造价工程师、注册咨询工程师、注册建造师等。

3)建筑业专业技术人员执业资格的共同点

这些不同岗位的执业资格存在许多共同点，这些共同点正是我国建筑业专业技术人员执业资格的核心内容。

(1)均需要参加统一考试。

跨行业、跨区域执业的，就要参加全国统一考试；只在本行业内部执业的，要参加本行业统一考试；只在本区域内部执业的，要参加本区域统一考试。

(2)均需要注册。

只有经过注册后才能成为注册执业人员。没有注册的，即使通过了统一考试，也不能执业。每个不同的执业资格的注册办法均由相应的法规或者规章所规定。

(3)均有各自的执业范围。

每个执业资格证书都限定了一定的执业范围，其范围也均由相应的法规或者规章所界定。注册执业人员不得超越范围执业。

(4)均须接受继续教育。

由于知识在不断更新，每一位注册执业人员都必须及时更新知识，因此都必须接受继续教育。接受继续教育的频率和形式由相应的法规或者规章所规定。

上面这些相同点是宏观范围上的相同点，它们还有许多微观范围的相同点，例如，不得同时应聘于两家不同的单位等。这些具体的相同点在相应的法规或者办法中都有详细的规定。

◎建造师执业资格制度

1）注册建造师的概念

注册建造师是根据人事部、建设部发布，2003 年 1 月 9 日起实施的《建造师执业资格制度暂行规定》对注册建造师的执业资格作出的规定而设立的。国家对建设工程项目总承包和施工管理关键岗位的专业技术人员实行执业资格制度，纳入全国专业技术人员执业资格制度统一规划。

注册建造师是指通过考核认定或考试合格取得中华人民共和国注册建造师执业资格证书，并按照《注册建造师管理规定》注册，取得中华人民共和国注册建造师执业证书和执业印章，担任施工单位项目负责人及从事相关活动的专业技术人员。注册建造师分为一级建造师（Constructor）和二级建造师（Associate Constructor）。

2）建造师的注册要求

（1）《建造师执业资格制度暂行规定》适用于建设工程项目总承包、施工管理的专业技术人员。申请参加一级建造师执业资格考试，应当具备《建造师执业资格制度暂行规定》规定的条件。

参加一级建造师执业资格考试合格者，由各省、自治区、直辖市人事部门颁发人事部统一印制，人事部、建设部用印的《中华人民共和国一级建造师执业资格证书》。该证书在全国范围内有效。

取得建造师执业资格证书的人员，必须经过注册登记，方可以建造师名义执业。申请注册的人员必须同时具备如下条件：

①取得建造师执业资格证书；

②无犯罪记录；

③身体健康，能坚持在建造师岗位上工作；

④经所在单位考核合格。

（2）建造师执业资格注册有效期一般为 3 年，有效期满前 3 个月，持证者应到原注册管理机构办理再次注册手续。

经注册的建造师有下列情况之一的，由原注册管理机构注销注册：

①不具有完全民事行为能力的；

②受刑事处罚的；

③因过错发生工程建设重大质量、安全事故或有建筑市场违法违规行为的；

④严重违反职业道德的；

⑤同时在 2 个及以上建筑业企业执业的；

⑥脱离建设工程施工管理及其相关工作岗位连续 2 年（含 2 年）以上的；

3）建造师的执业范围

建造师经注册后，有权以建造师名义担任建设工程项目施工的项目经理及从事其他施工活动的管理工作。根据《建造师执业资格制度暂行规定》，建造师的执业范围包括以下三个方面：

（1）担任建设工程项目施工的项目经理；

（2）从事其他施工活动的管理工作；

(3)法律、行政法规或国务院建设行政主管部门规定的其他业务。

建造师分为一级建造师和二级建造师。按照建设部颁布的《建筑业企业资质等级标准》,一级建造师可以担任特级、一级建筑业企业资质的建设工程项目施工的项目经理;二级建造师可以担任二级及以下建筑业企业资质的建设工程项目施工的项目经理。

4)建造师的执业要求

根据《建造师执业资格制度暂行规定》,一级建造师应具备如下执业技术能力:

(1)具有一定的工程技术、工程管理理论和相关经济理论水平,并具有丰富的施工管理专业知识;

(2)能够熟练掌握和运用与施工管理业务相关的法律、法规、工程建设强制性标准和行业管理的各项规定;

(3)具有丰富的施工管理实践经验和资历,有较强的施工组织能力,能保证工程质量和安全生产;

(4)有一定的外语水平。

建造师在工作中,必须严格遵守法律、法规和行业管理的各项规定,恪守职业道德。此外,建造师还必须接受继续教育,更新知识,不断提高业务水平。

【相关知识】

◎注册建造师考试

一级注册建造师资格考试实行统一大纲、统一命题、统一组织的考试制度,由人事部、建设部共同组织实施,原则上每年举行一次。

一级建造师执业资格考试,分综合知识与能力和专业知识与能力两个部分。其中,专业知识与能力部分的考试,按照建设工程的专业要求进行,具体专业划分由建设部另行规定。凡遵守国家法律、法规,取得工程类或工程经济类,大学专科学历,工作满 6 年,其中从事建设工程施工管理工作满 4 年;大学本科学历,工作满 4 年,施工管理工作满 3 年;双学位或研究生班毕业,工作满 3 年,施工管理工作满 2 年;硕士学位工作满 2 年,施工管理工作满 1 年;博士学位,施工管理工作满 1 年,可以申请一级建造师执业资格考试。

参加一级建造师执业资格考试合格者,颁发一级注册建造师执业资格证书。

二级建造师执业资格实行全国统一大纲,各省、自治区、直辖市命题并组织考试的制度。凡遵纪守法并具备工程类或工程经济类中等专科以上学历并从事建设工程项目施工管理工作满 2 年者,可报名参加考试,考试合格者颁发《中华人民共和国二级建造师执业资格证书》,该证书在所在行政区域内有效。

【案例分析】

◎基本案情

2001 年 3 月 25 日,被告北京市某区建设行政主管部门收到第二原告北京市某房地产开发公司的举报,称其正在进行施工的建筑施工图纸存在严重质量问题,希望被告对该图纸的设计单位进行查处。被告经调查后发现,该项目施工图纸是由第一原告李某组织无证设计人员，私自安排刻制并使用本应当由市建委统一管理发放的施工图出图专用章，且以××市建筑设计院上海分院的名义设计的。据此，被告于2001年11月27日对第一原告作出了“责令停止建筑活动，并处5万元罚款”的行政处罚。同时，上述项目的开发单位、第二原告在未查明设计单位的资质的情况下，将工程设计发包给事实上是个人的第一原告，并将无证人员设计的施工图纸交给施工单位使用，被告因此对第二原告也作出了“责令改正，并处罚款3万元”的行政处罚。处罚决定书下达后，两原告均不服上述行政处罚，遂于2002年1月16日向人民法院提起行政诉讼，要求撤销被告的上述行政处罚。

◎**案例分析**

在本案中，第一原告李某未经注册，以注册执业人员的名义从事建设工程勘察、设计活动，且私刻图章，以其他单位的名义从事建设工程勘察、设计任务；第二原告北京市某房地产开发公司违反有关法律法规的规定，将建设工程勘察、设计任务发包给不具有相应资质等级的勘察、设计单位。第一原告和第二原告均违反了有关法律法规的强制性规定，本案被告建设行政主管部门依据有关法律规定对上述原告进行行政处罚是正确的。

2.4 建设工程发包制度

【要　　点】

建设工程的招标主要适用于《招标投标法》及相关规定。

【解　　释】

◎**建设工程发包方式**

建设工程的发包方式主要有两种：招标发包和直接发包。《建筑法》第19条规定：“建筑工程依法实行招标发包，对不适用于招标发包的可以直接发包。”

建设工程的招标发包，主要适用《招标投标法》及其有关规定。《招标投标法》第3条规定了必须进行招标的工程建设项目范围。在该范围内并且达到国家规定的规模标准的工程建设项目的勘察、设计、施工、监理、重要设备和材料的采购都必须依法进行招标。

对于不适用于招标发包的可以直接发包的建设工程，发包单位虽然可以不进行招标，但应当将建设工程发包给具有相应资质条件的承包单位。《建筑法》第22条规定，“建筑工程实行直接发包的，发包单位应当将建筑工程发包给具有相应资质条件的承包单位”。

◎**提倡实行工程总承包**

《建筑法》第24条第1款规定，“提倡对建筑工程实行总承包”。建设工程的总承包方式按承包内容的不同，分为施工（或勘察、设计）总承包和工程总承包。其中，施工（或勘察、设计）总承包是我国常见且较为传统的工程承包方式，其主要特征是承包商仅承揽了施工（或勘查、设计）任务；而工程总承包则是指，“从事工程总承包的企业受业主委托，按照合同约定对工程项目的勘察、设计、采购、施工、试运行(竣工验收)等实行全过程或若干阶段的承包”。《建筑法》第 24 条第 2 款规定,“建筑工程的发包单位可以将建筑工程的勘察、设计,施工、设备采购一并发包给一个工程总承包单位,也可以将建筑工程勘察、设计、施工、设备采购的一项或者多项发包给一个工程总承包单位”。

工程总承包的具体方式、工作内容和责任等,由发包单位(业主)与工程总承包企业在合同中约定。我国目前提倡的工程总承包主要有如下几种方式。

(1)设计采购施工(EPC)/交钥匙总承包。

设计采购施工总承包是指工程总承包企业按照合同约定,承担工程项目的设计、采购、施工、试运行服务等工作,并对承包工程的质量、安全、工期、造价全面负责。

交钥匙总承包是设计采购施工总承包业务和责任的延伸,最终是向业主提交一个满足使用功能、具有使用条件的工程项目。

(2)设计-施工总承包(D-B)。

设计-施工总承包是指工程总承包企业按照合同约定,承担工程项目设计和施工,并对承包工程的质量、安全、工期、造价全面负责。

根据工程项目的不同规模、类型和业主要求,工程总承包还可采用设计-采购总承包(E-P)、采购-施工总承包(P-C)等方式。

◎禁止将建设工程肢解发包和指定采购

1)禁止发包单位将建设工程肢解发包

根据《建设工程质量管理条例》第 78 条规定,“肢解发包”是指“建设单位将应当由一个承包单位完成的建设工程分解成若干部分发包给不同的承包单位的行为”。建设单位(发包单位)将应当由一个承包单位整体承包的工程,肢解成若干部分分别发包给几个承包单位,容易导致如下弊端的产生。

(1)肢解发包可能导致发包人变相规避招标。

发包人可能会将大的工程项目肢解成若干小的工程项目,使得每一个小的工程项目都不满足关于招标规模和标准的规定,从而达到了变相规避招标的效果。

(2)肢解发包会不利于投资和进度目标的控制。

肢解发包意味着本来应该由一家承包商完成的项目,现在由两家或者两家以上的承包商完成了。这就会使得一些岗位出现重复设置的人员,也不利于各工序的协调,难以形成流水作业。这些弊端的最终结果就是不利于投资和进度目标的控制。

(3)肢解发包也会增加发包的成本。

肢解发包必然会使得发包的次数增加,这就必然会导致发包的费用增加。

(4)肢解发包也会增加发包人管理的成本。

肢解发包会导致合同数增加,这就必然会导致发包人在管理上增加难度,进一步导致发包人会在合同管理上增加成本。

由于肢解发包存在上述这些弊端,所以,《建筑法》第 24 条规定,“禁止将建筑工程肢解发包”,不得将应当由一个承包单位完成的建筑工程肢解成若干部分发包给几个承包单位。

2)发包单位不得指定承包单位采购

《建筑法》第25条规定:"按照合同约定,建筑材料、建筑构配件和设备由工程承包单位采购的,发包单位不得指定承包单位购入用于工程的建筑材料、建筑构配件和设备或者指定生产厂、供应商。"

建筑材料、建筑构配件和设备的采购权归属,是建设工程发包的一项非常重要的内容,需要发承包双方通过合同进行约定。在实践中,发包单位通常按包工包料的方式将工程发包给承包单位,对于需要由发包单位自己采购的,应当在合同中明确约定发包人的供货品种、规格、型号、数量、单价、质量等级、供货时间和地点等。但是,对于承包单位依据合同约定有权采购的建筑材料、建筑构配件和设备,如果发包单位指定承包商采购,将构成违约,承包单位有权拒绝;如果由于发包单位指定建筑材料、建筑构配件和设备不符合强制性标准造成建设工程质量缺陷的,发包单位应当承担过错责任。

【相关知识】

◎建设工程发包的一般规定

(1)建设工程发包与承包合同必须采用书面形式。

根据我国法律规定,经济合同既可采用书面合同的形式,也可采用口头合同的形式,但法律另有规定或双方当事人另有约定的除外。建设工程承发包合同一般都有涉及金额大、合同履行期长、社会影响面广、合同的成果十分重要等特点,从促使当事人慎重行事和避免对社会产生不良后果的主旨出发,《建筑法》及其他有关法规都规定:建设工程承发包合同必须采用书面形式。也就是说,以口头约定方式所订立的建设工程承发包合同,在法律上不仅是无效的,而且是违法的。

(2)建设工程承发包中,禁止行贿受贿。

通过行贿来获取工程承包权是一种扰乱建设市场的正常秩序、违背公平竞争原则的不正当竞争手段,是一种犯罪行为。《建筑法》规定:"发包单位及其工作人员在建筑工程发包中不得收受贿赂、回扣或者索取其他好处。承包单位及其工作人员不得利用向发包单位及其工作人员行贿、提供回扣或者给予其他好处等不正当手段承揽工程。"

【案例分析】

◎基本案情

某房地产开发公司欲建一幢商住两用大厦,遂与某建筑工程承包公司签订建设工程施工合同。关于施工进度,双方在专用条件中约定:5月11日至5月30日,地基完工;5月31日至7月9日,主体工程竣工;7月10日至20日,封顶,全部工程竣工。5月中旬工程开工,该项目楼花在房地产市场极为走俏,为使该项目尽早建成,该房地产开发公司便派专人检查监督施工进度。检查人员曾多次要求建筑公司缩短工期,均被建筑公司以质量无法保证为由拒绝。为使工程尽早完工,房地产开发公司所派检查人员遂以承包公司名义要求材料供应商提前送货至目的地,造成材料堆积过多,管理困难,部分材料损坏。该承包公司遂起诉该房地产开发公司,要求其承担损害赔偿责任。房地产开发公司以检查作业进度,督促完工为由抗辩。法院判决该房地产开发公司抗辩不成立,应依法承担赔偿责任。

◎**案例分析**

本案涉及发包方如何行使检查监督权问题。《合同法》第277条规定:“发包人在不妨碍承包人正常作业的情况下,可以随时对作业进度、质量进行检查。”

发包人有权随时对承包人作业进度和质量进行检查,但这一权利的行使不得妨碍承包人的正常作业,这是其行使监督检查权利的前提。所谓正常作业,是指承包人依据建设工程合同的约定,按施工进度计划表、预先设计的施工图纸及说明书等完成建设工程任务的行为。在行使监督检查权利的时间方面,《合同法》第277条未有限制,规定发包人可随时行使。在行使权利的范围方面,包括作业进度和质量两方面。发包人对承包人作业进度的检查,一般依承包方提供的施工进度计划表、月份施工作业计划为据。检查、监督为发包人的权利,接受检查、监督便成为承包人的义务。对于发包人不影响承包方工作的必要监督、检查,承包人应予以支持和协助,不得拒绝。

根据《合同法》第277条规定,如果发包人对作业进度质量进行检查,妨碍了承包人正常作业,那么,承包人有权要求发包人承担由此造成的一切后果和损失;如果发包人的检查工作虽未妨碍承包人正常作业,但却超出了进度和质量两方面的范围限制,则承包人亦可拒绝接受检查,或要求发包人承担由此造成的损失。

在本案中,房地产开发公司派专人检查工程施工进度的行为本身是行使监督检查权的表现。但检查人员的检查行为,已经超出了法律规定的对施工进度和质量进行检查的范围,且以承包公司名义促使材料供应商提早供货,在客观上妨碍了承包公司的正常作业,因而构成权利滥用行为,理应承担损害赔偿责任。

2.5 建设工程承包制度

【要　　点】

《建筑法》第26条规定承包建筑工程的单位应当持有依法取得的资质证书,并在其资质等级许可的业务范围内承揽工程。禁止施工单位企业超越本企业资质等级许可的业务范围或者以其他形式用其他建筑施工企业的名义承揽工程。

【解　　释】

◎**建设工程承包单位的资质等级许可制度**

我国对工程承包单位(包括勘察、设计、施工单位)实行资质等级许可制度。《建筑法》第26条第1款规定:“承包建筑工程的单位应当持有依法取得的资质证书,并在其资质等级许可的业务范围内承揽工程。”目前,对有关建设工程勘察、设计、施工企业的资质等级、业务范围等作出统一规定的分别是《建设工程勘察设计企业资质管理规定》(建设部令第93号)《建筑业企业资质管理规定》(建设部令第159号)。

为了规范建筑施工企业的市场行为,严格建筑施工企业的市场准入,《建筑法》第26条第 2 款对违反资质许可制度的行为作出如下规定：

(1)禁止建筑施工企业超越本企业资质等级许可的业务范围承揽工程；

(2)禁止以任何形式用其他建筑施工企业的名义承揽工程；

(3)禁止建筑施工企业以任何形式允许其他单位或者个人使用本企业的资质证书、营业执照，以本企业的名义承揽工程。

《房屋建筑和市政基础设施工程施工分包管理办法》第 15 条规定："分包工程发包人没有将其承包的工程进行分包，在施工现场所设项目管理机构的项目负责人、技术负责人、项目核算负责人、质量管理人员、安全管理人员不是工程承包人本单位人员的，视同允许他人以本企业名义承揽工程。"

◎联合承包

《建筑法》第 27 条规定："大型建筑工程或者结构复杂的建筑工程，可以由两个以上的承包单位联合共同承包。共同承包的各方对承包合同的履行承担连带责任。

两个以上不同资质等级的单位实行联合共同承包的，应当按照资质等级较低的单位的业务许可范围承揽工程。"

《招标投标法》及其相关规定对"联合体投标"问题作出了更具体的规定。

◎禁止转包

转包与分包的主要区别在于分包是指一部分工程交由其他单位完成，而转包则是将所有工程全部交由其他单位完成。

《建筑法》第 28 条规定："禁止承包单位将其承包的全部建筑工程转包给他人，禁止承包单位将其承包的全部建筑工程肢解以后以分包的名义分别转包给他人。"《建设工程质量管理条例》第 78 条则将"转包"定义为"承包单位承包建设工程后，不履行合同约定的责任和义务，将其承包的全部建设工程转包给他人或者将其承包的全部建设工程肢解以后以分包的名义分别转包给其他单位承包的行为"。

【相关知识】

◎建设工程承包的一般规定

1)承包单位必须具有相应资格

建设活动是一种专业技术要求高、对社会影响大的经济活动。因此，世界上大多数国家对工程建设活动都实行执业资格制度，我国现在也正在实行这一制度。即承包工程的勘察、设计、施工、监理等单位，都必须是持有营业执照和相应资质等级证书的相关单位。而建筑构配件和非标准设备的加工、生产单位，也必须是具有生产许可证或是经有关主管部门依法批准生产的单位。

2)提倡总承包、禁止肢解分包

我国当前的建设工程承包，一般有以下几种方式。

(1)全过程承包，即从项目可行性研究开始，到勘察、设计、施工、验收、交付使用为止的建设项目全过程承包，这样的工程俗称"交钥匙工程"。

(2)设计-施工总承包,即从勘察、设计,到竣工验收为止的总承包。

(3)施工总承包,即对工程施工全过程进行总承包。

【案例分析】

◎基本案情

某学校欲建设教学楼,遂与某建筑公司签订施工合同,合同中约定了工程工期以及工程价款等内客。建筑公司按合同约定的期限完工,经验收后,教学楼交付使用。2 年后,在下课时因学生拥挤,一楼楼梯突然断裂倒塌,造成多名学生受伤。学生家长要求学校赔偿,学校则以工程质量存在问题为由要求建筑公司赔偿。建筑公司辩称,其已经按照说明书及施工图纸完成了建设任务,施工中校方也派人进行了监督,原定 1 年的保修期已经届满,出现事故完全由于学校管理不善所致,建筑公司不应承担责任。学校诉至法院,要求建筑公司对楼梯倒塌造成的学生人身伤害赔偿损失。建筑公司应否承担损害赔偿责任,为什么?

◎案例分析

本案涉及承包人保证工程质量义务问题。对于建设工程合理期限内的质量安全,承包人负担保责任。承包人对建设工程保证期内的工程质量应负瑕疵担保责任,而且,应对建设工程合理使用期限内因质量造成的人身和财产损失负担保责任。为了保证建设工程的质量,当事人可以约定保证金。发包人于支付款项时,可预扣约定的保证金,发包人在保质期内对保证金可不予归还,在保证期满后,未发现工程瑕疵或者虽有瑕疵,承包人已进行了维修、返工、改建且验收合格时,发包人才应返还保证金。对于质量保证期限,当事人可以在承包合同中约定,质量保证期限的长短应与工程的性质相适应,当事人未约定质量保证期的,承包人应在合理期限内承担工程的瑕疵担保责任。依《合同法》第 282 条规定,因承包人的原因致使建设工程在合理使用期限内造成人身和财产损害的,承包人应当承担损害赔偿责任。建设工程合同的承包人的基本义务是按照合同约定保质保量地完成承包的工作任务。承包人对完成的工作成果负瑕疵担保责任,该工程质量担保责任的构成要件包括:①因建设工程倒塌、脱落等造成人身损害和财产损害;②该损害发生在建设工程的合理使用期限内,该合理使用期限依建设工程的不同而不同,民用建筑为交付之日起 50 年至 100 年;③该建筑物的倒塌、脱落等系因承包人的原因造成的。本案中,学生的人身伤害是因教学楼楼梯断裂造成的,损害发生在教学楼的合理使用期限内,并且从案情看楼梯的断塌属于建设工程的质量安全问题,属于承包人的原因而非校方的管理不善所致,因此,建筑公司应对教学楼楼梯断塌造成的学生人身伤害负赔偿责任。

2.6 建设工程分包制度

【要　　点】

分包是指总承包单位将其所承包的工程中的部分工程发包给其他承包单位完成的活动。我国对建设工程的分包单位实行资质等级许可制度。

【解　　释】

◎建设工程分包单位的资质等级许可制度

《建筑法》第 29 条规定，“建筑工程总承包单位可以将承包工程中的部分工程发包给具有相应资质条件的分包单位”。《建筑业企业资质管理规定》第 6 条规定了不同资质建筑业企业的承揽工程的范围。

施工总承包企业可以对所承接的施工总承包工程内各专业工程全部自行施工，也可以将专业工程或劳务作业依法分包给具有相应资质的专业承包企业或劳务分包企业。

取得专业承包资质的企业，可以承接施工总承包企业分包的专业工程和建设单位依法发包的专业工程。专业承包企业可以对所承接的专业工程全部自行施工，也可以将劳务作业依法分包给具有相应资质的劳务分包企业。

取得劳务分包资质的企业，可以承接施工总承包企业或专业承包企业分包的劳务作业。

◎总承包单位与分包单位的连带责任

《建筑法》第 29 条第 2 款规定：“建筑工程总承包单位按照总承包合同的约定对建设单位负责；分包单位按照分包合同的约定对总承包单位负责。总承包单位和分包单位就分包工程对建设单位承担连带责任。”

连带责任既可以依合同约定产生，也可以依法律规定产生。建设单位虽然和分包单位之间没有合同关系，但是当分包工程发生质量、安全、进度等方面问题给建设单位造成损失时，建设单位既可以根据总承包合同向总承包单位追究违约责任，也可以根据法律规定直接要求分包单位承担损害赔偿责任，分包单位不得拒绝。总承包单位和分包单位之间的责任划分，应当根据双方的合同约定或者各自过错大小确定；一方向建设单位承担的责任超过其应承担份额的，有权向另一方追偿。

◎禁止违法分包

《建筑法》禁止违法实施分包，违法分包的情形具体如下：

(1)总承包单位将建设工程分包给不具备相应资质条件的单位的；

(2)建设工程总承包合同中未有约定，又未经建设单位认可，承包单位将其承包的部分建设工程交由其他单位完成的；

(3)施工总承包单位将建设工程主体结构的施工分包给其他单位的；

(4)分包单位将其承包的建设工程再分包的。

【相关知识】

◎对分包单位的认可

《建筑法》第 29 条进一步规定：“除总承包合同中约定的分包外，必须经建设单位认可。”

这条规定实际上赋予了建设单位对分包商的否决权。即没有经过建设单位认可的分包商是违法的分包商。尽管《建筑法》将认可的范围局限于"总承包合同中约定的分包单位"以外的分包商，但是，由于总承包合同中的分包单位已经在合同中得到了建设单位的认可，所以，实质上需要建设单位认可的分包单位的范围包含了所有的分包单位。

但是，认可分包单位与指定分包单位是不同的。认可是在总承包单位已经作出选择的基础上进行确认，而指定则是首先由建设单位作出选择。在国际工程市场中，可以存在指定分包商，例如《FIDIC 施工合同条件》中就有指定分包商。但是，直接指定分包商在国内是违法的。《房屋建筑和市政基础设施工程施工分包管理办法》第 7 条明确规定："建设单位不得直接指定分包工程承包人。"《工程建设项目施工招标投标办法》第 66 条也规定："招标人不得直接指定分包人。"

【案例分析】

◎基本案情

甲公司与某建设发展公司签订了一份铁路建设合同。合同约定：建设发展公司将全长 25 公里范围内的路基、轨道、桥梁、隧道、涵渠、电力、通信、信号、房屋、设备及建筑物发包给甲公司施工。合同签订后，甲公司和乙公司签订了一份铁路施工合同，约定甲公司将其承包的 2 公里范围内的路基土石方、路基附属工程、挡土墙、路基排水渠需挖的土石方、涵洞、电缆槽等工程发包给乙公司。乙公司在建设过程中，因施工质量不符合要求，建设发展公司要求甲公司承担赔偿责任，而甲公司要求乙公司承担赔偿责任，双方相互推诿，为此发生纠纷。

◎案例分析

本案涉及总承包人与分包人的连带责任问题。根据《合同法》第 272 条规定，发包人可以与总承包人订立建设工程合同，也可以分别与勘察人、设计人、施工人订立勘察、设计、施工承包合同。发包人不得将应当由一个承包人完成的建设工程肢解成若干部分发包给几个承包人。总承包人或者勘察人、设计人、施工承包人经发包人同意，可以将自己承包的部分工作交由第三人完成。第三人就其完成的工作成果与总承包人或者勘察人、设计人、施工承包人向发包人承担连带责任。承包人不得将其承包的全部建设工程转包给第三人或者将其承包的全部建设工程肢解以后以分包的名义分别转包给第三人。禁止承包人将工程分包给不具备相应资质条件的单位。禁止分包单位将其承包的工程再分包。建设工程主体结构的施工必须由承包人自行完成。在建设工程合同中存在转包与分包的问题。所谓转包是指承包人于承包工程后将其承包的工程建设任务转让给第三人，第三人成为新承包人，原承包人退出承包关系，原承包人对于受让人的履行行为不承担责任。为防止承包人转包牟利，保证工程质量，法律禁止转包。所谓分包是指总承包人或者单项任务的承包人将其承包的建设任务部分交由第三人完成，总承包人或者承包人就分承包人完成的工作成果与分承包人向发包人承担连带责任。法律允许分承包，但须符合以下条件：①分包合同的发包人须为建设工程合同的总承包人或者承包人；②分承包的标的不能是建设工程主体结构的施工；③分承包人具有相应的资质条件；④须经发包人同意。本案中，甲公司承包铁路的施工任务，与建设发展公司签订合同后，又将其承包的施工任务部分分包给乙公司，该分包经发包人同意，不违反关于分包的规定,因而是有效的,但就分包人施工的质量,作为总承包人的甲公司应当与分包人乙公司对发包人建设发展公司承担连带责任。

2.7 建设工程监理制度

【要　　点】

建筑工程监理,是指具有相应资质条件的工程监理单位依法接受建设单位的委托,依照法律、法规以及有关技术标准、设计文件和建设工程承包合同,对建设工程质量、建设工期和建设资金使用等实施的专业化监督管理。《建筑法》第30条第1款规定,国家推行建筑工程监理制度。

【解　　释】

◎工程监理的基本原则

工程监理主要有以下四个基本原则。

(1)资质许可原则。

工程监理单位应当在其资质等级许可的适用范围内承担监理业务。

(2)依法监理的原则。

自实行工程建设监理制以来,为维护正常的经济秩序和促进监理制度的健康发展,我国已颁发了不少相应法规,所有工程建设的监理活动都必须遵守这些规定,不得违反。否则,将导致监理活动无效,从而造成重大的经济损失,还会受到法律的惩处。

(3)客观公正的原则。

建设监理单位应具有健全的组织机构,完善而科学的技术、经济方法和严格规范的工作程序,由掌握丰富的专业技能和实践经验的监理人员履行其监理职责。要以事实为依据,以公正的第三人的身份处理工程监理活动中发生的纠纷和问题。

(4)总监理工程师全权负责原则。

总监理工程师是监理单位履行委托监理合同的全权负责人,全权负责工程监理事务,并领导项目监理部全面开展工作。专业监理工程师具体完成监理业务,并对总监理工程师负责。

◎实行强制监理的建设工程范围

《建筑法》第30条第2款规定:"国务院可以规定实行强制监理的建筑工程的范围。"国务院《建设工程质量管理条例》第12条规定了必须实行监理的建设工程,《建设工程监理范围和规模标准规定》(2001年1月17日建设部令第86号发布)则对必须实行监理的建设工程作出了更具体的规定。

1)国家重点建设项目

国家重点建设项目是指依据《国家重点建设项目管理办法》所确定的对国民经济和社会发展有重大影响的骨干项目。

2)大中型公用事业工程

大中型公用事业工程是指项目总投资额在3 000万元以上的下列工程项目:

(1)供水、供电、供气、供热等市政工程项目;

(2)科技、教育、文化等项目;

(3)体育、旅游、商业等项目;

(4)卫生、社会福利等项目;

(5)其他公用事业项目。

3)成片开发建设的住宅小区工程

建筑面积在5万平方米以上的住宅建设工程必须实行监理;5万平方米以下的住宅建设工程,可以实行监理,具体范围和规模标准由省、自治区、直辖市人民政府建设行政主管部门规定。

4)利用外国政府或者国际组织贷款、援助资金的工程

利用外国政府或者国际组织贷款、援助资金的工程项目主要包括以下三种:

(1)使用世界银行、亚洲开发银行等国际组织贷款资金的项目;

(2)使用国外政府及其机构贷款资金的项目;

(3)使用国际组织或者国外政府援助资金的项目。

5)国家规定必须实行监理的其他工程

(1)项目总投资额在3 000万元以上关系社会公共利益、公众安全的下列基础设施项目:

①煤炭、石油、化工、天然气、电力、新能源等项目;

②铁路、公路、管道、水运、民航以及其他交通运输业等项目;

③邮政、电信枢纽、通信、信息网络等项目;

④防洪、灌溉、排涝、发电、引(供)水、滩涂治理、水资源保护、水土保持等水利建设项目;

⑤道路、桥梁、地铁和轻轨交通、污水排放及处理、垃圾处理、地下管道、公共停车场等城市基础设施项目;

⑥生态环境保护项目;

⑦其他基础设施项目。

(2)学校、影剧院、体育场馆项目。

◎工程监理单位资质等级许可制度

我国对工程监理单位实行资质等级许可制度。《建筑法》第31条规定,实行监理的建筑工程,由建设单位委托具有相应资质条件的工程监理单位监理。

《建设工程质量管理条例》第34条第1款进一步规定:“工程监理单位应当依法取得相应资质等级的证书,并在其资质等级许可的范围内承担工程监理业务。”

为了规范工程监理单位的市场行为,严格工程监理单位的市场准入,《建设工程质量管理条例》第34条第2款对违反工程监理单位资质许可制度的行为作出如下禁止性规定:

(1)禁止工程监理单位超越本单位资质等级许可的范围承担工程监理业务;

(2)禁止以其他工程监理单位的名义承担工程监理业务;

(3)禁止工程监理单位允许其他单位或者个人以本单位的名义承担工程监理业务。

◎工程监理的依据、内容和权限

1)工程监理的依据

根据《建筑法》、《建设工程质量管理条例》、《建设工程安全生产管理条例》的有关规定,工程监理的依据包括法律法规、有关的技术标准、设计文件和建筑工程承包合同。

(1)法律、法规。

工程监理单位执行监理任务,必须符合法律、法规的规定。工程监理单位既不能亲自实施违法行为,也不能接受建设单位委托的违法事项。否则,根据《建筑法》第69条的规定,造成损失的,工程监理单位应当与建设单位承担连带赔偿责任。因此,法律、法规是工程监理单位和依据之一。

(2)有关的技术标准。

技术标准分为强制性标准和推荐性标准。强制性标准是各参建单位都必须执行的标准,而推荐性标准则是可以自主决定是否采用的标准。通常情况下,建设单位如要求采用推荐性标准,应当与设计单位或施工单位在合同中予以明确约定。经合同约定采用的推荐性标准,对合同当事人同样具有法律约束力,如果设计或施工未达到该标准,将构成违约行为。

(3)设计文件。

设计文件不仅是施工的依据,也是监理的依据。工程监理人员如果发现施工不符合设计要求,应当要求施工单位改正,这既是工程监理单位依法享有的权利,同时也是其依法应当履行的义务。同时,工程监理人员如果发现工程设计有瑕疵,依法有义务向建设单位报告并要求设计单位改正。

(4)建设工程承包合同。

建设单位和承包单位通过订立建设工程承包合同,明确双方的权利和义务。工程监理单位作为建设单位的委托代理人,其在委托授权范围内享有的权利,只能来源于建设单位在建设工程承包合同中的权利。因此,工程监理单位代表建设单位实施监理工作,不能脱离建设工程承包合同。因此,建设工程承包合同也是工程监理的一个依据。

2)工程监理的内容

根据《建筑法》的有关规定,工程监理的内容可以概括为工程监理单位对承包单位在质量、工期和资金使用等方面的监督,即实践中所谓的“三控制”。当然,由于工程监理单位和建设单位之间属委托代理关系,因此,工程监理单位的监理工作内容、监理权限还将取决于双方合同的具体约定,并且该约定要向被监理的承包单位披露。为此,《建筑法》第33条特别强调:“实施建筑工程监理前,建设单位应当将委托的工程监理单位、监理的内容及监理权限,书面通知被监理的建筑施工企业。”

3)工程监理的权限

《建筑法》第32条第2款、第3款分别规定了工程监理人员的监理权限和义务:

(1)工程监理人员认为工程施工不符合工程设计要求、施工技术标准和合同约定的,有权要求建筑施工企业改正;

(2)工程监理人员发现工程设计不符合建筑工程质量标准或者合同约定的质量要求的,应当报告建设单位并要求设计单位改正。

◎禁止工程监理单位实施的违法行为

根据《建筑法》第 34 条、第 35 条的规定，工程监理单位还应当遵守以下强制性法律规定。

(1)工程监理单位与被监理工程的承包单位及建筑材料、建筑构配件和设备供应单位不得有隶属关系或者其他利害关系。

工程监理单位与本监理工程的承包单位、供应单位之间是监督与被监督的关系。工程监理单位应当根据建设单位的委托，客观、公正地执行监理任务。如果工程监理单位与承包单位或供应单位之间有隶属关系或其他利害关系，将很可能影响工程监理单位的客观性和公正性，并最终损害委托方建设单位的利益。鉴于此，《建筑法》第 34 条第 3 款作出了相应的禁止性规定。

(2)工程监理单位不得转让监理业务。

建设单位之所以将监理工作委托给某个工程监理单位，往往是出于对该单位综合能力的信任，而并不仅仅取决于其监理费报价是否较低。因此，和其他委托代理合同一样，建设工程委托监理合同通常是建立在依赖关系的基础上，具有较强的人身性。工程监理单位接受委托后，应当自行完成工程监理工作，不得转让监理业务。

(3)工程监理单位不按照委托监理合同的约定履行监理义务，对应当监督检查的项目不检查或者不按照规定检查，给建设单位造成损失的，应当承担相应的赔偿责任。

工程监理单位应当与建设单位签订建设工程委托监理合同，明确双方的权利和义务。工程监理单位不按照委托监理合同的约定履行监理义务，首先是对建设单位的一种违约，因此要承担相应的违约责任；如果给建设单位造成损失，这种违约责任将主要表现为赔偿损失。当然，工程监理单位不按约定或法律规定履行监理义务的行为，除应当对建设单位承担违约责任以外，还有可能依法承担罚款、降低资质等级等行政责任；构成犯罪的，还要承担刑事责任。

(4)工程监理单位与承包单位串通，为承包单位牟取非法利益，给建设单位造成损失的，应当与承包单位承担连带赔偿责任。

工程监理单位与建设单位之间是代理与被代理的关系，而相对于建设工程委托监理合同，承包单位是第三人。根据《民法通则》第 66 条的规定，代理人和第三人串通，损害被代理人的利益的，由代理人和第三人负连带责任。《建筑法》第 35 条第 2 款与《民法通则》第 66 条规定内容一致。

【相关知识】

◎工程监理工作的程序

为了加强对工程项目的监理工作力度和效率，监理工作应有序进行，监理程序要逐步规范化和标准化，以保证工程监理的工作质量，提高监理工作水平。工程建设监理工作应遵循下列程序进行：

(1)编制工程建设监理规划；

(2)按照工程建设进度，分专业编制工程建设监理细则；

(3)按照建设监理细则进行建设监理;

(4)参与工程竣工预验收,签署建设监理意见;

(5)建设监理业务完成后,向项目法人(建设单位)提交工程建设监理档案资料。

【案例分析】

◎基本案情

某房地产开发公司投资开发一住宅小区,与某工程监理公司签订建设工程委托监理合同。在专用条件的监理职责条款中,双方约定:"乙方(监理公司)负责甲方(房地产开发公司)住宅小区工程设计阶段和施工阶段的监理业务。……房产开发公司应于监理业务结束之日起5日内支付最后30%的监理费用。"写字楼工程竣工一周后,监理公司要求房产开发公司支付剩余30%的监理费,房产开发公司以双方有口头约定,监理公司监理职责应履行至工程保修期满为由,拒绝支付。监理公司索款未果,诉至法院。法院判决双方口头商定的监理职责延至保修期满的内容不构成委托监理合同的内容,房产开发公司到期未支付最后一笔监理费,构成违约,应承担违约责任,支付监理公司剩余30%的监理费及延期付款利息。

◎案例分析

依据《合同法》第276条和《建筑法》的有关规定,依法应当实行监理的建设工程,发包人应与监理人订立书面委托监理合同,由监理人按合同内容对建设工程进行监理。

根据《中华人民共和国建筑法》第四章的规定及《建设工程监理范围和规模标准规定》(建设部令第86号令)等有关规定,依法应当实行监理的建设工程有五类:①国家重点建设工程;②大中型公益事业工程;③成片建设的住宅小区工程;④利用外国政府或者国际金融组织捐赠、贷款、援助资金的工程;⑤国家规定必须实行监理的其他工程。

本案中,房地产开发公司开发住宅小区,属于需要实行监理的建设工程,依法应当与监理人签订委托监理合同。本案争议焦点在于确定监理公司监理义务范围。依书面合同约定,监理范围包括工程设计和施工两个阶段,而未包括工程的保修阶段;双方只是口头约定还应包括保修阶段。依据《合同法》第276条规定,委托监理合同应以书面形式订立,口头形式约定不成立委托监理合同。因此,该委托监理合同关于监理义务的约定,只能包括工程设计和施工两个阶段,不应包括保修阶段,也就是说,监理公司已完全履行了合同义务,房产开发公司逾期支付监理费用,属违约行为,故判决其承担违约责任,支付监理费及延期付款利息是正确的。

3

建设工程招标投标制度

JIANSHEGONGCHENGZHAOBIAOTOUBIAOZHIDU

3.1 建设工程招标投标概述

【要　点】

建设工程招标投标活动,是我国建设工程承包合同订立的最主要形式。招标指招标人依法提出招标项目及其相应的要求和条件,通过发布招标公告或发出招标邀请书吸引潜在投标人参加投标的行为。投标指投标人响应招标文件的要求,参加投标竞争的行为。

【解　释】

◎建设工程招标投标的基本概念

1)建设工程招标和投标

建设工程招标投标活动,是我国建设工程承包合同订立的最主要方式。《建筑法》第19条规定:"建筑工程依法实行招标发包,对不适于招标发包的可以直接发包。"

建设工程招标是指发包人率先提出工程的条件和要求,发布招标公告吸引潜在投标人或直接邀请众多投标人参加投标并按照规定程序从中选择承包人的行为。建设工程投标是指投标人在同意招标人拟订好的招标文件的前提下,对招标项目提出自己的报价和相应条件,通过竞争努力被招标人选中的行为。

2)建设工程招标人、投标人及其他参与人

(1)建设工程招标投标当事人。

建设工程招标投标当事人,又称建设工程招标投标活动主体,是指依照法律规定能够参与建设工程招标投标活动,享受相应权利和承担相应义务的人,主要指招标人和投标人。

①招标人是依照招标投标法的规定提出招标项目、进行招标的法人或其他组织。

②投标人是指响应投标、参加投标竞争的法人或者其他组织。在实践中,非企业法人的其他组织通常不能成为建设工程施工和勘察、设计投标的主体。

(2)建设工程招标投标其他参与人。

除招标人和投标人以外,建设工程招标投标的参与人还包括招标代理机构、评标委员会等。

招标代理机构,是指依法设立、从事招标代理业务并提供相关服务的社会中介组织。评标委员会,是指由招标人的代表和有关技术、经济方面的专家组成,负责评标事宜的机构。

◎工程建设项目招标范围和规模标准

1)必须招标的工程建设项目范围

(1)根据《招标投标法》第3条规定,在中华人民共和国境内进行下列工程建设项目包括项目的勘察、设计、施工、监理以及与工程建设有关的重要设备、材料等的采购,必须进行招标:

①大型基础设施、公用事业等关系社会公共利益、公众安全的项目;

②全部或者部分使用国有资金投资或者国家融资的项目;

③使用国际组织或者外国政府贷款、援助资金的项目。

《招标投标法》还规定,任何单位和个人不得将依法必须进行招标的项目化整为零或者以其他任何方式变相规避招标。

(2)为了确定必须进行招标的工程建设项目的具体范围和规模标准,规范招标投标活动,根据《招标投标法》第3条的规定,原国家发展计划委员会2000年5月1日发布的第3号令《工程建设项目招标范围和规模标准规定》中明确规定:

①关系社会公共利益、公众安全的基础设施项目的范围包括如下。

A. 煤炭、石油、天然气、电力、新能源等能源项目。

B. 铁路、公路、管道、水运、航空以及其他交通运输业等交通运输项目。

C. 邮政、电信枢纽、通信、信息网络等邮电通讯项目。

D. 防洪、灌溉、排涝、引(供)水、滩涂治理、水土保持、水利枢纽等水利项目。

E. 道路、桥梁、地铁和轻轨交通、污水排放及处理、垃圾处理、地下管道、公共停车场等城市设施项目。

F. 生态环境保护项目。

G. 其他基础设施项目。

②关系社会公共利益、公众安全的公用事业项目的范围包括如下。

A. 供水、供电、供气、供热等市政工程项目。

B. 科技、教育、文化等项目。

C. 体育、旅游等项目。

D. 卫生、社会福利等项目。

E. 商品住宅,包括经济适用住房。

F. 其他公用事业项目。

③使用国有资金投资项目的范围包括如下。

A. 使用各级财政预算资金的项目。

B. 使用纳入财政管理的各种政府性专项建设基金的项目。

C. 使用国有企业事业单位自有资金,并且国有资产投资者实际拥有控制权的项目。

④国家融资项目的范围包括如下。

A. 使用国家发行债券所筹资金的项目。

B. 使用国家对外借款或者担保所筹资金的项目。

C. 使用国家政策性贷款的项目。

D. 国家授权投资主体融资的项目。

E. 国家特许的融资项目。

⑤使用国际组织或者外国政府资金的项目的范围包括如下。

A. 使用世界银行、亚洲开发银行等国际组织贷款资金的项目。

B. 使用外国政府及其机构贷款资金的项目。

C. 使用国际组织或者外国政府援助资金的项目。

2)工程建设项目招标规模标准

《工程建设项目招标范围和规模标准规定》规定的上述各类工程建设项目,包括项目的勘察、设计、施工、监理以及与工程建设有关的重要设备、材料等的采购，达到下列标准之一的，必须进行招标：

(1)施工单项合同估算价在200万元人民币以上的；

(2)重要设备、材料等货物的采购，单项合同估算价在100万元人民币以上的；

(3)勘察、设计、监理等服务的采购，单项合同估算价在50万元人民币以上的；

(4)单项合同估算价低于第(1)、(2)、(3)项规定的标准，但项目总投资额在3 000万元人民币以上的。

3)可以不进行招标的项目范围

《招标投标法》第66条规定："涉及国家安全、国家秘密、抢险救灾或者属于利用扶贫资金实行以工代赈、需要使用农民工等特殊情况，不适宜进行招标的项目，按照国家规定可以不进行招标。"

根据《工程建设项目施工招标投标办法》(国家发展计划委员会、建设部等七部委员会联合发布第30号令，2003年5月1日起施行)第12条的规定，工程建设项目有下列情形之一的，依法可以不进行施工招标：

(1)涉及国家安全、国家秘密或者抢险救灾而不适宜招标的；

(2)属于利用扶贫资金实行以工代赈、需要使用农民工的；

(3)施工主要技术采用特定的专利或者专有技术的；

(4)施工企业自建自用的工程，且该施工企业资质等级符合工程要求的；

(5)在建工程追加的附属小型工程或者主体加层工程，原中标人仍具备承包能力的；

(6)法律、行政法规规定的其他情形。

◎建设工程招投标的基本法律要求

1)招投标活动所应遵循的基本原则

《招标投标法》第5条规定："招标投标活动应当遵循公开、公平、公正和诚实信用的原则。"

(1)公开原则。

公开原则要求招标投标的法律、法规、政策公开；招标投标具体过程公开，包括招标公开(在公开招标中)、开标公开、评标和中标的结果公开等。

公开原则可以保证各投标人能够公平地得到各种信息，防止只让局部范围内的少数招标人知道招标信息，从而保证招标的广泛性、竞争性、透明性和公平性等。

(2)公平原则。

公平原则要求给予所有投标人平等的机会，使其享有同等的权利，履行同等的义务，不得以任何理由排斥或歧视任何潜在投标人。

《招标投标法》第6条特别规定："依法必须进行招标的项目，其招标投标活动不受地区或者部门的限制。任何单位和个人不得违法限制或者排斥本地区、本系统以外的法人或者其他组织参加投标，不得以任何方式非法干涉招标投标活动。"

2)禁止规避招标

《招标投标法》第4条规定："任何单位和个人不得将依法必须进行招标的项目化整为零

或者以其他任何方式规避招标。”

有关当事人为了获取非法利益，常常会千方百计地规避招标。化整为零规避招标一般是指将一个符合依法必须进行招标的项目划分为若干部分，使每部分在规模上都低于依法必须进行招标的项目，从而达到规避招标的目的。除采取化整为零的方式外，比较常见的还有虚假招标等方式，如利用设置巨额投标保证金等不合理的条件排斥潜在的投标人；或表面招标，实际已暗中确定承包人等。

对于规避招标的行为，《招标投标法》第49条规定：“违反本法规定，必须进行招标的项目而不招标的，将必须进行招标的项目化整为零或者以其他任何方式规避招标的，责令限期改正，可以处项目合同金额千分之五以上千分之十以下的罚款；对全部或者部分使用国有资金的项目，可以暂停项目执行或者暂停资金拨付；对单位直接负责的主管人员和其他直接责任人员依法给予处分。”

【相关知识】

◎工程建设招标的公证

《招标投标公证程序细则》对申请公证的招标活动明确以下规定：招标人需要申请进行公证的，申请人应填写公证申请表，并提交下列材料：

(1)法人资格证明和法定代表人身份证明及本人身份证件，代为申请的，应提交授权委托书及本人的身份证件；

(2)受委托招标的，应提交委托书和具有承办招标事项资格的证明；

(3)有关主管部门对招标项目、招标活动的批准文件；

(4)招标组织机构及组成人员名单；

(5)招标通知(公告)或招标邀请函；

(6)招标文件(主要包括：招标说明书、投标人须知、招标项目技术要求、投标书格式、投标保证文件、合同条件等)；

(7)对投标人资格预审文件；

(8)评标组织机构及组成人员名单；

(9)公证人员认为应当提交的其他有关材料。

【案例分析】

◎基本案情

2000年7月4日，被告中电公司向深圳市建设局申请对中电照明研发中心工程进行对外招标，7月11日获得批准。8月11日，原告达诚公司向被告支付了保证金100万元人民币，并于8月18日向深圳市建设工程交易服务中心呈送《中电照明研发中心标书》。8月29日，中电公司在深圳市建设工程交易服务中心第四会议室召开中照研发中心开标会。会上由深圳市建设工程造价管理站(以下简称造价站)公开宣读中照研发中心的标底为人民币19 010 550.12元，然后公开了6个投标单位的投标价，其中原告的投标价为人民币17 004 308.68元。9月20日，被告向造价站发函，以造价站的标底与其送审的预算数额有出人为由，要求标底按隐框玻璃幕墙进行调整并重新定标。造价站回函称，被告送交的资料没有任何说明铝合金固定窗修改为隐框玻璃幕墙的资料，同意仅就该工程量清单中第143项（铝合金固定窗）用同一工程量按隐框玻璃幕墙单价计算调整。9月30日，被告以修改后的标底召开定标会，重新确定投标价为1 991.7 393万元人民币，并宣布深圳市第三某建筑工程总公司（以下简称三建）得分最高，成为中标单位。

原告则以其已中标但被告拒发中标通知书为由诉至深圳市福田区人民法院，请求判令被告违约并双倍返还保证金200万元人民币。

◎案例分析

本案是一宗典型的招投标合同纠纷，也是深圳市首宗招投标合同争议案，因而备受传媒和社会各界的广泛关注。尽管该案经过二审法院的努力，在分清是非责任的基础上得以调解解决。但是，该案所涉及的法律问题仍然值得我们探讨和研究。

(1)被告在开标后，甚至原告已实质中标后，中止开标会，修改招标文件是否合法有效?

关于原告是否已实质上中标，被告修改标底的行为是否合法有效是本案争议的焦点。实践中，在招投标中所采取的定标方法根据工程具体情况也会有所不同。主要有：分段评标法、合理低价中标法和评审法等。所谓评审法，就是招标机构在全面了解各投标人的投标书内容的基础上，对工程造价、工期、质量、施工组织设计、施工技术措施、主要材料消耗量、企业信誉等进行分析研究、比较或评分，择优确定中标人的一种方法。《〈深圳经济特区建设工程施工招投标条例〉实施细则》（下称《实施细则》）第23条第3款规定："采用打分方式确定中标人的，投标人得分最高者为中标人。"本案中，定标是采用评审法。对于2000年8月29日前的招投标活动的合法性，双方当事人均无异议。对公布的标底双方也一致认同，但对评标委员会是否打商务分上出现了分歧。8月31日被告呈给建设局领导的报告及招标部副部长何文以及参加投标的安能、越众两投标人的证言等证据均证明了评委对参加投标的六个投标人打了商务分，且原告得分为8.03分，而其他投标人为0分。上述证据经质证属实。被告虽否认打了商务分，但不能提供相关的证据。对此，法院应认定原告的陈述，而对被告的辩解不予采信。根据《实施细则》第23条第3款之规定，以及本案所采用评审法的事实，原告应确定为中标人，符合定标的实质要件。

《中华人民共和国招标投标法》第23条规定："招标人对已发出的招标文件进行必要澄清或者修改的，应当在招标文件要求提交投标文件截止时间至少十五日前，以书面形式通知所有招标文件接收人。该澄清或者修改的内容为招标文件的组成部分。"本条规定了招标文件进行修改或者澄清的程序。在招标有效期内，招标行为与招标文件同时具有法律效力，招标人不得随意撤回，修改或者变更招标文件，否则会对投标者产生影响，也会给某些人在招投标过程中进行串通和暗箱操作留下可乘之机。但如果一概不允许对招标文件进行澄清或者修改，不仅不客观，实践中也难以行得通。为了规范这一行为，法律对招标文件的修改和澄清规定了具体的操作程序：①前提条件：对招标文件进行必要的修改和澄清。②时间要求：招标人对招标文件进行修改或者澄清要遵守法律规定的时间，即应当在招标文件要求提交投标文件截止时间至少十五日前。③形式要求：应当在规定的时间内以书面的形式通知所有招标文件收受人。这是法律强制性规范，没有遵守此规定的，其修改及其澄清是无效的。

本案中,《招标书》注明“外墙装饰:玻璃墙和灰色涂料。门窗:铝合金和高级柚木门。”工程清单第189项为“玻璃幕墙制作安装”,第143项为“铝合金固定窗”。因此,从被告提交的答疑会书面答复第5项“外墙按隐框幕墙制作安装”,根本不能让人理解为修改招标中的“门窗、铝合金和高级柚木门”及工程实物量清单第143项“铝合金固定窗”。而其中原告无过错。在公布标底之后,被告以标底错误为由修改标底及工程清单第189项显然是违法的。而且,《实施细则》第28条规定:“定标后,发现招标组织者提供的实物量与工程实际不符合,影响工程标价的,合同价在可定标价的基础上作相应的调整。但其单价不得调整。”从这一条规定来看,法律允许在招标人发现类似本案的情况时招投标双方可以在法律范围内进行协商,采取补救措施。但不得以标底错误为由中止招投标程序,修改标底和其他招标文件。否则,所作的修改是无效的。

(2)被告应承担缔约过失责任还是违约责任?

招投标是以订立合同为目的的民事活动。招标人发出的招标公告或投标邀请书、投标人提交的投标文件、招标人向中标的投标人发出的中标通知书,按其法律性质分别属于合同法中的要约邀请、要约和承诺。招标是指招标人通过一定方式、公布一定标准和条件,向特定的几个人或公众发出以订立合同为目的的意思表示。由于招标并不包含合同的全部主要条款,标底不得泄露、更不能公开,因而属于要约邀请。而投标是指投标人按照招标人提出的要求,在规定期限内向招标人发出以订立合同为目的的意思表示,因而投标属于要约。从法律性质上看,招标人向中标的投标人发出的中标通知书,则是招标人同意接受中标的投标人的投标条件即同意接受该投标人的要约的意思表示,属于承诺。《中华人民共和国招标投标法》(下称《招标投标法》)第45条规定:“中标人确定后,招标人应向中标人发出中标通知书,并同时将中标结果通知所有未中标的投标人。中标通知书对招标人和中标人具有法律效力。中标通知发出后,招标人改变中标结果的,或者中标人放弃中标项目的,应当依法承担法律责任。”本条是关于招投标双方合同关系确立的实质要件和形式要件及其形式要件中标通知书的法律效力的规定。中标的实质要件是根据法律法规及招标文件规定中标标准所确立的中标人。而中标在法律上得到确认还应由招标人向中标人发出中标通知书。如果实质条件具备,招标人则负有向中标人发出中标通知书,以完成形式要件的义务。因此,根据《招标投标法》的上述规定,只有同时满足中标实质要件和形式要件,在“中标通知书”发出后,招标人和投标人之间才构成了一个有效的、具有法律约束力的合同关系。但如果招标人按法律、法规、规章及招标文件之规定应当确定中标人或确定中标人之后招标人拒绝发出中标通知书的也应负法律责任。该责任是缔约过失责任而非违约责任。所谓缔约过失责任是指合同成立前的合同缔结过程中,当事人因自己的过错致使合同不能成立、无效或者撤销,对信赖该合同为有效成立的相对人,因基于此项信赖而造成的损害,应负的赔偿责任。本案中,由于招标人未向投标人发出中标通知,因而双方的合同关系尚未成立。招标人违反了《招标投标法》第45条的规定未履行向投标人发出中标通知的法定义务,应负其法律责任,但这种责任是缔约过失责任,而非违约责任。故一审法院认定招标人违约并承担违约责任值得商榷。

(3)缔约过失责任的范围及保证金的性质。

关于缔约过失责任的范围,目前法律没有明确规定。但无论学术理论上还是司法实践中均以信赖利益为确定损害赔偿责任的标准,但不应超过履行利益。所谓信赖利益,是指信赖合同有效成立,因法定事由发生,致使合同不成立、无效、不被追认或撤销而造成的损失。如果缔约人依诚实信用原则,实施双方所应负的利益,不能享有正当的信赖可得利益,却替有过错的对方承担损失,那显然有失公平。但这种责任如不以履行利益为限,控制在当事人合理预见的范围之内,可能就造成过错方责任无限扩大,也不利于受害方积极采取措施限制损失进一步扩大。为此,缔约过失责任范围以信赖利益为依据,但不应超过履行利益,主要包括:①缔约费用;②准备履约所支出的费用;③上述费用的利息;④可得利益;⑤丧失与第三人订立合同机会的损失。

本案中,原告在招投标过程中交给被告100万元的保证金。该保证金是投标人向招标人保证在自己的投标被接受后,其投标书中规定的责任不得撤销或者反悔,并将依据招标文件和投标文件与招标人订立合同的财产上的担保。若投标人不按投标书的规定履行义务,则无权请求返还保证金。若招标人不履行招标书中规定的责任或反悔,不依招投标文件与中标者订立合同的,招标人应双倍返还保证金。投标保证金从法律性质上看,应属于立约订金的性质。从发生法律效力的角度看,立约订金的特点是,其法律效力的发生与主合同是否发生法律效力没有关系,是承担缔约过失责任的一种方式。《深圳经济特区建设工程招标投标条例》第18条第2款规定:“定标后,中标人拒绝签订工程承包合同的,应向中标人双倍返还保证金。”这里对“定标”的理解应是实质中标,而无须等到招标人发出中标通知书。如果认为这一条款仅适用招标人发出中标通知书后,是有悖于法律公正、公平的原则,也不符合保证金设立的意图的。因为这样,对中标人在实质中标后,其对招标人发出中标通知书没有任何控制力,如果反悔不订立合同只能承担保证金的罚则,而对于招标人在确定中标人之后,却可以通过拒绝发出中标通知书来达到逃避双倍返还保证金的目的。显然,法律立法意图并不是这样的。即使从另一方面来理解,即保证金的担保作用只适用于中标通知书后至合同正式签订阶段。但开标评标时至发出中标通知阶段,当事人也应本着平等公平、诚实信用原则履行自己的先合同义务。当招投标活动均已顺利进行至开标、评标结束之后,已经可以确定中标人时,招标人以自己的过错或其他有悖于诚实信用原则的其他借口或反悔,并中止履行自己的法定义务,不向实质中标人发出中标通知书,其效果与中标通知书发出后拒绝签订正式合同之效果是没有什么实质区别的。因此也应承担双倍返还保证金的缔约过失责任。综上所述,在本案中,被告在确定中标结果后,以标底错误为由,拒绝向中标人发出中标通知书的事实是存在的。根据《深圳经济特区建设工程招标投标条例》第18条第2款之规定,被告应双倍返还原告的保证金。

3.2 建设工程招标

【要　　点】

《中华人民共和国招标投标法》对在中华人民共和国境内从事工程建设项目包括勘察、设计、施工及有关的重要设备、材料等的采购必须依照《招标投标法》进行招标。《招标投标法》对招标应具备的条件、招标方式、招标组织与招标申请、招标文件的编制、工程标底的编制等都作了详细的规定。

【解　　释】

◎招标应当具备的条件

工程建设项目必须满足法律规定的一定的条件才能进行招标。《招标投标法》第 9 条规定："招标项目按照国家有关规定需要履行项目审批手续的，应当先履行审批手续，取得批准。招标人应当有进行招标项目的相应资金或者资金来源已经落实，并应当在招标文件中如实载明。"

《工程建设项目施工招标投标办法》第 8 条规定，依法必须招标的工程建设项目，应当具备下列条件才能进行施工招标：

(1)招标人已经依法成立；

(2)初步设计及概算应当履行审批手续的，已经批准；

(3)招标范围、招标方式和招标组织形式等应当履行核准手续的，已经核准；

(4)有相应资金或资金来源已经落实；

(5)有招标所需的设计图纸及技术资料。

根据实践经验，对建设工程招标的条件，最基本和最关键的是要把握住两条：一是建设项目已合法成立，办理了报建登记。招标项目按照国家有关规定需要履行项目审批手续的，应当先履行审批手续，取得批准；二是建设资金已基本落实，工程任务承接者确定后能实际开展工作。

◎招标方式

招标方式主要有公开招标、邀请招标、发布招标公告或发出招标邀请书三种。

1)公开招标

公开招标，也称无限竞争性招标，是指招标人以招标公告的方式邀请不特定的法人或者其他组织招标。采用这种招标方式可为所有符合投标条件的潜在投标人提供一个平等竞争的机会，这样有利于招标人选择最优的中标人。不过，这种招标方式可能导致招标人对资格预审和评标工作量加大，招标费用支出增加；同时，也使投标人中标概率减小，从而增加其投标前期风险。

《工程建设项目施工招标投标办法》第 11 条规定，国务院发展计划部门确定的国家重点建设项目和各省、自治区、直辖市人民政府确定的地方重点建设项目，以及全部使用国有资金投资或者国有资金投资占控股或者主导地位的工程建设项目，应当公开招标。

世界银行的贷款项目公开招标方式又分为国际竞争性招标和国内竞争性招标。其中，国际竞争性招标是世界银行贷款项目的主要招标方式，目前我国同世界银行商定，限额在 100 万美元以上的采用国际竞争性招标。

2)邀请招标

邀请招标，也称有限招标，是指招标人以投标邀请书的方式邀请特定的法人或者其他组织投标。采用这种招标方式，由于被邀请参加竞争的投标者为数有限，不仅可以节省招标费用，而且能提高每个投标者的中标概率，所以对招标、投标双方都有利。不过，这种招标方式限制了竞争范围，把许多可能的竞争者排除在外。

《招标投标法》第 11 条规定:“国务院发展计划部门确定的国家重点项目和省、自治区、直辖市人民政府确定的地方重点项目不适宜公开招标的,经国务院发展计划部门或者省、自治区、直辖市人民政府批准,可以进行邀请招标。”

《工程建设项目施工招标投标办法》第 11 条规定应当公开招标的建设项目,有下列情形之一的,经批准可以进行邀请招标:

(1)项目技术复杂或有特殊要求,只有少量几家潜在投标人可供选择的;

(2)受自然地域环境限制的;

(3)涉及国家安全、国家秘密或者抢险救灾,适宜招标但不宜公开招标的;

(4)拟公开招标的费用与项目的价值相比不值得的;

(5)法律、法规规定不宜公开招标的。

国家重点建设项目的邀请招标,应当经国务院发展计划部门批准;地方重点建设项目的邀请招标,应当经各省、自治区、直辖市人民政府批准。

全部使用国有资金投资或者国有资金投资占控股或者主导地位的并需要审批的工程建设项目的邀请招标,应当经项目审批部门批准,但项目审批部门只审批立项的,由有关行政监督部门审批。

3)发布招标公告或者发出投标邀请书

(1)发布招标公告。

《招标投标法》第 16 条规定:“招标人采用公开招标方式的,应当发布招标公告。依法必须进行招标的项目的招标公告,应当通过国家指定的报刊、信息网络或者其他媒介发布。

招标公告应当载明招标人的名称和地址、招标项目的性质、数量、实施地点和时间以及获取招标文件的办法等事项。”

为了规范招标公告发布行为,保证潜在投标人平等、便捷、准确地获取招标信息,根据《招标投标法》,原国家发展计划委员会于 2000 年 7 月 1 日发布第 4 号令《招标公告发布暂行办法》。该办法对依法必须招标项目的招标公告发布活动作出如下主要规定。

①指定的媒介。

A. 国家发展计划委员会根据国务院授权,按照相对集中、适度竞争、分布合理的原则,指定发布依法必须招标项目招标公告的报纸、信息网络等媒介(以下简称指定媒介),并对招标公告发布活动进行监督。指定媒介的名单由国家发展计划委员会另行公告。指定媒介的名称、住所发生变更的,应及时公告并向国家发展计划委员会备案。

B. 依法必须招标项目的招标公告必须在指定媒介发布。招标公告的发布应当充分公开,任何单位和个人不得非法限制招标公告的发布地点和发布范围。

C. 依法必须指定媒介发布招标项目的招标公告,不得收取费用,但发布国际招标公告的除外。

D. 指定报纸和网络应当在收到招标公告文本之日起七日内发布招标公告。指定媒介应与招标人或其委托的招标代理机构就招标公告的内容进行核实,经双方确认无误后在前款规定的时间内发布。拟发布的招标公告文本有“暂行办法”第 12 条所列情形之一的,有关媒介可以要求招标人或其委托的招标代理机构及时予以改正、补充或调整。指定媒介发布的招标公告的内容与招标人或其委托的招标代理机构提供的招标公告文本不一致,并造成不良影响的,应当及时纠正并重新发布。

E. 指定媒介应当采取快捷的发行渠道,及时向订户或用户传递。

②招标公告。

A. 招标公告应当载明招标人的名称和地址、招标项目的性质、数量、实施地点和时间、投标截止日期以及获取招标文件的办法等事项。招标人或其委托的招标代理机构应当保证招标公告内容的真实、准确和完整。

B. 拟发布的招标公告文本应当由招标人或其委托的招标代理机构的主要负责人签名并加盖公章。招标人或其委托的招标代理机构发布招标公告,应当向指定媒介提供营业执照(或法人证书)、项目批准文件的复印件等证明文件。

C. 招标人或其委托的招标代理机构应至少在一家指定的媒介发布招标公告。指定报纸在发布招标公告的同时,应将招标公告如实抄送指定网络。招标人或其委托的招标代理机构在两个以上媒介发布的同一招标项目的招标公告的内容应当相同。

D. 指定报纸和网络应当在收到招标公告文本之日起七日内发布招标公告。指定媒介应与招标人或其委托的招标代理机构就招标公告的内容进行核实,经双方确认无误后在规定的时间内发布。

(2)发出投标邀请书。

①受邀单位的数量和资质。《招标投标法》第 17 条第 1 款规定:"招标人采用邀请招标方式,应当向三个以上具备承担招标项目的能力、资信良好的特定的法人或者其他组织发出投标邀请书。"

②投标邀请书的内容。《招标投标法》第 17 条第 2 款规定:"投标邀请书应当载明本法第 16 条第 2 款规定的事项。"因此,投标邀请书的内容包括以下事项,载明招标人的名称和地址、招标项目的性质、数量、实施地点和时间以及获取招标文件的办法等事项。

◎招标组织与招标申请

应当招标的工程建设项目,办理报建登记手续后,凡已满足招标条件的,均可组织招标,办理招标事宜。根据招标人是否具有招标资质,可以将组织招标分为自行招标和委托招标两种情况。

1)招标人自行招标

由于建设工程招标是一项经济性、技术性很强的专业活动,因此,招标人自己组织招标,必须具备一定的条件和遵守必要的法律程序。

(1)自行招标应当具备的条件。

《招标投标法》第 12 条规定:"招标人具有编制招标文件和组织评标能力的,可以自行办理招标事宜。任何单位和个人不得强制其委托招标代理机构办理招标事宜。"根据国家发展计划委员会 2000 年 7 月 1 日颁布的《工程建设项目自行招标试行办法》第 4 条的规定,招标人自行办理招标事宜,应当具有编制招标文件和组织评标的能力,具体包括:

①具有项目法人资格(或者法人资格);

②具有与招标项目规模和复杂程度相适应的工程技术、概预算、财务和工程管理等方面的专业技术力量;

③有从事同类工程建设项目招标的经验；

④设有专门的招标机构或者拥有 3 名以上专职招标业务人员；

⑤熟悉和掌握《招标投标法》及有关法规规章。

(2)自行招标应当遵守的法律程序。

根据《工程建设项目自行招标试行办法》的有关规定，招标人自行招标的，应当遵守如下法律程序：

①项目法人或者组建中的项目法人应当在国家计委上报项目可行性研究报告时，一并报送符合该办法第 4 条规定的书面材料。

②国家计委审查招标人报送的书面材料，核准招标人符合本办法规定的自行招标条件的，招标人可以自行办理招标事宜。任何单位和个人不得限制其自行办理招标事宜，也不得拒绝办理工程建设有关手续。

③国家计委审查招标报送的书面材料，认定招标人不符合本办法规定的自行招标条件的，在批复可行性研究报告时，要求招标人委托招标代理机构办理招标事宜。

④招标人自行招标的，应当自确定中标人之日起十五日内，向国家计委提交招标投标情况的书面报告。

2)招标人委托招标

招标人不具备自行招标能力的，必须委托具备相应资质的招标代理机构代为办理招标事宜。

《招标投标法》第 13 条至第 15 条对招标代理机构应当具备的条件、资格认定等作出了原则规定。为了加强对工程建设项目招标代理机构的资格管理，维护工程建设项目招标投标活动当事人的合法权益，根据《招标投标法》，建设部于 2000 年 6 月 30 日发布实施了建设部令第 79 号《工程建设项目招标代理机构资格认定办法》，对招标代理行业进行规范管理。

3)招标申请

已废止的建设部令第 23 号《工程建设施工招标投标管理办法》规定招标单位向招标投标办事机构提出招标申请书。实践中，各地一般规定招标人进行招标要向招标投标管理机构申报招标申请书。招标申请书经批准后，就可以编制招标文件、评标定标办法和标底，并将这些文件报招标投标管理机构批准。招标人或招标代理机构也可在申报招标申请书时，一并将已经编制完成的招标文件、评标定标办法和标底，报招标投标管理机构批准。经招标投标管理机构对上述文件进行审查认定后，就可以发布招标公告或发出投标邀请书。

招标申请书是招标人向政府主管机构提交的要求开始组织招标、办理招标事宜的一种文书。其主要内容包括：招标单位的资质、招标工程具备的条件、拟采用的招标方式和对投标人的要求等。制作或填写招标申请书，是一项实践性很强的基础工作，要充分考虑不同招标类型的不同特点，按照规范化的要求进行。

◎招标文件的编制

1)招标文件的重要性

招标文件是规范整个招标过程、确定招标人与投标人权利义务的重要依据。招标文件的重要性主要体现在以下几个方面：

(1)招标文件是确定招标人与投标人的权利义务关系的重要依据;

(2)招标文件是投标人编制投标文件的依据;

(3)招标文件是招标人和投标人订立合同的基础。

2)招标文件的内容

《招标投标法》第19条规定:"招标人应当根据招标项目的特点和需要编制招标文件。招标文件应当包括招标项目的技术要求、对投标人资格审查的标准、投标报价要求和评标标准等所有实质性要求和条件以及拟签订合同的主要条款。

国家对招标项目的技术、标准有规定的,招标人应当按照其规定在招标文件中提出相应要求。

招标项目需要划分标段、确定工期的,招标人应当合理划分标段、确定工期,并在招标文件中载明。"

在具体实践中,工程建设项目的种类和招投标活动实施的阶段不同,招标文件的内容也不同。《工程建设项目施工招标投标办法》第24条规定招标人根据施工招标项目的特点和需要编制招标文件。招标文件一般包括下列内容:①投标邀请书;②投标人须知;③合同主要条款;④投标文件格式;⑤采用工程量清单招标的,应当提供工程量清单;⑥技术条款;⑦设计图纸;⑧评标标准和方法;⑨投标辅助材料。

3)编制招标文件应当注意的事项

(1)招标文件的编制应遵循公平原则。

《招标投标法》第20条规定:"招标文件不得要求或者标明特定的生产供应者以及含有倾向或者排斥潜在投标人的其他内容。"

(2)招标文件的内容应当完备、准确。

招标文件是确定招标投标基本步骤与内容的基本文件,是整个招标中最重要的一环,它关系到招标投标整个活动的成败。因此,编制招标文件时,必须保证其包括招标项目的所有实体要求和签订合同的主要条款。

同时,招标文件的措辞应表达清楚、确切,对易发生歧义的事项一定要明确规定。

◎资格预审

1)资格预审的含义和作用

(1)资格预审的含义。

资格预审,是指招标人在招标开始之前或者开始初期,对潜在投标人进行的资格审查。

(2)资格预审的作用。

资格预审是招标程序的前期工作,对于大型的和涉及国际招标的项目来说,对投标者的资格预审是必需的。具体表现在以下几方面:

①通过资格预审,可以使招标人了解潜在投标人的资信情况;

②通过资格预审,可以减少多余的投标,从而降低招标和投标的无效成本;

③通过资格预审,招标人可以了解潜在投标人对项目招标的兴趣。如果潜在投标人的兴趣大大低于招标人的预料,招标人可以修改招标条款,以吸引更多的投标人参加竞争。

2)资格预审程序

资格预审包括以下三方面的步骤。

(1)发布资格预审通告。

资格预审通告应当包括以下几方面的内容:

①资金的来源,资金用于投资项目的名称和合同的名称;

②对申请预审人的要求,主要是投标人应具备以往类似的经验和在设备、人员及资金方面完成本工作能力的要求,有的还对投标者本身成员的政治地位提出要求;

③发包人的名称和邀请投标人对工程建设项目完成的工作,包括工程概述和所需劳务、材料、设备和主要工程量清单;

④获取进一步信息和资料预审文件的办公室名称和地址、负责人姓名、购买资格预审文件的时间和价格;

⑤资格预审申请递交的截止日期、地址和负责人姓名;

⑥向所有参加资格预审的投标人公布资格预审合格的投标人名单(有时也称为"短名单")的时间。

(2)发售资格预审文件。

资格预审通告发布后,招标人向资格预审申请人发售资格预审文件。

(3)资格预审资料分析并发出资格预审合格通知书。

招标人在收到资格预审申请人完成的资格预审资料之后,根据资格预审须知中规定的程序和方法对资格预审资料进行分析,挑选出符合资格预审要求的申请人。

《工程建设项目施工招投标办法》第19条规定,经资格预审后,招标人应当向资格预审合格的潜在投标人发出资格预审合格通知书,告知其获取招标文件的时间、地点和方法,并同时向资格预审不合格的潜在投标人告知资格预审结果。资格预审不合格的潜在投标人不得参加投标。

3)资格预审文件的内容

资格预审文件一般应当包括资格预审申请书格式、申请人须知,以及需要投标申请人提供的企业资质、业绩、技术装备、财务状况和拟派出的项目经理与主要技术人员的简历、业绩等证明材料。资格预审文件的内容主要包括以下几方面的内容。

(1)资格预审须知及有关附件。

①资格预审须知包括:总则;申请人应提供的资料和有关证明;资格预审通过的强制性标准;对联营体提交资格预审申请的要求;对通过资格预审单位所建议的分包人的要求;其他规定。

②资格预审须知的有关附件主要包括:工程概述;主要工程一览表;强制性标准一览表;资格预审时间表。

(2)资格预审申请书。

为了让资格预审申请者按统一的格式递交申请书,在资格预审文件中按通过资格预审的条件编制成统一的表格,让申请者填报,以便进行评审是非常重要的。申请书的表格通常包括如下内容:

①申请人表,主要包括申请者的名称、地址、电话、传真、成立日期等;

②申请合同表,如果一个工程项目分几个合同招标,应在表中分别列出各个合同的编号

和名称,以便让申请人选择申请资格预审的合同;

③组织机构表,包括公司简况、领导层名单、股东名单、直属公司名单、驻当地办事处或联络机构名单等;

④组织机构框图,主要叙述并用框图表示申请者的组织机构、与母公司或子公司的关系、总负责人和主要人员;

⑤财务状况表,包括基本数据,如注册资金、实有资金、总资产、流动资产、总负债、流动负债、未完成工程的年投资额、未完成工程的总投资额、年均完成投资额(近3年)、最大施工能力等;

⑥公司人员表,包括管理人员、技术人员、工人及其他人员的数量;拟为本合同提供的各类专业技术人员数及其从事本专业工作的年限。对公司主要人员,应包括一般情况和主要工作经历;

⑦施工机械设备表,包括拟用于本合同自有设备,拟新购置设备和租用设备的名称、数量、型号、商标、出厂日期、现值等;

⑧分包商表,包括拟分包工程项目的名称、占总工程量的百分数。分包商的名称、经验、财务状况、主要人员及主要设备等;

⑨业绩——已完成的同类工程项目表,包括项目名称、地点、结构类型、合同价格、竣工日期、工期、发包人或监理工程师的地址、电话、传真等;

⑩在建项目表,包括正在施工和已知意向但未签订合同的项目名称、地点、工程概况、完成日期、合同总价等;

⑪涉及诉讼条件表,详细说明申请者或联营体内合伙人介入诉讼或仲裁的案件。

◎工程标底的编制

根据2001年11月5日建设部令第107号发布的《建筑工程施工发包与承包计价管理办法》(2001年12月1日起施行),结合有关标准范本和工程实践,编制工程标底应遵守如下规定:

1)标底价格编制的原则

标底价格编制应遵循以下几个原则:

(1)标底价格应由具有编制招标文件能力的招标人或其委托的具有相应资质的工程造价咨询机构、招标代理机构编制;

(2)根据国家公布的统一工程项目划分、统一计量单位、统一计算规则以及图纸、招标文件,并参照国家制定的基础定额和国家、行业、地方规定的技术标准规范(其中国家强制性标准必须遵守),以及要素市场的价格,确定工程量和编制标底价格;

(3)标底的计价内容、计价依据应与招标文件的规定完全一致;

(4)标底价格作为招标单位的期望计划价,应力求与市场的实际变化吻合,要有利于竞争和保证工程质量;

(5)标底价格应由成本(直接费、间接费)、利润、税金等组成,一般应控制在批准的总概算(或修正概算)及投资包干的限额内;

(6)一个工程只能有一个标底。

2)标底价格的编制依据

(1)招标文件的商务条款;

(2)工程图纸、工程量计算规则;

(3)施工现场地质、水文、地上情况的有关资料;

(4)施工方案或施工组织设计;

(5)国务院和省、自治区、直辖市人民政府建设行政主管部门制定的工程造价计价办法以及其他有关规定;

(6)市场价格信息。

3)标底价格的计价方法及组成内容

(1)标底价格的计价方法。

①工料单价法。分部分项工程量的单价为直接费。直接费以人工、材料、机械的消耗量及其相应价格确定。间接费、利润、税金按照有关规定另行计算。

②综合单价单位估价法。分部分项工程量的单价为全费用单价。全费用单价用以综合计算完成分部分项工程所发生的直接费、间接费、利润、税金。

对于招标工程采用哪种计价方法应在招标文件中明确。根据我国现行的工程造价计算方法,同时考虑到与国际惯例接轨,在工程量清单的计价上宜采用综合单价方法。

(2)标底的组成内容。

①标底的综合编制说明;

②标底价格审定书、标底价格计算书、带有价格的工程量清单、现场因素、各种施工措施费的测算明细以及采用固定价格工程的风险系数测算明细等;

③主要材料用量;

④标底附件,如各项交底纪要、各种材料及设备的价格来源、现场的地质、水文、地上情况的有关资料、编制标底价格所依据的施工方案或施工组织设计等。

4)标底的保密

《招标投标法》第22条第2款规定:“招标人设有标底的,标底必须保密。”在实践中,投标价格是否接近标底价格仍然是投标人能否中标的一个重要的条件。正是由于标底在投标中的重要作用,所以一些投标人为了中标,想方设法地打听标底,由此产生的违法问题也屡见不鲜。因此,招标人必须依照法律规定,对标底进行保密。

◎发售招标文件

1)招标文件的发售

招标文件、图纸和有关技术资料发放给通过资格预审获得投标资格的投标单位。不进行资格预审的,发放给愿意参加投标的单位。投标单位收到招标文件、图纸和有关资料后,应当认真核对,核对无误后以书面形式予以确认。

《工程建设项目施工招标投标办法》第15条规定,对招标文件或者资格预审文件的收费应当合理,不得以盈利为目的。对于所附的设计文件,招标人可以向投标人酌收押金;对于开标后投标人退还设计文件的,招标人应当向投标人退还押金。根据该项规定,借发售招标文件的机会谋取不正当利益的行为是法律所禁止的。

2)房屋建筑工程及市政基础设施工程施工招标文件的备案

《房屋建筑工程及市政基础设施工程建设项目施工招标投标办法》第19条规定:“依法必须进行施工招标的工程,招标人应当在招标文件发出的同时,将招标文件报工程所在地的县级以上地方人民政府建设行政主管部门备案。建设行政主管部门发现招标文件有违反法律、法规内容的,应当责令招标人改正。”

根据该条规定,工程施工招标文件要在发出的同时,应当到建设行政主管部门办理备案手续,接受建设行政主管部门依法对招标文件进行的审查。如果招标文件违反了法律、法规,招标人将受到责令改正的行政处罚。

3)招标人的保密义务

在招投标实践中,常常会发生招标人泄露招标事宜的事情。如果潜在投标人得到了其他潜在投标人的名称、数量及其他可能影响公平竞争的招标情况,可能会采用不正当竞争手段影响招投标活动的正当竞争,使招标投标的公平性失去意义。对此,《招标投标法》第22条第1款规定:“招标人不得向他人透露已获取招标文件的潜在投标人的名称、数量以及可能影响公平竞争的有关招标投标的其他情况。”

同时,《招标投标法》第22条第2款也规定,招标人设有标底的,标底必须保密。

4)招标文件的澄清和更改

招标文件对招标人具有法律约束力,一经发出,不得随意更改。

根据《招标投标法》第23条规定:“招标人对已发出的招标文件进行必要的澄清或者修改的,应当在招标文件要求提交投标文件截止时间至少15日前,以书面形式通知所有招标文件收受人。该澄清或者修改的内容为招标文件的组成部分。”

招标人应保管好证明澄清或修改通知已发出的有关文件(如邮件回执等);投标单位在收到澄清或修改通知后,应书面予以确认,该确认书双方均应妥善保管。

5)投标截止时间

在工程实践中,利用投标截止时间也是规避招标的常用手段之一。对此,《招标投标法》第24条规定:“招标人应当确定投标人编制投标文件所需要的合理时间;但是,依法必须进行招标的项目,自招标文件开始发出之日起至投标提交投标文件截止之日止,最短不得少于20日。”

◎组织踏勘现场和答疑

1)组织潜在投标人踏勘现场

《招标投标法》第21条规定:“招标人根据招标项目的具体情况,可以组织潜在投标人踏勘项目现场。”

(1)招标人工作。

招标文件分发后,招标人要在招标文件规定的时间内,组织潜在投标人踏勘现场,并对招标文件进行答疑。踏勘现场时,招标人应向潜在投标人介绍有关现场情况,主要包括:

①现场是否达到招标文件规定的条件;

②现场的地理位置和地形、地貌;

③现场的地质、土质、地下水位、水文等情况;

④现场气温、湿度、风力、年雨雪量等气候条件;

⑤现场交通、饮水、污水排放、生活用电、通信等环境情况；

⑥工程在现场中的位置与布置；

⑦临时用地、临时设施搭建等。

(2)投标人工作。

投标人拿到招标文件后，应进行全面细致的调查研究。为获取与编制投标文件有关的必要的信息，投标人要按照招标文件中注明的现场踏勘和投标预备会的时间和地点，积极参加现场踏勘和投标预备会。

投标人在去现场踏勘之前，应先仔细研究招标文件有关概念的含义和各项要求，特别是招标文件中的工作范围、专用条款以及设计图纸和说明等，然后有针对性地拟订出踏勘提纲，确定需要重点澄清和解答的问题，做到心中有数。投标人进行现场踏勘的内容，主要包括以下几个方面：

①工程的范围、性质以及与其他工程之间的关系；

②投标人参与投标的那一部分工程与其他承包人或分包商之间的关系；

③现场地貌、地质、水文、气候、交通、电力、水源等情况以及有无障碍物等；

④进出现场的方式、现场附近有无食宿条件、料场开采条件、其他加工条件、设备维修条件等；

⑤现场附近治安情况。

2)对投标人疑问的解答

投标人对招标文件或者在现场踏勘中如果有疑问或不清楚的问题，应当用书面的形式要求招标人予以解答。招标人收到投标人提出的疑问或不清楚的问题后，应当给予解释和答复，并将解答同时发给所有获取招标文件的投标人。

我国招投标标准文件范本规定通过投标预备会的形式对投标人的疑问进行解答，国外如 FIDIC 的《土木工程施工招标程序》则称为投标者会议。投标预备会可以安排在发出招标文件 7 日后举行。招标预备会由招标人主持召开，对招标文件和现场情况作出介绍或解释，并解答投标者提出的问题。在投标预备会上还应当对设计图纸进行交底和解释。投标预备会结束后，由招标人整理会议记录和解答内容，(有些地方规定会议记录和解答内容应当报招标管理机构核准同意后)尽快以书面形式将问题及解答同时发送到所有获得招标文件的投标人手中。

【相关知识】

◎招标代理机构

1)招标代理机构的概念

建设工程的招标代理是指对土木工程、建筑工程、管线工程、安装工程、装修工程项目的勘察设计、施工、监理以及与工程项目有关的重要设备、材料采购、招标的代理。招标代理机构是指依法设立，从事招标代理业务并提供相关服务的社会中介组织。招标代理是招标人对招标代理机构的授权行为，因此，招标人委托招标代理机构进行招标必须办理授权委托手续。工程招标代理机构的资格分为甲、乙两级，甲级由国务院建设行政主管部门认定，乙级由省级政府建设行政主管部门认定。甲、乙两级都可跨省、区和直辖市承担业务，任何单位、个人不得限制或排斥其依法开展的业务活动。

2）申请工程招标代理机构资格的单位应当具备的条件

（1）是依法设定的中介组织。

（2）与行政机关和其他国家机关没有行政隶属关系或其他利益关系。

（3）有固定的营业场所和开展工程招标代理业务所需设施及办公条件。

（4）有健全的组织机构和内部管理的规章制度。

（5）具备编制招标文件和组织评标的相应专业力量。

（6）具有可以作为评标委员会成员人选的技术、经济等方面的专家库。

《工程建设项目招标代理机构资格认定办法》还规定，除上述条件外，甲、乙级资格的申请还应分别符合第 8 条、第 9 条和第 10 条的具体规定。乙级代理机构，只能承担工程投资额（不含征地费、大市政配套费与拆迁补偿费）3 000 万元以下的工程招标代理业务。

从招标投标过程本身来看，招标代理机构应当纳入国家严格管理的范围之内。如果因为招标代理机构自身的素质问题，造成假招标、串标、泄露标底、评标混乱等不公正、不公平的现象，这样不仅会使招标活动起不到应有的效果，也会损害招标投标方的利益。

3）招标代理机构必须具备的条件

根据《招标投标法》，招标代理机构必须具备下列条件。

（1）有从事招标代理业务的营业场所和相应资金。

营业场所是提供代理服务的固定地点。根据我国现行公司法的规定，招标代理机构属咨询服务性公司，其注册资金不得少于 10 万元。

（2）具有编制招标文件和组织评标的专业力量。

招标文件是联系沟通招、投标双方的桥梁，招标文件是否完整、严谨将直接影响招标质量，也是招标成败的关键。组织评标水平的高低，将直接影响招标的效果，也将决定招标是否公正。

（3）有符合法律规定，可以作为评标委员会成员人选的技术、经济等方面的专家库。

为保证评标的公正性和权威性，《招标投标法》规定，评标委员会必须有技术、经济、法律等方面的专家参加，且其人数不少于评标委员会总人数的 2/3，参加评标的专家采取随机抽取的方式从专家库中产生。

4）招标代理机构的从业资格

为保证招标代理机构的业务素质和专业水平，《招标投标法》规定，招标代理机构还必须具备相应的从业资格，对其实行设立条件和从业资格双重限定。从事建设工程招标代理业务的从业资格由国务院或省、自治区、直辖市人民政府的建设行政主管部门认定。

为保证招标活动的客观公正，招标代理机构必须独立于政府和有关当事人之外，《招标投标法》明确规定："招标代理机构与行政机关和其他国家机关不得存在隶属关系或者其他利益关系。""招标人有权自行选择招标代理机构委托其办理招标事宜。任何单位和个人不得以任何方式为招标人指定招标代理机构。"

【案例分析】

◎基本案情

2003 年 9 月 22 日，被告某房地产开发公司就某住宅项目进行邀请招标，原告与其他三家建筑公司共同参加了投标,结果由原告中标。2003 年 10 月 14 日,被告就该项工程向原告发出中标通知书。该通知书载明:工程建筑面积 98 321 m^2,中标造价 9 500 万元人民币,要求 10 月 25 日签订工程承包合同,10 月 28 日开工。

中标通知书发出后,原告按被告的要求提出,为抓紧工期,应该先做好施工准备,后签工程合同。原告同意了这个意见。随后,原告进场,平整了施工场地,将打桩桩架运入现场,并配合被告在 10 月 28 日打了两根桩,完成了项目的开工仪式。但是,工程开工后,还没有等到正式签订承包合同,双方就因为对合同内容的意见不一致而发生了争议。2004 年 3 月 1 日,被告函告原告:“将另行落实施工队伍。”

双方协商不成,原告只得诉至法院。在法庭上,原告指出,被告既已发出中标通知书,就表明招投标过程中的要约已经承诺,按招投标文件和《施工合同示范文本》的有关规定,签订工程承包合同是被告的法定义务。因此,原告要求被告继续履行合同。但被告辩称:虽然已发了中标通知书,但这个文件并无合同效力,且双方的合同尚未签订,因此双方还不存在合同上的权利义务关系,被告有权另行确定合同相对人。

◎**案例分析**

招标人发出中标通知书的行为,属于《合同法》规定的承诺。这时,双方虽然尚未签订书面合同,但是中标通知书已经对当事人具有法律约束力。任何一方拒绝签订合同,违反了诚实信用原则,均应当承担缔约过失责任,而不是违约责任。这种缔约责任的赔偿方式,应当依据 2001 年 6 月 1 日建设部令第 89 号发布的《房屋建筑与市政基础设施施工招标投标管理办法》第 47 条规定,即“中标人不与招标人订立合同的,投标保证金不予退还并取消其中标资格,给招标人造成的损失超过投标保证金数额的,应当对超过部分予以赔偿;没有提交投标保证金的,应当对招标人的损失承担赔偿责任。招标人无正当理由不与中标人签订合同,给中标人造成损失的,招标人应当给予赔偿。”

3.3 建设工程投标

【要　　点】

投标人是响应招标、参加投标竞选的法人或者其他组织。《招标投标法》明确规定了投标人的资格要求。投标人应当组织建立一个精干高效的投标机构,并负责编制投标文件、发送投标文件等。

【解　　释】

◎**投标人的资格要求**

依据《招标投标法》第 26 条规定:“投标人应当具备承担招标项目的能力;国家有关规定对投标人资格条件或者招标文件对投标人资格条件有规定的,投标人应当具备规定的资格条件。”

1)投标人应符合的资质等级条件

投标人应当具备承担招标项目的能力。就建设工程施工企业来讲,这种能力主要体现在不同资质等级的认定上,其法律依据为建设部令第 87 号《建筑业企业资质管理规定》(2001 年 4 月 18 日发布,2001 年 7 月 1 日起实施)。根据该规定,建筑业企业资质分为施工总承包、专业承包和劳务分包三个序列,每个序列各有其相应的等级(如施工总承包序列企业资质设特级、一级、二级、三级共四个等级)。就建设工程勘察设计企业来讲,其法律依据为建设部 2001 年 7 月 25 日发布并实施的第 93 号令《建设工程勘察设计企业资质管理规定》。根据该规定,工程勘察资质分为工程勘察综合资质、工程勘察专业资质、工程勘察劳务资质,工程设计资质分为工程设计综合资质、工程设计行业资质、工程设计专项资质,每种资质各有其相应等级(如工程勘察、设计综合资质只设甲级)。

根据《建筑法》的有关规定,承包建筑工程的单位应当持有依法取得的资质证书,并在其资质等级许可的范围内承揽工程。禁止建筑施工企业超越本企业资质登记许可的业务范围或以任何形式用其他施工企业的名义承揽工程。《建筑业企业资质管理规定》和《建设工程勘察设计企业资质管理规定》规定的各等级具有不同的承担工程项目的能力,各企业应当在其资质等级范围内承担工程。

根据《建筑业企业资质管理规定》第 14 条和《建设工程勘察设计企业资质管理规定》第 12 条的有关规定,新设立的建筑业企业或建设工程勘察、设计企业,到工商行政管理部门办理登记注册手续并取得企业法人营业执照后,方可到建设行政主管部门办理资质申请手续。这实际上把建设工程施工和勘察、设计投标人的资格限定在企业法人上。

2)投标人应符合的其他条件

招标文件对投标人的资格条件有规定的,投标人应当符合该规定的条件。

此外,投标人还应符合国家计委 1997 年 8 月 18 日发布的《国家基本建设大中型项目实行招标投标的暂行规定》中规定的条件,参加建设项目主体工程的设计、建筑安装和监理以及主要设备、材料供应等投标的单位,必须具备下列条件(这些条件在实践中常常被招标人纳入其招标文件中):

(1)具有招标条件要求的资质证书,并为独立的法人实体;

(2)承担过类似建设项目的相关工作,并有良好的工作业绩和履约记录;

(3)财产状况良好,没有财产被接管、破产或者其他关、停、并、转状态;

(4)在最近 3 年没有骗取合同以及其他经济方面的严重违法行为;

(5)近几年有较好的安全记录,投标当年内没有发生重大质量事故和特大安全事故。

◎组织投标机构

投标人应建立一个精干高效的投标工作机构。投标工作机构,在平时要注意投标信息资料的收集与分析,研究投标策略。当有招标项目时,则承担起选择投标对象,研究招标文件和勘查现场,确定投标报价,编制投标文件等工作,及至中标,则负责合同谈判、合同条款的起草及合同的签订等工作。投标工作机构一般由下列三类人才组成。

1)经营管理类人才

经营管理类人才,是指制定和贯彻经营方针与规划,负责工作的全面筹划和安排,具有决策能力的人，它包括经理、副经理和总工程师、总经济师等具有决策权的人，以及其他经营管理人才。

2）技术类人才

技术类人才，是指建筑师、结构工程师、设备工程师等各类专业技术人员，他们应具备和丰富的专业知识熟练的专业技能，能从本公司的实际技术水平出发，制订投标用的专业实施方案。

3）商务金融类人才

商务金融类人才，是指概（预）算、法律、财务、合同、金融、保函、保险等方面的人才，在国际工程投标竞争中这类人才的作用尤其重要。

◎投标文件的编制

经过现场踏勘和投标预备会后，投标人可以着手编制投标文件。招标人在编制投标文件时，应遵守以下要求和步骤。

1）结合现场踏勘和投标预备会的结果，进一步分析招标文件

招标文件是编制投标文件的主要依据，因此，必须结合已获取的有关信息认真细致地加以分析研究，特别是要重点研究其中的投标须知、专用条款、设计图纸、工程范围以及工程量表等，要弄清到底有没有特殊要求或有哪些特殊要求。

2）校核招标文件中的工程量清单

在招标人提供工程量清单的情况下，投标人是否核对招标文件中的工程量清单或校核是否准确，直接影响到投标报价和中标机会。因此，投标人应认真对待，通过认真校对工程量，投标人在大体确定了工程总报价之后，估计某些项目工程量可能增加或减少的，就可以相应地提高或降低单价。如发现工程量有重大出入，特别是漏项的，可以找招标人核对，要求招标人认可，并给予书面确认。这对于固定总价合同来说，更加重要。

3）根据工程类型编制施工规划或施工组织设计

施工规划和施工组织设计都是关于施工方法、施工进度计划的技术经济文件，是指导施工生产全过程组织管理的重要设计文件，是确定施工方案、施工进度计划和进行现场科学管理的主要依据之一。但两者相比，施工规划的深度和范围没有施工组织设计的详尽、精细，施工组织设计的要求比施工规划的要求详细得多，编制起来要比施工规划复杂些。所以，在投标时，投标人一般只要编制施工规划即可，施工组织设计可以在中标以后再编制。这样，就可避免未中标的投标人因编制施工组织设计而造成人力、物力、财力上的浪费。但有时在实践中，招标人为了让投标人更充分地展示实力，常常要求投标人在投标时就要编制施工组织设计。

4）根据工程价格构成进行工程估价，确定利润方针，计算和确定报价

投标报价是投标的一个核心环节，投标人要根据工程价格构成对工程进行合理估价，确定切实可行的利润方针，正确计算和确定投标报价，同时注意不得以低于成本的报价竞标。

5）形成投标文件

（1）投标文件应符合的基本法律要求。

投标文件应完全按照招标文件的各项要求编制。根据《招标投标法》第 27 条第 1 款的

规定:“投标人应当按照招标文件的要求编制投标文件。投标文件应当对招标文件提出的实质性要求和条件作出响应。”第2款规定:“招标项目属于建设施工的,投标文件的内容应当包括拟派出的项目负责人与主要技术人员的简历、业绩和拟用于完成招标项目的机械设备等。”

同时,《工程建设项目施工招投标办法》第25条规定:“招标人可以要求投标人在提交符合招标文件规定要求的投标文件外,提交备选投标方案,但应当在招标文件中作出说明,并提出相应的评审和比较办法。”

(2)投标文件的内容。

投标文件要求提供的其他材料一般应包括以下内容。

①投标保证书或投标保证金。

②法定代表人资格证明书或授权委托书。

③拟派出项目负责人、主要工程管理人员和技术人员简历。

④拟分包的工程和分包商的情况(根据《招标投标法》第30条和《建筑法》的有关规定,分包仅限于非主体、非关键性的工作;施工总承包的建筑工程,主体结构的施工必须由总承包单位自行完成)。

⑤投标文件要求提供的其他材料。

6)投标担保

(1)投标担保的概念。

所谓投标担保,是为防止投标人不审慎进行投标活动而设定的一种担保形式。招标人不希望投标人在投标有效期内随意撤回标书或中标后不能提交履约保证金和签署合同。因此,为了约束投标人的投标行为,保护招标人的利益,维护招标投标活动的正常秩序,《工程建设项目施工招投标办法》第37条对投标担保制度作出了规定。投标保证金的收取和缴纳办法,应在招标文件中说明,并按招标文件的要求进行。

(2)投标担保的形式和有效期限。

①投标担保的形式。《工程建设项目施工招标投标办法》第17条规定:“招标人可以在招标文件中要求投标人提交投标保证金。投标保证金除现金外,可以是银行出具的银行保函、保兑支票、银行汇票或现金支票。投标保证金一般不得超过投标总价的2%,但最高不得超过80万元人民币。投标保证金有效期应当超出投标有效期30天。投标人应当按照招标文件要求的方式和金额,将投标保证金随投标文件提交给招标人。投标人不按招标文件要求提交投标保证金的,该投标文件将被拒绝,作废标处理。”

②投标保证金的期限。投标保证金有效期到签订合同或提供履约保函为止,国际上一般为投标有效期截止后的第28天,我国则规定为超出投标有效期30天。

(3)投标保证金被没收的几种情形。

在发生下列情形时,招标人有权没收投标保证金:

①投标人在有效期内撤回其投标文件;

②中标人不能在规定期限内提交履约保证金或签署合同协议。

◎投标文件的发送

投标文件的送达是整个招标投标活动中一项重要的法律行为，与投标人的利益密切相关。投标人在送达投标文件时应注意以下事项。

1）在投标截止日期前送达投标文件

《招标投标法》第28条规定，投标人应当在招标文件要求提交投标文件的截止时间前，将投标文件送达投标地点。

根据该规定，投标文件编制完成以后，经校对无误，由负责人签署，按照招标须知的规定进行分装，然后密封，并按照要求写明收标单位，派专人在投标截止日期之前送到招标人指定的地点，并取得收据。如果通过邮寄，一定要考虑邮件在途时间，使投标文件在截止时间之前到达。投标人还应当注意将有关报价的全部计算、分析资料进行汇编归档，妥善保存。

2）招标人签收投标文件

为了保证招标投标活动的公正和有序，招标人签收投标文件必须严格遵守法律的规定。《招标投标法》第28条还规定，招标人收到投标文件后，应当签收保存，不得开启。投标人少于三个的，招标人应当依照本法重新招标。在招标文件要求提交投标文件的截止时间后送达的投标文件，招标人应当拒收。

《工程建设项目施工招标投标办法》第38条规定，投标人应当在招标文件要求提交投标文件的截止时间前，将投标文件密封送达投标地点。招标人收到投标文件后，应当向投标人出具标明签收人和签收时间的凭证，在开标前任何单位和个人不得开启投标文件。

在招标文件要求提交投标文件的截止时间后送达的投标文件，为无效的投标文件，招标人应当拒收。

提交投标文件的投标人少于三个的，招标人应当依法重新招标。重新招标后投标人仍少于三个的，属于必须审批的工程建设项目，报经原审批部门批准后可以不再进行招标；其他工程建设项目，招标人可自行决定不再进行招标。

3）投标文件的补充、修改和撤回

《招标投标法》第29条规定："投标人在招标文件要求提交投标文件的截止时间前，可以补充、修改或者撤回已提交的投标文件，并书面通知招标人。补充、修改的内容为投标文件的组成部分。"

在投标过程中，如果投标人投标后，发现在投标文件中存在严重错误或者因故改变主意，可以在投标截止时间前撤回已提交的投标文件，也可以修改、补充投标文件，这是投标人的法定权利。

撤回投标文件的书面通知应当在投标截止时间之前送达，投标人在投标截止日期后补充、修改投标文件的，招标人应当不予接受；投标人撤回投标文件的，招标人有权没收其投标保证金。

招标人需要补充、修改已经提交的投标文件的，应当向招标人发出书面通知，并按照投标文件的递送方法密封投出。时间紧急时，可以先用电子邮件或传真等通知招标人，然后补送经签署的确认复印件。但是补充、修改通知必须在投标截止时间之前完成，否则补充、修改的内容无效。

◎联合投标

1）联合投标的含义

根据《招标投标法》第 31 条第 1 款的规定，联合投标是指"两个以上法人或者其他组织可以组成一个联合体，以一个投标人的身份共同投标。"

2）联合体各方的资格要求

《招标投标法》第 31 条第 2 款规定："联合体各方均应当具备承担招标项目的相应能力；国家有关规定或者招标文件对投标人资格条件有规定的，联合体各方均应当具备规定的相应资格条件。由同一专业的单位组成的联合体，按照资质等级较低的单位确定资质等级。"

3）联合体各方的权利和义务

《招标投标法》第 31 条第 2 款规定："联合体各方应当签订共同投标协议，明确约定各方拟承担的工作和责任，并将共同投标协议连同投标文件一并提交招标人。联合体中标的，联合体各方应当共同与招标人签订合同，就中标项目向招标人承担连带责任。"根据该规定，联合体各方的权利和义务分为内部和外部两种。

（1）联合体各方内部的权利和义务。

共同投标协议属于合同关系，即平等主体的自然人、法人、其他组织之间通过设立、变更、终止民事权利义务关系的协议而形成的关系。联合体内部各方通过协议明确约定各方在中标后要承担的工作和责任，该约定必须详细、明确，以免日后发生争议。同时，该共同协议应当同投标文件一并提交招标人，使招标人了解有关情况，并在评标时予以考虑。

（2）联合体各方就中标项目对外向招标人承担连带责任。

所谓连带责任，是指在同一债权债务关系中存在两个以上的债务人的，任何一个债务人都负有向债权人履行债务的义务。债权人可以向其中任何一个或者多个债务人请求履行债务，可以请求部分履行，也可以请求全部履行，负有连带责任的债务人不得以债务人之间对债务分担比例有约定为由拒绝部分或全部履行债务。连带债务人中一人或者多人履行了全部债务后，其他连带债务人对债权人的履行义务即行解除。但是，对连带债务人内部关系而言，根据其内部约定，债务人清偿债务超过其应承当份额的，有权向其他连带债务人追偿。联合体各方在中标后承担的连带责任包括以下两种情况：

①联合体在接到中标通知书未与招标人签订合同前，除不可抗力外，联合体放弃中标项目的，其已提交的投标保证金不予退还，给招标人造成的损失超过投标保证金数额的，还应当对超过部分承担连带赔偿责任；

②中标的联合体除不可抗力外，不履行与招标人签订的合同时，履约保证金不予退还，给招标人造成的损失超过履约保证金数额的，还应当对超过部分承担连带赔偿责任。

◎禁止投标人实施不正当竞争行为的规定

1）禁止串通招标投标

根据《反不正当竞争法》，国家工商总局于 1998 年 1 月 6 日发布了第 82 号令《关于禁止串通招标投标行为的暂行规定》，根据该规定，串通招标投标，是指招标与投标者之间或者投标者与投标者之间采用不正当手段，对招标投标事项进行串通，以排挤竞争对手或者损害投标者利益的行为。

(1)投标人之间串通投标。

《招标投标法》第32条第1款规定:"投标人不得相互串通投标报价,不得排挤其他投标人的公平竞争,损害招标人或者其他投标人的合法权益。"《关于禁止串通招标投标行为的暂行规定》列举了以下几种表现形式:

①投标者之间相互约定,一致抬高或者压低投标价;

②投标者之间相互约定,在招标项目中轮流以高价位或低价位中标;

③投标者之间进行内部竞价,内定中标人,然后再参加投标;

④投标者之间其他串通投标行为。

(2)投标人与招标人之间串通投标。

《招标投标法》第32条第2款规定:"投标人不得与招标人串通投标,损害国家利益、社会公共利益或者他人的合法权益。"《关于禁止串通招标投标行为的暂行规定》列举了下列几种表现形式。

①招标者在公开开标前,开启标书,并将投标情况告知其他投标者,或者协助投标者撤换标书,更改报价。

②招标者向投标者泄露标底。

③投标者与招标者商定,在招标投标时压低或者抬高标价,中标后再给投标者或者招标者额外补偿。

④招标者预先内定中标者,在确定中标者时以此决定取舍。

⑤招标者和投标者之间其他串通招标投标行为(如通过贿赂等不正当手段,使招标人在审查、评选投标文件时,对投标文件实行歧视待遇;招标人在要求投标人就其投标文件澄清时,故意作引导性提问,以使其中标等)。

2)投标人不得以行贿的手段谋取中标

《招标投标法》第32条第3款规定:"禁止投标人以向招标人或者评标委员会成员行贿的手段谋取中标。"

投标人以行贿的手段谋取中标是违背招标投标法基本原则的行为,对其他投标人是不公平的。投标人以行贿手段谋取中标的法律后果是中标无效,有关责任人和单位应当承担相应的行政责任或刑事责任,给他人造成损失的,还应当承担民事赔偿责任。

3)投标人不得以低于成本的报价竞标

《招标投标法》第33条规定,投标人不得以低于成本的报价竞标。投标人以低于成本的报价竞标,其目的主要是为了排挤其他对手。投标者企图通过低于成本的价格,满足招标人的最低价中标的目的以争取中标,从而达到占领市场和扩大市场份额的目的。

这里的成本应指每个投标人的自身成本(通常依据企业内部定额测算得出)。投标人的报价一般由成本、利润和税金三部分组成。当报价为成本价时,企业利润为零。如果投标人以低于成本的报价竞标,就很难保证工程的质量,各种偷工减料、以次充好等现象也随之产生。因此,投标人以低于成本的报价竞标的手段是法律所不允许的。

4)投标人不得以非法手段骗取中标

《招标投标法》第33条规定,投标人不得以他人名义投标或者以其他方式弄虚作假,骗取中标。根据《工程建设项目施工招标投标办法》第48条规定，以他人名义投标指投标人挂靠其他施工单位，或从其他单位通过转让或租借的方式获取资格或资质证书，或者由其他单位及其法定代表人在自己编制的投标文件上加盖印章或签字等行为。

上述不正当竞争行为对招标投标市场的秩序构成严重危害，为《招标投标法》所严格禁止，同时也是《反不正当竞争法》所不允许的。

【相关知识】

◎投标要求

1）投标时间的要求

《招标投标法》规定，投标文件应在招标文件中规定的截止时间前送达投标地点，在截止时间后送达的投标文件，招标人应拒收。因此，以邮寄方式送交投标文件的，投标人应留出足够的邮寄时间，以保证投标文件在截止时间前送达，另外，如发生地点方面的错送、误送，其后果皆由投标人自行承担。

投标人对投标文件的补充、修改、撤回通知，也必须在招标文件所规定的截止时间前送达规定地点。

2）投标行为的要求

对于投标中各方的行为，《招标投标法》有明确的要求。

（1）保密要求。

由于投标是一次性的竞争行为，为保证其公正性，就必须对当事人各方提出严格的保密要求。投标文件及其修改、补充的内容都必须以密封的形式送达，招标人签收后必须原样保存，不得开启。对于标底和潜在投标人的名称、数量以及可能影响公平竞争的其他有关招投标的情况，招标人都必须保密，不得向他人透露。

（2）报价要求。

《招标投标法》规定："投标人不得以低于成本的价格报价竞标。"投标人以低于成本的价格报价，是一种不正当的竞争行为，一旦他中标，必然会采取偷工减料、以次充好等非法手段来避免亏损，以求得生存。这将严重破坏社会主义市场经济秩序，给社会带来隐患，必须予以禁止。但投标人从长远利益出发，放弃近期利益，不要利润，仅以成本价投标，这是合法的竞争手段，法律是予以保护的。这里所说的成本，是以社会平均成本和企业个别成本来计算的，并要综合考虑各种价格差别因素。

（3）诚实信用。

从诚实信用的原则出发，《招标投标法》还规定，投标人不得相互串通投标；不得与招标人串通投标，损害国家利益、社会公共利益和他人合法权益；不得向招标人或评标委员会成员行贿以谋取中标；也不得以他人名义投标或以其他方式弄虚作假、骗取中标。

3）投标人数量的要求

《招标投标法》规定："投标人少于三个的，招标人应当依照本法重新招标。"当投标人少于三个时，就会缺乏有效竞争，投标人可能会提高承包条件，损害招标人利益，从而与招标目的相违背，所以必须重新组织招标，这也是国际上的通行做法。在国外，这种情况称为"流标"。

3.4 建设工程开标、评标、中标

【要　　点】

开标在招标投标之后进行。开标必须严格遵守《招标投标法》的有关规定。《招标投标法》对评标委员会、中标等内容作了明确的规定。

【解　　释】

◎开标

1)开标的时间、地点和参加人

招标投标活动经过了招标阶段和投标阶段之后,便进入了开标阶段。为了保证招标投标的公平、公正、公开,开标的时间和地点应遵守法律和招标文件中的规定。根据《招标投标法》第34条的规定:"开标应当在招标文件确定的提交投标文件截止时间的同一时间公开进行;开标地点应当为招标文件中预先确定的地点。"《招标投标法》第35条规定:"开标由招标人主持,邀请所有投标人参加。"

2)开标应当遵守的法律程序

根据《招标投标法》第36条规定,开标应当遵守以下法律程序。

(1)开标前的检查。

开标时,由投标人或者其推选的代表检查投标文件的密封情况,也可以由招标人委托的公证机构检查并公证。

(2)投标文件的拆封、宣读。

经确认无误后,由工作人员当众拆封,宣读投标人名称、投标价格和投标文件的其他主要内容。

(3)开标过程的记录和存档。

开标过程应当记录,并存档备查。在宣读投标人名称、投标价格和投标文件的其他主要内容时,招标主持人对公开开标所宣读的每一项,按照开标时间的先后顺序进行记录。开标机构应当事先准备好开标记录的登记表册,开标填写后作为正式记录,保存于开标机构。开标记录的内容包括:项目名称、招标号、刊登招标公告的日期、发售招标文件的日期、购买招标文件的单位名称、投标人的名称及报价、截标后收到投标文件的处理情况等。

◎评标委员会

1)评标委员会的组成

根据《招标投标法》第37条规定,评标由招标人依法组建的评标委员会负责。依法必须进行招标的项目,其评标委员会由招标人的代表和有关技术、经济等方面的专家组成,成员为五人以上单数,其中技术、经济等方面的专家不得少于成员总数的三分之二。评标委员会成员的名单在中标结果确定前应当保密。

2)评标委员会专家成员的选取

评标委员会的专家成员应当从省级以上人民政府有关部门提供的专家名册或者招标代

理机构的专家库内的相关专家名单中确定。一般招标项目,可以采取随机抽取的方式;技术特别复杂、专业性要求特别高或者国家有特殊要求的招标项目,采取随机抽取方式确定的专家难以胜任的,可以由招标人直接确定。

3)不得担任评标委员会成员的情形

《招标投标法》第37条还规定,与投标人有利害关系的人不得进入相关项目的评标委员会,已经进入的应当更换。《评标委员会和评标方法暂行规定》第12条则进一步规定,有下列情形之一的,不得担任评标委员会成员,并应主动提出回避:

(1)投标人或者投标人主要负责人的近亲属;

(2)项目主管部门或者行政监督部门的人员;

(3)与投标人有经济利益关系,可能影响对投标公正评审的;

(4)曾因在招标、评标以及其他与招标投标有关活动中从事违法行为而受过行政处罚或刑事处罚的。

4)对评标委员会成员的职业道德要求和保密义务

根据《招标投标法》和《评标委员会和评标方法暂行规定》的有关规定,评标委员会成员应当客观、公正地履行职责,遵守职业道德,对所提出的评审意见承担个人责任。

评标委员会成员不得与任何投标人或者与招标结果有利害关系的人进行私下接触,不得收受投标人、中介人、其他利害关系人的财物或者其他好处。

评标委员会成员和与评标活动有关的工作人员不得透露对投标文件的评审和比较、中标候选人的推荐情况以及与评标有关的其他情况。在这里,"与评标活动有关的工作人员",是指评标委员会成员以外的因参与评标监督工作或者事务性工作而知悉有关评标情况的所有人员。

◎评标

1)评标的准备与初步评审

《评标委员会和评标方法暂行规定》第三章对评标的准备与初步评审作出了详细规定。

(1)编制表格,研究招标文件。

评标委员会成员应当编制供评标使用的相应表格,认真研究招标文件,至少应了解和熟悉以下内容:

①招标的目标;

②招标项目的范围和性质;

③招标文件中规定的主要技术要求、标准和商务条款;

④招标文件规定的评标标准、评标方法和在评标过程中考虑的相关因素。

招标人或者其委托的招标代理机构应当向评标委员会提供评标所需的重要信息和数据。招标人设有标底的,标底应当保密,并在评标时作为参考。

(2)投标文件的排序和汇率风险的承担。

评标委员会应当按照投标报价的高低或者招标文件规定的其他方法对投标文件排序。以多种货币报价的,应当按照中国银行在开标日公布的汇率中间价换算成人民币。招标文件应当对汇率标准和汇率风险作出规定。未作规定的,汇率风险由投标人承担。

(3)投标文件的澄清、说明或补正。

《招标投标法》第23条规定,招标人对已发出的招标文件进行必要的澄清或者修改的,应当在招标文件要求提交投标文件截止时间至少15日前,以书面形式通知所有招标文件收受人。该澄清或者修改的内容为招标文件的组成部分。

此外,根据《工程建设项目施工招标投标办法》第33条规定,对于潜在投标人在阅读招标文件和现场踏勘中提出的疑问,招标人可以书面形式或召开投标预备会的方式解答,但需同时将解答以书面方式通知所有购买招标文件的潜在投标人。该解答的内容同样构成招标文件的组成部分。

(4)应作为废标处理的几种情况。

①《工程建设项目施工招标投标办法》第50条规定,以下的情形将被作为废标处理:

A. 无单位盖章并无法定代表人或法定代表人授权的代理人签字或盖章的;

B. 未按规定的格式填写,内容不全或关键字字迹模糊、无法辨认的;

C. 投标人递交两份或多份内容不同的投标文件,或在一份投标文件中对同一招标项目报有两个或多个报价,且未声明哪一个有效,按招标文件规定提交备选投标方案的除外;

D. 投标人名称或组织结构与资格预审时不一致的;

E. 未按招标文件要求提交投标保证金的;

F. 联合体投标未附联合体各方共同投标协议的。

②2005年3月1日起施行的《工程建设项目货物招标投标方法》在《工程建设项目施工招标投标办法》的基础上进一步补充了应当作为废标处理的情形:

A. 无法定代表人出具的授权委托书的;

B. 投标人名称或组织结构与资格预审时不一致且未提供有效证明的;

C. 投标有效期不满足招标文件要求的。

评标委员会否决不合格投标或者界定为废标后,因有效投标不足三个使得投标明显缺乏竞争的,根据《招标投标法》第42条的规定,"评标委员会可以否决全部投标。依法必须进行招标的项目的所有投标被否决的,招标人应当依法重新招标。"

(5)投标偏差。

评标委员会应当根据招标文件,审查并逐项列出投标文件的全部投标偏差。投标偏差分为重大偏差和细微偏差。以下情况属于重大偏差:

①没有按照招标文件要求提供投标担保或者所提供的投标担保有瑕疵;

②投标文件没有投标人授权代表签字和加盖公章;

③投标文件载明的招标项目完成期限超过招标文件规定的期限;

④明显不符合技术规格、技术标准的要求;

⑤投标文件载明的货物包装方式、检验标准和方法等不符合招标文件的要求;

⑥投标文件附有招标人不能接受的条件;

⑦不符合招标文件中规定的其他实质性要求。

细微偏差是指投标文件在实质上响应招标文件要求,但在个别地方存在漏项或者提供了不完整的技术信息和数据等情况,并且补正这些遗漏或者不完整不会对其他投标人造成不公平的结果。细微偏差不影响投标文件的有效性。评标委员会应当书面要求存在细微偏差的投标人在评标结束前予以补正。拒不补正的,在详细评审时可以对细微偏差作不利于该投标人的量化,量化标准应当在招标文件中规定。

(6)有效投标不足的法律后果。

评标委员会根据上述规定否决不合格投标或者界定为废标后,因有效投标不足三个使得投标明显缺乏竞争的,评标委员会可以否决全部投标。投标人少于三个或者所有投标都被否决的,招标人应当依法重新招标。

2)详细评审

经初步评审合格的投标文件,评标委员会应当根据招标文件确定的评标标准和方法,对其技术部分和商务部分作进一步评审、比较。《评标委员会和评标方法暂行规定》第四章对详细评审作出了具体的规定。

(1)评标方法。

评标委员会应当根据招标文件规定的评标标准和方法,对投标文件进行系统的评审和比较。招标文件中没有规定的标准和方法不得作为评标的依据。招标文件中规定的评标标准和评标方法应当合理,不得含有倾向或者排斥潜在投标人的内容,不得妨碍或者限制投标人之间的竞争。

评标方法包括经评审的最低投标价法、综合评估法或者法律、行政法规允许的其他评标方法。

①经评审的最低投标价法。经评审的最低投标价法一般适用于具有通用技术、性能标准或者招标人对其技术、性能没有特殊要求的招标项目。根据经评审的最低投标价法,能够满足招标文件的实质性要求,并且经评审的最低投标价的投标,应当推荐为中标候选人,但其投标价格低于其企业成本的除外。

采用经评审的最低投标价法的,评标委员会应当根据招标文件中规定的评标价格调整方法,对所有投标人的投标报价以及投标文件的商务部分作必要的价格调整。采用经评审的最低投标价法的,中标人的投标应当符合招标文件规定的技术要求和标准,但评标委员会无须对投标文件的技术部分进行价格折算。

根据经评审的最低投标价法完成详细评审后,评标委员会应当拟定一份“标价比较表”,连同书面评标报告提交招标人。“标价比较表”应当载明投标人的投标报价、对商务偏差的价格调整和说明,以及经评审的最终投标价。

②综合评估法。不宜采用经评审的最低投标价法的招标项目,一般应当采取综合评估法进行评审。根据综合评估法,最大限度地满足招标文件中规定的各项综合评价标准的投标,应当推荐为中标候选人。

衡量投标文件是否最大限度地满足招标文件中规定的各项评价标准,可以采取折算为货币的方法、打分的方法或者其他方法。需量化的因素及其权重应当在招标文件中明确规定。评标委员会对各个评审因素进行量化时,应当将量化指标建立在同一基础或者同一标准上,使各投标文件具有可比性。对技术部分和商务部分进行量化后,评标委员会应当对这两部分的量化结果进行加权,计算出每一投标的综合评估价或者综合评估分。

根据综合评估法完成评标后,评标委员会应当拟定一份“综合评估比较表”,连同书面评标报告提交招标人。“综合评估比较表”应当载明投标人的投标报价、所作的任何修正、对商务偏差的调整、对技术偏差的调整、对各评审因素的评估以及对每一投标的最终评审结果。

(2)备选标。

根据招标文件的规定,允许投标人投备选标的,评标委员会可以对中标人所投的备选标进行评审,以决定是否采纳备选标。不符合中标条件的投标人的备选标不予考虑。

(3)招标项目作为一个整体合同授予。

对于划分为多个单项合同的招标项目,招标文件允许投标人为获得整个项目合同而提出优惠的,评标委员会可以对投标人提出的优惠进行审查,以决定是否将招标项目作为一个整体合同授予中标人。将招标项目作为一个整体合同授予的,整体合同中标人的投标应当最有利于招标人。

(4)投标有效期的延长。

评标和定标应当在投标有效期结束日 30 个工作日前完成。不能在投标有效期结束日 30 个工作日前完成评标和定标的,招标人应当通知所有投标人延长投标有效期。拒绝延长投标有效期的投标人有权收回投标保证金。同意延长投标有效期的投标人应当相应延长其投标担保的有效期,但不得修改投标文件的实质性内容。因延长投标有效期造成投标人损失的,招标人应当给予补偿,但因不可抗力需延长投标有效期的除外。招标文件应当载明投标有效期。投标有效期从提交投标文件截止日起计算。

3)推荐中标候选人和定标

(1)评标报告。

评标委员会完成评标后,应当向招标人提出书面评标报告,并抄送有关行政监督部门。评标报告应如实记载以下内容:

①基本情况和数据表;

②评标委员会成员名单;

③开标记录;

④符合要求的投标一览表;

⑤废标情况说明;

⑥评标标准、评标方法或者评标因素一览表;

⑦经评审的价格或者评分比较一览表;

⑧经评审的投标人排序;

⑨推荐的中标候选人名单与签订合同前要处理的事宜;

⑩澄清、说明、补正事项纪要。

评标报告由评标委员会全体成员签字。对评标结论持有异议的评标委员会成员可以书面方式阐述其不同意见和理由。评标委员会成员拒绝在评标报告上签字且不陈述其不同意见和理由的,视为同意评标结论。评标委员会应当对此作出书面说明并记录在案。

向招标人提交书面评标报告后,评标委员会即告解散。评标过程中使用的文件、表格以及其他资料应当即时归还招标人。

(2)中标候选人。

评标委员会推荐的中标候选人应当限定在一至三人,并标明排列顺序。在确定中标人之前,招标人不得与投标人就投标价格、投标方案等实质性内容进行谈判。中标人的投标应当符合下列条件之一：

①能够最大限度满足招标文件中规定的各项综合评价标准；

②能够满足招标文件的实质性要求，并且经评审的投标价格最低，但是投标价格低于成本的除外。

使用国有资金投资或者国家融资的项目，招标人应当确定排名第一的中标候选人为中标人。排名第一的中标候选人放弃中标、因不可抗力提出不能履行合同，或者招标文件规定应当提交履约保证金而在规定的期限内未能提交的，招标人可以确定排名第二的中标候选人为中标人。排名第二的中标候选人因同样原因不能签订合同的，招标人可以确定排名第三的中标候选人为中标人，以此类推。

招标人可以授权评标委员会直接确定中标人。国务院对中标人的确定另有规定的，从其规定。

◎中标

1）定标后向有关行政监督部门提交书面报告

根据《招标投标法》第47条规定。“依法必须进行招标的项目，招标人应当从确定中标人之日起十五日内，向有关行政监督部门提交招标投标情况的书面报告。”

《工程建设项目施工招标投标办法》第65条规定，依法必须进行施工招标的项目，招标人应当自发出中标通知书之日起十五日内，向有关行政监督部门提交招标投标情况的书面报告。书面报告至少应包括下列内容：

（1）招标范围；

（2）招标方式和发布招标公告的媒介；

（3）招标文件中投标人须知、技术条款、评标标准和方法、合同主要条款等内容；

（4）评标委员会的组成和评标报告；

（5）中标结果。

2）中标通知书

（1）发出中标通知书。

中标通知书是指招标人在确定中标人后向中标人发出通知其中标的书面凭证。《招标投标法》第45条第1款规定：“中标人确定后，招标人应当向中标人发出中标通知书，同时通知未中标人。”

（2）中标通知书的法律效力。

《招标投标法》第45条第1款规定：“中标通知书对招标人和中标人具有法律效力。中标通知书发出后，招标人改变中标结果，或者中标人放弃中标项目的，应当依法承担法律责任。”

3）订立书面合同，提供履约担保和付款担保

（1）订立书面合同。

根据《招标投标法》第46条规定：“招标人和中标人应当自中标通知书发出之日起三十日内，按照招标文件和中标人的投标文件订立书面合同。招标人与中标人不得再行订立背离合同实质性内容的其他协议。”

一般情况下，合同自承诺生效时成立。但我国《合同法》第32条规定："当事人采取合同书形式订立合同的，自双方当事人签字或者盖章时合同成立。"建设工程合同的订立就属于这种情况。

建设工程合同订立的依据是招标文件和中标人的投标文件，双方不得再订立违背合同实质性内容的其他协议。"合同实质性内容"包括投标价格、投标方案等涉及招标人和中标人权利义务关系的实体内容。如果允许招标人和中标人再行订立背离合同实质性内容的其他协议，就违背了招标投标活动的初衷，对其他未中标人来讲也是不公平的。因此对于这类行为，法律必须予以严格禁止。

(2)提供履约担保和付款担保。

①中标人提供履约担保。《招标投标法》第46条第3款规定："招标文件要求中标人提交履约保证金的，中标人应当提交。"

履约担保，是指招标人在招标文件中规定的要求中标的投标人提交的保证履行合同义务的担保。要求中标人提供履约担保，是国际工程惯例。履约担保除可以采用履约保证金这种形式外，还可以采用银行、保险公司或担保公司出具履约保函。履约担保的金额取决于招标项目的类型和规模，但大体上应能保证中标人违约时，招标人所受损失能得到补偿，通常为建设工程合同金额的10%左右。在招标文件中，招标人应当就提交履约担保的方式作出规定，中标人应当按照招标文件中的规定提交履约担保。中标人不按照招标文件的规定提交履约担保的，将失去订立合同的资格，其提交的投标担保金不予退还。

②招标人提供付款担保。《工程建设项目施工招标投标办法》第62条规定，招标文件要求中标人提交履约保证金或者其他形式履约担保的，中标人应当提交；拒绝提交的，视为放弃中标项目。招标人要求中标人提供履约保证金或其他形式履约担保的，招标人应当同时向中标人提供工程款支付担保。招标人不得擅自提高履约保证金，不得强制要求中标人垫付中标项目建设资金。

要求招标人提供付款担保，同样是国际工程惯例。建设工程合同中设立付款担保条款，是为了保证招标人(发包人)按合同约定向中标人(承包人)支付工程款。《合同法》规定，当事人应当遵循公平原则确定双方的权利义务，据此，建设工程合同当事人的权利和义务应当是对等的。

③退还投标保证金。《评标委员会和评标方法暂行规定》规定，招标人与中标人签订合同后5个工作日内，应当向中标人和未中标的投标人退还投标保证金。

④工程施工合同的备案。《房屋建筑和市政基础设施工程施工招标投标管理办法》第47条规定，订立书面合同后7日内，中标人应当将合同送县级以上工程所在地的建设行政主管部门备案。

4)中标无效的法律规定

根据《招标投标法》第五章法律责任的规定，中标无效有以下几种情况：

(1)招标代理机构违反本法规定，泄露应当保密的与招标投标活动有关的情况和资料，或者与招标人、投标人串通损害国家利益、社会公共利益或者他人合法权益，影响中标结果的，中标无效；

(2)依法必须进行招标的项目的招标人向他人透露以获取招标文件的潜在投标人的名

称、数量或者可能影响公平竞争的其他情况,或者泄露标底,影响中标结果的,中标无效;

(3)投标人相互串通投标或者与招标人串通投标的,投标人以向招标人或者评标委员会成员行贿的手段谋取中标的,中标无效;

(4)投标人以他人名义投标或者以其他方式弄虚作假,骗取中标的,中标无效;

(5)依法必须进行招标的项目,招标人违反法律规定,与投标人就投标价格、投标方案等实质性内容进行谈判,影响中标结果的,中标无效;

(6)招标人在评标委员会依法推荐的中标候选人以外确定中标人的,依法必须进行招标的项目在所有投标被评标委员会否决后自行确定中标人的,中标无效。

依法必须进行招标的项目违反《招标投标法》上述规定,致使中标无效的,应当依照本法规定的中标条件从其余投标人中重新确定中标人或者按照本法重新进行招标。

【相关知识】

◎确定中标人

根据《招标投标法》和《工程建设项目施工招标投标办法》的有关规定,确定中标人应当遵守如下程序:

(1)评标委员会提出书面评标报告后,招标人一般应当在15日内确定中标人,但最迟应当在投标有效期结束日30个工作日前确定;

(2)招标人应当接受评标委员会推荐的中标候选人,不得在评标委员会推荐的中标候选人之外确定中标人;

(3)依法必须招标的项目,招标人应当确定排名第一的中标候选人为中标人。排名第一的中标候选人放弃中标、因不可抗力提出不能履行合同,或者招标文件规定应当提交履约保证金而在规定的期限内未能提交的,招标人可以确定排名第二的中标候选人为中标人,以此类推;

(4)招标人可以授权评标委员会直接确定中标人。

【案例分析】

◎基本案情

某建筑公司所投的投标文件只有单位的盖章而没有法人代表的签字,被评标委员会确定为废标。建筑公司认为评标委员会的处理是不当的,与《工程建设项目施工招标投标办法》关于废标的规定不相符。根据《工程建设项目施工招标投标办法》,只要有单位的盖章就不是废标。

◎案例分析

《工程建设项目施工招标投标办法》第50条规定:"投标文件有下列情形之一的,由评标委员会初审后按废标处理:

(1)无单位盖章并无法定代表人或法定代表人授权的代理人签字或盖章的。

通过分析上面这个条款可以得出将被作为废标的条件是:投标文件上既没有单位的盖章,也没有法定代表人或法定代表人授权的代理人签字或盖章。也就是说,签字或盖章的栏

目是空白的。由此,也可以从反面得出结论,以下的情形不能被认定为废标:

①只有单位的盖章而没有法人代表或法人代表授权的代理人的盖章;

②只有单位盖章而没有法人代表或法人代表授权的代理人的签字;

③只有法人代表或法人代表授权的代理人的盖章,而没有单位盖章;

④只有法人代表或法人代表授权的代理人的签字,而没有单位盖章。

(2)未按规定的格式填写,内容不全或关键字字迹模糊,无法辨认的。

(3)投标人递交两份或多份内容不同的投标文件,或在一份投标文件中对同一招标项目报有两个或多个报价,且未声明哪一个有效,按招标文件规定提交备选投标方案的除外。

(4)投标人名称或组织结构与资格预审时不一致的。

(5)未按招标文件要求提交投标保证金的。

(6)联合体投标未附联合体各方面共同投标协议的。”

本案例中的招标文件中如果规定了必须要既有单位的盖章也要有法定代表人的签字或盖章,就属于对投标文件格式的要求,如果投标文件仅有单位的盖章而没有法定代表人的签字或盖章,就是“未按规定的格式填写”,将被作为废标。而如果招标文件中没有这个规定,就不以缺少单位盖章或者法定代表人签字或者盖章将投标文件认定为废标。

4

建设工程安全生产管理制度

JIANSHEGONGCHENGANQUANSHENGCHANGUANLIZHIDU

4.1 建设单位的安全责任

【要 点】

根据《建设工程安全生产管理条例》规定，建设单位的安全责任包括向施工单位提供资料的责任、依法履行合同的责任、提供安全生产费用的责任、不得推销劣质材料设备的责任等。

【解 释】

◎向施工单位提供资料的责任

《建设工程安全生产管理条例》第6条规定："建设单位应当向施工单位提供施工现场及毗邻区域内供水、排水、供电、供气、供热、通信、广播电视等地下管线资料，气象和水文观测资料，相邻建筑物和构筑物、地下工程的有关资料，并保证资料的真实、准确、完整。

建设单位因建设工程需要，向有关部门或者单位查询前款规定的资料时，有关部门或者单位应当及时提供。"

建设单位提供的资料将成为施工单位后续工作的主要参考依据。这些资料如果不真实、准确、完整，并因此导致了施工单位的损失，施工单位可以就此向建设单位要求赔偿。

◎禁止建设单位实施的违法行为

(1)《建设工程安全生产管理条例》第7条规定，建设单位不得对勘察、设计、施工、工程监理等单位提出不符合建设工程安全生产法律、法规和强制性标准规定的要求。

建设单位违反上述规定的，根据《建设工程安全生产管理条例》第55条的有关规定，建设单位除应承担罚款的行政责任外，造成重大安全事故的，构成犯罪的，其直接责任人员还将依刑法承担刑事责任。如果造成损失，还要依法承担民事赔偿责任。

(2)《建设工程安全生产管理条例》第7条规定，建设单位不得压缩合同约定的工期。

建设单位和施工单位在合同中约定的工期，通常是双方在平等协商的基础上确定的，并为双方所接受。因此，"合同约定的工期"应当满足"合理工期"的要求。所谓"合理工期"，一般是指在正常建设条件下，采取科学合理的施工工艺和管理方法，以现行的国家颁布的工期定额为基础，结合项目建设的具体情况而确定，使建设单位和各参建单位均获得满意经济效益的工期。在工程实践中，建设单位不合理压缩工期是造成安全事故的重要因素之一。鉴于此，《建设工程安全生产管理条例》对建设单位压缩合同约定的工期的行为，作出了禁止性规定。建设单位如果违反该项义务，将根据该条例第55条，承担相应的行政责任、刑事责任或民事责任。

(3)《建设工程安全生产管理条例》第9条规定，建设单位不得明示或者暗示施工单位购买、租赁、使用不符合安全施工要求的安全防护用具、机械设备、施工机具及配件、消防设施和器材。

◎提供安全生产费用的责任

《建设工程安全生产管理条例》第 8 条规定："建设单位在编制工程概算时，应当确定建设工程安全作业环境及安全施工措施所需费用。"

工程概算，是指在初步设计阶段，根据初步设计文件、概算定额或概算指标、费用定额及其他相关文件，计算出的建筑安装费用。必要的安全生产投入，是确保安全生产的基本保障。但是，长期以来，一些地方政府、建设单位、施工单位忽略安全生产投入，单纯追求经济效益，置安全生产于不顾，是造成建设工程安全生产事故的重要原因之一。为此，从加强对建设单位安全生产投入监督管理的角度，《建设工程安全生产管理条例》强制要求建设单位在编制工程概算时，应当确定安全生产投入费用。同时，根据该条例第 54 条的规定，对于建设单位违反该项义务的，有关行政管理部门发现后，应当"责令限期改正；逾期未改正的，责令该建设工程停止施工"。

为了确保安全生产费用的专款专用，《建设工程安全生产管理条例》第 22 条同时规定："施工单位对列入建设工程概算的安全作业环境及安全施工措施所需费用，应当用于施工安全防护用具及设施的采购和更新、安全施工措施的落实、安全生产条件的改善，不得挪作他用。"否则，施工单位不仅将依法承担罚款的行政责任，造成损失的，还要依法承担民事赔偿责任。

◎提供安全施工措施资料的责任

《建设工程安全生产管理条例》第 10 条规定："建设单位在申请领取施工许可证时，应当提供建设工程有关安全施工措施的资料。

依法批准开工报告的建设工程，建设单位应当自开工报告批准之日起 15 日内，将保证安全施工的措施报送建设工程所在地的县级以上地方人民政府建设行政主管部门或者其他有关部门备案。"

◎对拆除工程进行备案的责任

《建设工程安全生产管理条例》第 11 条规定，建设单位应当将拆除工程发包给具有相应资质等级的施工单位。

关于拆除工程的安全生产管理，《建筑法》第 50 条作了明确规定，房屋拆除应当由具备保证安全条件的建筑施工单位承担。为了规范拆除工程市场秩序，提高拆除工程的技术保证水平，避免发生安全事故，《建筑业企业资质管理规定》(建设部令第 87 号)规定了"爆破与拆除工程专业承包企业资质等级标准"。《建筑业企业资质管理规定》将该资质分为一级、二级、三级，并分别对取得各级资质的相应条件、承包范围作了严格的规定。为进一步加强拆除工程市场的安全管理，《建设工程安全生产管理条例》一方面明确规定进入拆除工程市场的施工单位应当具有专业承包资质；另一方面，还进一步明确了政府行政主管部门通过备案制度对拆除工程施工实施监督。根据《建设工程安全生产管理条例》第 11 条的规定，建设单位应当在拆除工程施工 15 日前，将相关资料报送有关行政主管部门备案。这些需要备案的资料包括：

(1)施工单位资质等级证明；

(2)拟拆除建筑物、构筑物及可能危及毗邻建筑的说明；

(3)拆除施工组织方案；

(4)堆放、清除废弃物的措施。

【相关知识】

◎不得推销劣质材料、设备的责任

《建设工程安全生产管理条例》第9条规定："建设单位不得明示或者暗示施工单位购买、租赁、使用不符合安全施工要求的安全防护用具、机械设备、施工机具及配件、消防设施和器材。"

由于建设单位与施工单位的特殊关系，建设单位的明示或者暗示经常被施工单位理解为是强制性的命令。因此，法律明确规定了建设单位不得向施工单位去推销劣质材料，以解除施工单位的进退两难的处境。

【案例分析】

◎基本案情

2000年10月25日，南京三建公司在其承建的南京电视台演播中心工程施工过程中发生一起模板支撑系统整体坍塌事故，造成6人死亡，1人重伤，33人轻伤。法院经调查认定，这是一起在施工过程中因支架搭设不合理，导致屋盖下模板支架与周围结构固定与连系不足而引发的重大责任事故。2001年5月26日，白下区法院以重大责任事故罪，判处南京三建上海分公司项目副经理成某某、项目部施工员丁某某有期徒刑6年。法院认为监理公司驻工地的总监违反有关规定，未对施工方案进行审查认可，未对模板支撑系统的验收进行监督，对施工方的违规行为没有下达停工令、无监理工程师资格证书上岗，对事故的发生应负主要责任，判处其有期徒刑5年。

◎案例分析

安全生产责任制度是工程建设中最基本的安全管理制度，是所有安全规章制度的核心。在本案中，施工单位严重违反了安全生产责任制度的有关规定，酿成了重大安全生产事故，这个教训是十分深刻的。《安全生产法》和《建筑法》均把安全生产责任制度作为重点内容予以明文规定。安全责任制的主要内容包括：一是从事建筑活动主体的负责人的责任制。比如，建筑施工企业的法定代表人要对本企业的安全负主要的安全责任。二是从事建筑活动主体的职能机构或职能处室负责人及其工作人员的安全生产责任制。比如，建筑企业根据需要设置的安全处室或者专职安全人员要对安全负责。三是岗位人员的安全生产责任制。岗位人员必须对安全负责。从事特种作业的安全人员必须进行培训，经过考试合格后方可上岗作业。

我国《刑法》第137条规定："建设单位、设计单位、施工单位、工程监理单位违反国家规定，降低工程质量标准，造成重大安全事故的，对直接责任人员，处5年以下有期徒刑或者拘役，并处罚金；后果特别严重的，处5年以上10年以下有期徒刑，并处罚金。"这起重大安全事故也为整个监理行业敲响了一个警钟，监理企业及监理人员作为工程质量责任主体之一，必须严格依法履行监理职责,否则很可能承担严重的法律后果。

4.2 勘察、设计、工程监理及相关单位的安全责任

【要 点】

根据《建设工程安全生产管理条例》工程监理单位的安全责任主要体现在审查施工组织设计的责任、安全隐患报告的责任和依法监理的责任。

【解 释】

◎勘察、设计单位的安全责任

1)勘察单位的安全责任

根据《建设工程安全生产管理条例》第12条的规定,勘察单位依法应承担的安全责任包括:

(1)勘察单位应当按照法律、法规和工程建设强制性标准进行勘察,提供的勘察文件应当真实、准确,满足建设工程安全生产的需要;

(2)勘察单位在勘察作业时,应当严格执行操作规程,采取措施保证各类管线、设施和周边建筑物、构筑物的安全。

2)设计单位的安全责任

根据《建设工程安全生产管理条例》第13条的规定,设计单位依法应承担的安全责任包括:

(1)设计单位应当按照法律、法规和工程建设强制性标准进行设计,防止因设计不合理而导致生产安全事故的发生;

(2)设计单位应当考虑施工安全操作和防护的需要,对涉及施工安全的重点部位和环节在设计文件中注明,并对防范生产安全事故提出指导意见;

(3)采用新结构、新材料、新工艺的建设工程和特殊结构的建设工程,设计单位应当在设计中提出保障施工作业人员安全和预防生产安全事故的措施建议;

(4)设计单位和注册建筑师等注册执业人员应当对其设计负责。

◎工程监理单位的安全责任

根据《建设工程安全生产管理条例》,工程监理单位的安全责任主要体现在如下几方面。

1)审查施工组织设计的责任

工程监理单位应当审查施工组织设计中的安全技术措施或者专项施工方案是否符合工程建设强制性标准。

施工组织设计是整个施工过程的指导文件,具有十分重要的作用。《建设工程施工现场管理规定》第10条规定:“施工单位必须编制建设工程施工组织设计。建设工程实行总包和分包的,由总包单位负责编制施工组织设计或者分阶段施工组织设计。分包单位在总包单位的总体部署下,负责编制分包工程的施工组织设计。”

《建设工程施工现场管理规定》第 11 条规定，施工组织设计应当包括下列主要内容：

(1)工程任务情况；

(2)施工总方案、主要施工方法、工程施工进度计划、主要单位工程综合进度计划和施工力量、机具及部署；

(3)施工组织技术措施，包括工程质量、安全防护以及环境污染防护等各种措施；

(4)施工总平面布置图；

(5)总包单位和分包单位的分工范围及交叉施工部署等。

根据《建设工程安全生产管理条例》的相关规定，施工组织设计中必须包含安全技术措施和施工现场临时用电方案。对基坑支护、降水工程、土方开挖工程、模板工程、起重吊装工程、脚手架工程、拆除工程、爆破工程等达到一定规模的危险性较大的分部分项工程，施工单位还应当编制专项施工方案。工程监理单位依法应当对这些安全技术措施和专项施工方案进行审查，审查的重点是其是否符合工程建设强制性标准。

2)安全隐患报告的责任

工程监理单位在实施监理过程中，发现存在安全事故隐患的，应当要求施工单位整改；情况严重的，应当要求施工单位暂时停止施工，并及时报告建设单位。施工单位拒不整改或者不停止施工的，工程监理单位应当及时向有关建设行政主管部门报告。

3)依法监理的责任

工程监理单位和监理工程师应当按照法律、法规和工程建设强制性标准实施监理，并对建设工程安全生产承担监理责任。

根据《建设工程安全生产管理条例》第 57 条的有关规定，工程监理单位违反上述三项法定义务，视情形将可能分别受到责令停业整顿并处罚款、降低资质等级、吊销资质证书等行政处罚；构成犯罪的，其直接责任人员要承担刑事责任；造成损失的，工程监理单位还要依法承担民事赔偿责任。

【相关知识】

◎相关单位的安全责任

1)机械设备和配件供应单位的安全责任

《建设工程安全生产管理条例》第 15 条规定："为建设工程提供机械设备和配件的单位，应当按照安全施工的要求配备齐全有效的保险、限位等安全设施和装置。"

2)出租机械设备和施工机具及配件单位的安全责任

根据《建设工程安全生产管理条例》第 16 条的规定，出租的机械设备和施工机具及配件，应当具有生产(制造)许可证、产品合格证，并应当对出租的机械设备和施工机具及配件的安全性能进行检测，在签订租赁协议时，应当出具检测合格证明。禁止出租检测不合格的机械设备和施工机具及配件。

《建设工程安全生产管理条例》第 34 条、第 35 条规定，施工单位采购、租赁的安全防护用具、机械设备、施工机具及配件，应当具有生产(制造)许可证、产品合格证，并在进入施工现场前进行查验。使用承租的机械设备和施工机具及配件的，由施工总承包单位、分包单位、出租单位和安装单位共同进行验收。验收合格后方可使用。

3)施工起重机械和自升式架设设施的安全管理

(1)施工起重机械和自升式架设设施安装、拆卸。

《建设工程安全生产管理条例》第17条第1款规定:“在施工现场安装、拆卸施工起重机械和整体提升脚手架、模板等自升式架设设施,必须由具有相应资质的单位承担。”《建筑业企业资质等级标准》则分别规定了起重设备安装工程专业承包资质(分为三个等级)和整体提升脚手架专业承包资质。

《建设工程安全生产管理条例》第17条还规定,安装、拆卸施工起重机械和整体提升脚手架、模板等自升式架设设施,应当编制拆装方案、制定安全施工措施,并由专业技术人员现场监督。施工起重机械和整体提升脚手架、模板等自升式架设设施安装完毕后,安装单位应当自检,出具自检合格证明,并向施工单位进行安全使用说明,办理验收手续并签字。根据《建设工程安全生产管理条例》第35条的规定,施工单位在使用前,应当组织有关单位进行验收,也可以委托具有相应资质的检验检测机构进行验收。但《特种设备安全监察条例》规定的施工起重机械,在验收前应当经有相应资质的检验检测机构监督检验合格。

施工单位应当自验收合格之日起30日内,向建设行政主管部门或者其他有关部门登记。登记标志应当置于或者附着于该设备的显著位置。

(2)施工起重机械和自升式架设设施的检验检测。

根据《建设工程安全生产管理条例》第18、19条的规定,施工起重机械和整体提升脚手架、模板等自升式架设设施的使用达到国家规定的检验检测期限的,必须经具有专业资质的检验检测机构检测。经检测不合格的,不得继续使用。检验检测机构对检测合格的施工起重机械和整体提升脚手架、模板等自升式架设设施,应当出具安全合格证明文件,并对检测结果负责。

4.3 施工单位的安全责任

【要　　点】

施工单位的安全责任包括负责人、总承包单位与分包单位的责任、安全生产教育培训制度、危险施工的专项方案和对施工现场应采取的安全措施等内容。《安全生产许可证条例》对安全生产许可制度中取得安全生产许可证的条件和安全生产许可证的管理等内容作了明确的规定。

【解　　释】

◎施工单位的基本安全生产责任

1)主要负责人、项目负责人和专职安全生产管理人员的安全责任

(1)主要负责人。

加强对施工单位安全生产的管理,首先要明确责任人。《建设工程安全生产管理条例》第21条第1款的规定,“施工单位主要负责人依法对本单位的安全生产工作全面负责”。在这里,“主要负责人”并不仅限于施工单位的法定代表人,而是指对施工单位全面负责,有生

产经营决策权的人。

明确施工单位主要负责人对安全生产工作全面负责，是贯彻"安全第一、预防为主"方针的基本要求，也是被实践证明的行之有效的"管生产必须同时管安全"原则在法律制度上的具体体现。根据《建设工程安全生产管理条例》的有关规定，施工单位主要负责人的安全生产方面的主要职责包括：

①建立健全安全生产责任制度和安全生产教育培训制度；

②制定安全生产规章制度和操作规程；

③保证本单位安全生产条件所需资金的投入；

④对所承建的建设工程进行定期和专项安全检查，并做好安全检查记录。

(2)项目负责人。

《建设工程安全生产管理条例》第 21 条第 2 款规定，施工单位的项目负责人应当由取得相应执业资格的人员担任，对建设工程项目的安全施工负责。

项目负责人(主要指项目经理)在工程项目中处于中心地位，对建设工程项目的安全全面负责。鉴于项目负责人对安全生产的重要作用，国家规定施工单位的项目负责人应当由取得相应执业资格的人员担任。

根据《建设工程安全生产管理条例》第 21 条的规定，项目负责人的安全责任主要包括：

①落实安全生产责任制度、安全生产规章制度和操作规程；

②确保安全生产费用的有效使用；

③根据工程的特点组织制定安全施工措施，消除安全事故隐患；

④及时、如实报告生产安全事故。

(3)安全生产管理机构和专职安全生产管理人员。

根据《建设工程安全生产管理条例》第 23 条规定，"施工单位应当设立安全生产管理机构，配备专职安全生产管理人员"。

①安全生产管理机构的设立及其职责。安全生产管理机构是指施工单位及其在建设工程项目中设置的负责安全生产管理工作的独立职能部门。

根据建设部《建筑施工企业安全生产管理机构设置及专职安全生产管理人员配备办法》(建质[2004]213 号)规定，施工单位所属的分公司、区域公司等较大的分支机构应当各自独立设置安全生产管理机构，负责本企业(分支机构)的安全生产管理工作。施工单位及其所属分公司、区域公司等较大的分支机构必须在建设工程项目中设立安全生产管理机构。

安全生产管理机构的职责主要包括：落实国家有关安全生产法律法规和标准、编制并适时更新安全生产管理制度、组织开展全员安全教育培训及安全检查等活动。

②专职安全生产管理人员的职责。专职安全生产管理人员是指经建设主管部门或者其他有关部门安全生产考核合格，并取得安全生产考核合格证书在企业从事安全生产管理工作的专职人员，包括施工单位安全生产管理机构的负责人及其工作人员和施工现场专职安全生产管理人员。

根据《建设工程安全生产管理条例》第 23 条的有关规定，专职安全生产管理人员的安全责任主要包括：对安全生产进行现场监督检查。发现安全事故隐患，应当及时向项目负责人和安全生产管理机构报告；对于违章指挥、违章操作的，应当立即制止。

③专职安全生产管理人员的配备。《建设工程安全生产管理条例》第23条规定,“专职安全生产管理人员的配备办法由国务院建设行政主管部门会同国务院其他有关部门制定”。

2)总承包单位和分包单位的安全责任

(1)总承包单位的安全责任。

《建设工程安全生产管理条例》第24条规定,“建设工程实行施工总承包的,由总承包单位对施工现场的安全生产负总责”。建设工程实行施工总承包的,由建设单位将包括土建和安装等方面的施工任务一并发包给一家具有相应施工总承包资质的施工单位,施工总承包单位在法律规定和合同约定的范围内,全面负责施工现场的组织管理。

《建设工程施工现场管理规定》第9条规定:“建设工程实行总包和分包的,由总包单位负责施工现场的统一管理,监督检查分包单位的施工现场活动。分包单位应当在总包单位的统一管理下,在其分包范围内建立施工现场管理责任制,并组织实施。”这条规定赋予了总承包商对施工现场的统一管理权,其中也包括对分包单位的安全生产管理。

同时,为了防止违法分包和转包等违法行为的发生,真正落实施工总承包单位的安全责任,《建设工程安全生产管理条例》进一步强调:“总承包单位应当自行完成建设工程主体结构的施工。”

(2)总承包单位与分包单位的安全责任划分。

《建设工程安全生产管理条例》第24条规定,“总承包单位依法将建设工程分包给其他单位的,分包合同中应当明确各自的安全生产方面的权利、义务。总承包单位和分包单位对分包工程的安全生产承担连带责任”。

施工现场往往有多个分包单位同时在施工现场作业,需要由总承包单位统一协调。但是,由于利益等原因,分包商并不愿意服从总承包单位的管理,鉴于此,《建设工程安全生产管理条例》第24条规定“分包单位应当服从总承包单位的安全生产管理,分包单位不服从管理导致生产安全事故的,由分包单位承担主要责任”。

3)安全生产教育培训制度

(1)特种作业人员的专门培训和持证上岗。

《建设工程安全生产管理条例》第25条规定,垂直运输机械作业人员、安装拆卸工、爆破作业人员、起重信号工、登高架设作业人员等特种作业人员,必须按照国家有关规定经过专门的安全作业培训,并取得特种作业操作资格证书后,方可上岗作业。

(2)主要负责人、项目负责人和专职安全生产管理人员的考核培训。

《建设工程安全生产管理条例》第36条规定,施工单位的主要负责人、项目负责人、专职安全生产管理人员应当经建设行政主管部门或者其他有关部门考核合格后,方可任职。

施工单位应当对管理人员和作业人员每年至少进行一次安全生产教育培训,其教育培训情况记入个人工作档案。安全生产教育培训考核不合格的人员,不得上岗。

(3)作业人员进入新岗位、新工地和采用新技术、新工艺、新设备、新材料前的上岗教育培训。

《建设工程安全生产管理条例》第37条规定,作业人员进入新的岗位或者新的施工现场前,应当接受安全生产教育培训;未经教育培训或者教育培训考核不合格的人员,不得上岗作业。

施工单位在采用新技术、新工艺、新设备、新材料时,应当对作业人员进行相应的安全生产教育培训。

4)危险性较大的分部分项工程的专项施工方案

《建设工程安全生产管理条例》第26条规定,施工单位应当在施工组织设计中编制安全技术措施和施工现场临时用电方案,对下列达到一定规模的危险性较大的分部分项工程编制专项施工方案,并附安全验算结果,经施工单位技术负责人、总监理工程师签字后实施,由专职安全生产管理人员进行现场监督。

(1)基坑支护与降水工程。

(2)土方开挖工程。

(3)模板工程。

(4)起重吊装工程。

(5)脚手架工程。

(6)拆除、爆破工程。

(7)国务院建设行政主管部门或者其他有关部门规定的其他危险性较大的工程。

对上述工程中涉及深基坑、地下暗挖工程、高大模板工程的专项施工方案,施工单位还应当组织专家进行论证、审查。

5)施工单位在施工现场应采取的安全措施

(1)施工前安全施工技术要求交底。

《建设工程安全生产管理条例》第27条规定,建设工程施工前,施工单位负责项目管理的技术人员应当对有关安全施工的技术要求向施工作业班组、作业人员作出详细说明,并由双方签字确认。

(2)施工现场设置安全警示标志。

《建设工程安全生产管理条例》第28条第1款规定,施工单位应当在施工现场入口处、施工起重机械、临时用电设施、脚手架、出入通道口、楼梯口、电梯井口、孔洞口、桥梁口、隧道口、基坑边沿、爆破物及有害、危险气体和液体存放处等危险部位,设置明显的安全警示标志。安全警示标志必须符合国家标准。

(3)施工现场做好安全防护。

《建设工程安全生产管理条例》第28条第2款规定,施工单位应当根据不同施工阶段和周围环境及季节、气候的变化,在施工现场采取相应的安全施工措施。施工现场暂时停止施工的,施工单位应当做好现场安全防护,所需费用由责任方承担,或者按照合同约定执行。

(4)施工现场布置应当符合安全要求。

《建设工程安全生产管理条例》第29条规定,施工单位应当将施工现场的办公、生活区与作业区分开设置,并保持安全距离;办公、生活区的选址应当符合安全性要求。职工的膳食、饮水、休息场所等应当符合卫生标准。施工单位不得在尚未竣工的建筑物内设置员工集体宿舍。

施工现场临时搭建的建筑物应当符合安全使用要求。施工现场使用的装配式活动房屋应当具有产品合格证。

(5)对周边环境采取防护措施。

《建设工程安全生产管理条例》第30条规定,施工单位对因建设工程施工可能造成损害的毗邻建筑物、构筑物和地下管线等，应当采取专项防护措施。

施工单位应当遵守有关环境保护法律、法规的规定，在施工现场采取措施，防止或者减少粉尘、废气、废水、固体废物、噪声、振动和施工照明对人和环境的危害和污染。

在城市市区内的建设工程，施工单位应当对施工现场实行封闭围挡。

(6)在施工现场采取消防安全措施。

《建设工程安全生产管理条例》第31条规定，施工单位应当在施工现场建立消防安全责任制度，确定消防安全责任人，制定用火、用电、使用易燃易爆材料等各项消防安全管理制度和操作规程，设置消防通道、消防水源，配备消防设施和灭火器材，并在施工现场入口处设置明显的安全警示标志。

◎安全生产许可证制度

1)取得安全生产许可证的条件

根据《安全生产许可证条例》第6条的规定，企业领取安全生产许可证应当具备一系列安全生产条件。在此规定基础上，结合建筑施工企业的自身特点，《建筑施工企业安全生产许可证管理规定》第4条将建筑施工企业取得安全生产许可证应当具备的安全生产条件具体规定如下：

(1)建立、健全安全生产责任制，制定完备的安全生产规章制度和操作规程；

(2)保证本单位安全生产条件所需资金的投入；

(3)设置安全生产管理机构，按照国家有关规定配备专职安全生产管理人员；

(4)主要负责人、项目负责人、专职安全生产管理人员经建设主管部门或者其他有关部门考核合格；

(5)特种作业人员经有关业务主管部门考核合格，取得特种作业操作资格证书；

(6)管理人员和作业人员每年至少进行一次安全生产教育培训并考核合格；

(7)依法参加工伤保险，依法为施工现场从事危险作业的人员办理意外伤害保险，为从业人员交纳保险费；

(8)施工现场的办公、生活区及作业场所和安全防护用具、机械设备、施工机具及配件符合有关安全生产法律、法规、标准和规程的要求；

(9)有职业危害防治措施，并为作业人员配备符合国家标准或者行业标准的安全防护用具和安全防护服装；

(10)有对危险性较大的分部、分项工程及施工现场易发生重大事故的部位、环节的预防、监控措施和应急预案；

(11)有生产安全事故应急救援预案、应急救援组织或者应急救援人员，配备必要的应急救援器材、设备；

(12)法律、法规规定的其他条件。

《安全生产许可证条例》第14条还规定，安全生产许可证颁发管理机关应当加强对取得安全生产许可证的企业的监督检查，发现其不再具备本条例规定的安全生产条件的，应当暂扣或者吊销安全生产许可证。

2)安全生产许可证的管理规定

《安全生产许可证条例》第9条规定,"安全生产许可证的有效期为3年。安全生产许可证有效期满需要延期的,企业应当于期满前3个月向原安全生产许可证颁发管理机关办理延期手续。企业在安全生产许可证有效期内,严格遵守有关安全生产的法律法规,未发生死亡事故的,安全生产许可证有效期届满时,经原安全生产许可证颁发管理机关同意,不再审查,安全生产许可证有效期延期3年"。

根据《安全生产许可证条例》和《建筑施工企业安全生产许可证管理规定》,建筑施工企业应当遵守如下强制性规定:

(1)未取得安全生产许可证的,不得从事建筑施工活动。建设主管部门在审核发放施工许可证时,应当对已经确定的建筑施工企业是否有安全生产许可证进行审查,对没有取得安全生产许可证的,不得颁发施工许可证。

(2)企业不得转让、冒用安全生产许可证或者使用伪造的安全生产许可证。

(3)企业取得安全生产许可证后,不得降低安全生产条件,并应当加强日常安全生产管理,接受安全生产许可证颁发管理机关的监督检查。

【相关知识】

◎办理意外伤害保险

《建设工程安全生产管理条例》第38条规定:"施工单位应当为施工现场从事危险作业的人员办理意外伤害保险。意外伤害保险费由施工单位支付。实行施工总承包的,由总承包单位支付意外伤害保险费。意外伤害保险期限自建设工程开工之日起至竣工验收合格止。"

根据这个条款可知,分包单位的从事危险作业人员的意外伤害保险的保险费是由总承包单位支付的。而这个结论是与2003年建设部、国家工商行政管理总局颁发的《建设工程施工劳务分包合同(示范文本)(GF—2003—0214)》相矛盾的。该文本第15.4款规定:"劳务分包人必须为从事危险作业的职工办理意外伤害保险,并为施工场地内自有人员生命财产和施工机械设备办理保险,支付保险费用。"但是,由于《建设工程施工劳务分包合同(示范文本)(GF—2003—0214)》不具有强制约束力,所以,在工程实践中还是由总承包单位来支付分包单位职工的意外伤害保险费。

5

建设工程质量管理制度

JIANSHEGONGCHENGZHILIANGGUANLIZHIDU

5.1 建设工程质量监督制度

【要　点】

《建设工程质量管理条例》明确规定,国家实行建设工程质量监督管理制度。政府质量监督作为一项制度,以行政法规的性质在《建设工程质量管理条例》中加以明确,强调了建设工程质量必须实行政府监督管理。政府建设工程质量监督的主要目的是保证建设工程使用安全和环境质量,主要依据是法律、法规和强制性标准,主要方式是政府认可的第三方强制监督,主要内容是地基基础、主体结构、环境质量和与此相关的工程建设各方主体的质量行为,主要手段是施工许可制度和竣工验收备案制度。

建设工程质量监督管理具有以下几个特点:第一,具有权威性,建设工程质量监督体现的是国家意志,任何从事工程建设活动的单位和个人都应当服从这种监督管理。第二,具有强制性,这种监督是由国家的强制力来保障的,任何单位和个人不服从这种监督管理都将受到法律的制裁。第三,具有综合性,这种监督管理并不局限于某一个阶段或某一个方面,而是贯穿于工程建设的全过程,并适用于建设单位、勘察单位、设计单位、监理单位和施工单位。工程质量监督也不局限于某一个工程建设项目,工程质量监督管理部门可以对本区域内的所有建设工程项目进行监督。

本节需要掌握建设工程质量监督的主题、竣工验收备案制度和工程质量事故报告制度。

【解　释】

◎建设工程质量监督的主体

对建设工程质量进行监督管理的主体是各级政府建设行政主管部门和其他有关部门。根据《建设工程质量管理条例》第 43 条第 2 款的规定,国务院建设行政主管部门对全国的建设工程质量实施统一的监督管理。国务院铁路、交通、水利等有关部门按照国务院规定的职责分工,负责对全国的有关专业建设工程质量的监督管理。

(1)《建设工程质量管理条例》规定各级政府有关主管部门应当加强对有关建设工程质量的法律、法规和强制性标准执行情况的监督检查;同时,规定政府有关主管部门履行监督检查职责时,有权采取下列措施:

①要求被检查的单位提供有关工程质量的文件和资料;

②进入被检查的施工现场进行检查;

③发现有影响工程质量的问题时,责令改正。

由于建设工程质量监督具有专业性强、周期长、程序繁杂等特点,政府部门通常不宜亲自进行日常检查工作。这就需要通过委托由政府认可的第三方,即建设工程质量监督机构,来依法代行工程质量监督职能,并对委托的政府部门负责。政府部门主要对建设工程质量监督机构进行业务指导和管理,不进行具体工程质量监督。

(2)根据建设部《关于建设工程质量监督机构深化改革的指导意见》(建[2000]151 号)

的有关规定,建设工程质量监督机构是经省级以上建设行政主管部门或有关专业部门考核认定的独立法人。建设工程质量监督机构及其负责人、质量监督工程师和助理质量监督工程师,均应具备国家规定的基本资质条件。其中,从事施工图设计文件审查的建设工程质量监督机构,还应当具备国家规定的其他条件。建设工程质量监督机构的主要任务包括以下几个方面。

①根据政府主管部门的委托,受理建设工程项目质量监督。

②制订质量监督工作方案。具体包括:

A. 确定负责该项工程的质量监督工程师和助理质量监督工程师;

B. 根据有关法律、法规和工程建设强制性标准,针对工程特点,明确监督的具体内容、监督方式;

C. 在方案中对地基基础、主体结构和其他涉及结构安全的重要部位和关键工序,作出实施监督的详细计划安排;

D. 建设工程质量监督机构应将质量监督工作方案通知建设、勘察、设计、施工、监理单位。

③检查施工现场工程建设各方主体的质量行为。主要内容如下:

A. 核查施工现场工程建设各方主体及有关人员的资质或资格;

B. 检查勘察、设计、施工、监理单位的质量保证体系和质量责任制落实情况;

C. 检查有关质量文件、技术资料是否齐全并符合规定。

④检查建设工程的实体质量。主要内容如下:

A. 按照质量监督工作方案,对建设工程地基基础、主体结构和其他涉及结构安全的关键部位进行现场实地抽查;

B. 对用于工程的主要建筑材料、构配件的质量进行抽查;

C. 对地基基础分部、主体结构分部工程和其他涉及结构安全的分部工程的质量验收进行监督。

⑤监督工程竣工验收。主要内容如下:

A. 监督建设单位组织的工程竣工验收的组织形式、验收程序以及在验收过程中提供的有关资料和形成的质量评定文件是否符合有关规定;

B. 实体质量是否存在严重缺陷;

C. 工程质量的检验评定是否符合国家验收标准。

⑥工程竣工验收后 5 日内,应向委托部门报送建设工程质量监督报告。建设工程质量监督报告应包括:

A. 对地基基础和主体结构质量检查的结论;

B. 工程竣工验收的程序、内容和质量检验评定是否符合有关规定;

C. 历次抽查该工程发现的质量问题和处理情况等内容。

⑦对预制建筑构件和商品混凝土的质量进行监督。

⑧受委托部门委托,按规定收取工程质量监督费。

⑨政府主管部门委托的工程质量监督管理的其他工作。

(3)建设工程质量监督机构在进行监督工作中发现有违反建设工程质量管理规定行为和影响工程质量的问题时,有权采取责令改正、局部暂停施工等强制性措施,直至问题得到改正。需要给予行政处罚的,报告委托部门批准后实施。

◎竣工验收备案制度

根据《建设工程质量管理条例》第49条的规定,建设单位应当自建设工程竣工验收合格之日起15日内,将建设工程竣工验收报告和规划、公安消防、环保等部门出具的认可文件或者准许使用文件报建设行政主管部门或者其他有关部门备案。

建设行政主管部门或者其他有关部门发现建设单位在竣工验收过程中有违反国家有关建设工程质量管理规定行为的,责令停止使用,并重新组织竣工验收。

◎工程质量事故报告制度

根据《建设工程质量管理条例》第52条第1款规定:"建设工程发生质量事故,有关单位应当在24小时内向当地建设行政主管部门和其他有关部门报告。对重大质量事故,事故发生地的建设行政主管部门和其他有关部门应当按照事故类别和等级向当地人民政府和上级建设行政主管部门和其他有关部门报告"。

根据《工程建设重大事故报告和调查程序规定》(建设部令第3号发布),重大事故系指在工程建设过程中由于责任过失造成工程倒塌或报废、机械设备损坏和安全设施失当造成人身伤亡或者重大经济损失的事故,共分为四个等级。而重大工程质量事故,则是指由于质量因素而导致的工程建设重大事故。

《建设工程质量管理条例》第52条第2款还规定:"特别重大质量事故的调查程序按照国务院有关规定办理。"根据国务院《特别重大事故调查程序暂行规定》规定,特别重大事故,是指造成特别重大人身伤亡或者巨大经济损失以及性质特别严重、产生重大影响的事故。对于特别重大质量事故的调查处理,应按国务院《特别重大事故调查程序暂行规定》及有关规定进行。

【相关知识】

◎政府对建设工程质量的监督管理

建设工程主体是指建设工程的参与者,它包括建设单位、勘察设计单位、监理单位、构配件生产单位、施工单位等及其相关人员。政府对建设工程主体的监督管理主要有以下几个方面。

(1)对建设单位的能力进行审查。

审查其是否具备与发包工程项目相适应的技术、经济管理能力,编制招标文件及组织开标、评标、定标的能力。如其不具备上述能力,则要求其委托招标代理机构代为办理招标事宜。

(2)对勘察设计、施工、监理、构配件生产、房地产开发单位实行资格(质)等级认证、生产许可证和业务范围的监督管理。

上述单位必须按规定申请并取得相应资格证书后,方可从事其资格(质)等级允许范围内的业务活动。各级建设行政主管部门将严格监督各单位在其资格(质)等级允许的业务范围内从事活动。

(3)实行执业工程师注册制。

我国有关法规规定从事建筑设计、结构设计、工程监理、工程造价和工程建造的工程技术人员，须经过考试取得资格证书并经注册后方可获得相应执业资格。各级建设行政主管部门负责考试、注册及执业活动的监督管理。

◎建设工程质量监督机构

建设工程质量监督工作的主管部门，在国家为建设部，在地方为各级人民政府的建设主管部门。国务院铁路、交通、水利等有关部门负责有关专业建设工程项目的质量监督管理工作。国务院发展计划部门按国务院规定的职责，组织稽查特派员，对国家出资的重大建设项目实施监督检查。国务院经济贸易主管部门按国务院规定的职责，对国家重大技术改造项目实施监督检查。市、县建设工程质量监督站和国务院各工业、交通部门所设的专业建设工程质量监督站（以下简称监督站）为建设工程质量监督的实施机构。

(1)监督站的主要职责。

检查受监工程的勘察、设计、施工单位和建筑构件厂是否严格执行技术标准，检查其工程（产品）质量；检查工程的质量等级和建筑构件质量，参与评定本地区、本部门的优质工程；参与重大工程质量事故的处理；总结质量监督工作经验，掌握工程质量状况，定期向主管部门汇报。

(2)监督站的权限。

①对不按技术标准和有关文件要求设计和施工的单位，可给予警告或通报批评。

②对发生严重工程质量问题的单位可令其及时妥善处理，对情节严重的，可按有关规定进行罚款；如工程正在施工，则应令其停工整顿。

③对于核验不合格的工程，可作出返修加固的决定，直至达到合格方准予交付使用。

④对造成重大质量事故的单位，可参加有关部门组成的调查组，提出调查处理意见。

⑤对工程质量优良的单位，可提请当地建设主管部门给予奖励。

◎建设工程质量监督的工作程序

建设单位在开工前一个月，应到监督站办理监督手续，提交勘察设计资料等有关文件。监督站在接到文件、资料后两周内，应确定该工程的监督员，并通知建设、勘察、设计、施工单位，同时应提出监督计划。

工程开工前，监督员应对受监工程的勘察、设计和施工单位的资质等级及营业范围进行核查，凡不符合规定要求的不允许开工；监督员还要对施工图中的建筑结构、安全、防火和卫生等方面进行审查，使之符合相应标准的要求。

工程施工中，监督员将按监督计划对工程质量进行抽查。房屋建筑和构筑物工程的抽查重点是地基基础、主体结构和决定使用功能、安全性能的重要部位；其他工程的监督重点视工程性质决定。工程完工后，监督站在施工单位验收的基础上对工程质量等级进行核验。

建筑构件质量的监督，重点是核查生产单位的生产许可证、检测手段和构件质量。

5.2 参建各单位的质量责任与义务

【要　点】

《建设工程质量管理条例》明确规定了建设单位、勘察设计单位、工程监理单位和施工单位的责任内容，也是本节需要掌握的内容。

【解 释】

◎建设单位的质量责任

1）依法对工程进行发包的责任

《建设工程质量管理条例》第7条规定，建设单位应当将工程发包给具有相应资质等级的单位，不得将建设工程肢解发包。建设单位应当依法行使工程发包权，建筑法对此已有明确规定。

2）依法对材料设备招标的责任

《建设工程质量管理条例》第8条规定，建设单位应当依法对工程建设项目的勘察、设计、施工、监理以及与工程建设有关的重要设备、材料等的采购进行招标。

建设单位实施的工程建设项目采购行为，应当符合《招标投标法》及其相关规定。

3）提供原始资料的责任

《建设工程质量管理条例》第9条规定，建设单位必须向有关的勘察、设计、施工、工程监理等单位提供与建设工程有关的原始资料。原始资料必须真实、准确、齐全。

《建设工程安全生产管理条例》对此有类似规定。

4）不得干预招标人的责任

《建设工程质量管理条例》第10条规定，建设工程发包单位不得迫使承包方以低于成本的价格竞标。

在这里，承包方主要是指勘察、设计和施工单位。《招标投标法》从规范投标人竞标行为的角度，在第33条中规定"投标人不得以低于成本的报价竞标"。在工程实践中，相当一部分建设单位片面强调降低成本，节约投资，利用其优势地位，迫使各投标人相互压价，最终导致中标价低于成本价。其结果是，承包方为了降低成本，往往采取偷工减料、以次充好手段，致使工程出现质量问题。鉴于此，《建设工程质量管理条例》从规范建设单位发包行为的角度，禁止发包单位迫使承包方以低于成本的价格竞标。这一规定，对于从源头抑制恶性竞价行为，进而确保建设工程质量具有重要意义。

《建设工程质量管理条例》第10条还规定，建设单位不得任意压缩合理工期，不得明示或者暗示设计单位或者施工单位违反工程建设强制性标准，降低建设工程质量。《建设工程安全生产管理条例》也有类似规定。

5）送审施工图的责任

《建设工程质量管理条例》第11条规定，建设单位应当将施工图设计文件报县级以上人民政府建设行政主管部门或者其他有关部门审查。施工图设计文件未经审查批准的，不得使用。

根据这一规定，施工图设计文件审查成为基本建设必须进行的一道程序，建设单位应当严格执行。关于施工图设计文件审查的主要内容，《建设工程勘察设计管理条例》第33条进一步明确规定，县级以上人民政府有关行政主管部门"应当对施工图设计文件中涉及公共利益、公众安全、工程建设强制性标准的内容进行审查"。施工图设计文件未经审查或者审查不合格，建设单位擅自施工的，根据《建设工程质量管理条例》第56条的规定，建设单位除被责令整改外，还应当承担罚款的行政责任。

6)依法委托监理的责任

根据《建设工程质量管理条例》第 12 条的规定，建设单位应当依法委托监理。

7)确保提供的物资符合要求的责任

《建设工程质量管理条例》第 14 条规定，按照合同约定，由建设单位采购建筑材料、建筑构配件和设备的，建设单位应当保证建筑材料、建筑构配件和设备符合设计文件和合同要求。

建筑材料、建筑构配件和设备的采购供应，应按照发、承包双方的合同约定进行，并应遵循"谁采购，谁负责"的基本原则。按照合同约定由建设单位采购供应的物资(俗称"甲供材")，建设单位应保证其符合设计文件和合同要求，并对其质量负责。否则，建设单位将依据合同承担违约责任。当然，无论是"甲供材"还是"乙供材"，根据《建设工程质量管理条例》第 29 条的规定，施工单位均必须按照工程设计要求、施工技术标准和合同约定进行检验；未经检验或者检验不合格的，不得使用。

为了约束建设单位的违法行为，《建设工程质量管理条例》第 14 条还进一步规定，建设单位不得明示或者暗示施工单位使用不合格的建筑材料、建筑构配件和设备。建设单位违反该规定的，根据《建设工程质量管理条例》第 56 条，建设单位除被责令改正外，还应当承担罚款的行政责任。

8)不得擅自改变主体和承重结构进行装修的责任

《建设工程质量管理条例》第 15 条规定，涉及建筑主体和承重结构变动的装修工程，建设单位应当在施工前委托原设计单位或者具有相应资质等级的设计单位提出设计方案；没有设计方案的，不得施工。

9)依法组织竣工验收的责任

(1)《建设工程质量管理条例》第 16 条第 1 款规定，建设单位收到建设工程竣工报告后，应当组织设计、施工、工程监理等有关单位进行竣工验收。

建设工程竣工验收是施工全过程的最后一道程序，是建设投资成果转入生产或使用的标志，也是全面考核投资效益、检验设计和施工质量的重要环节。根据该条例第 16 条的规定，建设工程竣工验收应当具备下列条件：

①完成建设工程设计和合同约定的各项内容；

②有完整的技术档案和施工管理资料；

③有工程使用的主要建筑材料、建筑构配件和设备的进场试验报告；

④有勘察、设计、施工、工程监理等单位分别签署的质量合格文件；

⑤有施工单位签署的工程保修书。

(2)在工程实践中，部分建设单位忽视竣工验收的重要性，未经竣工验收或验收不合格，即将工程提前交付使用。这种不规范的行为很容易产生质量问题，并会在发、承包双方之间就质量责任归属问题产生争议。《建设工程质量管理条例》第 16 条第 3 款明确规定："建设工程经竣工验收合格的，方可交付使用"。如果建设单位有下列行为，根据《建设工程质量管理条例》规定，将承担法律责任：

①未组织竣工验收，擅自交付使用的；

②验收不合格,擅自交付使用的;

③对不合格的建设工程按照合格工程验收的。

此外,根据最高人民法院的有关司法解释规定,“建设工程未经竣工验收,发包人擅自使用后,又以使用部分质量不符合约定为由主张权利的,不予支持;但是承包人应当在建设工程的合理使用寿命内对地基基础工程和主体结构质量承担民事责任”。

10)移交建设项目档案的责任

(1)《建设工程质量管理条例》第 17 条规定,建设单位应当严格按照国家有关档案管理的规定,及时收集、整理建设项目各环节的文件资料,建立健全建设项目档案,并在建设工程竣工验收后,及时向建设行政主管部门或者其他有关部门移交建设项目档案。

根据国家标准《建设工程文件归档整理规范》(GB/T 50328—2001),建设工程档案是指“在工程建设活动中直接形成的具有归档保存价值的文字、图表、声像等各种形式的历史记录”。根据该标准,应当归档的建设工程文件主要包括如下内容:

①工程准备阶段文件,是指工程开工以前,在立项、审批、征地、勘察、设计、招投标等工程准备阶段形成的文件;

②监理文件,是指工程监理单位在工程设计、施工等监理过程中形成的文件;

③施工文件,是指施工单位在工程施工过程中形成的文件;

④竣工图和竣工验收文件。其中,竣工图是指工程竣工验收后,真实反映建设工程项目施工结果的图样。竣工验收文件是指建设工程项目竣工验收活动中形成的文件。

此外,在该规范的基础上,不少地方还根据各自的习惯做法和实践经验,编制了相应的《建筑工程资料管理规程》,并作为地方标准发布实施。

(2)在工程实践中,建设项目档案资料具有非常重要的意义。根据《城市建设档案管理规定》(2001 年 7 月 4 日建设部令第 90 号重新发布)的有关规定,列入城建档案馆档案接收范围的工程,应当遵守如下工程档案管理规定:

①建设单位在组织竣工验收前,应当提请城建档案管理机构对工程档案进行预验收;

②预验收合格后,由城建档案管理机构出具工程档案认可文件;

③建设单位在取得工程档案认可文件后,方可组织工程竣工验收。建设行政主管部门在办理竣工验收备案时,应当查验工程档案认可文件;

④建设单位应当在工程竣工验收后 3 个月内,向城建档案馆报送一套符合规定的建设工程档案。凡建设工程档案不齐全的,建设单位应当限期补充。

建设工程竣工验收后,建设单位未按规定移交建设工程档案的,依据《建设工程质量管理条例》第 59 条的规定,建设单位除应被责令改正外,还应当受到罚款的行政处罚。

◎勘察、设计单位的质量责任

1)勘察、设计单位共同的责任

(1)依法承揽工程的责任。

《建设工程质量管理条例》第 18 条规定:“从事建设工程勘察、设计的单位应当依法取得相应等级的资质证书,并在其资质等级许可的范围内承揽工程。

禁止勘察、设计单位超越其资质等级许可的范围或者以其他勘察、设计单位的名义承揽工程。

勘察、设计单位不得转包或者违法分包所承揽的工程”。

《建设工程质量管理条例》第 18 条规定了勘察、设计单位的资质等级许可制度。《建筑法》第 13 条对此也有明确规定。

(2)执行强制标准的责任。

《建设工程质量管理条例》第 19 条第 1 款规定,“勘察、设计单位必须按照工程建设强制性标准进行勘察、设计,并对其勘察、设计的质量负责”。

2)勘察单位的质量责任

《建设工程质量管理条例》第 20 条规定,“勘察单位提供的地质、测量、水文等勘察成果必须真实、准确”。

3)设计单位的质量责任

(1)《建设工程质量管理条例》第 21 条规定,“设计单位应当根据勘察成果文件进行工程设计。设计文件应当符合国家规定的设计深度要求,注明工程合理使用年限”。

(2)《建设工程质量管理条例》第 22 条第 1 款规定,“设计单位在设计文件中选用的建筑材料、建筑构配件和设备,应当注明规格、型号、性能等技术指标,其质量要求必须符合国家规定的标准”。

(3)《建设工程质量管理条例》第 22 条第 2 款规定,“除有特殊要求的建筑材料、专用设备、工艺生产线等外,设计单位不得指定生产厂、供应商”。

《建设工程质量管理条例》规定,设计单位有在设计中注明所选用产品的规格、型号、性能等技术指标的权利。但是,设计单位如果滥用该项权利,任意指定生产厂或供应商,将可能产生如下不利后果:

①干扰建设单位、施工单位的材料采购自主权;

②限制其他生产厂或供应商的公平竞争;

③出现质量问题容易扯皮,难以及时准确划分质量责任;

④容易产生收受回扣等腐败行为,进而影响产品质量和工程质量。

鉴于此,《建设工程质量管理条例》规定除有特殊要求的以外,设计单位不得指定生产厂或供应商。本款中“特殊要求”,一般是指根据设计要求所选产品的性能、规格等只有某一特定的生产厂商能够提供制造或加工服务,设计单位必须在设计文件中予以注明才能够进行下一部的设计或采购工作。但是,在通用产品能保证工程质量的前提下,设计单位不能故意选用有特殊要求的产品。

(4)《建设工程质量管理条例》第 23 条规定,“设计单位应当就审查合格的施工图设计文件向施工单位作出详细说明”。

施工图设计文件完成并经审查合格后,设计文件的编制工作已经基本完成。但这并不意味着设计工作已经全部完成,设计单位仍应就设计文件向施工单位作出详细说明,也就是所谓的“设计交底”。设计交底工作对施工单位加深对设计文件难点、疑点的理解,正确贯彻设计意图,确保工程质量具有重要的意义。

(5)《建设工程质量管理条例》第 24 条规定,“设计单位应当参与建设工程质量事故分析,并对因设计造成的质量事故,提出相应的技术处理方案”。

◎工程监理单位的质量责任

1）依法承揽业务的责任

《建设工程质量管理条例》第 34 条规定：“工程监理单位应当依法取得相应等级的资质证书，并在其资质等级许可的范围内承担工程监理业务。

禁止工程监理单位超越本单位资质等级许可的范围或者以其他工程监理单位的名义承担工程监理业务。禁止工程监理单位允许其他单位或者个人以本单位的名义承担工程监理业务。工程监理单位不得转让工程监理业务。”

2）独立监理的责任

《建设工程质量管理条例》第 35 条规定：“工程监理单位与被监理工程的施工承包单位以及建筑材料、建筑构配件和设备供应单位有隶属关系或者其他利害关系的，不得承担该项建设工程的监理业务。”

独立是公正的前提条件，监理单位如果不独立是不可能保持公正的。

3）依法监理的责任

《建设工程质量管理条例》第 36 条规定：“工程监理单位应当依照法律、法规以及有关技术标准、设计文件和建设工程承包合同，代表建设单位对施工质量实施监理，并对施工质量承担监理责任。”

《建设工程质量管理条例》第 38 条规定：“监理工程师应当按照工程监理规范的要求，采取旁站、巡视和平行检验等形式，对建设工程实施监理。”

4）确认质量和应付工程款的责任

《建设工程质量管理条例》第 37 条规定：“工程监理单位应当选派具备相应资格的总监理工程师和监理工程师进驻施工现场。

未经监理工程师签字，建筑材料、建筑构配件和设备不得在工程上使用或者安装，施工单位不得进行下一道工序的施工。未经总监理工程师签字，建设单位不拨付工程款，不进行竣工验收。”

◎施工单位的质量责任

1）依法承揽工程的责任

《建设工程质量管理条例》第25条规定：“施工单位应当依法取得相应等级的资质证书，并在其资质等级许可的范围内承揽工程。

禁止施工单位超越其资质等级许可的业务范围或者以其他施工单位的名义承揽工程。禁止施工单位允许其他单位或者个人以本单位的名义承揽工程。

施工单位不得转包或者违法分包所承揽的工程。”

《建设工程质量管理条例》第25条规定了施工单位的资质等级许可制度。《建筑法》对此也有明确规定。

2）建立质量保证体系的责任

《建设工程质量管理条例》第 26 条第 2 款规定，“施工单位应当建立质量责任制，确定工程项目的项目经理、技术负责人和施工管理负责人”。

质量责任制是施工单位质量保证体系的重要组成部分，是工程项目质量目标得以实现的重要保证。施工单位质量责任制的核心,是施工单位项目经理的质量责任制。

施工单位的项目经理,是指“受企业法定代表人委托对工程项目施工过程全面负责的项目管理者,是建筑施工企业法定代表人在工程项目上的代表人”。根据国家有关规定,工程项目施工应建立以项目经理为首的生产经营管理系统,实行项目经理负责制。项目经理在工程项目施工中处于中心地位,对工程项目施工负有全面管理的责任。

建设工程实行总承包的,总承包单位应当对全部建设工程质量负责;建设工程勘察、设计、施工、设备采购的一项或者多项实行总承包的,总承包单位应当对其承包的建设工程或者采购的设备的质量负责。

3)分包单位保证工程质量的责任

《建设工程质量管理条例》第27条规定:“总承包单位依法将建设工程分包给其他单位的,分包单位应当按照分包合同的约定对其分包工程的质量向总承包单位负责,总承包单位与分包单位对分包工程的质量承担连带责任。”

4)按图施工的责任

《建设工程质量管理条例》第28条第1款规定,施工单位必须按照工程设计图纸和施工技术标准施工,不得擅自修改工程设计,不得偷工减料。

按照工程设计图纸施工,是保证工程实现设计意图的前提,也是明确划分设计单位和施工单位质量责任的前提。施工单位如果不按图施工或者擅自修改工程设计,既可能因违反原设计意图而影响工程质量,也可能混淆设计单位和施工单位各自应负的质量责任。因此,按图施工,不擅自修改工程设计,既是国家为确保工程质量而要求施工单位必须遵守的强制性规定,也是明确有关单位之间责任界限的客观要求。施工单位如果违反该规定,不仅要承担数额较大的罚款、责令停业整顿、降低资质等级或吊销资质证书等行政处罚,还要承担返工、修理或赔偿损失等民事责任。

但是,不能机械地理解施工单位“按图施工”的法定义务。施工单位作为建设工程承包合同的一方当事人,对于合同履行过程中发现的设计文件差错,应当遵守《合同法》的诚实信用原则,及时向建设单位或设计单位提出,以免造成不必要的损失。鉴于此,《建设工程质量管理条例》第28条第2款进一步规定:“施工单位在施工过程中发现设计文件和图纸有差错的,应当及时提出意见和建议。”

5)施工单位对建筑材料、构配件和设备的检验

《建设工程质量管理条例》第29条规定:“施工单位必须按照工程设计要求、施工技术标准和合同约定,对建筑材料、建筑构配件、设备和商品混凝土进行检验,检验应当有书面记录和专人签字;未经检验或者检验不合格的,不得使用。”

施工单位对建筑材料、建筑构配件、设备和商品混凝土的检验是保证工程质量的重要环节。如是不能把住这道关口,就可能使劣质的建筑材料、构配件和设备用于工程,会留下质量和安全的隐患。因此,为防止不合格的建筑材料、构配件和设备等进入工程实体,《建设工程质量管理条例》对参建各方主体与此有关的质量行为进行了强制性规定。除本条对施工单位的规定以外,还包括以下几条:

(1)对建设单位,第14条第2款规定:“建设单位不得明示或者暗示施工单位使用不合格的建筑材料、构配件和设备。”

(2)对设计单位,第22条第2款规定:“除有特殊要求的建筑材料、专用设备、工艺生产线等外,设计单位不得指定生产厂、供应商。”

(3)对监理单位,第37条第2款规定:“未经监理工程师签字,建筑材料、建筑构配件和设备不得在工程上使用或者安装。”该条例第67条还规定,工程监理单位将不合格的建筑材料、构配件和设备按照合格签字的,要承担相应的行政责任和民事责任。

6)施工质量检验和隐蔽工程检查

《建设工程质量管理条例》第30条规定:“施工单位必须建立、健全施工质量的检验制度,严格工序管理,做好隐蔽工程的质量检查和记录。隐蔽工程在隐蔽前,施工单位应当通知建设单位和建设工程质量监督机构。”

隐蔽工程具有不可逆性,对隐蔽工程的验收应当严格按照法律、法规、强制性标准及合同约定进行。《合同法》第278条规定:“隐蔽工程验收前,承包人应当通知发包人检查。发包人没有及时检查的,承包人可以顺延工程日期,并有权要求赔偿停工、窝工等损失。”

7)见证取样的责任

《建设工程质量管理条例》第31条规定:“施工人员对涉及结构安全的试块、试件以及有关材料,应当在建设单位或者工程监理单位监督下现场取样,并送具有相应资质等级的质量检测单位进行检测。”

在工程施工过程中,为了控制工程总体或局部施工质量,需要依据有关技术标准和规定的方法,对用于工程的材料和构件抽取一定数量的样品进行检测,并根据检测结果判断其所代表部位的质量。为了加强对建设工程质量检测的管理,根据《建筑法》和《建设工程质量管理条例》,建设部于2005年9月28日发布了《建设工程质量检测管理办法》(建设部令第141号,2005年11月1日起实施),明确规定:

(1)检测机构是具有独立法人资格的中介机构。检测机构从事规定的质量检测业务,应当依据该办法取得相应的资质证书。

(2)该办法规定的质量检测业务,由工程项目建设单位委托具有相应资质的检测机构进行检测。

(3)质量检测试样的取样应当严格执行有关工程建设标准和国家有关规定,在建设单位或者工程监理单位监督下现场取样。提供质量检测试样的单位和个人,应当对试样的真实性负责。

(4)检测机构不得与行政机关,法律、法规授权的具有管理公共事务职能的组织以及所检测工程项目相关的设计单位、施工单位、监理单位有隶属关系或者其他利害关系。

(5)检测机构应当将检测过程中发现的建设单位、监理单位、施工单位违反有关法律、法规和工程建设强制性标准的情况,以及涉及结构安全检测结果的不合格情况,及时报告工程所在地建设行政主管部门。

8)施工单位应当负责质量问题的返修

《建设工程质量管理条例》第32条规定:“施工单位对施工中出现质量问题的建设工程或者竣工验收不合格的建设工程,应当负责返修。”

在建设工程竣工验收合格前,施工单位应对质量问题履行返修义务;建设工程竣工验收合格后,施工单位应对保修期内出现的质量问题履行保修义务。《合同法》第281条对施工单位的返修义务也有相应规定："因施工人原因致使建设工程质量不符合约定的，发包人有权要求施工人在合理期限内无偿修理或者返工、改建。经过修理或者返工、改建后，造成逾期交付的，施工人应当承担违约责任。"返修包括修理和返工。

◎建设工程质量保修制度

所谓建设工程质量保修，是指建设工程竣工验收后在保修期限内出现的质量缺陷（或质量问题），由施工单位依照法律规定或合同约定予以修复。其中，质量缺陷是指建设工程的质量不符合工程建设强制性标准以及合同的约定。

建设工程实行质量保修制度是《建筑法》确立的一项基本法律制度。《建设工程质量管理条例》则在建设工程的保修范围、保修期限和保修责任等方面，对该项制度作出了更具体的规定。

1）工程质量保修书

《建设工程质量管理条例》第 39 条第 2 款规定："建设工程承包单位在向建设单位提交工程竣工验收报告时，应当向建设单位出具质量保修书。质量保修书中应当明确建设工程的保修范围、保修期限和保修责任。"

根据《建设工程质量管理条例》第 16 条的规定，"有施工单位签署的工程保修书"是建设工程竣工验收应具备的条件之一。工程质量保修书也是一种合同，是发承包双方就保修范围、保修期限和保修责任等设立权利义务的协议，集中体现了承包单位对发包单位的工程质量保修承诺。

实践证明，一份完善的质量保修书，除了条例规定的保修范围、保修期限和保修责任等基本内容外，还应当包括保修金的有关约定（特别是应当明确保修金的具体返还期限）。

2）保修范围和最低保修期限

《建设工程质量管理条例》第 40 条规定了保修范围及其在正常使用条件下各自对应的最低保修期限：

（1）基础设施工程、房屋建筑的地基基础工程和主体结构工程，为设计文件规定的该工程的合理使用年限；

（2）屋面防水工程、有防水要求的卫生间、房间和外墙面的防渗漏，为 5 年；

（3）供热与供冷系统，为 2 个采暖期、供冷期；

（4）电气管线、给排水管道、设备安装和装修工程，为 2 年。

上述保修范围属于法律强制性规定。超出该范围的其他项目的保修不是强制的，而是属于发承包双方意思自治的领域——在工程实践中，通常由发包方在招标文件中事先明确规定，或由发承包双方在竣工验收前另行达成约定。最低保修期限同样属于法律强制性规定，发承包双方约定的保修期限不得低于条例规定的期限，但可以延长。

《建设工程质量管理条例》第 40 条还规定，"建设工程的保修期，自竣工验收合格之日起计算"。所谓竣工验收合格之日，是指建设单位收到建设工程竣工验收报告后，组织设计、施工、工程监理等有关单位进行竣工验收，经验收合格并由各方签署工程验收文件的日期。如果由于承包单位原因导致建设工程无法按约定期限通过竣工验收的，质量保修期应从实际竣工验收合格之日起算。

3)保修责任

《建设工程质量管理条例》第41条规定:“建设工程在保修范围和保修期内发生质量问题的,施工单位应当履行保修义务,并对造成的损失承担赔偿责任。”

根据该条规定,质量问题应当发生在保修范围和保修期以内,是施工单位承担保修责任的两个前提条件。《房屋建筑工程质量保修办法》(2000年6月30日建设部令第80号发布)规定了两种不属于保修范围的情况,分别是:①因使用不当或者第三方造成的质量缺陷;②不可抗力造成的质量缺陷。

根据国家有关规定及行业惯例,就工程质量保修事宜,建设单位和施工单位应遵守以下基本程序:

(1)建设工程在保修期限内出现质量缺陷,建设单位应当向施工单位发出保修通知;

(2)施工单位接到保修通知后,应当到现场核查情况,在保修书约定的时间内予以保修。发生涉及结构安全或者严重影响使用功能的紧急抢修事故,施工单位接到保修通知后,应当立即到达现场抢修;

(3)施工单位不按工程质量保修书约定保修的,建设单位可以另行委托其他单位保修,由原施工单位承担相应责任;

(4)保修费用由造成质量缺陷的责任方承担。如果质量缺陷是由于施工单位未按照工程建设强制性标准和合同要求施工造成的,则施工单位不仅要负责保修,还要承担保修费用。但是,如果质量缺陷是由于设计单位、勘察单位或建设单位、监理单位的原因造成的,施工单位仅负责保修,其有权对由此发生的保修费用向建设单位索赔。建设单位向施工单位承担赔偿责任后,有权向造成质量缺陷的责任方追偿。

【相关知识】

◎建设工程质量问题的损害赔偿

《消费者权益保护法》规定:“使用商品者及接受服务者受到人身、财产损害的,享有依法获得赔偿的权利。”

《建设工程质量管理办法》也规定:“因建设工程质量缺陷造成人身、缺陷工程以外的其他财产损害的,侵害人应按有关规定,给予受害人赔偿。”

根据《民法通则》和《产品质量法》的精神,因建设工程质量缺陷造成受害人人身伤害的,侵害人应当赔偿医疗费、因误工减少的收入、残废者生活补助费等费用;造成受害人死亡的,并应支付丧葬费、抚恤费、死者生前抚养的人所必要的生活费用等。因建设工程质量缺陷造成受害人财产损失的,侵害人除承担返修责任外,对其其他财产损失,应予以赔偿。对于因建设工程质量存在缺陷造成损害、要求赔偿的诉讼时效期限为1年,自当事人知道或应当知道其权益受到损害时起计算。

◎设计人员的质量责任

《建设工程质量管理条例》第19条第2款规定,“注册建筑师、注册结构工程师等注册执业人员应当在设计文件上签字,对设计文件负责”。

注册建筑师、注册结构工程师等作为设计单位完成设计文件的主要技术人员,其工作质量直接影响设计文件的质量，因此应对设计文件的质量负责。注册执业人员应承担的质量责任，包括民事责任、行政责任乃至刑事责任。以注册建筑师为例，根据《注册建筑师条例》及《建设工程质量管理条例》的有关规定，因设计质量问题，注册建筑师应当承担的质量责任主要包括：

(1)民事责任。

《注册建筑师条例》第24条规定，“因设计质量造成的经济损失，由建筑设计单位承担赔偿责任；建筑设计单位有权向签字的注册建筑师赔偿”。

(2)行政责任。

除《注册建筑师条例》第32条规定了责令停止执业、吊销证书等行政处罚外，《建设工程质量管理条例》第72条还对如何实施行政处罚作出了更具体的规定。

(3)刑事责任。

根据《建设工程质量管理条例》第74条规定，设计单位违反国家规定，降低工程质量标准，造成重大安全事故，构成犯罪的，对直接责任人员依法追究刑事责任。这里的刑事责任，即指《刑法》第137条所规定的“工程重大安全事故罪”。

【案例分析】

◎基本案情

2005年4月，某体育馆为建设新馆，遂与某建筑公司签订了一份建设工程合同。合同约定：工程采用固定总价合同形式，主体工程和内外承重砖一律使用国家标准砌块，每层加水泥圈梁；体育馆可预付工程款(合同价款的20%)；工程的全部费用于验收合格后一次付清；交付使用后，如果在6个月内发生严重质量问题，由承包人负责修复等。1年后，体育馆如期完工，在和该建筑公司共同进行竣工验收时，某发现工程3~5层的内承重墙体裂缝较多，要求该建筑公司修复后再验收，该建筑公司认为不影响使用而拒绝修复。在使用了8个月之后，体育馆二楼的内承重墙倒塌，致使1人死亡，3人受伤，其中1人致残。受害者与体育馆要求该建筑公司赔偿损失，并修复倒塌工程。该建筑公司以使用不当且已过保修期为由拒绝赔偿。无奈之下，受害者与体育馆诉至法院。

◎案例分析

《建设工程质量管理条例》第40条规定：“在正常使用条件下，建设工程最低保修期限为：

(1)基础设施工程、房屋建筑的地基基础工程、主体结构工程，为设计文件规定的该工程的合理使用年限；

(2)屋面防水工程、有防水要求的卫生间、房间和外墙面的防渗漏，为5年；

(3)供热与供冷系统，为2个采暖期、供冷期；

(4)电器管线、给排水管道、设备安装和装修工程，为2年。

其他项目的保修期限由发包方与承包方约定。

建设工程的保修期，由竣工验收合格之日起计算。”

根据上述法律规定，建设工程的保修期限不能低于国家规定的最低保修期限，其中，对地基基础工程、立体结构工程实际规定为终身保修。

在本案中,某体育馆与某建筑公司虽然在合同中双方约定保修期限为 6 个月,但这一期限远远低于国家规定的最低期限,尤其是承重墙属主体结构,其最低保修期限依法应终身保修。双方的质量期限条款违反了国家强制性法律规定,因此是无效的。某建筑公司应当向受害者承担损害赔偿责任。承包人损害赔偿责任的内容应当包括:医疗费、因误工减少的收入、残废者生活补助费等。造成受害人死亡的,还应支付丧葬费、抚恤费、死者生前抚养的人的必要生活费用等。

此外,该建筑公司在施工中偷工减料,造成质量事故,有关主管部门应当依照《建筑法》第 74 条的有关规定对其进行法律制裁。

6

建设工程环境保护及消防法律制度

JIANSHEGONGCHENGHUANJINGBAOHUJIXIAOFANGFALVZHIDU

6.1　建设项目环境保护概述

6.2　建设项目环境影响评价制度

6.3　环境保护三同时制度

6.4　建设工程项目的环境污染防治制度

6.5　建设工程项目节能管理制度

6.6　建设工程消防法律制度

6.1 建设项目环境保护概述

【要　　点】

环境影响着人类的生存与发展,人类的各项活动也在时刻影响和改变着环境。工程项目既要消耗环境中大量的资源,又要向自然界排放大量的废水、废气、废渣等,是造成环境问题的主要根源之一。加强工程项目建设的环境保护,是整个环境保护工作的基础之一。

【解　　释】

◎建设项目环境保护的法规

环境是影响人类生存和发展的各种天然的和经过人工改造的自然因素的总体,它为人类提供生存和发展的空间。

保护和改善环境是关系人类生存和发展的百年大计,对经济建设、社会发展和人民健康具有全局性、长期性和决定性的影响。因此,人们已经普遍认识到环境问题的重要性,世界各国已开始高度重视环境保护工作,我国也把环境保护确定为基本国策。

我国现行的工程建设环境影响评价与保护法规,包括《中华人民共和国环境影响评价法》(2002 年)、《中华人民共和国环境保护法》(1989 年)以及《建设项目环境保护管理条例》(1998 年)、《建设项目环境影响评价资格证书管理办法》(1999 年)、《环境标准管理办法》(1999 年)、《环境影响评价技术导则》(1993 年)、《建设项目环境影响评价文件分级审批规定》(2008 年)和《建设项目竣工环境保护验收管理办法》(2001 年)等。

◎建设项目环境保护原则

(1)凡从事对环境有影响的建设项目都必须执行环境影响报告书的审批制度;执行防治污染及其他公害的设施与主体工程同时设计、同时施工、同时投产使用的“三同时”制度。

(2)凡改建、扩建和进行技术改造的工程,都必须对与建设项目有关的原有污染,在经济合理的条件下同时进行治理。

(3)建设项目建成后,其污染物的排放必须达到国家或地方规定的标准,符合环境保护的有关法规。

◎建设项目各阶段环境管理

1)项目建议书阶段环境管理

(1)建设单位结合选址,对建设项目建成投产后可能造成的环境影响,进行简要说明或初步分析。

(2)环保部门参加厂址现场踏勘。

(3)省级环境保护部门签署意见,纳入项目建议书,作为立项依据。

2)可行性研究(设计任务书)阶段的环境管理

(1)国家环保总局及行业主管部门根据国家发改委及有关部门立项批复,督促建设单位执行环境影响报告书(表)审查制度。

(2)建设单位征求国家环保总局意见,确定作报告书或报告表。委托持相应资格评价证书的单位,编制环境影响报告表或评价大纲(环评实施方案)。

(3)建设单位向国家环保总局申报环境影响评价大纲(环评实施方案),抄送行业主管部门,同时附立项文件及环评经费概算,国家环保总局根据情况确定审查方式(组织专家评审会、专家现场考察及征求有关部门意见),提出审查意见。

(4)根据国家环保总局对"大纲"审查的意见和要求(主要包括评价范围、选用的标准、确定的保护目标、环境要素的取舍和评价经费等)及确定的大纲内容,评价单位与建设单位签订合同,开展评价工作,编制环境影响报告书(表)。

(5)建设项目如有重大变动,建设单位及评价单位应及时向环保部门报告。

(6)建设单位将编制完成的"报告书(表)",按审批权限上报主管部门的环保机构,抄报国家环保总局和项目所在地省、市环保部门。

(7)主管部门组织报告书(表)预审,将预审意见和修改确定的两套环评报告书(表)报国家环保总局审批。省级环保部门应同时向国家环保总局报送审查意见。

国家环保总局在接到预审意见之日起2个月内批复或签署意见。逾期不批复或未签署意见,可视其上报方案已被确认。

(8)国家环保总局可委托省级环保部门审查"大纲"或审批"报告书(表)"。

(9)国家环保总局参加对环境有重大影响的项目可行性研究报告评估。

3)设计阶段的环境管理

(1)初步设计阶段的环境管理。

①建设项目初步设计必须按照(87)国环字第002号文《建设项目环境保护设计规定》编制环境保护篇章,具体落实环境影响报告书(表)及其审批意见所确定的各项环境保护措施和投资概算。

②建设单位在设计会审前向政府环保部门报送设计文件。

③特大型建设项目按审查权限由国家环保总局或由国家环保总局委托省级政府环保部门参加设计审查,一般建设项目由省级政府环保部门参加设计审查。必要时环保部门可单独审查环保篇章。

(2)施工图设计阶段的环境管理。

①根据初步设计审查的审批意见,建设单位会同设计单位,在施工图中落实有关环保工程的设计及环保投资。

②环保部门组织监督检查。

③建设单位报批开工报告。批准后,建设项目列入年度计划,其中,应包括相应环保投资。

4)施工阶段的环境管理

(1)建设单位会同施工单位做好环保工作设施的施工建设、资金使用情况等资料、文件的整理建档工作备查,以季报的形式将环保工程进度情况上报政府环保部门。

(2)环保部门检查环保报批手续是否完备,环保工程是否纳入施工计划、建设进度和资金落实情况,提出意见。

(3)建设单位与施工单位负责落实环保部门对施工阶段的环保要求以及施工过程中的环保措施。主要是保护施工现场周围的环境,防止对自然环境造成不应有的破坏;防止和减轻粉尘、噪声、振动等对周围生活居住区的污染和危害。建设项目竣工后,施工单位应当修整和恢复在建设过程中受到破坏的环境。

5)试生产和竣工验收阶段的环境管理

(1)建设单位向主管部门和政府环保部门提交试运转申请报告。

(2)经批准后,环保工程与主体工程同时投入试运行。做好试运转记录,并由当地环保监测机构进行监测。

(3)建设单位向行业主管部门和政府环保部门提交环保工程预验收申请报告,附试运转监测报告。

(4)省级政府环保部门组织环保工程的预验收。

(5)建设单位根据环保部门在预验收中提出的要求,认真组织实施,预验收合格后,方可进行正式竣工验收。

(6)对特大型(重点)建设项目,国家环保总局参加或委托省级政府环保部门参加正式竣工验收并办理建设项目环保工程验收合格证。

【相关知识】

◎政府部门的环境保护责任与任务

1)各级人民政府的环境保护部门对建设项目的环境保护实施统一的监督管理

(1)负责设计任务书(可行性研究报告)和经济合同中有关环境保护内容的审查。

(2)负责环境影响报告书或环境影响报告表的审批。

(3)负责初步设计中环境保护篇章的审查及建设施工的检查。

(4)负责环境保护设施的竣工验收。

(5)负责环境保护设施运转和使用情况的检查和监督。

2)各级计划、土地管理、基建、技改、银行、物资、工商行政管理部门,都应将建设项目的环境保护管理纳入工作计划

(1)对未经批准环境影响报告书或环境影响报告表的建设项目,计划部门不办理可行性研究的审批手续,土地管理部门不办理征地手续,银行不予贷款。

(2)凡环境保护设计篇章未经环境保护部门审查的建设项目,有关部门不办理施工许可,物资部门不供应材料、设备。

(3)凡没有取得环境保护设施验收合格证的建设项目,工商行政管理部门不办理营业执照。

6.2 建设项目环境影响评价制度

【要　　点】

环境影响评价,是指"对规划和建设项目实施后可能造成的环境影响进行分析、预测和

评估，提出预防或者减轻不良环境影响的对策和措施，进行跟踪监测的方法与制度”。

为了实施可持续发展战略，预防因规划和建设项目实施后对环境造成不良影响，促进经济、社会和环境的协调发展，在国务院《建设项目环境保护管理条例》（1998 年 11 月 29 日国务院令第 253 号发布）已有规定的基础上，我国于 2002 年 10 月 28 日公布了《中华人民共和国环境影响评价法》（以下简称《环境影响评价法》），进一步以法律的形式确立了环境影响评价制度。

【解　　释】

◎建设项目环境影响评价的分类管理

根据《环境影响评价法》第 16 条的规定，我国根据建设项目对环境的影响程度，对建设项目的环境影响评价实行分类管理，建设单位应当依法组织编制相应的环境影响评价文件。

1）环境影响报告书

可能造成重大环境影响的，应当编制环境影响报告书，对产生的环境影响进行全面评价。其中，根据《环境影响评价法》第 17 条的规定，建设项目的环境影响报告书应当包括下列内容：

（1）建设项目概况；

（2）建设项目周围环境现状；

（3）建设项目对环境可能造成影响的分析、预测和评估；

（4）建设项目环境保护措施及其技术、经济论证；

（5）建设项目对环境影响的经济损益分析；

（6）对建设项目环境监测的建议；

（7）环境影响评价的结论。

涉及水土保持的建设项目，还必须经由水行政主管部门审查同意的水土保持方案。

2）环境影响报告表

可能造成轻度环境影响的，应当编制环境影响报告表，对产生的环境影响进行分析或者专项评价。

3）环境影响登记表

对环境影响很小、不需要进行环境影响评价的，应当填报环境影响登记表。

◎建设项目环境影响评价文件的审批管理

根据《环境影响评价法》的规定，建设项目的环境影响评价文件，由建设单位按照国务院的规定报有审批权的环境保护行政主管部门审批；建设项目有行业主管部门的，其环境影响报告书或者环境影响报告表应当经行业主管部门预审后，报有审批权的环境保护行政主管部门审批。建设项目的环境影响评价文件未经法律规定的审批部门审查或者审查后未予批准的，该项目审批部门不得批准其建设，建设单位不得开工建设。

建设项目的环境影响评价文件经批准后，建设项目的性质、规模、地点、采用的生产工艺或者防治污染、防止生态破坏的措施发生重大变动的，建设单位应当重新报批建设项目的环境影响评价文件。建设项目的环境影响评价文件自批准之日起超过 5 年，方决定该项目开工建设的，其环境影响评价文件应当报原审批部门重新审核。

◎环境影响的后评价和跟踪管理

在项目建设、运行过程中产生不符合经审批的环境影响评价文件的情形的，建设单位应当组织环境影响的后评价，采取改进措施，并报原环境影响评价文件审批部门和建设项目审批部门备案；原环境影响评价文件审批部门也可以责成建设单位进行环境影响的后评价，采取改进措施。

环境保护行政主管部门应当对建设项目投入生产或者使用后所产生的环境影响进行跟踪检查，对造成严重环境污染或者生态破坏的行为，应当查清原因、查明责任。

【相关知识】

◎环境影响评价管理程序

(1)项目建议书批准后，建设单位应根据《建设项目环境影响分类管理名录》(以下简称《名录》)确定建设项目环境影响评价类别，以委托或招标方式确定评价单位，开展环境影响评价工作。对《名录》中没有列出的建设项目类型，建设单位应向有审批权的环境保护行政主管部门申报，由环境保护行政主管部门根据分类管理原则，确定该建设项目的评价类型并书面通知建设单位，建设单位按上述要求开展环评工作。

(2)应编制环境影响报告书的项目，需要编写环境影响评价大纲；应编制环境影响报告表的项目不编写评价大纲。环境影响评价大纲由建设单位上报有审批权的环境保护行政主管部门，同时抄报有关部门。有审批权的环境保护行政主管部门负责组织对评价大纲的审查，审查批准后的评价大纲作为环境影响评价工作和收费的依据。

(3)建设单位根据环境保护行政主管部门对评价大纲的意见和要求，与评价单位签订合同开展工作。

(4)环境影响报告书、报告表编制完成后，由建设单位报有审批权的环境保护行政主管部门审批，同时抄报有关部门。建设项目有行业主管部门的，由行业主管部门组织环境影响报告书、报告表的预审，有审批权的环境保护行政主管部门参加预审；建设项目无行业主管部门的，其环境影响报告书、报告表由有审批权的环境保护行政主管部门组织审批。

(5)有水土保持方案的建设项目，其水土保持方案必须纳入环境影响报告书。水土行政主管部门应在报告书预审时完成对水土保持方案的审查。

(6)海洋工程、海岸工程的环境影响报告书，海洋行政主管部门应会同负责预审的行业主管部门，在预审时完成涉及海洋环境影响部分的审核，并签署意见；建设项目无行业主管部门的，涉及海洋环境影响部分的审核工作可在有审批权的环境保护行政主管部门审查环境影响报告书时同时完成。

(7)建设项目的环境影响报告书、报告表必须由持有国家环境保护总局颁发的《环境影响评价资格证书》的单位编写。对填写环境影响登记表的单位无资格要求。评价单位《环境影响评价资格证书》规定工作范围内有水土保持的，可编制水土保持方案，不另设水土保持环境影响评价资格证书。

(8)国家重大建设项目应采用招标的方式确定评价单位。

(9)建设项目环境影响报告书、报告表或登记表经批准后,建设项目的性质、规模、地点或者采用的生产工艺发生重大变化的,建设单位应当按上述管理程序重新报批建设项目环境影响报告书、报告表或登记表。

(10)建设项目环境影响报告书、报告表或登记表自批准之日起满5年,建设项目方开工建设的,其环境影响报告书、报告表或登记表应当报原审批机关重新复核。原审批机关应当自收到建设项目环境影响报告书、报告表或登记表之日起10日内,将审核意见书面通知建设单位;逾期未通知的,视为审核同意。

(11)报告书、报告表预审后1个月内,行业主管部门应报送预审意见,有审批权的环境保护行政主管部门的下一级环境保护行政主管部门应报送审查意见。涉及水土保持方案和海洋工程、海岸工程建设项目的,有关部门审核意见可纳入行业主管部门的预审意见中,也可在上述时间内单独报送有审批权的环境保护行政主管部门。逾期未报送审核意见的,视为同意环境影响报告书、报告表中水土保持方案或海洋环境影响部分的结论意见,环境保护行政主管部门可直接审批。

6.3 环境保护三同时制度

【要　　点】

所谓环境保护"三同时"制度,是指"建设项目需要配套建设的环境保护设施,必须与主体工程同时设计、同时施工、同时投产使用"。《环境影响评价法》第26条规定:"建设项目建设过程中,建设单位应当同时实施环境影响报告书、环境影响报告表以及环境影响评价文件审批部门审批意见中提出的环境保护对策措施。"环境保护"三同时"制度是建设项目环境保护法律制度的重要组成部分,《建设项目环境保护管理条例》对环境保护"三同时"制度进行了详细规定。

【解　　释】

◎设计阶段

根据《建设项目环境保护管理条例》第17条的规定,建设项目的初步设计,应当按照环境保护设计规范的要求,编制环境保护篇章,并依据经批准的建设项目环境影响报告书或者环境影响报告表,在环境保护篇章中落实防治环境污染和生态破坏的措施以及环境保护设施投资概算。

◎试生产阶段

根据《建设项目环境保护管理条例》第18、19条的规定,建设项目的主体工程完工后,需要进行试生产的,其配套建设的环境保护设施必须与主体工程同时投入试运行。建设项目试生产期间,建设单位应当对环境保护设施运行情况和建设项目对环境的影响进行监测。

◎竣工验收和投产使用阶段

根据《建设项目环境保护管理条例》第20条至第23条的规定,建设项目竣工后,建设单位应当向审批环境影响评价文件的环境保护行政主管部门申请该建设项目需要配套建设的环境保护设施竣工验收。环境保护设施竣工验收,应当与主体工程竣工验收同时进行。需要进行试生产的建设项目,建设单位应当自建设项目投入试生产之日起3个月内,向审批环境影响评价文件的环境保护行政主管部门申请该建设项目需要配套建设的环境保护设施竣工验收。分期建设、分期投入生产或者使用的建设项目,其相应的环境保护设施应当分期验收。建设项目需要配套建设的环境保护设施经验收合格后,该建设项目方可正式投入生产或者使用。

【相关知识】

◎环境保护设施竣工验收管理

1)环境保护设施竣工验收方式

国务院环境保护行政主管部门可直接组织建设项目环境保护设施的竣工验收,也可委托下一级环境保护行政主管部门组织验收。接受委托的环境保护行政主管部门须将竣工验收材料报国务院环境保护行政主管部门备案。对委托验收结论有异议的,由国务院环境保护行政主管部门裁定。

对分期建设、分期受益的建设项目应根据实际情况对其相应的环境保护设施进行分期验收。

2)建设项目试生产期间环境保护设施的检查

建设项目试生产前,建设单位应会同施工单位、设计单位检查其环境保护设施是否符合“三同时”要求,并将检查结果和建设项目准备试生产的开始时间报告当地地市级和省级环境保护行政主管部门和国务院环境保护行政主管部门、行业主管部门,经当地地市级环境保护行政主管部门检查同意后,建设项目方可进行试生产。

各级环境保护行政主管部门有权在试生产期间对环境保护设施运行情况进行检查,如发现不符合“三同时”要求,可由国务院环境保护行政主管部门责令停止试运行。

试生产期间,建设单位应委托环境保护行政主管部门所属的地、市级以上(含地、市级)环境保护监测站,对建设项目排污情况及清洁生产工艺和环境保护设施运行效果进行监测。受委托的环境监测站可组织进入环境监测网的当地行业环境监测站参加监测。受委托的环境监测站应向建设单位提交《监测报告》。

3)环境保护设施竣工验收申请

建设项目在正式投入生产或使用之前,建设单位必须向国务院环境保护行政主管部门提出环境保护设施竣工验收申请。申请验收须具备下列条件:

(1)自检建设项目环境保护设施已具备规定的竣工验收合格的条件;

(2)按试车的有关规定组织环境保护设施联动试车,有试运转记录;

(3)完成《建设项目环境保护设施竣工验收申请报告》的编写,并提交《监测报告》。

建设单位向国务院环境保护行政主管部门提交《验收申请报告》,并抄送行业主管部门所在地各级环境保护行政主管部门。国务院环境保护行政主管部门自接到报告之日起1个月内组织审查验收。

4)环境保护设施竣工验收合格条件

(1)建设项目建设前期环境保护审查、审批手续完备,技术资料齐全,环境保护设施按批准的环境影响报告书(表)和设计要求建成。

(2)环境保护设施安装质量符合国家和有关部门颁发的专业工程验收规范、规程和检验评定标准。

(3)环境保护设施与主体工程建成后经负荷试车合格,其防治污染能力适应主体工程的需要。

(4)外排污染物符合经批准的设计文件和环境影响报告书(表)中提出的要求。

(5)建设过程中受到破坏并且可恢复的环境已经得到修整。

(6)环境保护设施能正常运转,符合交付使用的要求,并具备正常运行的条件,包括经培训的环境保护设施岗位操作人员的到位、管理制度的建立、原材料与动力的落实等。

(7)环境保护管理和监测机构,包括人员、监测仪器、设备、监测制度、管理制度等均符合环境影响报告书(表)和有关规定的要求。

国务院环境保护行政主管部门在建设项目环境保护设施验收合格后,批准由建设单位提交的《验收申请报告》。经批准的《验收申请报告》是建设项目总体验收的主要依据之一。《验收申请报告》未经批准的建设项目,不能正式投入生产或使用。

5)环境保护设施竣工验收管理和监督

建设项目试运行期间,污染物排放达不到规定排放标准的,负责验收的环境保护行政主管部门可根据建设项目的具体情况,要求建设单位限期达到规定的污染物排放标准;在实行污染物总量控制的地方,还应达到当地污染物排放总量控制的要求。试运行期间和限期达标期间内排放污染物的,应按规定缴纳排污费。

环境保护设施没有建成或经竣工验收不合格并经限期整改仍不合格的建设项目,擅自投入生产或使用的,由国务院环境保护行政主管部门依法责令建设单位停止生产或使用,可以并处罚款。

环境保护设施未按规定申报竣工验收的建设项目,擅自投入生产或使用的,由国务院环境保护行政主管部门依法责令建设单位限期补办环境保护设施竣工验收申请手续,并处罚款。

【案例分析】

◎基本案情

2005年2月8日,某省环保局收到举报信,反映某县某水泥有限公司违法生产,污染严重,对周围居民造成极大影响。2月8日,省环境监理总队接到省环保局转来的举报信后,于2月9日派人和该县环保局共赴现场检查。在检查过程中约见了某水泥有限公司的总经理李某和投诉人,查明:某水泥有限公司是当地招商企业,由李某等人投资200余万元兴建,2004年5月3日动工,2004年10月23日投产,截止到2005年2月9日未办理环保审批手续,也未办理工商营业执照。该环保局曾于2004年5月18日对该水泥有限公司下达了停止建设通知书。该公司从事水泥半成品加工，从其他厂家购买水泥熟料进行加工，生产32.5级硅酸盐水泥。该公司的主要生产设备是一台直径为2.2 m的球磨，污染防治措施只有一套简易的布袋除尘装置。省环境监理总队建议责令该水泥有限公司停止生产，按规定限期补办环保手续。

◎案例分析

《建设项目环境保护管理条例》确立了“三同时”制度，即建设项目需要配套建设的环境保护设施，必须与主体工程同时设计、同时施工、同时投产使用。在本案中，某水泥有限公司违反该项制度，其结果是违反了《大气污染防治法》的有关规定，依法应当承担法律责任。

6.4 建设工程项目的环境污染防治制度

【要　　点】

建设工程项目对环境主要造成水、大气、噪声、固体废弃物等方面的影响，本节着重讲述这几方面的防治制度。

【解　　释】

◎水污染防治

水污染，是指水体因某种物质的介入，而导致其化学、物理、生物或者放射性等方面特性的改变，从而影响水的有效利用，危害人体健康或者破坏生态环境，造成水质恶化的现象。在我国，《水污染防治法》是规范水污染防治的基本法律。

根据《水污染防治法》第17条的规定，新建、改建、扩建直接或者间接向水体排放污染物的建设项目和其他水上设施，应当依法进行环境影响评价。建设单位在江河、湖泊新建、改建、扩建排污口的，应当取得水行政主管部门或者流域管理机构同意；涉及通航、渔业水域的，环境保护主管部门在审批环境影响评价文件时，应当征求交通、渔业主管部门的意见。建设项目的水污染防治设施，应当与主体工程同时设计、同时施工、同时投产使用。水污染防治设施应当经过环境保护主管部门验收，验收不合格的，该建设项目不得投入生产或者使用。

对于施工过程中可能造成的水污染，《建设工程施工现场管理规定》(1991年12月5日建设部令第15号发布)第32条规定，施工单位应当妥善处理泥浆水，未经处理不得直接排入城市排水设施和河流。

◎大气污染防治

大气污染，是指有害物质进入大气，对人类和生物造成危害的现象。如果对它不加以控制和防治，将严重地破坏生态系统和人类生存的条件。

在我国，《大气污染防治法》是规范大气污染防治的基本法律。根据《大气污染防治法》第11条的规定，新建、扩建、改建向大气排放污染物的项目，必须遵守国家有关建设项目环境保护管理的规定。建设项目的环境影响报告书,必须对建设项目可能产生的大气污染和对生态环境的影响作出评价,规定防治措施,并按照规定的程序报环境保护行政主管部门审查批准。建设项目投入生产或者使用之前,其大气污染防治设施必须经过环境保护行政主管部门验收,达不到国家有关建设项目环境保护管理规定的要求的建设项目,不得投入生产或者使用。违反该条规定,建设项目的大气污染防治设施没有建成或者没有达到国家有关建设项目环境保护管理的规定的要求,投入生产或者使用的,由审批该建设项目的环境影响报告书的环境保护行政主管部门责令停止生产或者使用,可以并处罚款。

针对施工过程中可能对大气造成的各类污染,《大气污染防治法》第 43 条规定,在城市市区进行建设施工的单位,必须按照当地环境保护的规定,采取防治扬尘污染的措施。例如,根据《建设工程施工现场管理规定》第 31 条规定,施工单位应当采取下列防止大气污染的措施:

(1)除设有符合规定的装置外,不得在施工现场熔融沥青或者焚烧油毡、油漆以及其他会产生有毒有害烟尘和恶臭气体的物质;

(2)使用密封式的圈筒或者采取其他措施处理高空废弃物;

(3)采取有效措施控制施工过程中的扬尘。

违反《大气污染防治法》第 43 条规定,在城市市区进行建设施工活动,未采取有效扬尘防治措施,致使大气环境受到污染的,由县级以上地方人民政府建设行政主管部门责令限期改正,并处罚款;对逾期仍未达到当地环境保护规定要求的,可以责令其停工整顿。

◎环境噪声污染防治

环境噪声,是指在工业生产、建筑施工、交通运输和社会生活中所产生的干扰周围生活环境的声音。环境噪声污染,则是指所产生的环境噪声超过国家规定的环境噪声排放标准,并干扰他人正常生活、工作和学习的现象。在我国,《环境噪声污染防治法》是规范噪声污染防治的基本法律。

环境噪声污染防治,是建设项目环境影响评价的重要内容之一。根据《环境噪声污染防治法》第 13 条的规定,建设项目可能产生环境噪声污染的,建设单位必须提出环境影响报告书,规定环境噪声污染的防治措施,并按照国家规定的程序报环境保护行政主管部门批准。环境影响报告书中,应当有该建设项目所在地单位和居民的意见。

根据《环境噪声污染防治法》第 14 条的规定,建设项目的环境噪声污染防治设施也要严格遵守"三同时"制度,即"必须与主体工程同时设计、同时施工、同时投产使用"。建设项目在投入生产或者使用之前,其环境噪声污染防治设施必须经原审批环境影响报告书的环境保护行政主管部门验收;达不到国家规定要求的,该建设项目不得投入生产或者使用。

在建筑施工过程中产生的干扰周围生活环境的声音,属于建筑施工噪声。《环境噪声污染防治法》在第四章专章规定了建筑施工噪声的污染防治。根据《环境噪声污染防治法》第 28、29 条的规定,在城市市区范围内向周围生活环境排放建筑施工噪声的,应当符合国家规定的建筑施工场界环境噪声排放标准。在城市市区范围内,建筑施工过程中使用机械设备,可能产生环境噪声污染的,施工单位必须在工程开工 15 日以前向工程所在地县级以上地方人民政府环境保护行政主管部门申报该工程的项目名称、施工场所和期限、可能产生的环境噪声值以及所采取的环境噪声污染防治措施的情况。《建设工程施工现场管理规定》第32条规定，施工单位对产生噪声、振动的施工机械，应采取有效控制措施，减轻噪声扰民。

《环境噪声污染防治法》第30条还特别规定，在城市市区噪声敏感建筑物集中区域内，禁止夜间进行产生环境噪声污染的建筑施工作业，但抢修、抢险作业和因生产工艺上要求或者特殊需要必须连续作业的除外。因特殊需要必须连续作业的，必须有县级以上人民政府或者其有关主管部门的证明，并且必须公告附近居民。施工单位违反该规定，在城市市区噪声敏感建筑的集中区域内，夜间进行《环境噪声污染防治法》相关条款规定禁止进行的、产生环境噪声污染的建筑施工作业的，由工程所在地县级以上地方人民政府环境保护行政主管部门责令改正，可以并处罚款。

◎固体废物污染防治

固体废物污染环境是指固体废物在产生、收集、储存、运输、利用、处置的过程中产生危害的现象。在我国，《固体废物污染环境防治法》是规范固体废物环境污染防治的基本法律。

根据《固体废物污染环境防治法》第13、14条的规定，建设产生固体废物的项目以及建设储存、利用、处置固体废物的项目，必须依法进行环境影响评价，并遵守国家有关建设项目环境保护管理的规定。建设项目的环境影响评价文件确定需要配套建设的固体废物污染环境防治设施，必须与主体工程同时设计、同时施工、同时投产使用。固体废物污染环境防治设施必须经原审批环境影响评价文件的环境保护行政主管部门验收合格后，该建设项目方可投入生产或者使用。对固体废物污染环境防治设施的验收应当与对主体工程的验收同时进行。

施工现场产生的各种固体废弃物，是施工单位在施工过程中造成环境污染的主要原因之一。《固体废物污染环境防治法》第46条规定："工程施工单位应当及时清运工程施工过程中产生的固体废物，并按照环境卫生行政主管部门的规定进行利用或者处置。"施工单位不及时清运施工过程中产生的固体废物，造成环境污染的，或者不按照环境卫生行政主管部门的规定对施工过程中产生的固体废物进行利用或者处置的，由县级以上地方人民政府环境卫生行政主管部门责令停止违法行为，限期改正，处以罚款。《建设工程施工现场管理规定》第32条还特别规定，禁止将有毒有害废弃物用作土方回填。

【相关知识】

◎施工现场的环境保护

1)施工现场环境保护组织措施

(1)实行环保目标责任制。

(2)加强检查和监控工作。

(3)保护和改善施工现场的环境，并搞好综合治理。

2)施工环境保护技术措施

(1)防止大气污染。

(2)防止水源污染。

(3)防止噪声污染。

【案例分析】

◎基本案情

1992 年 11 月,王某与拆迁人投资公司签订拆迁安置协议,约定安置其到 × × 区 10 号院 7 号楼居住。1994 年 5 月,王某入住后发现该楼邻近 × × 高速公路,噪声污染十分严重,日常生活受到严重干扰。王某多次要求解决噪声污染问题,均没有结果。为此,王某于 2000 年 8 月向法院提起诉讼,请求判令投资公司、公路局、发展公司限期采取减轻噪声污染的措施,将住房内噪声值降低到标准值以下,赔偿从入住以来的噪声扰民补偿费每月 60 元,总计 4 500 元。

1997 年 11 月 3 日晚 22 时, × × 区环境保护监测站对 10 号院 7 号楼进行噪声监测,噪声值分别为 78.4 分贝、77.3 分贝、69.2 分贝。该区域适用国家《城市区域环境噪声标准》的四类标准,环境噪声最高限值昼间为 70 分贝、夜间为 55 分贝。

被告投资公司辩称,10 号院的规划、设计、施工均履行了法定手续。房屋竣工后,经过了 × × 区建设工程质量监督站的验收,符合交付使用条件。工程建设期间(1992—1993 年) × × 高速公路已通车,当时的设计已考虑了高速公路的影响。但随着社会经济和运输需求的发展, × × 高速公路的车流量增加了很多,而且 × × 市实行的交通管制又使大型载重汽车只能在夜间进城,这是规划设计时无法预见的。

被告发展公司辩称,原告住房的噪声污染问题完全是由于投资公司的过错造成的。理由是:①根据收费站的统计, × × 高速公路的现流量还远未达到设计流量,并且公路局和我公司管理 × × 高速公路时也未出现由于未尽管理义务而导致交通噪声加大的情形,对噪声污染的损害结果没有任何过错;②投资公司在已有的城市交通干线的一侧过近的地方建设噪声敏感建筑物,应当预见而未能预见可能给居民带来的噪声污染,未能采取有效措施防止噪声污染,应当承担本案的全部责任。

◎案例分析

环境污染致人损害民事责任是一种特殊侵权行为的民事责任,适用无过错责任原则,即无论行为人有没有过错,只要法律规定应当承担民事责任,行为人即应对其行为造成的损害承担责任。尽管无过错责任是解决环境污染问题的一般原则,但对于错综复杂的环境污染案件来说,单一的无过错责任原则是远远不够的,因为加害主体和因果关系的复杂性使每一对法律关系各具其特殊性,这就有必要适用不同的归责原则。

第一被告投资公司。投资公司作为拆迁人,其与原告有基于拆迁安置协议为原告安排好适合居住的合格房屋的义务,所以,原告可追究投资公司的违约责任或侵权责任。尽管协议条款一般不会涉及噪声指标,可基于投资公司在投资开发建设该楼房时没有做环境影响评价、没有充分考虑该楼房因距离高速公路过近给住户带来的噪声污染危害、没有采取减轻和避免交通噪声影响的措施等事实,认定投资公司应为某些法律义务而不为,其主观过错是明显的。况且适用过错责任原则,还可根据其过错程度加大其应当承担的责任。

第二被告发展公司。发展公司是 × × 高速公路的经营单位。作为噪声的制造者,其应按无过错责任原则承担侵权责任,并不能以主观上无过错为由进行抗辩。

6.5 建设工程项目节能管理制度

【要　　点】

节能是我国经济和社会发展的一项长远的战略方针,也是一项极为紧迫的内容。《中华人民共和国节约能源法》明确规定了节能的十大重点工程。

【解　　释】

◎我国关于节能的总体规划

所谓节能,是指加强用能管理,采取技术上可行、经济上合理以及环境和社会可以承受的措施,减少从能源生产到消费各个环节中的损失和浪费,更加有效、合理地利用能源。为了推进全社会节约能源,提高能源利用效率和经济效益,保护环境,保障国民经济和社会的发展,满足人民生活需要,我国于2007年10月28日颁布了《中华人民共和国节约能源法》(以下简称《节约能源法》),并自2008年4月1日起开始实施。

节能是我国经济和社会发展的一项长远战略方针,也是当前一项极为紧迫的任务。为推动全社会开展节能降耗,缓解能源瓶颈制约,建设节能型社会,促进经济社会可持续发展,实现全面建设小康社会的宏伟目标,经国务院同意,国家发展和改革委员会于2004年11月制定发布了《节能中长期专项规划》。节能专项规划是我国能源中长期发展规划的重要组成部分,也是我国中长期节能工作的指导性文件和节能项目建设的依据。《节能中长期专项规划》规定了节能的十大重点工程,分别是:燃煤工业锅炉(窑炉)改造工程、区域热电联产工程、余热余压利用工程、节约和替代石油工程、电机系统节能工程、能量系统优化工程、建筑节能工程、绿色照明工程、政府机构节能工程、节能监测和技术服务体系建设工程。

◎建设工程项目节能管理的基本规定

根据《节约能源法》第15条,国家实行固定资产投资项目节能评估和审查制度。不符合强制性节能标准的项目,依法负责项目审批或者核准的机关不得批准或者核准建设;建设单位不得开工建设;已经建成的,不得投入生产、使用。具体办法由国务院管理节能工作的部门会同国务院有关部门制定。

对于属于工程建设强制性标准的节能标准,根据《建设工程质量管理条例》及相关规定,建设工程项目各参建单位,包括建设单位、设计单位、施工图设计文件审查机构、监理单位以及施工单位等,均应当严格遵守,其中主要的节能管理规定如下:

(1)建设单位应当按照节能政策要求和节能标准委托工程项目的设计。建设单位不得以任何理由要求设计单位、施工单位擅自修改经审查合格的节能设计文件,降低节能标准;

(2)设计单位应当依据节能标准的要求进行设计,保证节能设计质量;

(3)施工图设计文件审查机构在进行审查时,应当审查节能设计的内容,在审查报告中单列节能审查章节;不符合节能强制性标准的,施工图设计文件审查结论应当定为不合格;

(4)监理单位应当依照法律、法规以及节能标准、节能设计文件、建设工程承包合同及监理合同对节能工程建设实施监理；

(5)施工单位应当按照审查合格的设计文件和节能施工标准的要求进行施工，保证工程施工质量。

以上各参建单位未遵守上述规定的，应当按照《节约能源法》、《建设工程质量管理条例》等法律、法规和规章，承担相应的法律责任。

【相关知识】

◎民用建筑节能管理的规定

根据2006年施行的《民用建筑节能管理规定》(建设部令第143号发布)，民用建筑节能，是指民用建筑在规划、设计、建造和使用过程中，通过采用新型墙体材料，执行建筑节能标准，加强建筑物用能设备的运行管理，合理设计建筑围护结构的热工性能，提高采暖、制冷、照明、通风、给水排水和管道系统的运行效率，以及利用可再生能源，在保证建筑物使用功能和室内热环境质量的前提下，降低建筑能源消耗，合理、有效地利用能源的活动。此处的民用建筑包括居住建筑和公共建筑。

《民用建筑节能管理规定》鼓励发展下列建筑节能技术和产品：

(1)新型节能墙体和屋面的保温、隔热技术与材料；

(2)节能门窗的保温隔热和密闭技术；

(3)集中供热和热、电、冷联产联供技术；

(4)供热采暖系统温度调控和分户热量计量技术与装置；

(5)太阳能、地热等可再生能源应用技术及设备；

(6)建筑照明节能技术与产品；

(7)空调制冷节能技术与产品；

(8)其他技术成熟、效果显著的节能技术和节能管理技术。

建设单位应当按照建筑节能政策要求和建筑节能标准委托工程项目的设计。建设单位不得以任何理由要求设计单位、施工单位擅自修改经审查合格的节能设计文件，降低建筑节能标准。

设计单位应当依据建筑节能标准的要求进行设计，保证建筑节能设计质量。新建民用建筑应当严格执行建筑节能标准要求，民用建筑工程扩建和改建时，应当对原建筑进行节能改造。

施工图设计文件审查机构在进行审查时，应当审查节能设计的内容，在审查报告中单列节能审查章节；不符合建筑节能强制性标准的，施工图设计文件审查结论应当定为不合格。

施工单位应当按照审查合格的设计文件和建筑节能施工标准的要求进行施工，保证工程施工质量。

监理单位应当依照法律、法规以及建筑节能标准、节能设计文件、建设工程承包合同及监理合同对节能工程建设实施监理。

建设单位在竣工验收过程中，有违反建筑节能强制性标准行为的，按照《建设工程质量管理条例》的有关规定，重新组织竣工验收。

《民用建筑节能管理规定》第16条规定："从事建筑节能及相关管理活动的单位，应当对其从业人员进行建筑节能标准与技术等专业知识的培训。

建筑节能标准和节能技术应当作为注册城市规划师、注册建筑师、勘察设计注册工程师、注册监理工程师、注册建造师等继续教育的必修内容。"

6.6　建设工程消防法律制度

【要　　点】

《中华人民共和国消防法》(以下简称《消防法》)由中华人民共和国第十一届全国人民代表大会常务委员会第五次会议于2008年10月28日修订通过,自2009年5月1日起施行。

《消防法》分为七章,共七十四条。《消防法》的立法目的在于预防火灾和减少火灾危害,加强应急救援工作,保护人身、财产安全,维护公共安全。

【解　　释】

◎建筑工程消防设计审核与验收

1)消防设计的审核

根据《消防法》第10条的规定,按照国家工程建设消防技术标准需要进行消防设计的建设工程,除《消防法》第11条另有规定的外,建设单位应当自依法取得施工许可之日起7个工作日内,将消防设计文件报公安机关消防机构备案,公安机关消防机构应当进行抽查。

根据《消防法》第11条的规定,国务院公安部门规定的大型的人员密集场所和其他特殊建设工程,建设单位应当将消防设计文件报送公安机关消防机构审核。公安机关消防机构依法对审核的结果负责。

根据《消防法》第12条的规定,依法应当经公安机关消防机构进行消防设计审核的建设工程,未经依法审核或者审核不合格的,负责审批该工程施工许可的部门不得给予施工许可,建设单位、施工单位不得施工;其他建设工程取得施工许可后经依法抽查不合格的,应当停止施工。

同时根据《消防法》第26条的规定,建筑构件、建筑材料和室内装修、装饰材料的防火性能必须符合国家标准;没有国家标准的,必须符合行业标准。人员密集场所室内装修、装饰,应当按照消防技术标准的要求,使用不燃、难燃材料。

2)消防设计的验收

根据《消防法》第13条的规定,按照国家工程建设消防技术标准需要进行消防设计的建设工程竣工,依照下列规定进行消防验收、备案:

(1)《消防法》第11条规定的建设工程,建设单位应当向公安机关消防机构申请消防验收;

(2)其他建设工程,建设单位在验收后应当报公安机关消防机构备案,公安机关消防机构应当进行抽查。

依法应当进行消防验收的建设工程,未经消防验收或者消防验收不合格的,禁止投入使用;其他建设工程经依法抽查不合格的,应当停止使用。

◎机关、团体、企事业单位应当履行的消防安全职责

根据《消防法》第16条的规定,机关、团体、企业、事业等单位应当履行下列消防安全职责:

(1)落实消防安全责任制,制定本单位的消防安全制度、消防安全操作规程,制定灭火和应急疏散预案;

(2)按照国家标准、行业标准配置消防设施、器材,设置消防安全标志,并定期组织检验、维修,确保完好有效;

(3)对建筑消防设施每年至少进行一次全面检测,确保完好有效,检测记录应当完整准确,存档备查;

(4)保障疏散通道、安全出口、消防车通道畅通,保证防火防烟分区、防火间距符合消防技术标准;

(5)组织防火检查,及时消除火灾隐患;

(6)组织进行有针对性的消防演练;

(7)法律、法规规定的其他消防安全职责。

单位的主要负责人是本单位的消防安全责任人。

◎工程建设中应当采取的消防安全措施

(1)根据《消防法》第21条的规定,禁止在具有火灾、爆炸危险的场所吸烟、使用明火。因施工等特殊情况需要使用明火作业的,应当按照规定事先办理审批手续,采取相应的消防安全措施;作业人员应当遵守消防安全规定。进行电焊、气焊等具有火灾危险作业的人员和自动消防系统的操作人员,必须持证上岗,并遵守消防安全操作规程。

(2)根据《消防法》第23条的规定,生产、储存、运输、销售、使用、销毁易燃易爆危险品,必须执行消防技术标准和管理规定。进入生产、储存易燃易爆危险品的场所,必须执行消防安全规定。禁止非法携带易燃易爆危险品进入公共场所或者乘坐公共交通工具。储存可燃物资仓库的管理,必须执行消防技术标准和管理规定。

(3)根据《消防法》第24条的规定,消防产品必须符合国家标准;没有国家标准的,必须符合行业标准。禁止生产、销售或者使用不合格的消防产品以及国家明令淘汰的消防产品。

依法实行强制性产品认证的消防产品,由具有法定资质的认证机构按照国家标准、行业标准的强制性要求认证合格后,方可生产、销售、使用。实行强制性产品认证的消防产品目录,由国务院产品质量监督部门会同国务院公安部门制定并公布。

新研制的尚未制定国家标准、行业标准的消防产品,应当按照国务院产品质量监督部门会同国务院公安部门规定的办法,经技术鉴定符合消防安全要求的,方可生产、销售、使用。

依照《消防法》第23条规定经强制性产品认证合格或者技术鉴定合格的消防产品,国务院公安部门消防机构应当予以公布。

(4)根据《消防法》第27条的规定,电器产品、燃气用具的产品标准,应当符合消防安全的要求。

电器产品、燃气用具的安装、使用及其线路、管路的设计、敷设、维护保养、检测,必须符

合消防技术标准和管理规定。

(5)根据《消防法》第 28 条的规定,任何单位、个人不得损坏、挪用或者擅自拆除、停用消防设施、器材,不得埋压、圈占、遮挡消火栓或者占用防火间距,不得占用、堵塞、封闭疏散通道、安全出口、消防车通道。人员密集场所的门窗不得设置影响逃生和灭火救援的障碍物。

【相关知识】

◎有关工程建设中的灭火救援

任何人发现火灾时,都应当立即报警。任何单位、个人都应当无偿为报警提供便利,不得阻拦报警。工程建设中发生火灾时,该场所的现场工作人员要有组织地引导在场人员疏散。并且施工单位必须立即组织力量扑救火灾。消防队接到火警赶到现场后,工作人员要协力配合听从公安消防机构的统一组织和指挥。灭火可采用各种水源;截断电力、可燃气体和液体的输送,限制用火用电;利用临近建筑物和有关设施;拆除或者破损毗邻火场的建筑物、构筑物;调动供水、供电、医疗救护、交通运输等有关单位协助灭火救助等措施。在火灾扑灭后,公安消防机构有权根据需要封闭火灾现场,负责调查、认定火灾原因,核定火灾损失,查明火灾事故责任。

7

建设工程保险及劳动合同法律制度

JIANSHEGONGCHENGBAOXIANJILAODONGHETONGFALVZHIDU

7.1 建设工程保险合同法律制度

【要　　点】

《中华人民共和国保险法》已由中华人民共和国第十一届全国人民代表大会常务委员会第七次会议于2009年2月28日修订通过，自2009年10月1日起施行。

《保险法》包括8章，共187条。本书仅节选了与工程建设密切相关的规定进行介绍。同时对于与工程建设密切相关的保险种类也作了介绍。

《保险法》的立法目的在于规范保险活动，保护保险活动当事人的合法权益，加强对保险业的监督管理，维护社会经济秩序和社会公共利益，促进保险事业的健康发展。

《保险法》第3条规定："在中华人民共和国境内从事保险活动，适用本法。"

【解　　释】

◎保险合同的基本概念和分类

1）保险合同的基本概念

保险合同的基本概念包括保险合同当事人、保险合同关系人、保险利益和标的、保险金额和保险价值四个方面。

（1）保险合同当事人。

《保险法》第10条第1款规定："保险合同是投保人与保险人约定保险权利义务关系的协议。"根据该规定，保险合同的当事人为保险人和投保人。其中，保险人是指与投标人订立保险合同，并按照合同约定承担赔偿或者给付保险金责任的保险公司。投保人是指与保险人订立保险合同，并按照合同约定保险合同负有支付保险费义务的人。

（2）保险合同关系人。

所谓保险关系人，是指在保险事故或者保险合同约定的条件满足时，对保险人享有保险金给付请求权的人，包括被保险人和受益人。其中，被保险人是指其财产或者人身受保险合同保障，享有保险金请求权的人，投保人可以为被保险人。受益人则是指人身保险合同中由被保险人或者投保人指定的享有保险金请求权的人，投保人、被保险人可以为受益人。

（3）保险利益和保险标的。

投保人虽然可以是被保险人本人，也可以是被保险人以外的第三人，但无论属于哪种情形，作为保险合同当事人，投保人应当对保险标的具有保险利益，否则，其将不具备订立保险合同的资格。在投保人对保险标的不具有保险利益的情况下，即使订立了保险合同，该合同也不具有法律效力，保险人不负赔偿责任。《保险法》第12条规定："人身保险的投保人在保险合同订立时，对被保险人应当具有保险利益。财产保险的被保险人在保险事故发生时，对保险标的应当具有保险利益。"

在这里，保险利益是指投保人或者被保险人对保险标的具有的法律上承认的利益。保险标的是指作为保险对象的财产及其有关利益或者人的寿命和身体。

(4)保险金额和保险价值。

保险金额,是指保险人承担赔偿或者给付保险金责任的最高限额。保险价值,是指投保人与保险人订立财产保险合同时约定的保险标的的实际价值,即投保人对保险标的所享有的保险利益的货币价值。确定保险价值的方式一般有两种:一是根据合同订立时保险标的的实际价值确定,即由当事人双方在订立合同时,在合同中明确约定并载明;二是根据保险事故发生时保险标的的实际价值确定。

在财产保险中,对保险价值的确定直接影响保险金额的大小。保险金额等于保险价值为足额保险;保险金额小于保险价值是不足额保险。根据《保险法》第55条的规定,保险金额不得超过保险价值;超过保险价值的,超过的部分无效。保险人应当退还相应的保险费。保险金额低于保险价值的,除合同另有约定外,保险人按照保险金额与保险价值的比例承担赔偿保险金的责任。

《保险法》第59条还规定:"保险事故发生后,保险人已支付了全部保险金额,并且保险金额等于保险价值的,受损保险标的的全部权利归于保险人;保险金额低于保险价值的,保险人按照保险金额与保险价值的比例取得受损保险标的的部分权利。"

2)保险合同的分类

根据不同的标准,保险合同可以作不同的分类。首先,根据保险标的不同可分为财产保险合同和人身保险合同。其次,按照保险合同订立的依据不同可分为强制保险合同和自愿保险合同。

(1)财产保险合同与人身保险合同。

财产保险合同是指以财产及其有关利益为保险标的的保险合同,包括财产损失保险合同和责任保险合同等。

财产损失保险合同是指以补偿财产的损失为目的的保险合同,其保险标的限于有形财产。在我国工程建设领域,常见的财产损失保险如建筑工程一切险、安装工程一切险(物质损失部分)、货物运输险等。

责任保险是指以被保险人对第三者依法应负的赔偿责任为保险标的的保险,又称为第三者责任险。根据《保险法》第65条的规定,"保险人对责任保险的被保险人给第三者造成的损害,可以依照法律的规定或者合同的约定,直接向第三者赔偿保险金"。在我国,建筑工程-切险、安装工程一切险通常包括第三者责任险。此外,在工程建设领域常见的责任保险还包括建设工程设计责任保险(单项建设工程设计责任保险)、工程监理责任保险、雇主责任保险以及律师责任保险等。

人身保险合同是指以人的寿命和身体为保险标的的保险合同。根据人身保险合同,投保人向保险人支付保险费,保险人对被保险人在保险期间内因保险事故遭受人身伤亡,或者在保险期届满符合约定的给付保险金的条件时,应当向被保险人或者受益人给付保险金。

人身保险合同可分为人寿保险合同、健康保险合同和伤害保险合同。在工程建设领域常见的人身保险种类主要包括工伤保险、建筑意外伤害保险等。

(2)强制保险合同与自愿保险合同。

强制保险合同,又称法定保险合同,是指依据法律、行政法规的规定而强制实施的保险合同,如我国《建筑法》规定的建筑意外伤害险。

自愿保险合同，是指基于投保人自己的意思而订立的保险合同。在我国工程建设领域，建筑工程一切险、安装工程一切险以及相关职业责任险等，均属于自愿保险合同。投保人与保险人订立保险合同，应当遵循公平互利、协商一致、自愿订立的原则，除法律、行政法规规定必须保险的以外，保险公司和其他单位不得强制他人订立保险合同。

◎建设工程保险概述

1）建设工程保险的概念

建设工程保险，是指发包人或承包人为了保证建设工程项目顺利完成而对工程建设中可能产生的人身伤害或财产损失，向保险公司投保以化解风险的行为。发包人或承包人与保险公司订立的保险合同，即为建设工程保险合同。

2）建设工程的各种风险

建设工程一般都具有投资规模大、建设周期长、技术要求复杂、涉及面广等特点。正是由于这些特点，使建筑业成为一种高风险的行业。工程建设领域的风险主要有以下几方面内容：

（1）建筑风险。

建筑风险指工程建设中由于人为的或自然的原因，而影响建设工程顺利完成的风险，包括设计失误、工艺不善、原材料缺陷、施工人员伤亡、第三者财产的损毁或人身伤亡、自然灾害等。

（2）市场风险。

与发达国家和地区的建筑市场相比，我国的建筑市场的发展还很不成熟。不成熟的市场带来的一个突出的问题是信用，发包人是否能够保证按期支付工程款，承包人是否能够保证质量、按期完工，对于发承包合同双方当事人都是未知的，这是市场所带来的风险。

（3）政治风险。

稳定的政治环境，会对工程建设产生有利的影响，反之，将会给市场主体带来顾虑和阻力，加大工程建设的风险。

（4）法律风险。

一般涉外工程发承包合同中，都会有“法律变更”或“新法适用”的条款。两个国家关于建筑、外汇管理、税收管理、公司制度等方面的法律、法规和规章的颁布和修订都将直接影响到建筑市场各方的权利义务，从而进一步影响其根本利益。现在，我国的建筑市场主体也愈发关注法律规定对其自身的影响。

3）建设工程保险的作用

对上述各种风险，如果不采取有效措施加以防范，不仅会影响工程建设项目的顺利进行，而且可能使有关当事人遭到巨大的损失，甚至破产。因此，在工程建设领域开展工程保险，是防范建设工程风险的必然要求。建设工程保险的作用体现在预防风险和补偿风险损失两方面：

（1）预防风险。

引进建设工程保险意味着将保险公司引进工程建设领域。保险公司从商业利益角度出发，为了减轻或避免风险的产生，必将对工程的施工、设备的安装进行必要的监督，并针对投保的项目、投保人的资质、信誉进行全面的审查和监督，从而有效地减少和避免风险的发生，这是在风险产生之前对风险进行预防的一种措施。

(2)补偿风险损失。

在保险事故发生后,保险公司积极理赔,使投保人由此而产生的损失和费用降至最低,这又是一种在风险发生后对风险损失进行补偿的机制。

这种预防风险和补偿风险损失相结合的保险机制,能够有效地保证建设工程项目的顺利进行。

4)建设工程保险的种类

除强制保险与自愿保险的分类方式外,《中华人民共和国保险法》把保险种类分为人身保险和财产保险。自该法施行以来,在工程建设方面,我国已尝试过人身保险中的意外伤害保险、财产保险中的建筑工程一切险和安装工程一切险。《保险法》第 95 条第 2 款第 1 项规定:"财产保险业务,包括财产损失保险、责任保险、信用保险、保证保险等保险业务。"

(1)意外伤害险。

意外伤害险,是指被保险人在保险有效期间,因遭遇非本意的、外来的、突然的意外事故,致使其身体蒙受伤害而残疾或死亡时,保险人依照合同规定给付保险金的保险。《建筑法》第 48 条规定:"建筑施工企业必须为从事危险作业的职工办理意外伤害保险,支付保险费。"

(2)建筑工程一切险及安装工程一切险。

建筑工程一切险及安装工程一切险是以建筑或安装工程中的各种财产和第三者的因自然灾害和意外事故而导致的损失为保险标的的保险。这两类保险的特殊性在于保险公司可以在一份保单内对所有参加该项工程的有关各方都给予所需要的保障,换言之,即在工程进行期间,对这项工程承担一定风险的有关各方,均可作为被保险人之一。

建筑工程险一般都同时承保建筑工程第三者责任险,即指在该工程的保险期内,因发生意外事故所造成的依法应由被保险人负责的工地上及邻近地区的第三者的人身伤亡、疾病、财产损失,以及被保险人因此所支出的费用。

(3)职业责任险。

职业责任险是指承保专业技术人员因工作疏忽、过失所造成的合同一方或他人的人身伤害或财产损失的经济赔偿责任的保险。建设工程标的数额巨大、风险因素多,建筑事故造成损害往往数额巨大,而责任主体的偿付能力相对有限,这就有必要借助保险来转移职业责任风险。在工程建设领域,这类保险对勘察、设计、监理单位尤为重要。

◎保险合同的内容、订立和生效

1)保险合同的内容

保险合同的内容,即确定保险合同当事人权利和义务的保险合同条款。依据不同的分类标准,可以对保险合同条款进行以下分类。

(1)法定条款和约定条款。

法定条款是指法律规定应当具备的条款。法定条款构成保险合同的基本内容。约定条款则是投保人和保险人在法定条款外,就与保险有关的其他事项作出的约定。

根据《保险法》第 18 条的规定,法定条款包括以下内容:

①保险人的名称和住所;

②投保人、被保险人的姓名或者名称、住所,以及人身保险的受益人的姓名或者名称、住所;

③保险标的;

④保险责任和责任免除;

⑤保险期间和保险责任开始时间;

⑥保险金额;

⑦保险费以及支付办法;

⑧保险金赔偿或者给付办法;

⑨违约责任和争议处理;

⑩订立合同的年月日。

当然,法定条款并不是保险合同成立的必要条件,因为当保险合同的一项或多项法定条款没有约定或约定不明时,可以适用《合同法》或相关法律的有关规定加以确定。

(2)普通条款和附加条款。

普通条款是保险人在事先准备的保险单上根据不同险种而规定的有关当事人双方的权利和义务的保险合同条款。普通条款通常是某一险种的保险合同所固有和必备的基本条款,其构成保险合同的基本内容,并成为区分不同种类保险合同的根本依据。

附加条款是用以扩大或限制普通条款中所规定的权利和义务的补充条款。附加条款的主要作用在于增加普通条款的适用性,以适应投保人的特殊要求,或者可用于变更保险单上原有内容,如扩大保险责任范围等。附加条款通常也是由保险人事先制成格式条款,待保险人与投保人约定一致后附在保险单上。

2)保险合同的订立

(1)投保与承保。

订立保险合同,应当经过投保和承保两个阶段。《保险法》第 13 条规定,投保人提出保险要求,经保险人同意承保,保险合同成立。其中,投保是投保人希望与保险人订立保险合同的意思表示,因此属于订立保险合同的要约;承保则是保险人同意投保人保险要约的意思表示,因此属于订立保险合同的承诺。

(2)投保单与保险单。

投保人向保险人提出保险要求,通常要按照保险人提供的格式文件填写投保单,投保单是订立保险合同的书面要约。保险合同成立后,保险人应当及时向投保人签发保险单或者其他保险凭证,并在保险单或者其他保险凭证中载明当事人双方约定的合同内容。保险单(以下简称保单),是保险人与投保人订立保险合同的正式书面形式,是保险合同双方当事人履行合同的依据。

(3)当事人双方的告知和说明义务。

①投保人的告知义务。在订立保险合同时,投保人应当将与保险标的有关的重要事实如实地告知保险人。如果投保人没有履行如实告知义务,根据《保险法》第 16 条的规定,投保人按其是故意还是过失,将分别承担如下不利法律后果:

A.投保人故意或者因重大过失未履行前款规定的如实告知义务,足以影响保险人决定是否同意承保或者提高保险费率的,保险人有权解除合同;

B. 投保人故意不履行如实告知义务的，保险人对于保险合同解除前发生的保险事故，不承担赔偿或者给付保险金的责任，并不退还保险费；

C. 投保人因重大过失未履行如实告知义务，对保险事故的发生有严重影响的，保险人对于保险合同解除前发生的保险事故，不承担赔偿或者给付保险金的责任，但应当可以退还保险费。

②保险人的说明义务。由于保险合同条款由保险人事先拟定，在一般情况下，投保人往往没有机会参与合同条款的拟定和协商；同时，保险合同条款通常具有较强的专业性，投保人不容易了解其准确含义，因此，《保险法》第 16 条规定保险人在订立合同时，应当向投保人说明保险合同的条款内容，特别是对于免责条款，《保险法》第 17 条还规定："订立保险合同，采用保险人提供的格式条款的，保险人向投保人提供的投保单应当附格式条款，保险人应当向投保人说明合同的内容。

对保险合同中免除保险人责任的条款，保险人在订立合同时应当在投保单、保险单或者其他保险凭证上作出足以引起投保人注意的提示，并对该条款的内容以书面或者口头形式向投保人作出明确说明；未作提示或者明确说明的，该条款不产生效力。"

3）保险合同的生效

《保险法》第 14 条规定："保险合同成立后，投保人按照约定交付保险费；保险人按照约定的时间开始承担保险责任。"保险合同的生效，同样适用《合同法》关于合同生效的一般规定，即依法成立的保险合同自成立时生效，但法律另有规定或当事人另有约定的除外。

【相关知识】

◎保险合同的履行

1）投保人的主要权利和义务

（1）支付保险费义务。

在保险合同履行过程中，按照约定交付保险费，是投保人的最基本义务。不同的保险条款对支付保险费的要求不尽相同，可以一次付清，也可以分期支付。

财产保险合同保险费的额度，与保险标的的危险程度、保险价值等因素密切相关。《保险法》第 52 条规定"在合同有效期内，保险标的的危险程度显著增加的，被保险人应当按照合同约定及时通知保险人，保险人可以按照合同约定增加保险费或者解除合同。"《保险法》第 53 条则规定了保险费用降低的两种情形（合同另有约定除外），包括：

①据以确定保险费率的有关情况发生变化，保险标的危险程度明显减少的；

②保险标的的保险价值明显减少的。

（2）通知义务。

根据《保险法》第 21 条规定，"投保人、被保险人或者受益人知道保险事故发生后，应当及时通知保险人"。保险事故发生后及时通知保险人，有利于保险人采取必要的措施，防止损失的扩大，有利于保险人及时调查损失发生的原因。

对于财产保险合同，《保险法》第 52 条还规定，"在合同有效期内，保险标的的危险程度显著增加的，被保险人应当按照合同约定及时通知保险人，保险人可以按照合同约定增加保险费或者解除合同。保险人解除合同的，应当将已收取的保险费，按照合同约定扣除自保险责任开始之日起至合同解除之日止应收的部分后,退还投保人。

被保险人未履行前款规定的通知义务的,因保险标的的危险程度显著增加而发生的保险事故,保险人不承担赔偿保险金的责任。"

(3)协助义务。

根据《保险法》第22条规定,"保险事故发生后,按照保险合同请求保险人赔偿或者给付保险金时,投保人、被保险人或者受益人应当向保险人提供其所能提供的与确认保险事故的性质、原因、损失程度等有关的证明和资料。

保险人按照合同的约定,认为有关的证明和资料不完整的,应当及时一次性通知投保人、被保险人或者受益人补充提供。"

(4)维护保险标的的安全义务。

对于财产保险合同,根据《保险法》第51条的规定,被保险人应当遵守国家有关消防、安全、生产操作、劳动保护等方面的规定,维护保险标的的安全。保险人可以按照合同约定对保险标的的安全状况进行检查,及时向投保人、被保险人提出消除不安全因素和隐患的书面建议。投保人、被保险人未按照约定履行其对保险标的的安全应尽责任的,保险人有权要求增加保险费或者解除合同。保险人为维护保险标的的安全,经被保险人同意,可以采取安全预防措施。

(5)防止或减少损失责任。

对于财产保险合同,根据《保险法》第57条的规定,保险事故发生时,被保险人应当尽力采取必要的措施,防止或者减少损失。保险事故发生后,被保险人为防止或者减少保险标的的损失所支付的必要的、合理的费用,由保险人承担;保险人所承担的费用数额在保险标的损失赔偿金额以外另行计算,最高不超过保险金额的数额。

2)保险人的主要权利和义务

(1)给付保险金义务。

①给付期限。根据《保险法》第23条的规定,保险人收到被保险人或者受益人的赔偿或者给付保险金的请求后,应当及时作出核定;情形复杂的,应当在30日内作出核定,但合同另有约定的除外。保险人应当将核定结果通知被保险人或者受益人;对属于保险责任的,在与被保险人或者受益人达成赔偿或者给付保险金的协议后10日内,履行赔偿或者给付保险金义务。保险合同对赔偿或者给付保险金的期限有约定的,保险人应当按照约定履行赔偿或者给付保险金义务。保险人未及时履行前款规定义务的,除支付保险金外,应当赔偿被保险人或者受益人因此受到的损失。

②先予赔付。根据《保险法》第25条的规定,保险人自收到赔偿或者给付保险金的请求和有关证明、资料之日起60日内,对其赔偿或者给付保险金的数额不能确定的,应当根据已有证明和资料可以确定的数额先予支付;保险人最终确定赔偿或者给付保险金的数额后,应当支付相应的差额。

③除外责任。除外责任是指保险人根据法律规定或合同约定,不承担保险责任的情形。根据《保险法》第24条规定,保险人依照《保险法》第23条的规定作出核定后,对不属于保险责任的,应当自作出核定之日起3日内向被保险人或者受益人发出拒绝赔偿或者拒绝给付保险金通知书,并说明理由。

除了当事人在保险合同中约定的除外责任以外，根据《保险法》及相关法律规定，保险人的除外责任概括起来，主要包括如下情形：

A. 在保险合同成立前，被保险人已知保险标的已经发生保险事故的；

B. 投保人故意不履行如实告知义务的，或者因过失未履行如实告知义务，对保险事故发生有严重影响的；

C. 被保险人或者受益人在未发生保险事故的情况下，谎称发生了保险事故，向保险人提出赔偿或者给付保险金的请求的；

D. 投保人、被保险人或者受益人故意制造保险事故的，包括人身保险合同中，以死亡为给付保险金条件的合同，自成立之日起不满 2 年内被保险人自杀的，或者被保险人故意犯罪导致其自身伤残或者死亡的；

E. 保险事故发生后，投保人、被保险人或者受益人以伪造、变造的有关证明、资料或者其他证据，变造虚假的事故原因或者夸大损失程度的，保险人对其虚假的部分不承担赔偿或者给付保险金的责任；

F. 在合同有效期内，保险标的危险程度增加，被保险人未履行通知义务，因保险标的危险程度增加而发生的保险事故，保险人不承担赔偿责任；

G. 保险事故发生后，保险人未赔偿保险金之前，被保险人放弃对第三者的请求赔偿的权利的。

（2）除保险金外应由保险人负担的费用。

①查勘定损费用。财产损失保险事故发生以后，一般都有一个查勘、定损的程序。通过这个程序主要是查明两件事：一是保险事故的性质是否属于保险范围以及被保险人在保险事故中承担的责任范围；二是保险事故损失的大小，这决定了保险人承担的具体损失赔偿金额。

在实践操作中，负责查勘定损的一般由保险人自己的理赔部门和相关专业人员亲自进行，在某些情况下，也可由被保险人与保险人达成协议，通过中立的第三方评估机构（如保险公估机构）来进行。不论采取哪种方式，根据《保险法》第 64 条规定：“保险人、被保险人为查明和确定保险事故的性质、原因和保险标的的损失程度所支付的必要的、合理的费用，由保险人承担。”

②责任保险中的其他费用。《保险法》第 66 条规定：“责任保险的被保险人因给第三者造成损害的保险事故而被提起仲裁或者诉讼的，被保险人支付的仲裁或者诉讼费用以及其他必要的、合理的费用，除合同另有约定外，由保险人承担。”

（3）保险人的代位求偿权。

①代位求偿权的概念。代位求偿权，是指财产保险中保险人赔偿被保险人的损失后，可以取得在其赔付保险金的限度内，要求被保险人转让其对造成损失的第三人享有追偿的权利。《保险法》第 60 条第 1 款规定：“因第三者对保险标的的损害而造成保险事故的，保险人自向被保险人赔偿保险金之日起，在赔偿金额范围内代位行使被保险人对第三者请求赔偿的权利。”

在财产保险中，当保险标的发生保险责任范围内的损失，且该损失应当有第三人负赔偿责任时，投保人既可以要求该第三人赔偿，也可以要求保险人赔偿。如果投保人选择向保险人要求赔偿，则保险人承担了保险金赔付责任后，便取得了对第三人的追偿权利。

②代位求偿权的范围。代位求偿权的行使范围限于财产保险合同，在人身保险合同中，

保险人不得享有代位求偿权。《保险法》第 46 条规定:“被保险人因第三者的行为而发生死亡、伤残或者疾病等保险事故的,保险人向被保险人或者受益人给付保险金后,不享有向第三者追偿的权利,但被保险人或者受益人仍有权向第三者请求赔偿。”

③代位求偿权的行使。根据《保险法》第 61 条、第 63 条的规定,在保险人行使代位求偿权时,被保险人应当遵守如下规定:

A. 保险事故发生后,保险人未赔偿保险金之前,被保险人放弃对第三者请求赔偿的权利的,保险人不承担赔偿保险金的责任;

B. 保险人向被保险人赔偿保险金后,被保险人未经保险人同意放弃对第三者请求赔偿的权利的,该行为无效;

C. 被保险人故意或者因重大过失致使保险人不能行使代位请求赔偿的权利的,保险人可以扣减或者要求返还相应的保险金;

D. 保险人向第三者行使代位请求赔偿的权利时,被保险人应当向保险人提供必要的文件和所知道的有关情况。

7.2 劳动合同法律制度

【要 点】

劳动合同是关系劳动者和用人单位利益的一个协议。本节将对劳动合同的概念和特征、劳动合同的内容及效力、劳动合同的终止与解除等内容进行阐述。

【解 释】

◎劳动合同的概念和特征

劳动合同,是指劳动者与用人单位确立劳动关系,明确双方权利和义务的书面协议。与民事合同相比较,劳动合同具有以下特征。

1)劳动合同主体具有特定性——劳动者和用人单位

(1)劳动者。

劳动者是具有劳动能力,以从事劳动获取合法劳动报酬的自然人。自然人要成为劳动者,应当具备主体资格。根据《劳动法》的规定,劳动者的法定最低就业年龄为 16 周岁。除法律另有规定以外(指文艺、体育和特种工艺单位招用未满 16 周岁的未成年人),任何单位不得与未满 16 周岁的未成年人发生劳动法律关系。对于矿山井下、有毒有害、国家规定的第四级体力劳动强度的劳动等,用人单位不得招用不满 18 周岁(已满 16 周岁)的未成年人。

(2)用人单位。

用人单位是指依法使用和管理劳动者并付给其报酬的单位。在我国,用人单位可以是依法成立的企业、国家机关、事业组织、社会团体以及个体经济组织。

2)书面劳动合同是劳动者与用人单位确立劳动关系的法定形式

《劳动法》第 16 条第 2 款规定:“建立劳动关系应当订立劳动合同。”第 19 条还规定,劳动合同应当以书面形式订立。这表明书面劳动合同是确定劳动关系的普遍性法律形式。

在现实的劳动就业市场中，劳动力供大于求，用人单位为规避法律义务，往往不愿与劳动者订立书面劳动合同，劳动者在就业压力大的状况下，为抓住就业机会，往往也被迫放弃订立书面合同的权利，从而导致事实劳动关系的大量存在，这种现象在建设行业尤其普遍。

对于事实劳动关系，我国在法律上是予以保护的，但相关立法工作尚不完善。同时，对于劳动者而言，证明事实劳动关系存在以及向用人单位请求经济补偿金等，在举证问题上存在一定的困难。

3)劳动合同具有较强的法定性

劳动合同内容主要以劳动法律、法规为依据，且具有强制性规定。法律虽允许劳动者和用人单位协商订立劳动合同，但协商的内容不得违反法律、行政法规，否则视为无效。

◎劳动合同的内容及效力

1)劳动合同的内容

劳动合同的内容具体表现为劳动合同的条款，一般分为必备条款和可备条款。

(1)必备条款。

必备条款是法律规定劳动合同应当具备的条款。根据《劳动法》第 19 条的规定，劳动合同应当具备以下条款：

①劳动合同期限；

②工作内容；

③劳动保护和劳动条件；

④劳动报酬；

⑤劳动纪律；

⑥劳动合同终止的条件；

⑦违反劳动合同的责任。

(2)可备条款。

可备条款是法律规定的生效劳动合同可以具备的条款。当事人可以协商约定可备条款，缺少可备条款不影响劳动合同的成立。根据我国《劳动法》的规定，可备条款主要包括：

①试用期条款。《劳动法》第 21 条规定："劳动合同可以约定试用期。试用期最长不得超过 6 个月。"

②保守商业秘密条款。《劳动法》第 22 条规定："劳动合同当事人可以在劳动合同中约定保守用人单位商业秘密的有关事项。"

2)劳动合同的效力

劳动合同依法成立，即具有法律效力，对双方当事人都有约束力，双方必须履行劳动合同中规定的义务。

无效的劳动合同是指当事人违反法律、法规，订立的不具有法律效力的劳动合同。根据《劳动法》第 18 条的规定，下列劳动合同无效：

(1)违反法律、行政法规的劳动合同；

(2)采取欺诈、胁迫等手段订立的劳动合同。

无效的劳动合同，从订立的时候起，就没有法律约束力。确认劳动合同部分无效的，如果不影响其余部分的效力,其余部分仍然有效。劳动合同是否无效,由劳动争议仲裁委员会或者人民法院确认。

◎劳动合同的终止和解除

劳动合同的终止,是指终止劳动合同的法律效力。劳动合同订立后,双方当事人不得随意终止劳动合同。只有法律规定或当事人约定的情况出现,双方当事人才能终止劳动合同。因此,《劳动法》第23条规定:"劳动合同期满或者当事人约定的劳动合同终止条件出现,劳动合同即行终止。"

劳动合同的解除,是指劳动合同当事人在劳动合同期限届满之前依法提前终止劳动合同的法律行为。根据我国《劳动法》的规定,劳动合同的解除包括协商解除、用人单位单方解除和劳动者单方解除。

1)协商解除

《劳动法》第24条规定:"经劳动合同当事人协商一致,劳动合同可以解除。"同时,根据《劳动法》第28条的规定,在协商解除劳动合同的情况下,用人单位应当依照国家有关规定给予经济补偿。

2)用人单位单方解除

当具备法律规定的条件时,用人单位享有单方解除权,无须双方协商达成一致。用人单位单方解除劳动合同的情况有以下三种:

(1)随时解除。

随时解除,即用人单位无须以任何形式提前告知劳动者,可随时通知劳动者解除劳动合同。根据《劳动法》第25条规定,劳动者有下列情形之一的,用人单位可以随时解除劳动合同:

①在试用期间被证明不符合录用条件的;

②严重违反劳动纪律或者用人单位规章制度的;

③严重失职,营私舞弊,对用人单位利益造成重大损害的;

④被依法追究刑事责任的。

(2)预告解除。

预告解除,即用人单位应当提前30日以书面形式通知劳动者本人方可解除合同。根据《劳动法》第26的规定,适用于劳动者的有下列情形之一:

①劳动者患病或者非因工负伤,医疗期满后,不能从事原工作也不能从事由用人单位另行安排工作的;

②劳动者不能胜任工作,经过培训或者调整工作岗位,仍不能胜任工作的;

③劳动合同订立时所依据的客观情况发生重大变化,致使原劳动合同无法履行,经双方当事人协商不能就变更劳动合同达成协议的。

(3)经济性裁员。

根据《劳动法》第27条的规定,用人单位濒临破产进行法定整顿期间或者生产经营状况发生严重困难,确需裁减人员的,应当提前30日向工会或者全体职工说明情况,听取工会或者职工的意见,经向劳动行政部门报告后,可以裁减人员。用人单位依据本条规定裁减人员,又在6个月内录用人员的,应当优先录用被裁减的人员。

用人单位行使前述三种单方解除合同的权利,必须符合法律规定的前提条件方可进行,否则将依法承担法律责任。同时,根据《劳动法》第28条的规定,用人单位进行预告解除合同和经济性裁员的,应当依照国家有关规定给予经济补偿。

为了保护劳动者的合法权益,《劳动法》还规定用人单位不得解除劳动合同的情形。根据《劳动法》第29条的规定,劳动者有下列情形之一的,用人单位不得根据该法关于预告解除和经济性裁员的规定解除劳动合同:

①患职业病或者因工负伤并被确认丧失或者部分丧失劳动能力的;

②患病或者负伤,在规定的医疗期内的;

③女职工在孕期、产假、哺乳期内的;

④法律、行政法规规定的其他情形。

3)劳动者单方解除

根据《劳动法》第31、32条的规定,劳动者解除劳动合同,应当提前30日以书面形式通知用人单位。但有下列情形之一的,劳动者可以随时通知用人单位解除劳动合同:

(1)在试用期内的;

(2)用人单位以暴力、威胁或者非法限制人身自由的手段强迫劳动的;

(3)用人单位未按照劳动合同约定支付劳动报酬或者提供劳动条件的。

同时,为防止劳动者滥用解除劳动合同的权利而损害用人单位的利益,《劳动法》第102条还规定:"劳动者违反本法规定的条件解除劳动合同或者违反劳动合同中约定的保密事项,对用人单位造成经济损失的,应当依法承担赔偿责任。"

【相关知识】

◎劳动争议的处理

劳动争议,是指用人单位和劳动者之间,因实现劳动权利和履行劳动义务而发生的纠纷。我国《劳动法》第77条第1款规定:"用人单位与劳动者发生劳动争议,当事人可以依法申请调解、仲裁、提起诉讼,也可以协商解决。"据此,我国处理劳动争议的程序通常为:协商、调解、仲裁和诉讼。

1)协商

劳动争议发生后,当事人首先应当协商解决。协商一致的,当事人可以达成和解协议。但和解协议不具有强制执行力,需要当事人自觉履行。协商不是处理劳动争议的必要程序,当事人协商不成或不愿协商的,可以依法申请调解和仲裁。

2)调解

《劳动法》规定,在用人单位内,可以设立劳动争议调解委员会。劳动争议调解委员会由职工代表、用人单位代表和工会代表组成。

劳动争议发生后,当事人可以向本单位劳动争议调解委员会申请调解。经调解达成协议的,由劳动争议调解委员会制作调解书。与和解协议一样,调解书也不具备强制执行力,只能靠当事人自觉履行。调解也不是处理劳动争议的必要程序,当事人不愿调解或调解不成的,可直接依法申请仲裁。

3)仲裁

劳动争议发生后,当事人任何一方都可以直接向劳动争议仲裁委员会申请仲裁。当事人申请劳动争议仲裁,应当在法律规定的仲裁时效内提出,根据《劳动法》第82条规定,提出仲裁要求的一方应当自劳动争议发生之日起60日内向劳动争议仲裁委员会提出书面申请。仲裁裁决一般应在收到仲裁申请的60日内作出。对仲裁裁决无异议的,当事人必须履行。

当事人对仲裁裁决不服的,可自收到仲裁裁决书之日起15日内向人民法院提起诉讼。逾期不起诉的,仲裁裁决即发生法律效力。一方当事人不履行的,另一方当事人可向人民法院申请强制执行。

4)诉讼

《劳动法》第83条规定,"劳动争议当事人对仲裁裁决不服的,可以自收到仲裁裁决书之日起十五日内向人民法院提起诉讼"。为正确审理劳动争议案件,依据《劳动法》和《民事诉讼法》,最高人民法院于2001年4月16日发布了《最高人民法院关于审理劳动争议案件适用法律若干问题的解释》。有关民事诉讼程序的法律规定将在后文第11章的相关章节中详细阐述。

8

建设工程合同法律制度

JIANSHEGONGCHENGHETONGFALVZHIDU

8.1 合同法的一般规定

【要 点】

《合同法》的基本原则是指反映合同普遍规律、反映立法者基本理念、体现合同法总的指导思想、贯穿整个合同法的原则。这些原则是立法机关制定合同法、裁判机关处理合同争议以及合同当事人订立履行合同的基本准则。对适用合同法具有指导、补充、解释的作用。

任何一部法律都有自己的适用范围,《合同法》也不例外。掌握《合同法》的适用范围,有助于正确选择《合同法》来调整合同。此外,还要求掌握合同法的基本原则。

【解 释】

◎合同法的适用范围

合同法的适用范围是指我国《合同法》调整对象的范围。也即并非所有的合同都受合同法调整,现行合同法只调整一部分合同;但是,这部分合同却是发生最频繁、对社会生活影响最大的,即平等主体之间设立、变更、终止民事权利义务关系的合同。相对于广义合同,这部分合同也称为“狭义合同”或者“债权合同”。

目前,部分合同虽称之为“合同/协议”,但却不受合同法调整,主要有如下几类:

(1)有关身份关系的合同,如婚姻合同(婚约)适用《婚姻法》、收养合同适用《收养法》等专门法;

(2)有关政府行使行政管理权的行政合同,适用各行政管理法,如政府特许经营合同、公务委托合同(如税款代扣合同即是)、公益捐赠合同、行政奖励合同、行政征用补偿合同等;

(3)劳动合同,在我国,劳动者与雇主之间的劳动合同适用《劳动法》、《劳动合同法》等专门法;

(4)国家或者特别地区之间协议,适用国际法,如国家之间各类条约、协定、议定书等。

◎合同法的基本原则

1)平等原则

合同平等原则是指地位平等的合同当事人,在权利义务对等的基础上,经充分协商达成一致,以实现互利互惠的经济利益目的的原则。

在订立合同时,合同主体(可能是自然人、法人或者其他组织)无论其职位高低,无论其所有制性质(国有、集体、私营、个体),无论其隶属关系,无论其实力大小等,合同法均视其为平等之当事人。任何一方不得强迫他方订立合同、不订立合同或者强加条款给他方;当事人平等地受合同约束;当事人平等地承担合同责任。

《合同法》第3条规定:“合同当事人的法律地位平等,一方不得将自己的意志强加给另一方。”

2)自愿原则

合同自愿原则是指合同当事人是否订立合同、与谁订立合同、以什么内容或形式订立合同,除法律另有规定外,完全取决于当事人自由意志,任何单位和个人不得非法干涉。合同自愿原则也称为契约自由原则、合同意思自治原则,但并不意味着可以随心所欲,合同当事人仍应遵守法律、行政法规,不得滥用契约自由原则而损害社会公共利益。

《合同法》第4条规定:“当事人依法享有自愿订立合同的权利,任何单位和个人不得非法干预。”

3)公平原则

合同公平原则是指在合同中,就合同各方权利义务的安排,应大致相当、公允、合理。

与合同公平相对应的是显失公平。合同一方利用对方行为轻率、没有经验、缺乏知识或者需求急切等弱点,使己方获得明显超出正常的利益,而他方受到明显不利后果,即构成合同显失公平。

合同公平原则要求合同当事人依据社会公认的公平观念从事合同活动。

《合同法》第5条规定:“当事人应当遵循公平原则确定各方的权利和义务。”

4)诚实信用原则

诚实信用原则是指合同当事人应当从善意出发,正当地行使权利和承担义务,以维持当事人之间及其与社会利益之间的平衡关系。

诚实信用原则要求当事人在订立、履行合同,以及合同终止后的全过程中,都要诚实,讲信用,相互协作。具体要求体现在以下几个方面:

(1)不为欺诈、胁迫、乘人之危等行为;

(2)正当行使权利,不得滥用权利;

(3)正当履行义务,相互协作配合;

(4)不规避法律,不曲解合同条款;

(5)尊重他人利益及社会公共利益,尊重公正的交易习惯。

《合同法》第6条规定:“当事人行使权利、履行义务应当遵循诚实信用原则。”

5)不得损害社会公共利益原则

《合同法》第7条规定:“当事人订立、履行合同,应当遵守法律、行政法规,尊重社会公德,不得扰乱社会经济秩序,损害社会公共利益。”

【相关知识】

◎合同的分类

根据不同的标准,可以将合同划分为不同的种类。根据与建设工程施工合同的关系,合同主要分类如下。

1)要式合同与不要式合同

根据合同的成立是否必须采取一定形式为标准,可以将合同划分为要式合同与不要式合同。

(1)要式合同是必须采取法定形式的合同,例如,中外合资经营合同经双方当事人签字盖章后必须经过政府主管部门批准后才成立，此“批准”即为法定形式。

(2)不要式合同不要求采取特定形式，当事人可以自主选择合同形式。合同实践中，以不要式合同居多。

区别要式合同与不要式合同的意义在于：某些要式合同如果不具备法律、行政法规要求的形式，可能不产生合同效力。

2)双务合同与单务合同

依合同当事人之间是否互负义务，合同可以分为双务合同与单务合同。

(1)双务合同是当事人之间互相承担义务，或者说，当事人均承担义务的合同。例如，买卖合同。

(2)单务合同是只有一方当事人承担给付义务，另一方只享有权利不承担义务的合同。例如，赠与合同。

区分双务合同与单务合同的意义在于：单务合同不适用同时履行抗辩权，而双务合同适用；单务合同下，履行合同的风险全部由承担义务的一方负担，而双务合同下则由各方共担风险。建设工程施工合同属于双务合同。

3)有偿合同与无偿合同

依合同当事人之间权利义务是否存在对价关系，可以将合同分为有偿合同与无偿合同。

(1)有偿合同，是当事人一方享有合同规定的权益，须向另一方付出相应代价的合同。有偿合同是常见的合同形式，如买卖、租赁、运输、承揽合同等。

(2)无偿合同，是一方当事人享有合同规定权益，但无须向另一方付出相应对价的合同。如无偿借用合同。

区分有偿合同与无偿合同的意义在于：无偿合同下，无偿付出的一方一般承担较低程度的注意义务，而在有偿合同下则要承担较高程度的注意义务；无偿合同对当事人的行为能力要求比有偿合同低，甚至无民事行为能力人也能签订无偿合同，有偿合同要求当事人具有相应行为能力。建设工程施工合同属于有偿合同。

4)有名合同与无名合同

根据法律是否赋予特定合同名称并设有专门规范，合同可以分为有名合同与无名合同。

(1)有名合同，也称典型合同，是法律对某类合同赋予专门名称，并设定专门规范的合同，如《合同法》分则所规定的15类合同。

(2)无名合同，也称非典型合同，是法律上未规定专门名称和专门规则的合同。根据合同自由原则，只要不违反法律、行政法规强制性规定，不违背社会公共利益和社会公德，不侵害他人利益，允许当事人根据自身意愿订立任何形式的合同。因此，无名合同，是合同实践的常态。

区分有名合同和无名合同的意义主要在于：适用的法律规则不同。对于有名合同，除适用合同法一般规则外，还应直接适用该类合同的专门规定；对于无名合同，就适用合同法一般规则。建设工程施工合同(建设工程合同之一)在《合同法》第十六章作了专门规定，属于有名合同。

8.2 合同的订立

【要　点】

合同订立,在合同法中具有重要意义。合同订立解决的是合同是否存在的问题,如果合同不存在,也就谈不上合同履行等问题;尽管合同订立并不意味着合同生效,但二者密切联系,合同订立是合同生效的前提。合同订立需要满足如下条件:

(1)订约主体需要双方或者多方当事人;

(2)经过要约与承诺;

(3)订约当事人对主要条款达成一致。其中要约、承诺在合同订立上具有决定性意义。

【解　释】

◎要约

1)要约的概念

依据《合同法》第14条规定,当事人订立合同通过要约与承诺来完成。要约又称发盘、发价、出盘、出价、报价,是一方当事人向他人提出,以一定条件与其订立合同且一旦该条件为其接受,合同即告成立的意思表示。前者称为要约人,后者称为受要约人。

2)要约的有效条件

一般认为,要约须具备以下4个条件才有效。

(1)要约人须特定。

作出要约的人须是可以确定的人,只有这样,受要约人才可能对其作出承诺。

(2)原则上受要约人须特定。

通常情况下,要约的相对人应为特定的,但是,在特殊情况下也可以是不特定的,例如商业广告内容符合要约其他条件的,可以视为要约。

(3)要约内容具体确定。

要约内容应明确肯定,即必须能够确定地反映拟订立合同的主要内容(合同主要条款),如合同标的、质量、数量、价款或酬金、履行期限、履行地点和方式、违约责任和争议解决办法等。但不要求要约包括合同的所有内容。

(4)要约必须表明一旦经受要约人承诺,要约人受该意思表示约束。

也就是说,要约须包含要约人愿意按照要约所提出的条件同对方订立合同的意思表示。

3)要约的形式

要约可以以书面形式作出,也可以以口头对话形式,而书面形式包括了信函、电报、传真、电子邮件等数据电文等。除法律明确规定外,要约人可以视具体情况自主选择要约形式。

4)要约的生效时间

要约的生效是指要约开始发生法律效力。自要约生效起,其一旦被有效承诺,合同即告成立。

《合同法》第 16 条规定:“要约到达受要约人时生效。”生效的情形具体表现如下。

(1)口头形式的要约自受要约人了解要约内容时发生效力。

(2)书面形式的要约自到达受要约人时发生效力。

(3)采用数据电子文件形式的要约,当收件人指定特定系统接收电子文件的,自该数据电子文件进入该特定系统的时间(视为到达时间),该要约发生效力;若收件人未指定特定系统接收电子文件的,自该数据电子文件进入收件人任何系统的首次时间(视为到达时间),该要约发生效力。

5)要约的撤回

要约的撤回指在要约发出之后但发生法律效力之前,要约人使其不发生法律效力的意思表示。《合同法》第 17 条规定:“要约可以撤回。撤回要约的通知应当在要约到达受要约人之前或者与要约同时到达受要约人。”

鉴于要约到达受要约人即发生法律效力,则要约撤回的条件是:撤回要约的通知应当在要约到达受要约人之前或者同时到达受要约人。例如,要约人采用平信方式发出要约后,随即采用传真送达撤回要约的通知,该要约被撤回而无法律效力。

6)要约的撤销

要约的撤销指在要约生效后,要约人欲使要约丧失法律效力的意思表示。要约被撤销的,即丧失对要约人的约束力。《合同法》第 18 规定:“要约可以撤销。撤销要约的通知应当在受要约人发生承诺通知之前到达受要约人。”

为保护受要约人对要约的信赖,一般情况下,撤销要约的条件是:撤销要约的通知应当在受要约人发出承诺通知之前到达受要约人。

为了保护当事人的利益,《合同法》第 19 条同时规定了有下列情形之一的,要约不可撤销:

(1)要约人确定了承诺期限或者以其他形式明示要约不可撤销;

(2)受要约人有理由认为要约是不可撤销的,并已经为履行合同做了准备工作。

7)要约的消灭

要约的消灭指要约生效后,因特定事由而使其丧失法律效力。要约因如下原因而消灭。

(1)撤销要约。

要约因要约人撤销而丧失效力,如上文所述。

(2)受要约人拒绝要约。

受要约人拒绝要约的方式通常有用通知的方式和保持沉默两种。

要约因被拒绝而消灭,一般发生在受要约人为特定的情况下。对不特定人所作的要约(如内容确定的悬赏广告),并不因某特定人表示拒绝而丧失效力。

(3)要约有效期届满。

要约有效期即受要约人有权作承诺的期间。若要约人在要约中确定了有权承诺期间,则该期间届满要约丧失效力;若要约人未确定有权承诺期间,则在经过合理期间后要约丧失效力。

(4)受要约人实质性变更要约。

在受要约人回复时,对要约的内容作实质性变更(视为新要约),原要约失效。

(5)其他原因。

在特定情况下,通常是在人身性强的交易中,要约人死亡或受要约人死亡,要约归于消灭。

8)要约与要约邀请的区别

要约邀请是指行为人作出的邀请他方向自己发出要约的意思表示。要约邀请虽然也是为订立合同作准备,但是为了引发要约而本身不是要约,例如价目表招标公告、拍卖公告、一般商业广告、商品目录、招股说明书等。

要约与要约邀请的主要区别标准如下:

(1)根据法律明确规定作区分,若法律明确规定某行为为要约或者要约邀请,则应当依其规定,如《合同法》第15条即是;

(2)根据内容作区分,法律要求要约内容须具体明确,包含合同主要条款和订约意思,而对要约邀请无此要求;

(3)根据发出的对象作区分,要约通常情况是向特定人发出,而要约邀请既可向特定人也可向非特定人发出,且以后者为常态;

(4)根据当事人意愿作区分,某些当事人在发出订约建议的时候,可能特别强调自己的行为性质是要约还是要约邀请;

(5)根据交易习惯作区分,根据当地交易习惯对行为人的行为性质作判断。

◎承诺

1)承诺的概念

承诺是指受要约人同意承诺的意思表示,即按照要约指定的方式,对要约的内容表示同意并希望与要约人订立合同的意思表示。要约一经承诺,合同即告成立。

2)承诺的有效要件

(1)承诺必须由受要约人作出。

作出承诺的可以是受要约人本人,也可以是其授权代理人。受要约人以外的任何第三人即使知道要约的内容并就此作出同意的意思表示,也不能认为是承诺。

(2)承诺须向要约人作出。

承诺是对要约的同意,须由要约人作为合同一方当事人。因此,承诺只能向要约人本人或其授权代理人作出,具有绝对的特定性,否则不为承诺。

(3)承诺的内容必须与要约一致。

若受要约人对要约的内容作实质性变更,则不为承诺,而视为新要约或者反要约。

实质性变更是指有关合同标的、质量、数量、价款或酬金、履行期限、履行地点和方式、违约责任和争议解决办法等的变更。

承诺对要约的内容作出非实质性变更的,除要约人及时表示反对或者要约表明承诺不得对要约的内容作出任何变更的以外,该承诺有效,合同的内容以承诺的内容为准。

(4)承诺应在有效期内作出。

若要约指定了有效期,则应在该有效期内作出承诺;若要约未指定有效期,则应在合理期限内作出承诺。

3)承诺的生效时间

承诺一旦生效,合同即告成立,因此承诺生效时间具有重要意义。我国《合同法》规定,承诺通知到达要约人时生效。但是该承诺应当在要约确定的承诺期限内到达要约人,若要约未确定承诺期限,承诺应当在合理期限内到达。

4)承诺期限的起算时间

在要约确定承诺期限的情况下,承诺期限的起算时间按如下办法确定:

(1)若要约是以信件或者电报作出的,承诺期限自信件载明的日期(通常是落款时间)或者电报交发之日开始计算。若信件未载明日期,自投寄该信件的邮戳日期开始计算。

(2)若要约以电话、传真等快速通信方式作出的,承诺期限自要约到达受要约人时开始计算。

5)承诺的撤回

承诺的撤回是指承诺发出后,生效之前,承诺人阻止承诺发生法律效力的意思表示。

鉴于承诺一经送达要约人即发生法律效力,合同也随之成立,《合同法》第27条规定:"承诺可以撤回。撤回承诺的通知应当在承诺通知到达要约人之前或者与承诺通知同时到达要约人。"若撤回承诺的通知晚于承诺通知到达要约人,此时承诺已发生法律效力,承诺人就不得撤回其承诺。

6)迟到的承诺

迟到的承诺指受要约人在承诺期限内发出承诺,按照通常情形能够及时到达要约人,但因其他原因承诺(如送达迟误等)到达要约人时超过承诺期限。

就迟到的承诺来说,《合同法》第29条规定:"受要约人在承诺期限内发生承诺,按照通常情形能够及时到达要约人,但因其他原因承诺到达要约人时超过承诺期限的,除要约人及时通知受要约人因承诺超过期限不接受该承诺的以外,该承诺有效。"

◎合同的一般条款

自然人应当以身份证载明的姓名为准。《合同法》第12条规定,下述条款为合同一般条款。

1)当事人的名称或姓名和住所

该条款主要反映合同当事人基本情况,明确合同主体。

确定名称的方法是:法人或其他组织应当以营业执照或者登记册上的名称为准。

确定住所的办法是:法人或者其他组织的主要办事机构所在地或者主要营业地为住所地,通过营业执照或者登记册上载明信息来判断其住所是较安全的办法;自然人的户口所在地为住所地,若其经常居住地与户口所在地不一致,以其经常居住地作为住所地。

确定住所对于合同义务的履行以及确定诉讼管辖具有重要意义。

2)标的

标的是合同当事人权利义务指向的对象,是合同法律关系的客体。法律禁止的行为或者禁止流通物不得作为合同标的。

合同标的主要有财产、行为和工作成果。

财产包括有形财产和无形财产。所谓有形财产,是具有一定实物形态且具备价值及使用价值的客观实体，如货币、房产等。所谓无形财产，是不具有实物形态但具备价值及使用价值的财产，如电力、著作权、发明专利权等。

行为是指以人的活动为表现形式的劳动或服务等，如受他人之托保管建筑材料。

工作成果是指通过工作获得的满足特定要求的结果。建设工程合同就是一种以特定工作成果——即工程项目——为标的的合同。

3)数量

数量是以数字和计量单位来衡量合同标的的尺度，决定标的大小、多少、轻重等。建设工程合同的数量条款应当注意遵守法定计量规则。

4)质量

质量是标的内在性质的规定性和外观形态的综合，包括标的内在的物理、化学、机械、生物等性质的规定性，以及性能、稳定性、能耗指标、工艺要求等。

在建设工程合同中，质量条款是由多方面构成的，分布于合同的各个部分，例如，适用的标准或者规范要求，图纸标示或者描述、合同条款的界定。

5)价款或酬金

价款或酬金是指取得标的物或接受劳务的当事人所支付的对价。在以财产为标的的合同中，这一对价称为价款；在以劳务和工作成果为标的的合同中，这一对价称为酬金。

在建设工程合同中，价款或者酬金的条款通常涉及金额、计价模式、计价规则、调价安排、支付安排等内容。

6)履行期限、地点和方式

(1)履行期限。

合同的履行期限是指享有权利的一方要求义务相对方履行义务的时间范围。它是权利方要求义务方履行合同的依据，也是检验义务方是否按期履行或延迟履行的标准。

在建设工程合同中，履行期限条款是那些约定施工工期或者提交成果的条款。

(2)履行地点。

合同履行地点是合同当事人履行和接受履行合同义务的地点。

建设工程施工合同的主要履行地点条款内容相对容易确定，即项目土地所在地。

(3)履行方式。

履行方式是指当事人采取什么办法来履行合同规定的义务。

建设工程施工合同中有关施工组织设计的条款，即为履行方式条款。

7)违约责任

违约责任指违反合同义务应当承担的责任。违约责任条款设定的意义在于督促当事人自觉、适当地履行合同，保护非违约方的合法权利。但是，违约责任的承担不一定通过合同约定。即使合同未约定违约条款，只要一方违约并造成他方损失，就应依法承担违约责任。

8)解决争议的方法

解决争议的方法是指一旦发生纠纷，将以何种方式解决纠纷。合同当事人可以在合同中约定争议解决方式。

约定争议解决方式，主要是在仲裁与法院诉讼之间作选择。和解与调解并非争议解决的必经阶段。

◎合同的形式

合同的形式是指订立合同的当事人达成一致意思表示的表现形式。《合同法》第 10 条规定:“当事人订立合同,有书面形式、口头形式和其他形式。法律行政法规规定采用书面形式的,应当采用书面形式。当事人约定采用书面形式的,应当采用书面形式。”

1)口头形式

口头形式合同是指当事人以直接对话方式订立的合同。口头合同在现实生活中广泛应用,凡当事人无约定或法律未规定特定形式的合同,均可采取口头形式。

合同采用口头形式的优点是简便易行,缺点是发生纠纷时难以取证,难以分清责任。所以,口头合同一般适用于即时结清的小额合同,对于不能即时结清或数额较大的合同,为保证交易安全,一般不采用口头合同。

有些口头合同订立、履行过程中产生的文字凭证,只能视为合同的证明,而不是合同本身,如商场购物发票。

2)书面形式

书面形式是指合同书、信件和数据电文(包括电报、电传、传真、电子数据交换和电子邮件)等可以有形地表现所载内容的形式。

书面形式合同的优点是权利义务明确记载,便于履行,产生纠纷时易于举证和分清责任;缺点是制定过程比较复杂。

3)其他形式

其他形式是指口头形式、书面形式之外的合同形式,即行为推定形式。《合同法》第 36 条规定,法律、行政法规规定或者当事人约定采用书面形式订立合同,当事人未采用书面形式但一方已经履行主要义务,对方接受的,该合同成立。

【相关知识】

◎缔约过失责任

1)缔约过失责任概念和构成条件

缔约过失责任指在订立合同过程中,一方因违背诚实信用原则所要求的义务而致使另一方信赖利益遭受损失,依法应承担的民事责任。《合同法》第 42 条就此作出了明确规定。

构成缔约过失责任应具备如下条件:

(1)该责任发生在订立合同阶段。

这是违约责任与缔约过失责任的根本区别。只有合同尚未成立,或者虽已成立但被确认无效或被撤销时,才可能发生缔约过失责任。合同是否成立,是判定是否存在缔约过失责任的关键;

(2)当事人违反了诚实信用原则所要求的义务。

由于合同未成立,因此当事人并不承担合同义务。但是,在订约阶段,依据诚实信用原则,当事人负有保密、诚实等法定义务,这种义务也称前合同义务。若当事人因过失违反此义务,则可能产生缔约过失责任;

(3)受害方的信赖利益遭受损失。

所谓信赖利益损失,是指一方实施某种行为(如订约建议)后,另一方对此产生信赖(如相信对方可能与自己立约),并为此发生了费用,后因前者违反诚实信用原则导致合同未成立或者无效,该费用未得到补偿而受到的损失。

2)缔约过失责任适用情形

《合同法》第42条规定了缔约过失责任有以下三种情形。

(1)假借订立合同,恶意进行磋商。

恶意磋商是在缺乏订立合同真实意愿情况下以订立合同为名目与他人磋商。其真实目的可能是破坏对方与第三方订立合同,也可能是贻误竞争对手商机,甚至可能为了戏弄对方。

(2)故意隐瞒与订立合同有关的重要事实或者提供虚假情况。

依诚实信用原则,缔约当事人负有如实告知义务,主要包括:告知自身财务状况和履约能力;告知标的物真实状况(包括瑕疵、性能、使用方法等)。若违反此项义务,即构成欺诈;若因此致对方受到损害,应负缔约过失责任。

(3)其他违背诚实信用原则的行为。

主要有违反有效要约和要约邀请,违反初步协议,未尽保护、照顾、通知、保密等附随义务,违反强制缔约义务等。

【案例分析】

◎基本案情

被告某市食品公司因建造大楼急需水泥,遂向本省青锋水泥厂、新华水泥厂及原告建设水泥厂发出函电,函电中称:“我公司急需标号为150型号的水泥100吨,贵厂有货,请速来函电,我公司愿派人前往购买。”三家水泥厂在收到函电以后,均先后回复函电告知备有现货,且告知了水泥的价格,而原告建设水泥厂在发出函电同时即派车给被告送去50吨水泥。在该批水泥送达被告之前,被告得知新华水泥厂生产的水泥质量较好,且价格合理,遂向新华水泥厂发去函电,称:“我公司愿购买贵厂100吨150型号水泥,盼速送货。运费由我公司负担。”函电发出后第二天上午,新华水泥厂发函称已准备发货。下午,原告将50吨水泥送到该食品公司,被告告知原告,他们已决定购买新华水泥厂的水泥,因此不能接受原告送来的水泥。原告认为,被告拒收货物已构成违约,双方因协商不成,原告遂向法院提起诉讼。

◎案例分析

本案被告已构成违约。因为被告向原告发出的函电中,称“我厂愿派人前往购买”。实际上已表示,只要原告有货,它就购买,这是对原告发出的购买水泥的要约。而原告发送水泥,实际上是以行为作出承诺,可见,双方已成立买卖合同,被告拒收货物,已构成违约。

8.3 合同的效力

【要　　点】

合同生效需要具备一定的条件。这些条件的欠缺可能导致所订立的合同成为无效合同、效力特定合同或可变更、可撤销合同。

当事人可以约定合同生效的时间或者条件。如果未满足所附条件的内容,即使具备了合同生效的要件，合同也无法生效。如果约定了终止的时间或者条件，满足了该时间或者条件的要求，也不因符合合同生效要件而继续有效，合同将终止。

【解　释】

◎合同的成立要件

合同成立，是指当事人完成了签订合同过程，并就合同内容协商一致。合同成立不同于合同生效。合同生效是法律认可合同效力，强调的是合同内容的合法性。因此，合同成立体现了当事人的意志，而合同生效体现了国家意志。

1）合同成立要件

根据通常的说法，合同成立的要件包括以下三个方面。

（1）存在订约当事人。

合同成立首先应具备双方或者多方订约当事人，只有一方当事人不可能成立合同。例如，某人以某公司的名义与某团体订立合同，若该公司根本不存在，则可认为只有一方当事人，合同不能成立。

（2）订约当事人对主要条款达成一致。

合同成立的根本标志是订约双方或者多方经协商，就合同主要条款达成一致意见。合同主要条款的概念见前文所述。

（3）经历承诺与要约阶段。

《合同法》第 13 条规定，“当事人订立合同，采取要约、承诺方式。”缔约当事人就订立合同达成合意，一般应经过要约、承诺阶段。若只停留在要约阶段，合同根本未成立。

2）合同成立时间

合同成立时间关系到当事人何时受合同关系拘束，因此合同成立时间具有重要意义。确定合同成立时间，遵守以下规则：

（1）通常情况下，合同成立时间。

《合同法》第 25 条规定，“承诺生效时合同成立。”鉴于此，承诺生效的时间决定了合同成立时间。至于承诺何时生效，见前文所述。

（2）采用合同书形式时，合同成立时间。

根据《合同法》第 32 条，“当事人采用合同书形式订立合同的，自双方当事人签字或者盖章时合同成立”。各方当事人签字或者盖章的时间不在同一时间的，最后一方签字或者盖章时合同成立。

（3）采用确认书时，合同成立时间。

根据《合同法》第 33 条，“当事人采用信件、数据电文等形式订立合同的，可以在合同成立之前要求签订确认书。签订确认书时合同成立”。此时，确认书具有最终正式承诺的意义。

3）合同成立地点

合同成立地点可能成为确定法院管辖的依据，因此具有重要意义。确定合同成立地点，遵守以下规则：

（1）通常情况下，合同成立地点。

根据《合同法》第 34 条，“承诺生效的地点为合同成立的地点。采用数据电文形式订立合同的，收件人的主营业地为合同成立的地点；没有主营业地的，其经常居住地为合同成立的地点。当事人另有约定的，按照其约定”。

(2)采用书面合同的成立地点。

根据《合同法》第35条，“当事人采用合同书形式订立合同的，双方当事人签字或者盖章的地点为合同成立的地点”。

◎无效合同的认定与处理

无效合同是相对于有效合同而言的，是严重欠缺生效要件的合同。因此，合同成立要件、合同生效要件、合同无效是密切相关的。在介绍无效合同之前，有必要先了解合同的生效要件。

1)合同的生效要件

合同生效是指合同具备生效条件而产生法律效力。所谓产生法律效力是指，合同对当事人各方产生法律约束力，即当事人的合同权利受法律保护，当事人的合同义务具有法律上的强制性。在多数情况下，合同成立时即具备生效要件，但是二者的合同成立要件与合同生效要件不同。

合同的生效要件有：

(1)订立合同的当事人必须具有相应民事权利能力和民事行为能力。

《合同法》第9条规定，“当事人订立合同，应当具有相应的民事权利能力和民事行为能力”。主体不合格，所订立的合同不能发生法律效力。

(2)行为人意思表示真实。

所谓意思表示真实是指，表意人的表示行为真实反映其内心的效果意思，即表示行为应当与效果意思相一致。而所谓表示行为是指，行为人将其内在意思以一定的方式表示于外部，并足以为外人所理解的意思要素；所谓效果意思是指，行为人内心欲使其表示内容引起法律上效力的内在意思要素。

意思表示真实是合同生效的重要构成要件。在意思表示不真实的情况下，合同可能无效，如在被欺诈、胁迫致使行为人表示于外部的意思与其内心真意不符，且涉及国家利益受损的情况；合同也可能被撤销或者变更，如在被欺诈、胁迫致使行为人表示于外部的意思与其内心真意不符，但未违反法律和行政法规强制性规定及社会公共利益的情况。

(3)不违反法律、行政法规的强制性规定，不损害社会公共利益。

这里的“法律”是狭义的法律，即全国人民代表大会及其常务委员会依法通过的规范性文件。这里的“行政法规”是国务院依法制定的规范性文件。所谓强制性规定是当事人必须遵守的、不得通过协议加以改变的规定。通常，在法律条文中以“可以”等提示性或者建议性用语表述的内容只是任意性规范，而不是强制性规范，它不要求当事人必须执行。而强制性规范通常以“必须”、“不得”等词语表述，它要求当事人必须严格遵守。

有效合同不仅不得违反法律、行政法规的强制性规定，而且不得损害社会公共利益。社会公共利益是一个抽象的概念，内涵丰富、范围宽泛，包含了政治基础、社会秩序、社会公共道德要求，可以弥补法律行政法规明文规定的不足。对于那些表面上虽未违反现行法律明文强制性规定但实质上违反社会的合同行为，具有重要的否定作用。

(4)具备法律所要求的形式。

《民法通则》第56条规定,“民事法律行为可以采取书面形式、口头形式或者其他形式。法律规定是特定形式的,应当依照法律规定”。又根据《合同法》第44条规定:“依法成立的合同,自成立时生效。法律、行政法规规定应当办理批准、登记等手续生效的,依照其规定。”

可见我国法律承认当事人可以依法自主选择合同形式,除非法律、行政法规另有特别规定。

根据最高人民法院《关于适用〈中华人民共和国合同法〉若干问题的解释(一)》第9条规定,“法律、行政法规规定合同应当办理登记手续,但未规定登记后生效的,当事人未办理登记手续不影响合同的效力,合同标的物所有权及其他物权不能转移”。因此,法律法规规定的登记备案手续不全是合同生效要件,而应当进一步考察法律行政法规是否明确将该登记备案手续作为合同生效要件。

2)无效合同的概念和特征

无效合同,是指合同虽然已经成立,但因其严重欠缺生效要件而不产生合同法律效力的合同。

无效合同具有以下5个特征。

(1)无效合同的违法性。

无效合同违法性,是指其违反了法律、行政法规的强制性规定以及社会公共利益。因此,行政规章以及地方性法规等地方性规范文件不应作为判定合同无效的依据或标准,但是可以作为判断合同无效的参考;此外,违反法律、行政法规的任意性规定也不应构成无效合同。

(2)对无效合同实行国家干预。

无效合同的国家干预体现在:无效合同不取决于当事人提起确认之诉讼,法院或者仲裁机构不待当事人请求即可主动审查合同是否无效,若发现属于无效合同,便可主动确认合同无效。对无效合同的国家干预还体现在:有关行政机关(如主管市场秩序的工商行政管理部门)可以对无效合同予以查处,追究相关当事人的行政责任。

(3)无效合同具有不可履行性。

所谓无效合同具有不可履行性是指,当事人不得依据该无效合同实际履行,不得依据该无效合同追究当事人违约责任。

(4)无效合同被确认后具有追溯力。

由于无效合同在本质上是违法的,因此法律自始否定其效力。若当事人对合同效力产生争议或者订立时不知道合同违法,一旦被依法确认无效,就将产生追溯力,即自该合同出现之时起就不具法律效力。

(5)无效合同不因时间的经过而转为有效。

根据现行法律某合同为无效合同,即使以后法律修订、当事人意思表示修正(注意:意思表示修正表明产生新合同),该合同也不能转化为有效合同。

3)合同无效与合同不成立的区别

合同无效与合同不成立的主要区别表现在以下几个方面。

(1)主要判断标准不同。

合同不成立是指当事人就合同主要内容未达成合意,如受要约人未作出承诺;而合同无效是合同具有违法性。

(2)是否适用合同解释制度。

在合同主要条款缺漏或者不明确导致合同未成立,同时当事人不否认存在基本合意的情况下,法院或者仲裁机构可以通过合同解释制度探求当事人的真实意思,从而确定合同具体内容;但是,在合同无效情况下,合同解释制度不适用。

(3)是否可通过实际履行弥补。

若合同起初不成立,但一方当事人随后自愿作出履行,而对方当事人也表示接受,则合同成立;但是,无效合同不具有履行性,不可能通过实际履行使之改变效果。

(4)是否可主动审查。

若就合同是否成立发生争议,且当事人未就此请求法院或者仲裁机构裁断,则法院或者仲裁机构不能主动审查合同是否成立;但是,即便当事人未请求法院或者仲裁机构审查合同是否无效,法院或者仲裁机构仍可以依职权主动审查合同效力。

(5)法律后果不同。

若合同不成立,有过失一方应根据缔约过失承担民事责任,但是不产生其他责任;然而,因无效合同的违法性,责任人不仅可能承担民事责任,还可能产生行政责任甚至刑事责任。

4)无效合同的主要类型

根据《合同法》第52条规定,无效合同的主要类型如下:

(1)一方以欺诈手段订立合同,损害国家利益。

根据最高人民法院《关于贯彻执行〈中华人民共和国民法通则〉若干问题的意见(试行)》第68条规定,所谓欺诈,是"一方当事人故意告知对方虚假情况,或者故意隐瞒真实情况,诱使对方当事人作出错误意思表示"的行为。

因欺诈导致合同无效的构成条件如下:

①欺诈方具有欺诈的故意。所谓欺诈的故意,是欺诈一方明知自己告知对方的情况是虚假的且会使对方陷入错误认识,而希望或放任这种情况发生。

②欺诈方实施了欺诈行为。表现为故意陈述虚伪事实或者故意隐瞒真实情况。

③被欺诈方因欺诈行为陷入错误认识。即欺诈内容与合同内容有密切关系且受害人因此对合同内容发生了错误认识。

④被欺诈方因错误而作出意思表示。这表明欺诈行为与受害人不真实意思表示之间具有因果关系。

⑤欺诈行为损害了国家利益。注意,这里的"国家利益"应作严格解释,不应随意扩大化,不应将民事交易中的国有企业利益随意上升为国家利益。国有企业作为独立经营的法人,有独立的企业利益,不应在法律上受到特别保护。在法律上,欺诈国有企业与欺诈其他合同当事人是一样的,而不能作为损害国家利益来对待。

并非所有通过欺诈手段订立的合同都是无效合同,只有欺诈合同损害了国家利益才能导致合同无效。没有损害国家利益的欺诈合同是可撤销合同。

(2)一方以胁迫手段订立合同,损害国家利益。

根据最高人民法院《关于贯彻执行〈中华人民共和国民法通则〉若干问题的意见(试

行)》第69条规定,所谓胁迫,是"以给公民及其亲友的生命、健康、荣誉、名誉、财产等造成损害或者以给法人的荣誉、名誉、财产等造成损害为要挟,迫使对方作出违背真实的意思表示"的行为。

因胁迫导致合同无效的构成条件如下:

①胁迫人具有胁迫的故意。所谓胁迫的故意,是胁迫者希望通过自己的行为使受胁迫者在心理上产生恐惧,并且希望通过自己的胁迫行为迫使对方与自己订立合同。

②胁迫人实施了胁迫行为。行为人实施胁迫行为包括如下两种情况:以将来发生的祸害相威胁;已经发生或者正在发生致害行为。

③胁迫行为是非法的。胁迫行为必须没有法律根据。如果一方依法向对方施加某种压力,则不构成胁迫。

④受胁迫者因胁迫而订立合同。受胁迫者因受胁迫损害产生的恐惧心理与其订立合同的意思表示之间存在因果关系。即胁迫行为发生后,因为面临损害或者将要面临损害,受胁迫者产生恐惧心理;在这种心理状态支配下,受胁迫人被迫订立合同。

⑤胁迫行为损害了国家利益。"国家利益"应如何认识及注意事项在前文关于欺诈合同的介绍中已有涉及,同前。同样,没有损害国家利益的胁迫合同是可撤销合同。

(3)恶意串通,损害国家、集体或第三人利益的合同。

恶意串通的合同是指当事人同谋,共同订立某种合同,给国家、集体或者第三人利益造成损害的合同。这种无效合同特征如下:

①当事人出于恶意。恶意是指,行为人明知或者应知某种行为将对国家、集体或者第三人利益造成的损害而故意为之。

②当事人之间相互串通。首先,当事人都具有主观恶意,而不只是一人或者一方具有恶意;共同进行意思联络、沟通;既可以表现为当事人事先达成的合谋,也可表现为一方明确表示意思,另一方与其达成默契进行接受。

其次,除了主观恶意外,当事人在客观上相互配合或者共同实施了该串通行为。

③损害国家、集体或第三人利益。行为人恶意串通的结果是损害了国家、集体或者第三人利益,在串通行为与损害结果之间具有因果关系。

(4)以合法形式掩盖非法目的。

以合法形式掩盖非法目的是指,当事人实施的行为在形式上是合法的,但在内容上或者目的上是非法的。

须注意的是:以合法形式掩盖非法目的的合同并不要求造成损害后果,即无论造成损害与否,只要符合上述特征,即可构成无效合同。

(5)损害社会公共利益。

社会公共利益的内涵丰富、外延宽泛。相当一部分社会公共利益的保护,已经纳入法律、行政法规明文规定;但是,仍有部分并未被法律、行政法规所规定,特别是涉及社会公共道德的部分。将损害社会公共利益的合同规定为无效合同,利用"社会公共利益"概念定义的弹性,有助于弥补现行法律、行政法规规定的缺失。

(6)违反法律、行政法规的强制性规定。

合同无效,应当以全国人大及其常委会制定的法律和国务院制定的行政法规为依据,不得以地方性法规、行政规章为依据。同时，必须是违反了法律、行政法规的强制性规范才导致合同无效，违反其中任意性规范并不导致合同无效。所谓任意性规范，是当事人可以通过约定排除其适用的规范，即任意性规范赋予当事人依法进行意思自治。

5）合同无效的处理规则

由于无效合同具有不得履行性，因此不发生当事人所期望的法律效果；但是，并非不产生任何法律效果，而是产生包括返还财产、损害赔偿以及其他法定效果。

（1）在当事人之间的处理规则。

①合同无效的处理原则主要是恢复原状。所谓恢复原状，是指恢复到当事人缔约前的状况。根据《合同法》第58条，因该合同取得的财产，应当予以返还；不能返还或者没有必要返还的，应当折价补偿。

上述“不能返还”包括“事实上的不能返还”与“法律上的不能返还”。“事实上的不能返还”是客观上已经不能，如财产已经毁损且无法修复；“法律上的不能返还”是表面上可能返还，但是因为法律上的规定，已经使返还成为不可能，如财产已经被第三人善意取得。

“没有必要返还”是指，根据客观实际情况不返还财产对双方均有利且不损害他人利益；或者不返还财产将有利于社会利益。例如，建设工程施工合同无效但是工程已经竣工验收合格，如果采用返还财产、恢复原状处理规则，就要将工程拆除使之恢复到缔约之前。这样既不利于当事人，对社会利益也是莫大损失。

②在主要采取恢复原状的原则下，将辅之以损害赔偿。根据《合同法》第58条，有过错的一方应当赔偿对方因此所受到的损失，双方都有过错的，应当各自承担相应的责任。

（2）当事人恶意串通，损害国家、集体或者第三人利益的，因此取得的财产收归国家所有或者返还集体、第三人。

（3）合同无效，特别是损害国家、集体或第三人利益以及违反法律、行政法规强制性规定的无效合同，也可能导致合同当事人承担行政责任（如罚款、吊销执照等），甚至刑事责任。

此外，在处理合同无效时，应注意：根据《合同法》第56条的规定，合同部分无效，不影响其他部分效力的，其他部分仍然有效。根据《合同法》第57条的规定，合同无效，不影响合同中独立存在的有关解决争议方法的条款的效力。

◎可撤销合同

1）可撤销合同的概念

合同的撤销是指因意思表示不真实，法律允许撤销权人通过行使撤销权，使已经生效的合同效力归于消灭。存在撤销原因的合同称为“可撤销合同”。

可撤销合同与无效合同存在显著区别。无效合同是自始无效、当然无效，即从订立起就是无效，且不必取决于当事人是否主张无效。但是，可撤销合同在被撤销之前存在效力，尤其是对无撤销权的一方具有完全约束力；而且，其效力取决于撤销权人是否向法院或者仲裁机构主张行使撤销权。

2）可撤销合同的种类

可撤销合同种类如下：因重大误解订立的合同，显失公平的合同，因欺诈、胁迫而订立的合同,乘人之危订立的合同。

(1)因重大误解订立的合同。

在合同实践中,所谓的误解,是指合同当事人因自己过错(如误认或者不知情等)而对合同的内容发生错误认识而订立了合同。《民法通则》第59条、《合同法》第54条规定了因重大误解订立的合同为可撤销合同。

重大误解的构成条件有四个方面。

①表意人因为误解作出了意思表示。表意人对合同的相关内容产生了错误认识,并且基于这种错误认识进行了意思表示行为。即表意人的意思表示与其错误认识之间具有因果关系。

②表意人的误解是重大的。一般的误解并不足以造成合同可撤销。对因误解导致合同可撤销是对误解者的保护,但是,该误解却是由误解者自己的过错造成的,因此,若不对误解的程度加以限定,将对相对人相当不公平。鉴于此,只有因"重大"误解订立的合同才是可撤销的。

在何谓"重大"的问题上,我国当前的司法实践认为,只有对合同主要条款发生误解才构成重大误解。根据最高人民法院《关于贯彻执行〈中华人民共和国民法通则〉若干问题的意见(试行)》第71条规定,"行为人因为对行为的性质、对方当事人、标的物的品种、质量、规格和数量等的错误认识,使行为的后果与自己的意思相悖,并造成较大损失的,可以认定为重大误解"。

③误解是由表意人自己的过失造成的。通常情况下,误解是由表意人自己过失造成,如不注意、不谨慎,而不是受他人欺诈或者其他不正当影响。

④误解不应是表意人故意发生的。法律不允许当事人在故意发生错误的情况下,借重大误解为由,规避对其不利的后果。如果表意人在缔约时故意发生错误(如保留其真实意思),则表明其追求其意思表示产生的效果,不存在意思表示不真实的情况,不应按重大误解处理。

(2)显失公平的合同。

显失公平合同是合同当事人的权利、义务明显不对等,使一方遭受重大不利,而其他方获得不平衡的重大利益。《合同法》第54条规定,在订立合同时显失公平的,当事人一方有权请求人民法院或者仲裁机构变更或者撤销。

显失公平导致可撤销的合同在法律上具有如下特点。

①合同在订立时就显失公平。可撤销的显失公平合同要求这种明显失衡的利益安排在合同订立时就已形成,而不是在合同订立以后形成。如果在合同订立之后因为非当事人原因导致合同对一方当事人很不公平,则应属于情势变更问题,不应当按照显失公平合同来处理。

②合同的内容在客观上利益严重失衡。某当事人获得的利益超过法律允许的限度,而其他方获得的利益与其义务不相称。在我国法律实践中,就显失公平的判断,绝大多数情况下,并未规定具体的数量标准,而留待法院裁量。根据最高人民法院《关于人民法院审理借贷案件的若干意见》规定,民间借贷利率如果高于银行同期同类贷款利率的4倍,即构成显失公平,超过的部分不受法律保护。

③受有过高利益的当事人在主观上具有利用对方的故意。一般认为,在显失公平合同下,遭受不利后果的一方当事人存在轻率、无经验等不利因素,而受益一方故意利用了对方的这种轻率、无经验,或者利用了自身交易优势。

(3)因欺诈胁迫而订立的合同。

前文已经述及,根据我国《合同法》,因欺诈、胁迫而订立的合同应区分为两类:一类是欺诈、胁迫的手段订立合同而损害国家利益的,应作为无效合同对待;另一类是以欺诈、胁迫的手段订立合同但未损害国家利益的,应作为可撤销合同处理,即被欺诈人、被胁迫人有权将合同撤销。

合同法未将欺诈、胁迫订立的合同一律作无效处理,充分体现了民法的意思自治原则,充分尊重被欺诈人、被胁迫人的意愿,并对维护交易安全具有重要意义。

(4)乘人之危而订立的合同。

根据最高人民法院《关于贯彻执行〈中华人民共和国民法通则〉若干问题的意见(试行)》的解释,乘人之危是指,一方当事人乘对方处于危难之机,为牟取不正当利益,迫使对方作出不真实的意思表示,从而严重损害对方利益的行为。

同样,合同法将乘人之危订立的合同作为可撤销合同而不是无效合同处理,体现了对受害人意愿的尊重,并对维护交易安全具有重要意义。

乘人之危合同具有以下特点:

①不法行为人乘对方危难或者急迫之际逼迫对方。这里的危难是指,受害人出现了财产、生命、健康、名誉等方面的危机状况。这里的急迫是指,受害人出现生活、身体或者经济等方面的紧急需要。同时,行为人为订立不公平的合同而故意利用受害人的这种危难或者急迫。

②受害人因为自身危难或者急迫而订立合同。受害人明知该合同将使自身利益受到重大损害,但因陷于危难或者急迫而订立该合同。

③不法行为人所获得的利益超出了法律允许的程度。不法行为人通过利用对方危难或者急迫,获取了在正常情况下不可能获得的重大利益,明显违背了合同公平原则。

3)可撤销合同的处理

(1)行使撤销权的主体。

如果出现上述可撤销合同,撤销权由重大误解的误解人、显失公平的受害人、被欺诈方、被胁迫方、乘人之危的受害方行使。只有这些合同当事人才有权行使合同撤销权,对方当事人不享有撤销权。

(2)撤销权的内容。

根据《合同法》第54条的规定,一旦合同是可撤销的,则撤销权人可以申请法院或者仲裁机构撤销合同,也可以申请法院或者仲裁机构变更合同,当然,还可以不行使撤销权继续认可该合同的权利。如果撤销权人请求变更的,法院或者仲裁机构不得撤销。

(3)可撤销合同被撤销前后的效力状况。

在可撤销合同被撤销之前,该合同具有效力。根据《合同法》第56条规定,在被撤销之后,该合同即不具有效力,且将溯及既往,即自合同成立之时起就不具有效力,当事人不受该合同约束,不得基于该合同主张认可权利或承担任何义务。

(4)可撤销合同被撤销的后果。

根据《合同法》第58条以及相关法律规定,可撤销合同被撤销后,其民事后果与无效合同相同,将由责任人承担恢复原状、返还财产、赔偿损失等。

(5)撤销权的消灭。

可撤销合同的效力状态完全取决于撤销权人是否行使撤销权,以及如何行使撤销权。在其行动之前,合同效力状态是不确定的。为了维护交易秩序,法律不允许合同效力状态长期处于不稳定。

为此,《合同法》第55条规定,"有下列情形之一的,撤销权消灭:(一)具有撤销权的当事人自知道或者应当知道撤销事由之日起1年内没有行使撤销权;(二)具有撤销权的当事人知道撤销事由后明确表示或者以自己的行为放弃撤销权"。

根据最高人民法院《关于适用〈中华人民共和国合同法〉若干问题的解释(一)》第8条规定,上述"1年"不变期间,不适用诉讼时效中止、中断或者延长的规定。

◎效力待定合同

1)效力待定合同的概念

效力待定合同,是指合同成立之后,是否具有效力还未确定,有待于其他行为或者事实使之确定的合同。

2)效力待定合同的类型及其处理

依据《合同法》,效力待定合同主要包括以下四种类型:

(1)限制民事行为能力人依法不能独立签订的合同。

根据《民法通则》规定,10周岁以上不满18周岁的未成年人和不能完全辨认自己行为的精神病人。限制民事行为能力人包括两种:限制民事行为能力人可以独立实施与其年龄、智力和健康状况相适应的民事行为(包括签订合同),其他民事活动由其法定代理人代理实施或者征得法定代理人同意后实施。

根据《合同法》第47条,若限制民事行为能力人未经其法定代理人事先同意,独立签订了其依法不能独立签订的合同,构成效力待定合同,但是纯获利益的合同除外。

此类效力待定合同须经过限制民事行为能力人的法定代理人行使追认权予以追认后才有效。这将使限制民事行为能力人的相对人对该合同的期待处于不确定状态。为平衡此间利益,《合同法》第47条赋予相对人两项权利,即催告权与撤销权。

相对人的催告权:相对人可以催告法定代理人在1个月内予以追认;法定代理人未作出表示的,视为拒绝追认,合同没有效力。

相对人的撤销权:合同被追认之前,善意相对人有撤销的权利;撤销应当以通知的方式作出。值得注意的是,该相对人行使撤销权的方式不同于可撤销合同下撤销权的行使方式。前者通过通知即可,后者须通过法院或者仲裁机构。

(2)无权代理人以被代理人名义订立的合同。

根据《合同法》第48条,无权代理包括以下三种:

①行为人没有代理权;

②行为人超越代理权;

③代理权终止后仍以被代理人的名义订立合同。

无权代理的行为人所签订的合同是效力待定合同,需要被代理人行使追认权予以追认。同样,这将使无权代理人订立合同的相对人对该合同的期待处于不确定状态。为平衡此间利益,《合同法》第48条赋予相对人催告权与撤销权。

催告权:相对人可以催告被代理人在1个月内予以追认;被代理人未作出表示的,视为拒绝追认,合同没有效力。

撤销权:合同被追认之前,善意相对人有撤销的权利,撤销应当以通知的方式作出。同样需要注意此撤销方式与可撤销合同的撤销方式之间的区别。

需要注意区分无权代理与表见代理。《合同法》第49条规定,“行为人没有代理权、超越代理权或者代理权终止后以被代理人名义订立合同,相对人有理由相信行为人有代理权的,该代理行为有效”。这就是表见代理在合同领域的具体规定。可见,表见代理无须被代理人追认,即产生代理效力。

表见代理要求相对人有理由相信行为人有代理权。那么何谓“有理由”?我国法学界通行说法认为,该“有理由”是客观上存在使相对人相信行为人拥有代理权的情形,且一般人在此情况下都会相信行为人具有代理权,如行为人持有被代理人的空白介绍信。

还需要注意区分无权代理与代表行为。法人的法定代表人以法人的名义从事经营活动,不需要法人的特别授权,法定代表人的职务行为就是法人的行为。同时,法定代表人之外的其他负责人(如公司的总经理、企业分支机构负责人),在一般情形下,无须特别授权也可代表该法人或者其他组织对外订立合同。《合同法》第50条规定,“法人或者其他组织的法定代表人、负责人超越权限订立的合同,除相对人知道或者应当知道其超越权限的以外,该代表行为有效”。因此,代表行为不适用无权代理的规定。

(3)无权处分所订立合同。

①无权处分合同是指,行为人并未享有相关财产权,但却与他人订立处分该财产的合同。例如,甲将某机器借给乙使用,乙与丙订立合同将该物出卖给丙,乙丙之间的合同即为无权处分合同。在此甲为真正权利人,乙为无权处分行为人,丙为相对人。无权处分合同的特点是:

A. 行为人实施了处分行为,包括财产所有权处分或者债权处分等;

B. 行为人没有法律上的处分权;

C. 行为人就该处分意思与相对人订立了合同;

D. 行为人以自己的名义订立合同,而不是以真正权利人的名义。

法学界当前的通行说法认为,无权处分合同属于效力待定合同。

②无权处分行为的处理涉及无权行为人、相对人、真正权利人三方关系。根据《合同法》第51条,在如下两种情况下,无权处分合同成为有效合同:

A. 无权处分行为经真正权利人的追认;

B. 无权处分行为人事后取得处分权。

在无权处分合同的处理上,应注意相对人的善意取得权利,即在真正权利人拒绝追认无权处分行为之时,相对人可以根据善意取得制度取得相关权利。善意取得制度的基本内容是:无处分权人处分其占有的动产给他人,如果该相对人取得该动产是善意的,则可以依法取得该动产的权利。善意取得制度是法律为保护善意相对人，维护交易安全而设定的制度，但只限定于动产。在我国现有的法律条件下，对不动产变动实行登记制度，强化对权利人利益保护，因而不发生善意取得的问题。例如，甲将某机具借给乙使用，丙在乙的现场看到该机具，经过乙的介绍相信该机具是属于乙的；随后，乙擅自将该机具以合理价格转让给丙；此时，丙因不知情而属于善意取得；如果丙接受了乙交付的该机具，则可以取得该机具的所有权，而甲不能追索回该机具，只能向乙要求赔偿损失或者返还不当得利。

(4)越权订立的合同。

任何一个单位都有自己的组织结构，组织机构设计中都包含组织权限分工。每个岗位都有自己的责任和权利。如果超越了自己的权利范围而为民事行为，其行为就不是必然有效的行为了。《合同法》第50条规定："法人或者其他组织的法定代表人，负责人超越权限订立的合同，除相对人知道或者应当知道其超越权限的以外，该代表行为有效。"

【相关知识】

◎附条件和附期限合同

1)附条件合同的效力

所谓附条件合同，指在合同中规定了一定的条件，并且把该条件的成就或者不成就作为合同效力发生或者效力消灭的根据的合同。附条件合同的主要作用在于反映当事人订立合同的动机，从而满足当事人的不同需要；而一般的合同只反映当事人的目的，而不反映当事人的动机。根据条件对合同效力的影响，可将所附条件分为生效条件和解除条件。

《合同法》第45条规定，"当事人对合同的效力可以约定附条件。附生效条件的合同，自条件成就时生效。附解除条件的合同，自条件成就时失效。"

例如，某工程项目施工合同的发包人与承包人约定，若工程成果获得当地政府评选的"××杯"奖，则发包人额外支付20万元。在此，"获得'××杯'奖"，即是"发包人额外支付20万元"这一特别约定的生效条件。

附条件合同所附的条件应满足如下条件：

(1)该条件应是将来发生的事实，而不是已经发生的事实；

(2)该条件应是不确定发生的，而不是必然发生的；

(3)该条件应是当事人约定的条件，而不是法定条件；

(4)该条件应是合法的并不得与合同的主要内容相矛盾。

在附条件合同的条件成就之前，当事人不应违背法律或者诚实信用原则，为自己利益不当促成或者阻止条件的成就，而应听任条件的自然发生，否则，应承担不利后果。为此，《合同法》第45条规定，"当事人为自己的利益不正当地阻止条件成就的，视为条件已成就；不正当地促成条件成就的，视为条件不成就。"再结合前述例子，若承包人通过编造材料或者行贿等非法手段使该工程施工获得"××杯"奖，则虽然生效条件成就，发包人可以承包人"不正当地促成条件成就"为由而拒绝履行额外付款20万元的特别约定。

2)附期限合同的效力

附期限合同是指当事人在合同中设定一定的期限，并把未来期限的到来作为合同效力发生或者效力消灭的根据的合同。根据期限对合同效力的影响，可将所附期限分为生效期限和终止期限。

《合同法》第46条规定,“当事人对合同的效力可以约定附期限。附生效期限的合同,自期限届至时生效。附终止期限的合同,自期限届满时失效”。

对附生效期限的合同而言,在期限到来之前,合同虽然已经成立,但暂时未发生效力,此时,权利人不能行使权利,义务人无须履行义务;但是,期限一旦届至,当事人即受合同约束。

对附终止期限的合同而言,在期限到来之前,合同已经发生效力,且正持续约束当事人;当期限届满,合同效力消灭,不再约束当事人。

3)附期限合同与合同履行期限的区别

附期限合同是针对合同的效力,期限是否届满将决定合同生效或者失效。合同履行期限是针对当事人的实际履行行为,该期限将决定当事人是否需要实际实施履行合同,但不排除在该期限到来之前合同已经发生效力。

4)附条件合同与附期限合同的区别

附条件合同与附期限合同都是当事人约定的限制合同效力的方式,但二者有重要的区别:附条件合同是将来可能发生也可能不发生,是不确定的事实;期限为将来确定要发生的事实,是可知的。

【案例分析】

◎基本案情

1996年9月,某钢铁总厂(甲方)与某建筑安装公司(乙方)签订建设工程施工合同,约定:甲方的150立方米高炉改造工程由乙方承建,1996年9月15日开工,1997年5月1日具备投产条件;从乙方施工到完成1 000万工程量的当月起,甲方按月计划报表的50%支付工程款,月末按统计报表结算。合同签订后,乙方按照约定完成工程,但甲方未支付全额工程款,截至2000年6月尚欠应付工程款1 117万元。2000年7月3日,乙方起诉甲方要求支付工程款和延期付款利息及滞纳金。甲方主张,因合同中含有带资承包条款,所以合同无效,甲方不应承担违约责任。

◎案例分析

就合同中带有垫资承包条款是否影响合同效力,生效判决认定:虽然垫资条款违反了政府行政主管部门的规定,但是不违反法律、行政法规的禁止性、强制性规定,只要符合合同成立生效的其他条件,合同应为有效。

8.4 合同的履行

【要　　点】

合同得以履行是订立合同的目的。但是在合同履行是的过程中可能会出现各种不利于合同顺利履行的情况。为了规范合同的履行,《合同法》对履行合同作出了规定。

《合同法》也赋予了当事人维护自身权益的权利,即抗辩权、代位权和撤销权。本节需要掌握合同履行的一般规定和抗辩权,熟悉代位权。

【解　　释】

◎合同履行的一般规定

合同履行指合同当事人双方依据合同条款的规定，实现各自享有的权利，并承担各自负有的义务。合同的履行，就其实质来说，是合同当事人在合同生效后，全面、适当地完成合同义务的行为。

从合同效力的角度看，合同的履行是依法成立的合同所必然发生的法律效果，是合同效力的主要体现。

从合同关系消灭的角度看，债务人全面适当地履行合同且债权人实现了合同目的，导致合同关系消灭；合同履行是合同关系消灭的主要的、正常的原因。因此，合同履行又称为“债的清偿”。

1）合同履行的主体

合同履行的主体包括完成履行的一方（履行人）和接受履行的一方（履行受领人）。

完成履行的一方首先是债务人，包括了债务人的代理人，但是法律规定、当事人约定或者性质上必须由债务人本人亲自履行者除外。其次，当事人约定的债务人之外的第三人也可为履行人，根据《合同法》第65条的规定，“第三人不履行债务或者履行债务不符合约定，债务人应当向债权人承担违约责任”。

接受履行的一方首先是债权人，由债权人享有给付请求权及受领权。但是，在某些情况下，接受履行者不是债权人，而是债权人之外的第三人，如当事人约定由债务人向第三人履行债务，若此，根据《合同法》第64条规定，“债务人未向第三人履行债务或者履行债务不符合约定，应当向债权人承担违约责任”。

举例：某承包人委托某进出口代理商进口成套设备，该代理商依约以自己的名义与境外设备供应商订立进口合同，该合同双方约定该供应商将设备运至项目现场，接受人为该承包人。本例即属于上述“当事人约定由债务人向第三人履行债务”的情形。

2）履行地点

合同的履行地点具有重要法律意义，它关系到履行费用的分配、风险的转移、违约判断标准以及诉讼管辖的判定依据。

根据《合同法》第61条、第62条规定，按如下规则确定合同履行地点：

（1）首先根据合同的明确约定，若没有约定或者约定不明确的，由当事人进行补充协议；

（2）如果合同没有约定而当事人又不能达成补充协议的，按照合同有关条款确定，或者按照交易习惯确定；

（3）如果合同没有约定而当事人又不能达成补充协议，也不能按照合同有关条款确定或者交易习惯确定，则依据《合同法》第62条第3项规定：“履行地点不明确，给付货币的，在接受货币一方所在地履行；交付不动产的，在不动产所在地履行；其他标的，在履行义务一方所在地履行。”

上述规则充分体现了合同法对当事人意思自治的尊重。

最高人民法院《关于审理建设工程施工合同纠纷案件适用法律问题的解释》第24条规

定,建设工程施工合同纠纷以施工行为地为合同履行地。建设工程施工合同纠纷案件适用一般合同地域管辖,不适用不动产纠纷专属管辖。因此,该司法解释明确建设工程施工合同履行地点对工程建设实践具有重要指导意义。

3)履行期限

履行期限是债务人应进行履行的时间,可以表现为时点,如"××年××月××日上午10点交付×吨商品混凝土";可以表现为期日,如"××年××月××日竣工验收";也可以表现为一段时间,如"××年××月~××年××月支付工程款××元"。当事人未能在履行期限内完成履行,是履行迟延,构成对相对人的违约。

根据《合同法》第61条、第62条规定,按如下规则确定合同履行期限:

(1)首先根据合同的明确约定,若没有约定或者约定不明确的,由当事人进行补充协议;

(2)如果合同没有约定而当事人又不能达成补充协议的,按照合同有关条款确定,或者按照交易习惯确定;

(3)如果合同没有约定而当事人又不能达成补充协议,也不能按照合同有关条款确定或者交易习惯确定,则依据《合同法》第62条第3项规定:"履行期限不明确的,债务人可以随时履行,债权人也可以随时要求履行,但应当给对方必要的准备时间。"

当事人就履行期限享有期限利益。所谓期限利益,就债务期限而言,是债务人在期限到来之前可以不履行债务;就债权期限而言,是债权人在期限到来之前可以不接受给付、可以在期限届满前获得利息等。

在建设工程施工合同实践中,建设单位单方面提前竣工日期,属于对施工单位期限利益的损害;但是,施工单位抛弃其期限利益的除外。

4)履行过程中,质量的确定方法

根据《合同法》第61条、第62条规定,质量的确定同样首先是合同的明确约定,若没有约定或者约定不明确的,由当事人进行补充协议;无法确定的,则按照合同有关条款确定,或者按照交易习惯确定;上述办法仍无法确定的,再依据《合同法》第62条第3项规定:"质量要求不明确的,按照国家标准、行业标准履行;没有国家标准、行业标准的,按照通常标准或者符合合同目的的特定标准履行。"

具体在建设工程施工合同方面,通常在合同内约定了质量标准。但是,有时候过于原则,如"质量标准:合格",这同样存在质量要求不明确的问题,仍然需要按照国家标准、行业标准以及通常标准或者符合合同目的的特定标准来确定质量要求。当前,建设工程施工实践一般也是依据各类施工验收规范、质量规范、操作规程来确定工程质量要求。

5)履行过程中,价款或者报酬的确定方法

根据《合同法》第61条、第62条规定,价款或者报酬的确定同样首先是合同的明确约定,若没有约定或者约定不明确的,由当事人进行补充协议;无法确定的,则按照合同有关条款确定,或者按照交易习惯确定;上述办法仍无法确定的,再依据《合同法》第62条第2项规定:"价款或者报酬不明确的,按照订立合同时履行地的市场价格履行;依法应当执行政府定价或者政府指导价的,按照规定履行。"

建设工程施工合同是特殊的承揽合同,是根据特定的要求以及特定的设计、技术资料,在特定的时间、空间内完成特定物的过程,当事人往往无法事前在合同内准确确定合同价款。合同订立时双方在合同约定的合同价款与最终结算价款之间往往是不一致的。因此，建设工程价款的具体数额固然重要，计价标准或者计价方法才是建设工程施工合同价款条款的核心内容。若无法确定计价标准或者计价方法，根据《合同法》第62条，当地市场价格以及政府主管部门的定价或者指导价（如果对某些材料、设备、构配件或者服务实行政府定价或者指导价）将是计价的基本依据。

6）履行费用

履行费用是指履行债务所必要的开支，如包装费、运送费、通知费。

履行费用的负担首先依合同约定。无约定或者约定不明确的，根据《合同法》第62条第6项规定，由履行义务的一方承担。

此外，因一方的原因致使相对方的履行费用增加的，由致使费用增加的一方承担。

◎抗辩权

《合同法》中的抗辩权是在双务合同中，在符合法定条件时，当事人一方可以暂时拒绝对方当事人的履行要求，即对抗对方当事人的履行请求权，包括同时履行抗辩权、先履行抗辩权和不安抗辩权。

双务合同中的抗辩权是对抗辩权人的一种保护措施，免除抗辩权人履行后得不到对方对应履行的风险；使对方当事人产生及时履行、提供担保的压力，是重要的债权保障制度。行使抗辩权是正当的权利，而非违约，应受到法律保护，而不应当使行使抗辩权人承担违约责任等不利后果。

需要注意的是，抗辩权的行使只能暂时拒绝对方的履行请求，中止履行，而不能消灭对方的履行请求权。一旦抗辩权事由消失，原抗辩权人仍应当履行其债务。

1）同时履行抗辩权

（1）同时履行抗辩权的概念。

根据《合同法》第66条规定，同时履行抗辩权指当事人互负债务，没有先后履行顺序的，一方在对方履行之前或者履行债务不符合约定时，有权拒绝履行自己的债务或者相应债务的权利。

（2）同时履行抗辩权的构成条件。

①双方基于同一合同且互负债务。同时履行抗辩权的存在根据在于双务合同的牵连性，因此它不适用于单务合同，只适用于双务合同，如买卖、互易、租赁、承揽、保险等合同。建设工程施工合同属于特殊的承揽合同，是双务合同，并在满足其他条件下适用同时履行抗辩权制度。

行使同时履行抗辩权双方的对待给付必须是基于同一合同。如果当事人之间的债务不是基于同一双务合同，即使在事实上存在关联，也不得主张同时履行抗辩权。

②双方互负的债务均已届至清偿期。同时履行抗辩权制度旨在促使当事人各方的债务得以同时履行，所以只有互负债务的履行期限均已届至，才可能行使同时履行抗辩权。如果一方当事人履行期届至而相对方履行期未至，只可能适用先履行抗辩权或者不安抗辩权。

如果相对方已经适当、全面地履行了债务，则双务合同的债务对立状态不复存在，本方不可能再向对方主张同时履行抗辩权。只有对方未履行债务或者履行债务不符合约定时，本方才可能主张同时履行抗辩权。

同时履行抗辩权制度相当复杂，还涉及诸多内容，如不完全履行（即《合同法》第66条规定的“履行不符合约定”）时行使同时履行抗辩权的特别问题，同时履行抗辩权对迟延履行责任的影响，同时履行抗辩权在程序法落实，同时履行抗辩权的扩张（即类推适用同时履行抗辩权问题）等。

2）先履行抗辩权

（1）先履行抗辩权的概念。

根据《合同法》第67条规定，先履行抗辩权是指当事人互负债务，有先后履行顺序，先履行一方未履行的或者先履行一方履行债务不符合约定的，后履行一方有权拒绝其履行要求或者有权拒绝其相应的履行要求。

（2）先履行抗辩权的构成条件。

①双方基于同一合同且互负债务。先履行抗辩权存在于双务合同，而非单务合同。先履行抗辩权的双方债务应基于同一合同。本要件与前文所述及的同时履行抗辩权第①要件一致。

②履行债务有先后顺序。债务履行的顺序可能源于法律规定，也可能源于当事人约定。如果债务没有先后履行顺序，就应适用同时履行抗辩权而非先履行抗辩权。

③有义务先履行债务的一方未履行或者履行不符合约定。如果先履行一方已经适当、全面地履行债务，则后履行一方就没有先履行抗辩权，而应当依约履行自身义务，否则，可能承担违约责任。

3）不安抗辩权

（1）不安抗辩权的概念。

根据《合同法》第68条、第69条的规定，不安抗辩权是指合同当事人互负债务，且有先后履行顺序。履行顺序在先的当事人，如果有确切证据证明对方存在经营状况严重恶化的情形，或者转移财产、抽逃资金以逃避债务，或者丧失商业信誉，以及有丧失或者可能丧失履行债务能力的其他情形的情况，则可以中止自己的履行；如果对方在收到其中止履行通知后在合理的期限内提供了适当担保，则履行顺序在先的当事人应当履行其债务；如果在合理期限内，对方未恢复履行能力并且未提供适当担保的，则履行顺序在先的当事人可以解除合同。

（2）不安抗辩权的构成条件。

①双方当事人基于同一双务合同而互负债务。不安抗辩权存在于双务合同，而非单务合同。不安抗辩权的双方债务应基于同一合同。

②债务履行有先后顺序，且由履行顺序在先的当事人行使。如果债务履行没有先后顺序，则只能适用同时履行抗辩权。在履行债务有先后顺序的情况下，先履行一方可能行使不安抗辩权，后履行一方只可能行使先履行抗辩权。

③履行顺序在后的一方履行能力明显下降，有丧失或者可能丧失履行债务能力的情形。不安抗辩权制度在于保护履行顺序在先的当事人的利益，但不是无条件的，而是以该当事人的债权实现受到存在于对方当事人的现实危险威胁为条件。这些危险主要包括：经营状况

严重恶化;转移财产、抽逃资金以逃避债务;丧失商业信誉;有丧失或者可能丧失履行债务能力的其他情形。

④履行顺序在后的当事人未提供适当担保。履行顺序在后的当事人履行能力明显下降,可能严重危及履行顺序在先当事人的债权,《合同法》赋予先履行一方不安抗辩权。但是,如果后履行一方提供适当担保,则先履行一方的债权不会受到损害,所以,就不得行使不安抗辩权。

◎代位权

1)代位权的概念和特征

根据《合同法》第73条的规定,代位权是指"因债务人怠于行使其到期债权,对债权人造成损害的,债权人可以向人民法院请求以自己的名义代位行使债务人的债权"的权利。其中,债务人的债务人称为"次债务人"。

代位权的特征如下:

(1)代位权针对的是债务人的消极行为,即怠于行使对次债务人的债权的消极行为;

(2)代位权是债权人以自身名义直接向次债务人提出请求,这不同于债权人向债务人提出请求,也不同于债务人向次债务人提出请求;

(3)代位权的行使方式必须是在法院提起代位权诉讼,而不能通过诉讼外的其他方式来行使。

2)代位权行使的条件

根据《最高人民法院关于适用〈中华人民共和国合同法〉若干问题的解释(一)》第11条规定,债权人提起代位权诉讼,应当具备下列条件。

(1)债权人对债务人的债权合法。

债权人与债务人之间的债权债务关系必须合法存在,否则代位权就失去其存在的基础。因此,如果合同未成立、合同被宣告无效或者合同被撤销,或者合同关系已经被解除,则不存在行使代位权的可能。

必须指出的是,债权人对债务人的债权还应该是确定的。这里所指的确定,是指债务人对于债权的存在及其内容并无异议,或者该债权经过了法院或者仲裁机构裁判后所作的确定。因为,如果债权人的债权不确定却允许其行使代位权,则可能导致次债务人不能有效抗辩,或者可能给次债务人造成不必要的损害。

(2)债务人怠于行使其到期债权,对债权人造成损害。

债务人怠于行使其到期债权,意味着债务人对次债务人享有债权,且该债权已届至清偿期,而债务人却不积极主张该债权。但是,如何认定"债务人怠于行使其到期债权"呢?为此,《最高人民法院关于适用〈中华人民共和国合同法〉若干问题的解释(一)》第13条规定,"'债务人怠于行使其到期债权,对债权人造成损害的',是指债务人不履行其对债权人的到期债务,又不以诉讼方式或者仲裁方式向其债务人主张其享有的具有金钱给付内容的到期债权,致使债权人的到期债权未能实现"。

因此,债务人怠于行使其到期债权是有客观明确的标准,即债务人不以诉讼方式或者仲裁方式向次债务人主张到期债权。此外,债务人怠于行使对次债务人的到期债权与债务人不能清偿自己对债权人的到期债务之间具有因果关系。

(3)债务人的债权已到期。

债务人的债权已到期是债务人可以对次债务人行使债权的条件,而债权人的代位权是代位行使本属于债务人的债权,因此,债务人债权已到期也是债权人行使代位权的条件。

(4)债务人的债权不是专属于债务人自身的债权。

根据《合同法》第73条规定,债权人可以代位行使的权利必须是专属于债务人的权利。至于什么是专属于债务人的权利,根据《最高人民法院关于适用〈中华人民共和国合同法〉若干问题的解释(一)》第12条规定,“基于扶养关系、抚养关系、赡养关系、继承关系产生的给付请求权和劳动报酬、退休金、养老金、抚恤金、安置费、人寿保险、人身伤害赔偿请求权等权利”。

上述司法解释列举的专属于债务人的权利,都带有人身性质,且关系到债务人的基本生存条件,因此,不应由债权人代位行使。

3)代位权行使的效力

(1)对债权人的效力。

根据《最高人民法院关于适用〈中华人民共和国合同法〉若干问题的解释(一)》第20条规定,“债权人向次债务人提起的代位权诉讼经人民法院审理后认定代位权成立的,由次债务人向债权人履行清偿义务,债权人与债务人、债务人与次债务人之间相应的债权债务关系即予消灭”。

(2)对债务人的效力。

债权人行使代位权是代替债务人行使权利,并以自身债权为限。因此,债权人行使代位权所获取的利益,在自身债权实现以后,所剩余的部分利益应归属于债务人。此外,因代位权的实现,债务人对次债务人的债权相应消灭。

(3)对次债务人的效力。

在代位权诉讼中,次债务人作为被告参与诉讼,其不得以其与债权人之间无合同关系为由,拒绝参与诉讼或者以此进行抗辩。当然,次债务人可以针对债权人行使代位权的条件不具备提出抗辩,以及基于其与债务人之间的合同关系提出抗辩。

【相关知识】

◎撤销权

1)撤销权的概念

根据《合同法》第74条规定,撤销权是指因债务人实施了减少自身财产的行为(包括放弃其到期债权、无偿转让财产、以明显不合理的低价转让财产等),对债权人的债权造成损害,债权人可以请求法院撤销债务人该行为的权利。

债权人行使撤销权必须通过向法院起诉的方式进行,并由法院作出撤销判决才能发生撤销的效果。若撤销权实现,首先撤销了债务人与第三人之间的民事行为;其次,债权人还可随之请求因债务人行为而获利的第三人返还财产,从而恢复债务人财产原状。

撤销权不是与物权、债权相并列的独立民事权利,而是附属于债权(在此处为合同之债)的实体权利,不得与债权分离。当债权转让时,撤销权随之转让;当撤销权消灭时,撤销权随之消灭。

2)撤销权的构成要件

根据《合同法》第74条及其他相关条款的规定,债权人行使撤销权须具备一定条件,而且还要区分债务人的行为是否有偿而导致该条件的不同。债权人行使撤销权的具体条件如下。

(1)债务人实施了处分财产的行为。

①根据《合同法》第74条规定,可能导致债权人行使撤销权的债务人行为包括如下三种情形:

A.债务人放弃到期债权。也就是说,债务人享有对第三人的到期债权,但是,债务人免除了该第三人(即债务人的债务人)的债务。

B.债务人无偿转让财产。这主要指债务人将其财产赠与他人。

C.债务人以明显不合理的低价转让财产。例如,以1 000元的价格转让价值10万元的财产等。此等行为多是隐匿财产、逃避债务的表现。

②但是,在债务人所从事的下列行为中,虽然有可能使债务人财产减少,或者本应增加的财产没有增加,但是,债权人仍然不能行使撤销权:

A.债务人拒绝接受某种可能使之获利的行为。这是因为,撤销权目的在于防止债务人财产减少,并恢复债务人财产状况,而不在于增加债务人的财产。

B.债务人从事的减少财产行为与其身份密切相关,如收养子女。这是因为,撤销权针对的是财产行为,而不包括身份行为。

C.不作为的行为。此类行为属于消极行为,债权人无从撤销。

(2)债务人处分财产的行为发生在债权人的债权成立之后。

之所以要求债务人处分财产的行为应发生在债权成立之后,是因为只有这样才能体现债务人侵害债权人债权的恶意。如果债务人处分财产的行为发生在债权人债权成立之前,则债权人对债务人处分行为能够有所了解,对债务人的财产状况也能够有所了解。在这种情况下,债权人仍然愿意与债务人订立合同,则应属于债权人愿意自担风险,债权人就不能再享有撤销权。

(3)债权人处分财产的行为已经发生效力。

债权人的撤销权建立在债务人处分财产的行为已经生效的基础上。如果债务人的行为没有成立和生效,或者本身就是无效行为,就不必由债权人行使撤销权。因为,未成立和生效的行为无从撤销;无效行为可以通过法律上的无效制度请求法院宣告该行为无效。

(4)债务人处分财产的行为侵害债权人债权。

并非债务人任何处分财产行为都导致债权人行使撤销权,只有当债务人处分财产的行为已经或者将要严重侵害债权人的债权时,债权人才能行使撤销权。一般认为,当债务人实施处分财产后,其资产已经不够向债权人清偿债务,就可以认定为其行为有害于债权人的债权。

(5)在债务人处分行为是有偿时,债务人和第三人在主观上具有恶意。

如果债务人处分行为是无偿的,如"放弃其到期债权或者无偿转让财产",则不要求债务人和第三人在主观上具有恶意，只要符合前文提及的四个方面的条件，债权人即可行使撤销权。

如果债务人处分行为是有偿的，则要求债务人和第三人在主观上具有恶意。

虽然《合同法》第74条没有明确规定债务人主观恶意，但是我国法学理论通说认为，此时对于债务人仍有主观要件的要求。

《合同法》第74条明确规定了第三人在主观上应为恶意，即“受让人知道该情形”。因此，即使债务人恶意处分自己的财产且侵害债权人利益，但是，如果第三人在与债务人交易时是善意的、无过失的、不知情的，就应保护这种交易，债权人的撤销权不应支持。

3）撤销权的行使期限

《合同法》第75条规定：“撤销权自债权人知道或者应当知道撤销事由之日起1年内行使。自债务人的行为发生之日起5年内没有行使撤销权的，该撤销权消灭。”

【案例分析】

◎基本案情

1996年5月8日，物资公司和建筑公司签订了一份《施工协议书》，约定由建筑公司承包物资公司投资兴建的某商场项目。建筑公司垫付工程款20万元，超过1998年如付不清工程款，物资公司承担欠款利息，其余工程款待竣工交付使用时全部付清。

1996年12月14日，该工程交工验收，12月16日，经市质检部门核验，被评为合格工程。该工程1997年12月16日经结算，物资公司尚拖欠建筑公司工程款434 550.64元。物资公司以建筑公司承建的工程存在严重质量问题为由拒付工程款。

1999年4月25日，某市工程质量监督站和某市建设工程质量检测中心对该工程质量进行实地检测，作出了“关于某商场工程质量问题的处理意见”：①该工程尚未发现明显的不安全因素，可以正常使用；②楼梯梁距地面高度不够问题，应会同设计单位进行设计变更处理；③墙面裂缝属填充墙体材料干燥收缩引起，影响观感质量可进行表面修补；④对C—④—⑤段梁存在微小裂缝，缝宽仅为0.2 mm，在规范允许范围内可进行封闭处理，对四层楼地面裂缝应揭露检查并予以处理，对其他混凝土缺陷按规范要求进行修补。

1999年5月18日，建筑公司起诉至一审法院，要求判令物资公司偿还其拖欠的工程款44万元及承担违约金206万元。

物资公司反诉称：建筑公司称物资公司拖欠其工程款44万元与事实不符，物资公司是按照现行建筑行业法律、法规拒付工程款434 550.64元，扣款的原因是建筑公司交付的建筑物存在严重工程质量问题。故请求法院依法委托省建筑工程质量检测中心就涉案工程质量进行检测；依法确认某市质量监督站就涉案工程所作的交工核验文件无效；判令建筑公司承担交付不合格工程给物资公司造成的全部经济损失（对存在的质量问题，能重修的予以重修，不能重修的赔偿损失）。

◎案例分析

在工程款拖欠纠纷案件中，当承包商追索欠款时，业主常常以工程质量有缺陷（或工期延误）为理由抗辩。实际上，拖欠工程款和工程质量纠纷之间并没有必然的联系，是不同的诉讼。

在这种工程款拖欠和工程质量问题纠缠在一起的诉讼当中，对诉讼时效的要求是不一样的。对于承包商追索欠款之诉讼，按一般诉讼时效的规定即可。但对于业主提出的工程质量之诉讼，只要是在保修期内发生的质量问题，从知道或应当知道发生质量问题之日起 2 年即为诉讼时效；如果不在 2 年内提起诉讼（或发生诉讼时效中止、中断等情形），即使保修期没有届满，业主仍将丧失胜诉权。如果是在保修期届满后发生的质量问题，则承包商将不承担质量保修责任。但这并不意味着承包商可以就此不承担质量责任，因为《建筑法》第 80 条特别规定："在建筑物的合理使用寿命内，因建筑工程质量不合格受到损害的，有权向责任者要求赔偿。"

本案涉及工程质量诉讼的另外一个问题就是重复鉴定。当事人都倾向于选择与自己有关系的鉴定机构，双方在此问题上往往不能达成一致意见。2001 年 12 月 21 日，《最高人民法院关于民事诉讼证据的若干规定》（以下简称《规定》）对鉴定人的确定和重新鉴定作了明确的规定。其中第 26 条规定："当事人申请鉴定经人民法院同意后由双方当事人协商确定有鉴定资格的鉴定机构、鉴定人员。协商不成的，由人民法院指定。"这就是说，以当事人协商确定鉴定机构、鉴定人员为原则，法院一般不主动指定，只有在当事人协商不成的情况下，法院才指定鉴定机构或鉴定人员。对于重新鉴定，《规定》第 27 条规定："当事人对人民法院委托的鉴定部门作出的鉴定结论有异议申请重新鉴定，提出证据证明存在下列情形之一的，人民法院应予准许：①鉴定机构或者鉴定人员不具备相关的鉴定资格的；②鉴定程序严重违法的；③鉴定结论明显依据不足的；④经过质证认定不能作为证据使用的其他情形。对有缺陷的鉴定结论，可以通过补充鉴定、重新质证或者补充质证等方法解决的，不予重新鉴定。"这一规定明确了申请重新鉴定的法定条件，这对减少当事人动辄要求重新鉴定从而导致诉讼效率降低的现象很有意义。

此外，《建筑法》第 58 条第 2 款明确规定："建筑施工企业必须按照工程设计图纸和施工技术标准施工，不得偷工减料。工程设计的修改由原设计单位负责，建筑施工企业不得擅自修改工程设计。"在本案中，建筑公司擅自修改设计，应承担相应责任。物资公司作为发包人有权利纠正建筑公司的违约行为，但这是发包人基于合同享有的一项权利而非义务。一审认为"建设方工地代表在施工中对施工方的过错行为未进行制止，也未提出任何异议，应视为默认。"的判决是不正确的，二审法院判决加固费用由建筑公司承担是正确的。

8.5 合同的变更和转让

【要　　点】

合同的变更和转让需要在一定的条件下进行，否则合同的变更和转让不发生法律效力。合同变更或转让后，当事人的权利和义务也会随之发生变化。为了能够有效维护当事人的合法权益，需要掌握合同变更和转让的条件以及转让后的法律效果。

【解　　释】

◎合同变更

1)合同变更的概念

合同的变更有广义与狭义之分。

广义的合同变更是指除包括合同内容的变更外,还包括合同主体的变更。即由新的主体取代原合同的某一主体。这实质上是合同的转让。

狭义的变更是指合同内容的某些变化,是在主体不变的前提下,在合同没有履行或没有完全履行前,由于一定的缘由,由当事人对合同约定的权利和义务进行局部调整。这种调整,通常表现为对合同某些条款的修改或补充。

2)合同变更的主要原因

在我国法律体系下,导致合同发生变更的原因主要有以下几类。

(1)经协商一致的变更。

因合同当事人协商一致而对合同的变更,这是通常的合同变更事由。当事人有权依法变更合同,是合同意思自治原则的体现,应受法律保护。

(2)因合同具有可撤销事由的变更。

若出现如下可撤销事由:合同当事人意思表示出现重大误解;订立合同显失公平;因欺诈、胁迫订立合同但未损害国家、集体或者第三人利益且未违反法律、行政法规、强制性规定的,因乘人之危而订立的合同。根据《合同法》第54条,就可撤销合同,撤销权人不主张撤销合同,而请求变更的,法院或者仲裁庭不应撤销合同,而应尊重其选择。

(3)基于法律规定的变更。

某些合同的变更是直接基于法律明确规定,例如,合同内无不可抗力条款,当出现不可抗力,合同双方的权利义务即可因为《合同法》第117条、第118条关于不可抗力的明确规定而发生变更。

3)合同变更的成立条件

(1)合同关系已经存在。

合同变更是针对已经存在的合同,无合同关系就无从变更。合同无效、合同被撤销,视为无合同关系,也不存在合同变更的可能。

(2)合同内容发生变化。

合同内容变更可能涉及合同标的、数量、质量、价款或者酬金、期限、地点、计价方式变更等。建设工程施工承包领域的设计变更即为涉及合同内容的变更。《合同法》第78条规定:"当事人对合同变更的内容约定不明确的,推定为未变更。"

(3)经合同当事人协商一致,或者经法院、仲裁庭裁决,或者援引法律直接规定。

(4)符合法律、行政法规要求的方式。

如果法律、行政法规对合同变更方式有要求,则应遵守这种要求。例如,《中外合作经营企业法(2000年修正)》第7条规定,"中外合作者在合作期限内协商同意对合作企业合同作重大变更的,应当报审查批准机关批准",该批准程序即是法律明确规定的合同变更形式。

4)合同变更的法律效力

合同的变更效力仅限于发生变更的部分,已经发生变更的部分以变更后的为准;已经履行的部分不因合同变更而失去法律依据;未变更部分继续原有的效力。同时,合同变更不影响当事人要求赔偿损失的权利,例如,合同因欺诈而被法院或者仲裁庭裁决变更,在被欺诈人遭受损失的情况下,合同变更后继续履行,但不影响被欺诈人要求欺诈人赔偿的权利。

◎合同转让

1)合同转让的概念、类型和特征

(1)概念。

合同转让是指合同当事人一方依法将合同权利、义务全部或者部分转让给他人。

(2)类型。

合同转让的类型如下:

①合同权利转让,又可以分为合同权利部分转让和合同权利全部转让;

②合同义务转让,也可以再分为合同义务部分转让和合同义务全部转让;

③合同权利义务概括转让(也称概括转移),还可以分为合同权利义务全部转移和合同权利义务部分转移。

(3)特征。

合同转让的特征如下:

①合同转让只是合同主体(合同当事人)发生变化,不涉及合同权利义务内容变化;

②合同转让的核心在于处理好原合同当事人之间,以及原合同当事人中的转让人与原合同当事人之外的受让人之间,因合同转让而产生的权利义务关系。

2)合同权利转让

(1)合同权利转让概念。

合同权利转让是指在不改变合同权利义务内容基础上,享有合同权利的当事人将其权利转让给第三人享有。合同权利转让包括合同权利部分转让和合同权利全部转让。

合同权利部分转让是第三人(受让人)与合同原债权人共同享有债权,可以约定按份分享合同债权,也可以约定连带共享债权。如果没有约定,一般推定为连带共享债权。合同权利全部转让是第三人(受让人)取代合同原债权人而成为新债权人,原债权人脱离合同关系。

(2)合同权利转让的条件。

①合同权利须有效存在,无效合同或者已经被终止的合同不产生有效合同权利,因此,也不产生有效的合同权利转让。

②被转让的合同权利应具有可转让性,根据《合同法》第 79 条规定,根据合同性质不得转让的合同、按照当事人约定不得转让的、依照法律规定不得转让的合同权利不具有可转让性。

③转让人与受让人达成合同权利转让的协议。受让人如果不接受该权利,合同权利是不能被转让的。

(3)合同转让对债权人(转让人)、债务人和第三人(受让人)的效力。

①法律地位取代。有效的合同转让将使转让人(原债权人)脱离原合同,受让人取代其法律地位而成为新的债权人。但是,在债权部分转让时,只发生部分取代,而由转让人和受

让人共同享有合同债权。

②从权利随之转移。根据《合同法》第81条规定："债权人转让权利的,受让人取得与债权有关的从权利,但该从权利专属于债权人自身的除外。"

③未经通知,对债务人不产生效力。根据《合同法》第80条规定,债权人将债权转让给第三人(受让人),只有通知债务人,才能对债务人产生效力。即只有通知债务人后,受让人才有权要求债务人履行债务,或者说债务人才有义务向受让人履行债务。但是,是否通知债务人不影响转让人(原债权人)与受让人转让约定的效力,因为转让债权一般不损害债务人利益。

3)合同义务的转移

(1)合同义务转移概念。

合同义务转移是指在不改变合同权利义务内容基础上,承担合同义务的当事人将其义务转由第三人承担。合同义务转移可以分为合同义务全部转移和合同义务部分转移。

合同义务部分转移是指合同原债务人并不脱离合同关系,而由第三人与原债务人共同承担债务。原债务人与第三人承担连带债务,除非当事人另有特别约定。

合同义务全部转移是指第三人取代合同原债务人地位而承担全部债务,并使原债务人脱离合同关系。

(2)合同义务转移的条件。

①被转移的债务有效存在。本来不存在的债务、无效的债务或者已经终止的债务,不能成为债务人承担的对象。

②被转移的债务应具有可转移性。在下列情形中,合同不具有可转移性:

A. 某些合同债务与债务人的人身有密切联系,例如,以特定债务人特定技能为基础的合同(如演出合同),以特别人身信任为基础的合同(如委托合同),一般情况下,此类合同义务不具有可转移性;

B. 如果当事人特别约定合同债务不得转移,则这种约定应当得到遵守;

C. 如果法律、强制性规范规定不得转让债务,则该合同债务不得转移。例如《建筑法》第28条规定,禁止承包单位将其承包的全部建筑工程转包给他人。这就属于法律强制性规范规定债务不得转移的情形。

③须经债权人同意。《合同法》第84条规定,债务人将合同的义务全部或者部分转移给第三人的,应当经债权人同意。债权人同意是债务转移的重要生效条件。合同关系通常是建立在债权人对债务人信任(最主要是对其履行能力的信任)的基础上,如果债务未经债权人同意转移给第三人,则很可能损害债权人利益。

(3)债务转移对债权人、债务人和第三人(承担人)的效力。

①承担人成为合同债务人。就合同义务全部转移而言,承担人取代债务人成为新的合同债务人,若承担人不履行债务,将由承担人直接向债权人承担违约责任;原债务人脱离合同关系。就合同义务部分转移而言,债务人与承担人成为连带债务人。

②抗辩权随之转移。由于债务已经转移,原合同的债务人已经由第三人代替,所以,债务人的抗辩权就只能由接受债务的第三人行使了。

根据《合同法》第85条规定,债务人转移义务的,新债务人(承担人)可以主张原债务人对债权人的抗辩,诸如同时履行抗辩权、履行期限未届满等。

③从债务随之转移。根据《合同法》第 86 条规定,新债务人(承担人)应当承担与主债务有关的从债务,例如利息、违约金等,除非该从债务专属于原债务人自身。

【相关知识】

◎合同权利义务概括转移

(1)合同权利义务概括转移概念。

合同权利义务概括转移是指合同当事人一方将其合同权利义务转移给第三人,由该第三人继受这些权利义务。合同权利义务概括转移包括了全部转移和部分转移。全部转移指合同当事人原来一方将其权利义务全部转移给第三人。部分转移指合同当事人原来一方将其权利义务的一部分转移给第三人;此时转让人和承受人应约定各自分得的债权债务的份额和性质,若没有约定或者约定不明,应视为连带之债。

(2)债权债务概括转移的条件。

①转让人与承受人达成合同转让协议。这是债权债务概括转移的关键。如果承受人不接受该债权债务,则无法发生债权债务的转移。

②原合同必须有效。原合同无效不能产生法律效力,更不能转让。

③原合同为双务合同。只有双务合同才可能将债权债务一并转移,否则只能为债权让与或者是债务承担。

④符合法定的程序。《合同法》第 88 条规定:"当事人一方经对方同意,可以将自己在合同中的权利和义务一并转让给第三人。"可见,经对方同意是概括转移的一个必要条件。因为概括转移包含了债务转移,而债务转移要征得债权人的同意。

(3)企业的合并与分立涉及权利义务概括转移。

企业合并是指两个或者两个以上企业合并为一个企业。企业分立则是指一个企业分立为两个及两个以上企业。

企业合并或者分立均可能出现某个企业被注销(被终止主体资格)的情况,那么该被注销的企业在合并或者分立之前所订立的合同权利义务如何处置呢?就此,《民法通则》第 44 条第 2 款规定,"企业法人分立、合并,它的权利和义务由变更后的法人享有和承担"。《合同法》第 90 条规定,"当事人订立合同后合并的,由合并后的法人或者其他组织行使合同权利,履行合同义务。当事人订立合同后分立的,除债权人和债务人另有约定的以外,由分立的法人或者其他组织对合同的权利和义务享有连带债权,承担连带债务"。

企业合并或者分立后,原企业的合同权利义务将全部转移给新企业,这属于法定的权利义务概括转移,因此,不需要取得合同相对人的同意。

【案例分析】

◎基本案情

2002 年 3 月,被告建筑公司承包了某工程项目。被告就脚手架工程同原告租赁站签订分包合同,约定建筑公司以每平方米 25 元的造价,并以包工包料的方式将搭建脚手架工程分包给租赁站。至工程完工,租赁站共计完成搭架工程量 5 000 平方米,合计工程款为

125 000元。但建筑公司仅支付工程款100 000 元,余款一直未付。2007 年 5 月,租赁站将建筑公司告上法庭,要求该公司支付余款及违约金。

建筑公司辩称,该公司与原告租赁站签订搭设脚手架合同后,双方于 2002 年 11 月另外签订了一份协议,明确约定:建筑公司给付租赁站 100 000 元后,双方就不存在任何权利义务了。因此,建筑公司要求法院驳回原告的诉讼请求。

◎**案例分析**

本案中的当事人对工程价款有过两次约定。《合同法》规定,当事人协商一致的,可以变更合同。后一个协议虽然明显不利于原告,但它毕竟是当事人双方协商一致的结果,具有变更原合同的法律效力。当事人双方的债权债务关系应当根据后一个协议重新确定。租赁站如果认为该协议显示公平,应当在法律规定的时效内(知道或者应当知道撤销事由之日起 1 年内)行使撤销权。但遗憾的是,租赁站并没有及时行使该项权利,其诉讼请求无法得到法律保护。

建设工程合同履约期长,影响因素多。尽管建筑企业越来越重视合同的谈判和签订过程,但对合同履行过程中如会议纪要、补充协议等同样具有合同效力的法律文件重视不够,这种"头重脚轻"的现象必须引起重视,否则很容易从根本上改变建设工程合同最初约定的内容。

8.6 合同权利义务终止

【要　　点】

合同权利义务终止是指由于一定的法律事实发生,使合同设定的权利义务归于消失的法律现象。合同权利义务终止是合同效力停止的表现,即合同当事人不再受合同约束。合同权利义务的终止与当事人的利益密切相关,因此合同管理者或者合同当事人需要掌握导致合同权利义务终止的原因、条件和程序。

【解　　释】

◎**合同的解除**

1)合同解除的概念和特征

(1)概念。

合同解除是指当具备解除条件时,因合同当事人一方或双方意思表示,使有效成立的合同效力消灭的行为。合同解除也是一项重要的合同法律制度。

(2)特征。

合同解除的特征如下:

①合同解除是以有效成立的合同为对象。合同解除是针对合同有效成立后,由于当事人情况(如一方根本违约)或者客观情况发生变化(如不可抗力),合同继续履行成为没有必要或者不可能,如果继续让合同发生效力约束合同当事人,对当事人一方或者双方有害,对整个社会的交易秩序也会不利。因此,合同解除针对的是产生约束力的有效合同。对于无

效合同,因其自始不发生履行效力,不能也无须适用合同解除的规则。

②合同解除须具备必要的解除条件。合同一经有效成立,就应严格遵守并适当履行,不得擅自解除。只有当主客观情况发生变化使合同继续履行没有意义,甚至是有害的,这才允许解除合同。这些主客观变化正是构成了合同解除的条件,《合同法》第 94 条规定了合同解除的一般法定条件,包括不可抗力、一方违反合同主要义务等五项内容。

③合同解除应当通过解除行为。如果具备合同解除条件,但是合同当事人未进行合同解除行为,将不发生合同自动解除的效果。解除行为有两种类型:一是当事人就解除合同达成一致;二是享有解除权的当事人发出解除合同的意思。

④合同解除的效果是合同关系终止(消灭)。合同解除的效果是使合同关系归于消灭,当事人不再受合同约束。

2)合同解除与合同终止、合同撤销的简要区别

(1)合同解除与合同终止。

根据《合同法》第 91 条规定,合同解除是合同终止(合同消灭)的情形之一,而合同终止除了因解除而终止外,还包括因履行、抵销等情形而终止。因此,合同终止是合同解除的上位概念,它包括合同解除,但又不仅限于合同解除。

(2)合同解除与合同撤销。

虽然合同解除和合同撤销都能导致合同效力消灭,但是,二者存在如下明显区别:

①合同解除是针对有效成立的合同;合同撤销是针对意思表示有瑕疵、其效力取决于撤销权是否行使的合同。

②合同被撤销后,溯及合同成立之初使合同效力归于消灭;合同被解除后,一般只向解除之后的未来使合同效力归于消灭,而无溯及力,只有特别约定或法律特别规定或者交易类型的特殊性,才有溯及力。

3)合同解除的具体类型

根据《合同法》相关规定,合同解除具体类型如下。

(1)约定解除。

《合同法》第 93 条规定:“当事人协商一致,可以解除合同。

当事人可以约定一方解除合同的条件。解除合同的条件成就时,解除权人可以解除合同。”

通过这个条款,我们可以将约定解除再进一步分为协商解除和行使约定解除权的解除。

①协商解除。协商解除是当事人就解除合同进行协商,达成一致意见后解除的合同。协商解除是当事人“以第二个合同解除第一个合同。”

②行使约定解除权的解除。当事人在签订合同时就约定了解除合同的条件,条件成就时,一方当事人就可以行使解除权而解除合同。

(2)法定解除。

法定解除是指在符合法定条件时,当事人一方有权通知另一方解除合同。

《合同法》第 94 条规定,有下列情形之一的,当事人可以解除合同:

①因不可抗力致使不能实现合同目的;

②在履行期限届满之前,当事人一方明确表示或者以自己的行为表明不履行主要债务;

③当事人一方迟延履行主要债务，经催告后在合理期限内仍未履行；

④当事人一方迟延履行债务或者有其他违约行为致使不能实现合同目的；

⑤法律规定的其他情形。

◎合同权利义务终止的情形

合同权利义务终止，是指合同权利和合同义务归于消灭，合同关系不复存在。合同终止使合同的担保等附属于合同的权利义务也归于消灭。

根据诚实信用原则，合同终止后，虽然当事人之间合同上的权利义务关系不存在，但是，当事人仍应为对方履行保密、通知等义务。例如，如果建设工程设计合同没有约定保密义务，在合同终止后，设计人一般应继续承担必要保密义务。

根据《合同法》第91条规定，合同终止的原因有如下几类：

1）合同因履行而终止

通过履行，合同当事人按照合同的约定实现债权，该债权即因达到目的而消灭，相应的合同债务随之消灭，即合同因履行而终止，也称合同因清偿而终止。

2）合同因解除而终止

因合同当事人发出解除合同的意思表示，而使合同关系归于消灭，即合同因解除而终止。

3）合同因抵消而终止

抵消，是指双方互负债务且种类相同时，一方的债务与对方的债务在对等范围内相互消灭。在抵销范围内，合同关系因此而消灭。

根据《合同法》第99条规定，债务抵消应同时满足如下条件。

(1)双方当事人互负债务。

抵销产生的基础是任一方当事人对于对方既负有债务，又享有债权。

(2)双方债务的种类、品质相同。

如果双方的债务种类不同，例如在通常的买卖合同下，一方债务是支付货款，另一方债务是交付货物，则不得主张抵消。因此，能够主张抵消限于同种类的债务，尤其是金钱之债适于主张抵消。此外，即使互负同种类债务，但是品质不同，也不得主张债务抵消。

(3)债权已届到期。

根据《合同法》第99条第1款规定，双方债权均届履行期是主张抵销的条件。

(4)并非依照法律规定或者按照合同性质不得抵消的债务。

依照法律规定不得抵消的债务，如根据《民事诉讼法》第222条规定，人民法院有权扣留、提取被执行人（债务人）收入用以抵消其债务，但是，作为被执行人及其所扶养家属生活必需的费用不得扣留、提取。在此，法律规定排除了特定情况下适用抵消的可能，以保障被执行人及其所扶养家属的基本生存条件。

依照性质不得抵消的债务，例如，合同债务不得与侵权债务进行抵消。如下例子可以说明：甲欠乙到期买卖合同债务10万元，在某日乙向甲催要再次未果时，乙一怒之下将甲的头打破，甲花费了1万元医药费，则乙不应在10万元债权（合同之债）内对其应当赔偿给甲的1万元医药费（侵权之债）主张抵消。

4)合同因提存而终止

根据《合同法》第101条的规定,所谓提存,指由于债权人的原因导致债务人无法向其交付标的物,债务人将该标的物交给提存部门,从而使合同归于消灭的制度。债务履行需要债权人在受领等事项上的配合,如果债权人拒绝受领或者其他原因(如下落不明)导致债务人的债务未能消灭,可能给债务人带来长期财产上或者精神上的负担等弊害,这违背了公平原则。提存制度正是为此而设立。

提存涉及三方主体:提存人(债务人)、提存受领人(债权人)、提存部门。我国《提存公证规则》规定,提存部门是公证机构。

提存的标的物是指依合同债务人应当交付给债权人的物,并以适合提存者为限,如货币、有价证券、珠宝等。根据《合同法》第101条,有些标的物不适合提存或者提存费用过高,如易腐烂的新鲜水果蔬菜、易燃易爆品、宠物等;债务人可以依法拍卖或者变卖标的物,再将所得款项提存。

自提存之日起,债务人的债务消灭,债权人的债权得到清偿,标的物所有权转归债权人。根据《合同法》第103条规定,自提存之日起,标的物毁损、灭失的风险也转归债权人。

提存部门有保管提存标的物的权利和义务,应采取适当措施保管提存标的物,且有权收取提存费用。

根据《合同法》第104条规定,债权人有权随时领取提存物,但债权人对债务人负有到期债务的,在债权人未履行债务或者提供担保之前,提存部门根据债务人的要求应当拒绝其领取提存物。但是,债权人领取提存物的权利,自提存之日起5年内不行使而消灭,提存物扣除提存费用后归国家所有。

5)合同因免除债务而终止

根据《合同法》第105条规定,免除债务指债权人可以依法全部或者部分抛弃自己的债权,从而全部或部分终止合同关系。免除是债权人处分自己权利的行为,但是,如果债权人对其债权丧失处分权(如债权人破产了)就不得任意为免除行为。

债权人免除债务,应由债权人向债务人作出意思表示,方式没有限制,可以口头,也可以书面,或者以行为,或者默示。一旦债权人作出免除的意思表示,就产生效力,不得任意撤回。

6)合同因混同而终止

混同是指合同债权和债务同归一人。根据《合同法》第106条,混同通常使合同关系消灭,但是涉及第三人利益的除外。

混同的原因有:继承(债权人继承债务人财产,或者债务人继承债权人的债权);作为债权人与债务人双方的企业合并;债务人的债务由债权人承担;债务人受让了债权人的债权。

【相关知识】

◎合同解除后的处理

根据《合同法》第97条规定,合同解除后的处理规则如下。

(1)合同解除后,对尚未履行的债务,终止履行。

合同解除后,发生合同效力消灭的效果,因此,尚未履行的义务也随合同效力消灭而丧失履行的基础。

(2)合同解除后，如果已经履行的债务根据履行情况和合同性质可以恢复原状，就可以要求恢复原状；如果恢复原状已经不可能，可以要求采取其他补救措施。

(3)合同解除后，当事人有权依法要求赔偿。具体有以下三种情况：

①如果当事人通过协议解除合同，并在协议内商定损失赔偿，就应依照协议赔偿。

②因不可抗力造成合同不能履行，当事人可以解除合同，并且一般不承担赔偿责任（根据《民法通则》第107条）。但是，如果是因一方当事人迟延履行后发生不可抗力，该方当事人就应向对方当事人承担赔偿责任。

③因违约造成对方当事人解除合同，守约方有权要求违约方赔偿损失。

【案例分析】

◎基本案情

某开发公司与某建筑公司签订了某住宅小区的施工承包合同。合同中约定该项目于2006年6月6日开工，2008年8月8日竣工。2007年1月20日，有群众举报该建设项目存在严重的偷工减料行为。经权威部门鉴定确认该工程已完成部分（大约为整个项目工程量的三分之一）为“豆腐渣”工程。开发公司以此为由单方面与建筑公司解除了合同。建筑公司则认为解除合同需要当事人双方协商一致方可解除。你认为建筑公司的观点正确吗？

◎案例分析

不正确。合同的解除分为约定解除与法定解除两种情形。根据《合同法》第94条规定，当事人一方迟延履行债务或者有其他违约行为致使不能实现合同目的，当事人可以解除合同。该解除属于法定解除，无须与对方协商。建筑公司的偷工减料行为是违法行为，也是违约行为，该违约行为导致了“获得一个合格工程”的目的无法实现，开发公司可以与建筑公司解除合同而不需要征得建筑公司的同意。

8.7 违约责任

【要　　点】

违约责任是指合同当事人不履行合同或者履行合同不符合约定而应承担的民事责任。

违约责任源于违约行为。违约行为，是指合同当事人不履行合同义务或者履行合同义务不符合约定条件的行为。根据不同标准，可将违约行为作以下分类：①单方违约与双方违约；②预期违约与实际违约。

违约责任是财产责任。这种财产责任表现为支付违约金、定金，赔偿损失，继续履行，采取补救措施等。尽管违约责任含有制裁性，但是，违约责任的本质不在于对违约方的制裁，而在于对被违约方的补偿，更主要表现为补偿性。

【解　　释】

◎违约责任的构成要件

违约责任的构成要件，是指在何种条件下违约方才应承担违约责任。违约责任的一般构成要件包括主观要件和客观要件。

(1)主观要件。

主观要件是指作为合同当事人，在履行合同中不论其主观上是否有过错，即主观上有无故意或过失，只要造成违约的事实，均应承担违约的法律责任。

不论主观上是否有过错，即无论主观上有无故意或过失，只要造成违约的事实均应承担违约的法律责任。

(2)客观要件。

客观要件是指合同依法成立、生效后，合同当事人一方或者双方未按照法定或约定全面地履行应尽的义务，也即出现了客观的违约事实，即应承担违约的法律责任。

违约责任实行严格责任原则。严格责任原则是指有违约行为即构成违约责任，只有存在法定或约定的免责事由时才可以免除违约责任。

◎承担违约责任的形式

根据《合同法》第七章规定，合同违约方承担违约责任的形式有：继续履行、采取补救措施、违约损害赔偿、违约金责任、定金责任。

1)实际履行

实际履行，是指在某合同当事人违反合同后，非违约方有权要求其依照合同约定继续履行合同，也称强制实际履行。

根据金钱债务和非金钱债务的不同特点，《合同法》就实际履行分别作了进一步规定：

(1)金钱债务的实际履行。

根据《合同法》第109条规定："当事人一方未支付价款或者报酬的，对方可以要求其支付价款或者报酬。"就是说，对金钱债务未履行的，除非法律另有规定(如诉讼时效利益)，债务人不得以任何理由提出抗辩，在任何情况下都应当履行，包括不得以不可抗力为由不履行金钱债务。

(2)非金钱债务的实际履行。

根据《合同法》第110条规定，对非金钱债务(如提供物品、提供劳务、提供工作成果等)未履行的，非违约方也可以要求继续履行，也可以采取其他方式替代。但是，出现如下情况时不应继续履行。

①法律上或者事实上不能履行的。所谓法律上不能履行，即如果实际履行将违反法律。例如，通过诉讼请求法院强制债务人实际履行已经过了诉讼时效的债务，就违反了法律关于诉讼时效届满的债权不受诉讼保护的法律规定。

所谓事实上不能履行，指履行债务在客观上已经不可能。例如，某歌唱家与某演出公司约定于某节日为该公司现场演唱，在演出前，该歌唱家因声带疾病永久性无法发声，在此情况下，强制演出义务人实际履行在客观上不可能。

②合同标的不适合强制履行。某些合同如委托合同、合伙合同，可能是基于能力信任、感情基础、业务互补。当这些基础不存在时，如果强制债务人履行合同，就可能与合同的性质相违背；可能其他违约责任承担方式更妥当，如损害赔偿等。

③强制履行的费用过高。某些合同出现一方违约后，虽然在客观上可以强制履行，但是强制履行费用过高，造成社会资源浪费和效率损失。

根据《合同法》第 110 条规定，违约方违约后，非违约方要求实际履行，则应当在合理期限内提出，否则，其要求将不能获得支持。

2）违约损害赔偿

违约损害赔偿，是指违约方因不履行或不完全履行合同义务给对方造成损失，依法、依合同应向对方承担的赔偿责任。违约损害赔偿应注意的事项如下。

（1）违约损害赔偿原则上仅具有补偿性而没有惩罚性。

违约损害赔偿的主要目的在于弥补非违约方因违约行为所遭受的损失。这符合一般交易的等价原则。违约损害赔偿原则上不采用惩罚性损害赔偿。所谓惩罚性损害赔偿，是指裁判机构判令加害人支付给受害人超过其财产损失范围的一种金钱赔偿。惩罚性损害赔偿一般用于侵权案件，而很少在合同纠纷中适用，但是，也有例外。例如，根据《合同法》第 113 条第 2 款规定，"经营者对消费者提供商品或者服务有欺诈行为的，依照《中华人民共和国消费者权益保护法》的规定承担损害赔偿责任"。而《消费者权益保护法》第 49 条规定，"经营者提供商品或者服务有欺诈行为的，应当按照消费者的要求增加赔偿其受到的损失，增加赔偿的金额为消费者购买商品的价款或者接受服务费用的一倍"。此等双倍赔偿已经超出受害者实际遭受的财产损失，属于合同上的惩罚性损害赔偿，是合同损害赔偿补偿性原则的例外，是出于充分保护消费者权益的需要。

（2）违约损害赔偿以赔偿当事人实际遭受的全部损失为原则。

根据《合同法》第 113 条第 1 款规定，违约损害赔偿额"应当相当于因违约所造成的损失，包括合同履行后可以获得的利益"。因此，违约损害赔偿不仅包括非违约方现有财产的损失，还包括其所遭受的可得利益损失。可得利益，是指合同履行以后可以实现的利益，是当事人在订立合同时能够合理预见到的利益。

（3）违约损害赔偿的可预见性规则。

根据《合同法》第 113 条第 1 款规定，损害赔偿不得超过"违反合同一方订立合同时预见到或者应当预见到的因违反合同可能造成的损失"。至于什么样的状况才是"预见到或者应当预见到"，《合同法》及相关法律并未作具体规定，而是留待法官或者仲裁员在个案中作具体判断。

（4）违约损害赔偿的减轻损害规则。

根据《合同法》第 119 条规定，当事人一方违约导致损害发生，非违约方应当采取适当措施防止损失扩大；如果非违约方没有采取适当措施致使损失扩大的，不得就扩大的损失要求赔偿。

如果受害人没有尽到减轻损害的义务而使损失扩大，表明受害人在主观上有恶意，应当使其对扩大损失部分承担责任。

3）违约金责任

违约金，是指当事人一方不履行或者不完全履行合同时，根据合同内事先确定的数额，由其向非违约方支付一定的金钱。关于违约金责任，应注意以下几个问题。

(1)违约金的承担不以非违约方是否存在实际损失为条件。

违约金的承担不以实际损失的发生为条件，即违约金的承担无须考虑非违约方是否发生实际损失；只要出现违约行为，非违约方即可根据合同约定主张违约金。

(2)违约金不得代替实际履行。

违约当事人不得在支付违约金后而免除其履行合同主债务的义务，即，尽管合同约定了违约金条款，但不妨碍主债务的履行。违约金的支付不能成为债务人逃避主债务的借口。

(3)违约金数额可依法调整。

经过合法约定的违约金条款受法律保护，但是，这并不意味着违约金约定是不可调整的。根据《合同法》第 114 条第 2 款规定："约定的违约金低于造成的损失的，当事人可以请求人民法院或者仲裁机构予以增加；约定的违约金过分高于造成的损失的，当事人可以请求人民法院或者仲裁机构予以适当减少。"

【相关知识】

◎违约责任的免责

所谓违约责任免责，是指在履行合同的过程中，因出现法定的免责条件或者合同约定的免责事由导致合同不履行的，合同债务人将被免除合同履行义务。

(1)我国《合同法》仅承认不可抗力为法定免责事由。当事人可以在合同内约定免费事由，但是根据《合同法》第 53 条规定，如下免责条款无效：造成对方人身伤害的；因故意或者重大过失造成对方财产损失的。

根据《合同法》第 117 条第 2 款规定，不可抗力指"不能预见、不能避免并不能克服的客观情况。"是否可预见，应当以一般人的预见能力和现有科学技术能力为标准。一般而言，不可抗力包括如下情况：

①自然事件，如地震、洪水、火山爆发、海啸等；

②社会事件，如战争、暴乱、骚乱、特定的政府行为等。

《合同法》未明确列举不可抗力的具体情形，因为同一客观情况在不同的合同关系下对合同履行的影响并不相同。但是，当事人可以在合同内约定不可抗力条款，具体列举不可抗力事由。

(2)根据《合同法》第 117 条规定，除法律另有规定外，因不可抗力影响不能履行合同的，受影响的合同当事人可部分或者全部免除责任。当事人迟延履行后发生不可抗力的，不能免除责任。所以，不可抗力发生后，当事人并不当然地被免除全部责任。要视如下具体情况作具体判定：不可抗力是导致合同部分不能履行还是全部不能履行，是暂时不能履行还是永久性不能履行；受不可抗力影响的当事人是否存在履行迟延。

发生不可抗力后，受不可抗力影响不能履行合同的一方应采取如下措施：

①及时向对方通报不可抗力的发生及其对合同履行的影响；

②取得不可抗力发生的证明；

③尽可能减轻不可抗力造成的损失。

【案例分析】

◎基本案情

原告某公司因建办公楼与被告总承包公司签订了工程总承包合同。其后,经某公司同意,总承包公司分别与××建筑设计院和××建筑工程总公司签订了《工程勘察设计合同》和《工程施工合同》。《工程勘察设计合同》约定由设计院为某公司提供办公楼及其附属工程的设计服务,并按勘察设计合同的约定交付有关的设计文件和资料。《工程施工合同》约定由××建筑工程总公司根据设计院提供的设计图纸进行施工,工程竣工时依据国家有关验收规定及设计图纸进行质量验收。合同签订后,设计院按时将设计文件和有关资料交付给××建筑工程总公司,××建筑工程总公司依据设计图纸进行施工。工程竣工后,某公司会同有关质量监督部门对工程进行验收,发现工程存在严重质量问题,是由于设计不符合规范所致。原来设计院未对现场进行仔细勘察即自行进行设计,导致设计不合理,给某公司带来了重大损失。设计院以与某公司没有合同关系为由拒绝承担责任,总承包公司又以自己不是设计人为由推卸责任,某公司遂以设计院为被告向法院起诉。

法院受理后,追加总承包公司为共同被告,判决总承包公司与设计院对工程建设质量问题承担连带责任。

◎案例分析

本案中,某公司是发包人,总承包公司是工程总承包人,设计院和某建筑工程总公司是分包人。《合同法》第272条规定,总承包人或者勘察、设计、施工承包人经发包人同意,可以将自己承包的部分工作交由第三人完成。第三人就其完成的工作成果与总承包人或者勘察、设计、施工承包人向发包人承担连带责任。《建筑法》也有类似的规定。

在本案中,总承包公司虽然没有进行勘察设计,但作为总承包人仍应向发包人某公司承担责任。而设计院虽然和某公司没有直接的合同关系,但此时应依照法律的特别规定,在其承包工作范围内,与总承包公司承担连带责任。本案判决总承包公司和设计院共同承担连带责任是正确的。

8.8 建设工程合同的订立

【要　　点】

建设工程合同是《合同法》分则中专门一章(第十六章)规定的合同类型,这种《合同法》分则专章特别规定的合同类型也被称为“有名合同”。根据《合同法》第269条、第276条规定,建设工程合同根据其主要内容的不同又可分为工程勘察合同、设计合同、施工合同。此节重点介绍施工合同订立的特殊性和涉及设计施工合同订立的争议的解决。

【解　　释】

◎施工合同订立的特殊性

施工合同受《合同法》调整，其订立与受《合同法》调整的其他合同的订立基本相同。但是，由于建设工程合同本身的特殊性，其合同的订立也存在自身的特殊性。

要约与承诺是订立合同的两个基本程序，施工合同的订立自然也要经过这两个程序。它是通过招标与投标走过这两个程序的。

(1)招标公告(或投标邀请书)是要约邀请。

招标人通过发布招标公告或者发出投标邀请书吸引潜在投标人投标，希望潜在投标人向自己发出“内容明确的订立合同的意思表示”，所以，招标公告(或投标邀请书)是要约邀请。

(2)投标文件是要约。

投标文件中含有投标人期望订立的施工合同的具体内容，表达了投标人期望订立合同的意思表示，因此，投标文件是要约。

(3)中标通知书是承诺。

中标通知书是招标人对投标文件(即要约)的肯定答复，因而是承诺。

◎涉及施工合同订立的争议的解决

1)无效合同引发的争议

(1)无效合同的主要类型。

根据《合同法》第 52 条第(5)项的规定，“违反法律、行政法规的强制性规定”的合同无效。

2004 年 9 月 29 日最高人民法院审判委员会第 1327 次会议通过了《最高人民法院关于审理建设工程施工合同纠纷案件适用法律问题的解释》(以下简称《解释》)，该《解释》对施工合同产生的纠纷作出了具体的规定。《解释》第 1 条规定：“建设工程施工合同具有下列情形之一的，应当根据《合同法》第 52 条第(5)项的规定，认定无效：

①承包人未取得建筑施工企业资质或者超越资质等级的；

②没有资质的实际施工人借用有资质的建筑施工企业名义的；

③建设工程必须进行招标而未招标或者中标无效的。”

(2)对无效合同的处理。

在实际工作中经常出现属于上面的情况但是却已经修建完了建设项目的情况。在这种情况下，如果承包商向建设单位提出支付工程款的要求，建设单位经常会以所签订的合同属于无效合同为由而拒绝支付。

针对这种情况，《解释》作出了如下规定。

①建设工程施工合同无效，但建设工程经竣工验收合格，承包人请求参照合同约定支付工程价款的，应予支持。

②建设工程施工合同无效，且建设工程经竣工验收不合格的，按照以下情形分别处理：

A. 修复后的建设工程经竣工验收合格，发包人请求承包人承担修复费用的，应予支持；

B. 修复后的建设工程经竣工验收不合格,承包人请求支付工程价款的,不予支持。

因建设工程不合格造成的损失,发包人有过错的,也应承担相应的民事责任。

但是,上面的违法行为并不提倡,为了限制此类行为的出现,《解释》第 4 条同时还作出了下面的规定:

"承包人非法转包、违法分包建设工程或者没有资质的实际施工人借用有资质的建筑施工企业名义与他人签订建设工程施工合同的行为无效。人民法院可以根据《民法通则》第 134 条规定,收缴当事人已经取得的非法所得。"

(3)情况类似但不属于无效的情形。

《解释》同时规定了不予支持的无效请求:

①竣工前取得相应资质的。由于企业的资质并不是一成不变的,有的时候可能会出现下面的情形:承包商在超越资质承揽工程后取得了相应的资质。对于这种情况,需要区分其资质取得的时间来分别予以处理。如果该资质是在工程竣工后取得,则该承包合同依然按照上面的无效合同处理。

如果该资质是在竣工前取得,《解释》第 5 条规定:"承包人超越资质等级许可的业务范围签订建设工程施工合同,在建设工程竣工前取得相应资质等级,当事人请求按照无效合同处理的,不予支持。"

②承揽全部劳务作业的劳务分包合同。劳务作业分包,是指施工总承包企业或者专业承包企业(以下简称劳务作业发包人)将其承包工程中的劳务作业发包给劳务分包企业(以下简称劳务作业承包人)完成的活动。其签订的分包合同即是劳务分包合同。

劳务分包的分包单位仅仅提供劳务作业,因此,我国建设法律法规并没有限制劳务作业的分包人承揽全部建设工程的劳务作业。因此,《解释》第 7 条规定:"具有劳务作业法定资质的承包人与总承包人、分包人签订的劳务分包合同,当事人以转包建设工程违反法律规定为由请求确认无效的,不予支持。"

2)建设工程垫资利息问题

(1)垫资概述。

由于我国建筑市场不完善,施工单位在承揽工程的过程中经常处于弱势地位,工程垫资就是很典型的例证。

根据我国的《工程建设项目施工招标投标办法》的规定,依法必须招标的项目,招标时需要具备的条件之一就是有相应资金或资金来源已经落实,否则不许招标。同时,建设单位向施工单位支付预付款,也属于我国建设行业交易习惯。例如,根据我国建设工程施工合同(示范文本)第 24 款的规定"实行工程预付款的,双方应当在专用条款内约定发包人向承包人预付工程款的时间和数额,开工后按约定的时间和比例逐次扣回。预付时间应不迟于约定的开工日期前 7 天。发包人不按约定预付,承包人在约定预付时间 7 天后向发包人发出要求预付的通知,发包人收到通知后仍不能按要求预付,承包人可在发出通知后 7 天停止施工,发包人应从约定应付之日起向承包人支付应付款的贷款利息,并承担违约责任。"可见该示范文本提倡建设单位不仅要具备修建工程的资金准备,而且还应该向承包商支付工程预付款。但是,很多时候,这种用意未能落实,不仅承包商得不到工程预付款,其应该获得的工程进度款也不容易全部收回。

(2)垫资的性质。

1996 年 6 月 4 日建设部、国家计委、财政部下发的《关于严格禁止在工程建设中带资承包的通知》第 4 条规定,任何建设单位都不得以要求施工单位带资承包作为招标投标条件,更不得强行要求施工单位将此类内容写入工程承包合同。该通知第 5 条规定,施工单位不得以带资承包作为竞争手段承揽工程,也不得用拖欠建材和设备生产厂家货款的方法转嫁由此造成的资金缺口。“带资承包”显然,违反了以上通知的规定。

“带资承包”其实质就是建筑工程施工合同双方当事人约定施工方先负担工程费用,建设方迟延给付。这属于当事人就合同内容的一种约定。“带资承包”虽然违反《关于严格禁止在工程建设中带资承包的通知》的规定,但《民法通则》、《合同法》乃至《建筑法》等有关建筑方面的法律、行政法规都没有作出禁止“带资承包”的规定。

《合同法》第 52 条第 5 款规定,违反法律、行政法规的强制性规定的,合同无效。最高人民法院《关于适用〈中华人民共和国合同法〉若干问题的解释(一)》第 4 条规定,合同法实施后,人民法院确认合同无效,应当以全国人大及其常委会制定的法律和国务院制定的行政法规为依据,不得以地方性法规、行政规章为依据。

“带资承包”并没有违反法律、行政法规的强制性规定,根据以上法律规定和司法解释,“带资承包”条款并不影响合同效力。

(3)对垫资的处理。

对于因垫资问题产生的纠纷《解释》第 6 条第 1 款规定:“当事人对垫资及其利息有约定,请求按照合同约定返还垫资款和利息的,应当予以支持,但是约定的利息计算标准高于中国人民银行发布的同期同类贷款利率的部分除外。”该条规定实际确立了垫资条款有效的基本原则,但同时对垫资利息计算标准设置了限制条件,即不得超过国家规定的贷款利率。

3)阴阳合同问题

(1)阴阳合同的本质。

开标前,每个投标人的投标文件都是保密的,这就使得中标人的中标价可能会高于招标人的心理期望值。而建设单位为了降低工程成本,总是希望能将承包商的中标价格压至最低。于是就出现了阴阳合同问题。

所谓的阴阳合同问题,是指招标人与中标人签订了合同后另行订立了一个背离该合同实质性内容的其他协议而引发的问题。这个问题主要表现在以哪个合同结算上面。

《招标投标法》第 46 条规定:“招标人和中标人应当自中标通知书发出之日起 30 日内,按照招标文件和中标人的投标文件订立书面合同。招标人和中标人不得再行订立背离合同实质性内容的其他协议。”

(2)我国关于合同备案的相关规定。

《招标投标法》第 47 条规定:“依法必须进行招标的项目,招标人应当自确定中标人之日起 15 日内,向有关行政监督部门提交招标投标情况的书面报告。”

根据《工程建设项目施工招标投标办法》第 65 条的规定,依法必须进行施工招标的项目,招标人应当自发出中标通知书之日起 15 日内,向有关行政监督部门提交招标投标情况的书面报告。

前款所称书面报告至少应包括下列内容：

①招标范围；

②招标方式和发布招标公告的媒介；

③招标文件中投标人须知、技术条款、评标标准和方法、合同主要条款等内容；

④评标委员会的组成和评标报告；

⑤中标结果。

《房屋建筑和市政基础设施工程施工招标投标管理办法》第47条也规定："招标人和中标人应当自中标通知书发出之日起30日内，按照招标文件和中标人的投标文件订立书面合同；招标人和中标人不得再行订立背离合同实质性内容的其他协议。订立书面合同后7日内，中标人应当将合同送至县级以上工程所在地的建设行政主管部门备案。"

可见，在很多工程中，中标后签订的合同是需要备案的。对于两个存在实质性差别的阴阳合同，只能用第一个合同进行备案而不可能采用第二个合同备案或者将两个合同同时进行备案。这也就为我们解决阴阳合同问题提供了一个途径。

(3)对于阴阳合同问题的处理。

《解释》第21条规定："当事人就同一建设工程另行订立的建设工程施工合同与经过备案的中标合同实质性内容不一致的，应当以备案的中标合同作为结算工程价款的根据。"可见，背离原合同实质性内容的其他协议将不能作为结算工程价款的依据。

【相关知识】

◎施工合同无效的结算

《合同法》第58条规定："合同无效或者被撤销后，因该合同取得的财产，应当予以返还；不能返还或者没有必要返还的，应当折价补偿。"

由于建设工程施工合同履行过程的特殊性，合同被确认无效的，已履行部分无法适用返还原则，而只能采取折价补偿的方式处理。

最高人民法院在该司法解释2003年12月征求意见稿中规定，"建设工程施工合同无效，工程款根据承包方已完成的工作量，参照当年适用的工程定额标准据实结算"。定额标准反映的是一种社会平均成本。受这种传统模式的长期影响，目前我国建筑市场的主体，无论是在编制标底还是编制投标报价时，仍主要是以定额为参照标准。

这种按定额标准据实结算的处理方式，是基于"合同无效，合同中约定的计价方式也应无效"而规定的。但是，这种折价补偿方式的问题在于：目前我国建筑市场处于买方市场阶段，发包人压价、承包人低价竞标的现象非常普及和严重。在施工合同被确认无效后，如果脱离合同原有约定而按定额标准重新计价，其结果很可能比有效合同条件下的计价结果还要高。同时，重新计价的过程也是造价鉴定的过程。启动造价鉴定程序不仅会增加一笔不菲的鉴定费，而且会大大延长诉讼时间，降低诉讼效率，这样反而不能及时有效地保护当事人的合法权益。

为更好地平衡合同当事人的利益，最高人民法院结合我国建筑市场的实际情况，在该司法解释第2条明确规定："建设工程施工合同无效，但建设工程经竣工验收合格，承包人请求参照合同约定支付工程价款的，应予支持。"这种参照合同约定来折价补偿的处理方式，是建立在当事人在订立合同时意思表示一致的基础上进行的,操作起来比较方便,容易被当事人所接受,既能节省诉讼费用,又能提高诉讼效率。

但是,适用上述规定的一个非常重要的前提条件是“建设工程经验收合格”。如果建设工程经修复后仍无法通过竣工验收,那么按照该司法解释第3条及其他相关规定,无论合同是否有效,承包人请求支付工程价款的,人民法院将不予支持。换句话说,如果工程质量不合格,发包人将有权拒付工程款。

【案例分析】

◎基本案情

2006年12月,原告某建筑公司与被告某房地产公司签订了一份开发《工程协议书》。双方约定由建筑公司承建某住宅工程,总建筑面积约8万平方米,每平方米造价750元,合同总价款为6 300余万元。其中协议第4条第2款约定:“本工程甲方(房地产公司)要求乙方(建筑公司)全过程垫资施工,施工过程中发生的所有贷款利息由甲方承担。”一天以后,双方又签订了《建设工程施工合同》,除了将工程造价改为500元/平方米,以及未约定垫资外,其余主要条款均与协议基本一致。

工程开工不久,双方对电气、自来水等配套工程是否包括在先期双方约定的每平方米750元的造价中发生争议。为此双方多次往来函件进行协商,并于2007年4月形成一份“会议纪要”:“双方约定由甲方(房地产公司)负责上述配套工程。”之后,房地产公司于2007年11月出具一份付款承诺书,承诺工程款在当年12月底以前结算并支付完毕。但后来双方对是否要在工程总造价中扣除配套工程款后才支付给建筑公司又产生分歧。到2007年12月底,房地产公司除支付了部分工程款外,其余款项一直未付。建筑公司在数次要求房地产公司付清款项未果的情况下,于2008年向法院提起诉讼,请求判令由房地产公司偿还其拖欠工程款及违约金。

◎案例分析

该案争论的焦点在于垫资条款能否导致合同无效。从最高人民法院的答复中可以看出,最高人民法院认为该通知并不具有法律约束力。根据我国《合同法》及其司法解释的规定,判定合同无效,只能依据法律和行政法规。二部一委通知仅属于行政规范性文件,不具有法律效力,不能作为判定合同无效的依据。也就是说,在我国目前的法律条件下,垫资并不在法律禁止的范围内。2003年7月由建设部组织召开的《建筑法》实施情况研讨会上,应否在修改后的《建筑法》中禁止垫资成为争论的焦点之一。从目前我国的建筑市场情况来看,全面禁止垫资既不符合实际,也不符合国际惯例。规范建筑市场重在规范建设单位的行为,加强建筑市场主体的信用制度建设才是关键所在。

在本案中,原被告分别签订了两个合同,这属于典型的“阴阳合同”行为。我国地方普遍实行建设工程合同备案制度,建设部第89号令《房屋建筑与市政基础设施工程施工招标投标管理办法》以及一些地方人大常委会颁布《建筑市场管理条例》也明确了该项制度。合同备案制度的本意是加强建设工程合同管理,但却间接地导致了“阴阳合同”的产生。“阴阳合同”严重扰乱建筑市场交易秩序,应当予以坚决制止。但对于阴阳合同的效力问题,仍有很大争议。从本案的判决结果看,一审法院以“阳合同”未实际履行为由判定其无效,而二审法院及最高人民法院并没有推翻这个结论,这种司法倾向值得关注。

8.9 建设工程合同的履行

【要　　点】

由于建设工程合同的特殊性,其在履行的过程中会存在不同于其他合同的情形,这些情形所导致的纠纷的解决也有其自身的特殊性。

【解　　释】

◎解除建设工程施工合同的条件问题

《合同法》第93条规定:“当事人协商一致,可以解除合同。当事人可以约定一方解除合同的条件。解除合同的条件成就时,解除权人可以解除合同。”

《合同法》第94条规定:“有下列情形之一的,当事人可以解除合同:

①因不可抗力致使不能实现合同目的;

②在履行期限届满之前,当事人一方明确表示或者以自己的行为表明不履行主要债务;

③当事人一方迟延履行主要债务,经催告后在合理期限内仍未履行;

④当事人一方迟延履行债务或者有其他违约行为致使不能实现合同目的;

⑤法律规定的其他情形。”

在合同履行过程中,由于一些条件的出现会导致合同当事人解除合同,《解释》中对于解除合同的条件及其法律后果作出了进一步的规定。

1)发包人请求解除合同的条件

承包人具有下列情形之一,发包人请求解除建设工程施工合同的,应予支持:

(1)明确表示或者以行为表明不履行合同主要义务的;

(2)合同约定的期限内没有完工,且在发包人催告的合理期限内仍未完工的;

(3)已经完成的建设工程质量不合格,并拒绝修复的;

(4)将承包的建设工程非法转包、违法分包的。

2)承包人请求解除合同的条件

发包人具有下列情形之一,致使承包人无法施工,且在催告的合理期限内仍未履行相应义务,承包人请求解除建设工程施工合同的,应予支持:

(1)未按约定支付工程价款的;

(2)提供的主要建筑材料、建筑构配件和设备不符合强制性标准的;

(3)不履行合同约定的协助义务的。

上述三种情形均属于发包人违约。因此,合同解除后,发包人还要承担违约责任。

3)合同解除后的法律后果

(1)《合同法》关于合同解除的相关法律规定。

《合同法》第97条规定:“合同解除后,尚未履行的,终止履行;已经履行的,根据履行情况和合同性质,当事人可以要求恢复原状、采取其他补救措施,并有权要求赔偿损失。”

《合同法》第 98 条规定:“合同的权利义务终止,不影响合同中结算和清理条款的效力。”

(2)《解释》中关于合同解除的相关规定。

根据《解释》第 10 条规定:

①建设工程施工合同解除后,已经完成的建设工程质量合格的,发包人应当按照约定支付相应的工程价款。

②已经完成的建设工程质量不合格的,按照下列情况处理:

A. 修复后的建设工程经竣工验收合格,发包人请求承包人承担修复费用的,应予支持;

B. 修复后的建设工程经竣工验收不合格,承包人请求支付工程价款的,不予支持。

因建设工程不合格造成的损失,发包人有过错的,也应承担相应的民事责任。

③因一方违约导致合同解除的,违约方应当赔偿因此而给对方造成的损失。

◎建设工程质量不符合约定情况下责任承担问题

导致工程质量不合格的原因有很多,其中有发包人的原因,也有承包商的原因。其责任的承担应该根据具体的情况分别作出处理。

1)因承包商过错导致质量不符合约定的处理

《合同法》第 281 条规定:“因施工人的原因致使建设工程质量不符合约定的,发包人有权要求施工人在合理期限内无偿修理或者返工、改建。经过修理或者返工、改建后,造成逾期交付的,施工人应当承担违约责任。”

《解释》第 11 条规定:“因承包人的过错造成建设工程质量不符合约定,承包人拒绝修理、返工或者改建,发包人请求减少支付工程价款的,应予支持。”

某些情况下,承包商造成工程质量不合格的原因可能会触犯法律,如偷工减料、擅自修改工程设计图纸等。如果其行为触犯了相关的法律,还将接受法律的制裁。

《建筑法》第 74 条规定:“建筑施工企业在施工中偷工减料的,使用不合格的建筑材料、建筑构配件和设备的,或者有其他不按照工程设计图纸或者施工技术标准施工的行为的,责令改正,处以罚款;情节严重的,责令停业整顿,降低资质等级或者吊销资质证书;造成建筑工程质量不符合规定的质量标准的,负责返工、修理,并赔偿因此造成的损失;构成犯罪的,依法追究刑事责任。”

2)因发包人过错导致质量不符合约定的处理

《建设工程质量管理条例》第 9 条规定:“建设单位必须向有关的勘察、设计、施工、工程监理等单位提供与建设工程有关的原始资料。原始资料必须真实、准确、齐全。”

《建设工程质量管理条例》第 14 条规定:“按照合同约定,由建设单位采购建筑材料、建筑构配件和设备的,建设单位应当保证建筑材料、建筑构配件和设备符合设计文件和合同要求。

建设单位不得明示或者暗示施工单位使用不合格的建筑材料、建筑构配件和设备。”

但是在实际工作中,却经常出现建设单位违法上述规定的情形。这些情形的出现,有的是缘于过失,有的则是建设单位出于为自身谋取利益的考虑。

《解释》第12条规定:"发包人具有下列情形之一,造成建设工程质量缺陷,应当承担过错责任:

(1)提供的设计有缺陷;

(2)提供或者指定购买的建筑材料、建筑构配件、设备不符合强制性标准;

(3)直接指定分包人分包专业工程。

承包人有过错的,也应当承担相应的过错责任。"

《建设工程质量管理条例》第56条规定:"违反本条例规定,建设单位有下列行为之一的,责令改正,处20万元以上50万元以下的罚款:

(1)迫使承包方以低于成本的价格竞标的;

(2)任意压缩合理工期的;

(3)明示或者暗示设计单位或者施工单位违反工程建设强制性标准,降低工程质量的;

(4)施工图设计文件未经审查或者审查不合格,擅自施工的;

(5)建设项目必须实行工程监理而未实行工程监理的;

(6)未按照国家规定办理工程质量监督手续的;

(7)明示或者暗示施工单位使用不合格的建筑材料、建筑构配件和设备的;

(8)未按照国家规定将竣工验收报告、有关认可文件或者准许使用文件报送备案的。"

3)发包人擅自使用后出现质量问题的处理

《建设工程质量管理条例》第16条规定:"建设单位收到建设工程竣工报告后,应当组织设计、施工,工程监理等有关单位进行竣工验收。

建设工程竣工验收应当具备下列条件:

(1)完成建设工程设计和合同约定的各项内容;

(2)有完整的技术档案和施工管理资料;

(3)有工程使用的主要建筑材料、建筑构配件和设备的进场试验报告;

(4)有勘察、设计、施工、工程监理等单位分别签署的质量合格文件;

(5)有施工单位签署的工程保修书。

建设工程经验收合格的,方可交付使用。"

但是,有时建设单位为了能够提前投入生产,在没有经过竣工验收的前提下就擅自使用了工程。由于工程质量问题都需要经过一段时间才能显现出来,所以,这种未经竣工验收就使用工程的行为往往就导致了其后的工程质量的纠纷。

《解释》第23条也对于工程质量产生的争议如何进行鉴定作出了原则性规定:"当事人对部分案件事实有争议的,仅对有争议的事实进行鉴定,但争议事实范围不能确定,或者双方当事人请求对全部事实鉴定的除外。"

《解释》第13条规定:"建设工程未经竣工验收,发包人擅自使用后,又以使用部分质量不符合约定为由主张权利的,不予支持;但是承包人应当在建设工程的合理使用寿命内对地基基础工程和主体结构质量承担民事责任。"

上述规定体现了对于建设单位的擅自使用工程行为的惩罚,认定了建设单位使用工程即是对工程质量的认可。但是,上述规定却并没有全部免除承包商的责任,要求承包商对于地基基础工程和主体结构的质量承担相应的责任。这是基于《建设工程质量管理条例》对于地基基础工程和主体结构工程的最低保修期限的规定。《建设工程质量管理条例》第40条规定了对于基础设施工程、房屋建筑的地基基础工程和主体结构工程,为设计文件规定的该工程的合理使用年限。这就等于是终身保修,因此并不因建设单位是否提前使用工程而免除保修的责任。

发包人未经验收而提前使用工程不仅在工程质量上要承担更大的责任,同时还将由于这样的违法行为而接受法律的制裁。

《建设工程质量管理条例》第58条规定:“违反本条例规定,建设单位有下列行为之一的,责令改正,处工程合同价款2%以上4%以下的罚款;造成损失的,依法承担赔偿责任:

①未组织竣工验收,擅自交付使用的;

②验收不合格,擅自交付使用的;

③对不合格的建设工程按照合格工程验收的。”

◎对竣工日期的争议问题

竣工日期可以分为合同中约定的竣工日期和实际竣工日期。合同中约定的竣工日期是指发包人和承包人在协议书中约定的承包人完成承包范围内工程的绝对或相对的日期。实际竣工日期是指承包人全面、适当地履行了施工承包合同时的日期。合同中约定的竣工日期是发包人限定的竣工日期的底线,如果承包人超过了这个日期竣工就将为此承担违约责任。而实际竣工日期则是承包人可以全面主张合同中约定的权利的开始之日,如果该日期先于合同中约定的竣工日期,承包商可以根据约定(如有)获得奖励。

正是由于确定实际竣工日期涉及发包人和承包人的利益,对于工程竣工日期的争议就时有发生。

我国《建设工程施工合同(示范文本)》第32.4款规定:工程竣工验收通过,承包人送交竣工验收报告的日期为实际竣工日期。工程按发包人要求修改后通过竣工验收的,实际竣工日期为承包人修改后提请发包人验收的日期。

但是在实际操作过程中却容易出现一些特殊的情形,并最终导致关于竣工日期的争议的产生。这些情形主要表现在:

1)由于建设单位和施工单位对于工程质量是否符合合同约定产生争议而导致对竣工日期的争议

工程质量是否合格涉及多方面因素,当事人双方很容易就其影响因素产生争议。而一旦产生争议,就需要由权威部门来鉴定。鉴定结果如果不合格就不涉及竣工日期的争议了,而如果鉴定结果是合格的,就涉及以哪天作为竣工日期的问题了。承包商认为应该以提交竣工验收报告之日作为竣工日期,而建设单位则认为应该以鉴定合格之日为实际竣工日期。

对此,《解释》第15条规定:“建设工程竣工前,当事人对工程质量发生争议,工程质量经鉴定合格的,鉴定期间为顺延工期期间。”

从这个规定我们可以看到,应该以提交竣工验收报告之日为实际竣工日期。

2)由于发包人拖延验收而产生的对实际竣工日期的争议

《建设工程施工合同(示范文本)》规定,工程具备竣工验收条件,承包人按国家工程竣工验收有关规定,向发包人提供完整竣工资料及竣工验收报告。双方约定由承包人提供竣工图的,应当在专用条款内约定提供的日期和份数。发包人收到竣工验收报告后28天内组织有关单位验收,并在验收后14天内给予认可或提出修改意见。承包人按要求修改,并承担由自身原因造成修改的费用。

但是,有的时候由于主观的或者客观的原因,发包人没能按照约定的时间组织竣工验收。最后施工单位和建设单位就实际竣工之日产生了争议,对此,《解释》第14条规定:

建设工程经竣工验收合格的,以竣工验收合格之日为竣工日期。承包人已经提交竣工验收报告,发包人拖延验收的,以承包人提交验收报告之日为竣工日期。

3)由于发包人擅自使用工程而产生的对于实际竣工验收日期的争议

根据《建设工程质量管理条例》第16条规定:"建设单位收到建设工程竣工报告后,应当组织设计、施工、工程监理等有关单位进行竣工验收。……建设工程经验收合格的,方可交付使用。"

有的时候,建设单位为了能够提前使用工程而取消了竣工验收这道法律规定的程序。而这样的后果之一就是容易对实际竣工日期产生争议,因为没有提交的竣工验收报告和竣工验收试验可供参考。对于这种情形,《解释》第14条同时作出了下面的规定:建设工程未经竣工验收,发包人擅自使用的,以转移占有建设工程之日为竣工日期。

◎对计价方法的争议问题

在工程建设合同中,当事人双方会约定计价的方法,这是后来建设单位向承包商支付工程价款的基础。如果合同双方对于计价方法产生了纠纷且不能得到及时妥善的解决,就必然会影响到当事人的切身利益。

对计价方法的纠纷主要表现在以下几个方面。

1)因变更引起的纠纷

在工程建设过程中,变更是普遍存在的。尽管变更的表现形式纷繁复杂,但是其对于工程价款的支付的影响却仅仅表现在两个方面。

(1)工程量的变化导致价格的纠纷。

从经济学的角度看,成本的组成包括两部分,即固定成本和可变成本。固定成本不因产量的增加而增加,可变成本却是产量的函数,因产量的增加而增加。当产量增加时,单位产量上摊销的固定成本就会减少,而单位可变成本不发生变化,其总成本将减少。在原有价格不变的前提下,会导致利润率增加。因此,当工程量发生变化时,当事人一方就会提出增加或者减少单价,以维持原有的利润率水平。如果工程量增加了,建设单位就会要求减少单价。相反,如果工程量减少了,施工单位就会要求增加单价。

调整单价时会涉及两个因素:一是工程量增减幅度达到多少时需要调整单价。二是将单价调整到多少。如果在承包合同中没有对此进行约定,就会导致纠纷。

(2)工程质量标准的变化导致价格的纠纷。

工程质量标准有很多种分类的方法,如果按照标准的级别来分的话,可以分为国家标准、地方标准、行业标准、企业标准。另外,合同双方当事人也可以在合同中约定标准,如果约定的标准没有违反强制性标准,其效力还将高于国家其他标准。

正是由于工程质量标准的多样性,就会导致工程标准发生变化而导致纠纷的产生。对于上面的由于变更而引起的计价方法的纠纷,《解释》第16条作出了规定:

当事人对建设工程的计价标准或者计价方法有约定的,按照约定结算工程价款。

因设计变更导致建设工程的工程量或者质量标准发生变化,当事人对该部分工程价款不能协商一致的,可以参照签订建设工程施工合同时当地建设行政主管部门发布的计价方法或者计价标准结算工程价款。

2)因工程质量验收不合格导致的纠纷

工程合同中的价款是针对合格工程而言的,而在工程实践中,不合格产品也是普遍存在的,对于不合格产品如何计价也就自然成为合同当事人关注的问题。在这个问题中也涉及两方面的问题:一是工程质量与合同约定的不符合程度,二是针对该工程质量应予支付的工程价款。对此,《解释》第16条也同时作出了规定:

建设工程施工合同有效,但建设工程经竣工验收不合格的,工程价款结算参照本解释第3条规定处理。即:

(1)修复后的建设工程经竣工验收合格,发包人请求承包人承担修复费用的,应予支持。

(2)修复后的建设工程经竣工验收不合格,承包人请求支付工程价款的,不予支持。因建设工程不合格造成的损失,发包人有过错的,也应承担相应的民事责任。

3)因利息而产生的纠纷

《合同法》第113条规定:"当事人一方不履行合同义务或者履行合同义务不符合约定,给对方造成损失的,损失赔偿额应当相当于因违约所造成的损失,包括合同履行后可以获得的利益,但不得超过违反合同一方订立合同时预见到或者应当预见到的因违反合同可能造成的损失。"

从上面的条款我们可以看到,如果建设单位不及时向承包商支付工程款,承包商在要求建设单位继续履行的前提下,可以要求建设单位为此支付利息。因为利息是建设单位如果按期支付工程款后承包商的预期利益。

在实践中,对于利息的支付容易在两个方面产生纠纷:一是利息的计付标准,二是利息的计付时间。

《解释》第17条对于计付标准作出了规定:当事人对欠付工程价款利息计付标准有约定的,按照约定处理;没有约定的,按照中国人民银行发布的同期同类贷款利率计息。同时,《解释》第18条也对利息的计付时间作出了规定:利息从应付工程价款之日计付。当事人对付款时间没有约定或者约定不明的,下列时间视为应付款时间:

(1)建设工程已实际交付的,为交付之日;

(2)建设工程没有交付的,为提交竣工结算文件之日;

(3)建设工程未交付,工程价款也未结算的,为当事人起诉之日。

4)因合同计价方式产生的纠纷

《建筑工程施工发包与承包计价管理办法》第12条规定,合同价可以采用以下方式:

(1)固定价,合同总价或者单价在合同约定的风险范围内不可调整。

(2)可调价,合同总价或者单价在合同实施期内,根据合同约定的办法调整。

(3)成本加酬金,合同总价由成本和建设单位支付给施工单位的酬金两部分构成。

当然,《建筑工程施工发包与承包计价管理办法》属于部门规章,对施工合同并无强制效力,需要当事人特别约定方可对合同当事人产生效力。

由于工程建设的外部环境处于不断的变化之中,这些外部条件的变化就可能会使得施工单位的成本增加。例如,某种建筑材料大幅度涨价,或者发生了一定程度的设计变更使得工程量有所增加,都会让承包商承担了更大的成本。在这种情况下,承包商就可能提出索赔的要求,要求建设单位支付增加部分的成本。对于上面的三种计价方式,如果采用的是可调价合同或者成本加酬金合同,建设单位就应该在合同约定的范围内支付这笔款项。但是,如果采用的是固定价合同,则建设单位往往不必为此支付。

《解释》第22条规定:"当事人约定按照固定价结算工程价款,一方当事人请求对建设工程造价进行鉴定的,不予支持。"

◎对工程量的争议问题

在工程价款支付的过程中,确认完成的工程量是一个重要的环节。只有确认了完成的工程量,才能进行下一步的结算。

1)工程结算的程序

《建筑工程施工发包与承包计价管理办法》第16条规定了工程结算的程序。

工程竣工验收合格,应当按照下列规定进行竣工结算:

(1)承包方应当在工程竣工验收合格后的约定期限内提交竣工结算文件;

(2)发包方应当在收到竣工结算文件后的约定期限内予以答复。逾期未答复的,竣工结算文件视为已被认可;

(3)发包方对竣工结算文件有异议的,应当在答复期内向承包方提出,并可以在提出之日起的约定期限内与承包方协商;

(4)发包方在协商期内未与承包方协商或者经协商未能与承包方达成协议的,应当委托工程造价咨询单位进行竣工结算审核;

(5)发包方应当在协商期满后的约定期限内向承包方提出工程造价咨询单位出具的竣工结算审核意见。

发承包双方在合同中对上述事项的期限没有明确约定的,可认为其约定期限均为28日。

发承包双方对工程造价咨询单位出具的竣工结算审核意见仍有异议的,在接到该审核意见后1个月内可以向县级以上地方人民政府建设行政主管部门申请调解,调解不成的,可以依法申请仲裁或者向人民法院提起诉讼。

还应强调,《建筑工程施工发包支承包计价管理办法》经过合同当事人在合同内特别约定,可对当事人产生效力。

2)关于确认工程量引起的纠纷

(1)对未经签证但事实上已经完成的工程量的确认。

工程量的确认应以工程师的确认为依据。工程师的确认以签证为依据。但是,有的时候却存在另一种情形,工程师口头同意进行某项工程的修建,但是由于主观的或者客观的原因而没能及时提供签证。对于这部分工程量的确认就很容易引起纠纷。

我国《合同法》第36条规定;“法律、行政法规规定或者当事人约定采用书面形式订立合同,当事人未采用书面形式但一方已经履行主要义务,对方接受的,该合同成立。”

依据这个条款,《解释》第19条规定:“当事人对工程量有争议的,按照施工过程中形成的签证等书面文件确认。承包人能够证明发包人同意其施工,但未能提供签证文件证明工程量发生的,可以按照当事人提供的其他证据确认实际发生的工程量。”

(2)对于确认工程量的时间的纠纷。

如果建设单位迟迟不确认施工单位完成的工程量,就会导致施工单位不能及时得到工程款,这样就损害了施工单位的利益。为了保护合同当事人的合法权益,《解释》第20条规定:“当事人约定,发包人收到竣工结算文件后,在约定期限内不予答复,视为认可竣工结算文件的,按照约定处理。承包人请求按照竣工结算文件结算工程价款的,应予支持。”这与《建筑工程施工发包与承包计价管理办法》第16条的规定是相关的。

◎建设工程价款优先受偿权问题

1)《担保法》与《合同法》在工程款优先受偿权问题上的冲突

在工程建设中,建设单位为了筹措资金,经常会向银行贷款。作为条件,银行会要求建设单位提供相应的担保。有的时候,建设单位可以以拟建的建设工程作为抵押来为贷款作担保。于是,在建设单位和银行之间就会签订一个抵押合同。根据《中华人民共和国担保法》第53条的规定:“债务履行期届满抵押权人未受清偿的,可以与抵押人协议以抵押物折价或者以拍卖、变卖该抵押物所得的价款受偿;协议不成的,抵押权人可以向人民法院提起诉讼。抵押物折价或者拍卖、变卖后,其价款超过债权数额的部分归抵押人所有,不足部分由债务人清偿。”这就是说,如果建设单位在应该偿还贷款的期限届满而没有清偿贷款的话,银行就可以将建成的工程项目折价、拍卖或者变卖,然后将所得的收入受偿。

但是,根据《中华人民共和国合同法》286条的规定:“发包人未按照约定支付价款的,承包人可以催告发包人在合理期限内支付价款。发包人逾期不支付的,除按照建设工程的性质不宜折价、拍卖的以外,承包人可以与发包人协议将该工程折价,也可以申请人民法院将该工程依法拍卖。建设工程的价款就该工程折价或者拍卖的价款优先受偿。”

2)建设工程价款优先受偿权问题的司法解释

这样一来就出现了一个问题,在上面两个条件都存在的情况下,银行和施工单位都可以将建成的工程项目拍卖并将所得款项占有。那么,到底应该优先将这笔款项支付给谁?针对这个问题,2002年6月11日,最高人民法院审判委员会第1225次会议通过了《最高人民法院关于建设工程价款优先受偿权问题的批复》,作出了如下解释:

(1)人民法院在审理房地产纠纷案件和办理执行案件中,应当依照《中华人民共和国合同法》第286条的规定,认定建筑工程的承包人的优先受偿权优于抵押权和其他债权;

(2)消费者交付购买商品房的全部或者大部分款项后,承包人就该商品房享有的工程价款优先受偿权不得对抗买受人;

(3)建筑工程价款包括承包人为建设工程应当支付的工作人员报酬、材料款等实际支出的费用,不包括承包人因发包人违约所造成的损失;

(4)建设工程承包人行使优先权的期限为6个月,自建设工程竣工之日或者建设工程合同约定的竣工之日起计算；

(5)本批复第1条至第3条自公布之日起施行，第4条自公布之日起6个月后施行。

【相关知识】

◎设计变更在约定不明时的计价

在工程实施过程中，往往会发生大量的设计变更。在确定变更价款问题上，《建设工程施工合同(示范文本)》(GF—1999—0201)第31条规定按如下方法进行：

(1)合同中已有适用于变更工程的价格，按合同已有的价格变更合同价款；

(2)合同中只有类似于变更工程的价格，可以参照类似价格变更合同价款；

(3)合同中没有适用或类似于变更工程的价格，由承包人提出适应的变更价格，经工程师确认后执行。

对于前两种情况，由于有合同约定的计价标准或方法，所以争议不大。但是对于第三种情况，由于无法按合同约定确定价格，导致当事人在协商确定价格的过程中很容易发生争议。

为了解决此类争议，该司法解释在第16条和2款规定："因设计变更导致建设工程的工程量或者质量标准发生变化，当事人对该部分工程价款不能协商一致的，可以参照签订建设工程施工合同时当地建设行政主管部门发布的计价方法或者计价标准结算工程价款。"

目前地方建设行政主管部门发布的计价方法和计价标准主要有两类：一类是传统的概(预)算定额及相应计价规则；另一类是和《建设工程工程量清单计价规范》相配套的计价规则。此外，地方建设行政主管部门的造价管理机构还会定期发布市场价格信息。建设行政主管部门发布的计价方法或计价标准属于行业惯例，其计价结果反映的是一种社会平均成本水平。这样一来，在当事人没有约定或约定不明的情况下，按照建设行政主管部门发布的计价方法或标准进行结算，比较容易被当事人所接受。

【案例分析】

◎基本案情

2006年4月4日，某建筑公司所承揽的某住宅小区施工项目竣工。按照施工承包合同的约定，建设单位应该在2006年4月20日支付全部剩余工程款。但是建设单位却没有按时支付。考虑到人际关系问题，建筑公司没有立即对建设单位提起诉讼。

2006年11月20日，建筑公司听说银行正计划将此住宅小区拍卖，理由是建设单位没有偿还贷款。而这些住宅则是作为贷款的抵押物。于是建筑公司提出自己对该小区拍卖所得价款享有优先受偿权。你认为建筑公司的理由成立吗？

◎案例分析

不成立。根据《最高人民法院关于建设工程价款优先受偿权问题的批复》，建设工程承包人行使优先权的期限为6个月，自建设工程竣工之日或者建设工程合同约定的竣工之日起计算。2006年11月20日已经超过了行使优先权的期限，因此该理由是不成立的。

8.10 与工程建设相关的其他合同

【要　　点】

在工程建设的过程中，除了最常涉及的建设工程合同外，还经常涉及其他类型的合同。如运输合同、租赁合同等。这些合同的履行也与当事人的切身利益密切相关。因此，作为项目管理者也要掌握与工程建设相关的其他合同。

【解　　释】

◎转移财产权利的合同

《合同法》分则规定了六类转移财产权利的合同类型，即买卖合同（《合同法》第九章），供用电、水、气、热力合同（《合同法》第十章），赠与合同（《合同法》第十一章），借款合同（《合同法》第十二章），租赁合同（《合同法》第十三章），融资租赁合同（《合同法》第十四章），根据与建设工程施工的密切程度，选择其重要类型，分述如下。

1）买卖合同

（1）买卖合同的概念。

根据《合同法》第130条，买卖合同是出卖人将标的物的所有权转移给买受人，买受人支付价款的合同。在建设工程施工实践中，买卖合同使用广泛，材料、设备、机具、办公或生活用具的获取，通常通过买卖合同方式来获取。

（2）买卖合同的当事人。

买卖合同的当事人是出卖人与买受人。买受人应具备相应的民事行为能力，同时，不得违背法律对买受人的限制性规定，例如，根据《拍卖法》规定，拍卖公司自身不得购买受委托拍卖的财产。

出卖人应具备相应的民事行为能力，还应当具有买卖合同标的物的所有权或者处分权。

（3）买卖合同的标的物。

根据《合同法》第130条规定，买卖合同的标的应是实物。但不得是禁止流通物，否则为无效合同。

（4）买卖合同的主要内容。

买卖合同的内容可由当事人自由约定，主要包括合同标的、数量和质量、包装方式、检验标准和方法、价款、结算办法、履行期限、履行地点、履行方式、违约责任、争议解决办法等。

（5）买卖合同双方主要权利义务。

①出卖人的主要义务。

A. 交付标的物。买卖合同中，出卖人应按照合同约定（包括按约定的履行期限、履行地点、数量等）将标的物交付给买受人。

B. 将标的物的所有权转移给买受人。根据《合同法》第133条，标的物所有权自标的物交付起转移给买受人，但是法律另有规定或者当事人另有约定的除外。

上述法律另有规定的情形主要包括：就车辆、船舶等价值较高的特殊动产，应当依法办理所有权转移登记手续,否则不得对抗第三人;不动产所有权转移必须依法办理转移登记,否则标的物所有权不发生转移。

C. 标的物质量应符合约定。出卖人应当按照约定的质量要求交付标的物,该义务也被称为瑕疵担保义务,或者质量担保义务。

D. 保证第三人不得向买受人主张任何权利。根据《合同法》第 150 条,除非法律另有规定,出卖人负有保证第三人不得向买受人主张任何权利的义务。该义务也被称为权利的瑕疵担保义务。违反权利瑕疵担保义务的情形,例如,出卖他人所有物、擅自出卖共有财产或者出卖他人共有份额、第三人提出知识产权方面的权利要求。

E. 交付有关单证和资料。出卖人还应当按照约定或者交易习惯向买受人交付标的物有关单证和资料。

②买受人义务。

A. 支付价款。买受人应按照合同约定数额、时间、地点支付价款。这是买受人最主要的义务。

B. 受领标的物。买受人有义务按照合同约定或者交易习惯受领标的物。当然,如果出卖人交付的标的物不符合合同约定,买受人有权拒绝受领。

2)借款合同

(1)概述。

借款合同,是指当事人一方将一定种类和数量的货币所有权转移给对方,对方于一定期限返还同种类同数额货币的合同。其中,提供货币的一方称为贷款人,受领货币的一方称为借款人。借款合同可以是有偿合同(有息借款),也可以是无偿合同(无息借款)。借款合同应当采用书面形式。在施工合同实践中,借款合同主要有两类:一类是企业向银行借贷;另一类是工地现场发生的民间借款,以小额借贷为主。

(2)借款合同当事人主要权利义务。

①贷款人的主要义务。

A. 贷款人应按照约定的日期、数额提供货币。

B. 贷款人不得利用自身优势地位预先在出借的本金中扣除利息,否则应返还差额,并计算利息。

C. 贷款人不得泄露借款人的商业秘密。

②借款人的主要义务。

A. 借款人应提供与借款有关的业务活动或者财务状况的真实情况。

B. 按照约定用途使用借款,并就此接受贷款人的监督。

C. 按期归还本金和利息(如属于有偿借款)。

(3)自然人之间的借款合同。

自然人之间的借款合同(也称为民间借贷)有如下特殊规则:

①借款合同不一定采用书面形式,可以灵活约定形式;

②借款合同未约定利息的,视为无息;

③借款合同利息可以适当高于法定利率,但是最高不得超过银行同类贷款利率的 4 倍,且不允许复利。

3)租赁合同

(1)概述。

租赁合同,是指出租人将租赁物交付给承租人使用、收益,承租人支付租金的合同。

租赁物包括法律允许流通的动产和不动产。在建设工程施工实践中,租赁行为普遍发生,既包括不动产租赁,如车间、厂房、办公用房、仓库、宿舍、土地使用权租赁等,也包括动产租赁,如施工机具、周转材料租赁等。

根据租赁合同是否约定租赁期限,可以将租赁划分为定期租赁与不定期租赁。就不定期租赁,任何一方当事人有权随时解除合同,但是应在解除合同之前通知对方。但是,无论如何约定租赁期限,租赁期限均不得超过20年;超过20年的,超过部分无效。租赁期限在6个月以下的,当事人可以自由选择合同形式;租赁期限在6个月以上的,应当采用书面形式,否则无论当事人是否约定租赁期限,均视为不定期租赁。

(2)租赁合同当事人主要权利义务。

①出租人的主要义务。

A. 交付出租物。出租人应按照合同约定的时间和方式将租赁物交付给承租人。如果合同成立时,租赁物已经为承租人直接占有,从合同约定的交付时间起,承租人即对租赁物享有使用、收益权。

B. 保持租赁物符合约定用途。出租人有义务维护、修缮租赁物,如果因此影响承租人使用、收益的,出租人应当适当减少租金或者租期;但是,因承租人原因导致租赁物破坏,或者约定由承租人修复的除外。

C. 保证无第三人对租赁物主张权利。因第三人主张权利,致使承租人不能对租赁物使用、收益的,承租人可以要求减少租金或者不支付租金。

②承租人的主要义务。

A. 支付租金。承租人应当在约定期限内支付租金,否则出租人可以要求承租人在合理期限内支付,逾期不支付的,出租人可以解除合同。

B. 恰当使用租赁物。承租人应当按照约定的方法或者租赁物的性质使用租赁物,因此造成的损耗,属于正常使用后果,承租人不承担损害赔偿责任。反之,若承租人不按照约定方法或者租赁物使用性质使用租赁物,致使租赁物受到损坏的,承租人应承担赔偿责任,出租人有权解除合同。

C. 妥善保管租赁物。承租人未尽妥善保管的义务,应承担损害赔偿责任。

D. 不得擅自在租赁物上改善和增设他物。承租人未经出租人同意对租赁物进行改善或者增设的,出租人可以请求恢复原状或赔偿损失。

E. 及时通知义务。在租赁期间,如果租赁物需要维修或者防止其他损害的,或者有其他应该通知的事由的,应当及时通知出租人。

F. 返还租赁物。租赁合同终止时,承租人应当将租赁物返还给出租人。返还的租赁物应当符合按照约定或者租赁物的性质使用后的状态。

◎完成工作成果的合同

根据《合同法》分则规定,属于完成工作成果的合同有两类,即承揽合同(《合同法》第十五章)和建设工程合同(《合同法》第十六章)。根据《合同法》第287条,如果《合同法》第十六章(建设工程合同)未规定的,建设工程合同可以适用《合同法》第十五章(承揽合同)的有关规定。

根据《合同法》第269条,建设工程合同可以分为勘察合同、设计合同、施工合同。以下简单介绍承揽合同、建设工程勘察合同、建设工程设计合同。

1)承揽合同

(1)概述。

承揽合同,是指当事人一方按另一方的要求完成一定工作,并交付工作成果,后者接受工作成果并给付酬金的合同。提出工作要求、接受工作成果并给付酬金的一方称为定作人;按指定要求完成工作成果,并接受酬金的一方是承揽人。

承揽合同在建设工程中应用广泛,除了建设工程施工合同、设计合同、勘察合同在性质上属于承揽合同外,建筑构件、配件的加工、定作,施工机械、设备维修,建筑模型制作,材料、试件的检测,设备、仪器的测试等,均属于承揽。

承揽合同具有以下主要特征:

①承揽合同目的主要在于工作成果。承揽合同的目的除了要求承揽人完成一定工作过程外,更主要的是要求承揽人提供工作成果。该成果既可以是脑力劳动成果(如设计图纸),也可以是体力劳动成果(如制作构件);既可以是物,也可以是其他财产;

②标的物具有特定性。承揽合同是为满足定作人的特殊要求而订立的,因此,定作人对工作的质量、规格、数量等方面往往有特殊要求,区别于可成批购买的种类物;

③承揽人的工作具有独立性。在交付工作成果前,承揽人以自己的能力、技术、设备完成工作,并承担管理等风险,不受定作人控制管理;

④承揽人应自行完成工作。承揽人接受工作后,不得擅自将承揽的工作交给第三人完成。

(2)承揽合同当事人的权利义务。

①承揽人的义务。

A. 按约定完成工作。承揽人应以自己的能力、设备、技术,在约定时间、方式、数量、质量完成工作。未经定作人同意,不得将主要工作交由第三人完成。承揽人将辅助工作交由第三人完成的,承揽人应对其工作向定作人负责。

B. 谨慎使用原材料。承揽工作的原材料,可以约定由承揽人提供(即所谓的“包工包料”),也可以约定由定作人提供(即所谓“包工不包料”)。定作人提供原材料的,承揽人应及时检查接收,妥善保管,且不得更换;承揽人提供的,承揽人应按约定选购并接受定作人对材料的检查。

C. 保守秘密。如果定作人要求保密的,承揽人应予遵守,不得留存复制品或者技术资料。

D. 接受监督检查。虽然承揽人的工作具有独立性,但是还应接受定作人必要的监督检查,以保证工作符合定作人要求。

E. 交付工作成果。承揽人应按照约定交付工作成果、与工作成果相关的技术资料及质量证明文件。但是,如果定作人未依约支付报酬或者材料款项的,承揽人可以依法留置工作成果。

F. 对工作成果质量负责。承揽人交付的工作成果应符合约定的质量要求,并且承揽人应对工作成果隐蔽的质量缺陷承担责任。

②定作人的义务。

A. 支付报酬。定作人应按照约定支付报酬。如约定不明,可依照交易习惯;如还不能确定,则按照同时履行原则确定。

B. 验收并受领工作成果。如果定作人超过约定期限领取工作成果,定作人应承担受领迟延责任。

(3)协助义务。

定作人应根据诚实信用原则对承揽人给予必要协助,否则承揽人有权顺延工作期限,甚至解除合同。

定作人任意解除合同的权利。根据《合同法》第 268 条,定作人可以随时解除承揽合同。但是,如果因此造成承揽人损失的,定作人应当赔偿损失。

2)建设工程勘察合同

(1)概述。

建设工程勘察合同,是指勘察人查明、分析、评价建设场地的地质地理环境特征和岩土工程条件并编制建设工程勘察文件,发包人支付勘察费用的合同。

勘察合同的特征如下:

①建设工程勘察合同的一方主体(勘察承包人)属于特殊主体,应当持有相应的资质等级证书;

根据《建设工程勘察设计管理条例》第 8 条、第 17 条,发包人应当将相关勘察工作发包给具有相应资质的承包人。

②订立合同中特别的要约承诺方式。根据《招标投标法》第 3 条,勘察合同的订立原则上应通过招标投标。

③实行政府指导价。现阶段,勘察收费受政府指导价的限制,而不是完全根据市场自由协商价格。

④禁止转让。与一般合同不同,勘察合同禁止勘察人将合同转让(将权利义务概括转让他人),即禁止转包。

⑤技术上严格受控。勘察合同的履行,例如勘察依据、勘察深度、勘察文件编制方法等,受法定程序和法定技术标准(如勘察强制性规范)的严格控制。

(2)勘察合同双方当事人主要权利义务。

①勘察人的主要义务。

A. 按照约定进行工作。包括工作依据、工作地点、工作组织机构、工作范围、工作深度、工作装备、工作时间、工作程序等方面均应符合约定。

B. 按约定提交工作成果。主要指建设工程勘察文件,包括文件的内容、深度、形式、装订要求均应符合约定。

C. 质量义务。勘察人应当保证其所提供的勘察文件符合约定的要求,否则,应当继续完善勘察。如果因此给发包人造成损失,应减收或者免收勘察并赔偿损失。

D. 接受检查。在勘察工作进行过程中,发包人有权对勘察人的工作状况进行督促检查。

E. 保密。勘察文件所描述的是发包人的重要信息或数据，承包人要按照约定承担保密义务。对某些重要工程，勘察文件甚至构成国家机密，受《保密法》调整和保护，这就不受当事人之间合同约定的限制。

②发包人的主要义务。

A. 支付费用。按合同约定支付勘察费是发包人的主要义务，否则应承担违约责任。为受偿勘察费用，勘察人可以留置勘察文件；如果还未能受偿，还可就所涉工程折价或者拍卖所得价款享有优先受偿权。

B. 为实际增加的工作量追加费用。因发包人原因（例如，变更计划、提供的资料不准确或者未按照期限提供必需的勘察工作条件）造成勘察人返工、停工，发包人应当按照勘察人实际消耗的工作量增付费用。

C. 不得擅自修改勘察文件。未经勘察人同意，发包人不得擅自修改已经提交给发包人的工程勘察文件。

D. 提供协作。包括为勘察人提供基础资料、工作条件等。

3）建设工程设计合同

（1）概述。

建设工程设计合同，是指设计人对建设工程的技术、经济、资源、环境等条件进行综合分析、论证并编制建设工程设计文件，发包人为此支付设计费的合同。

建设工程设计合同与建设工程勘察合同，在法律特征及双方主要权利义务方面是相同的，但是，二者在建设工程整体过程中所处的阶段及具体工作内容并不相同。因此，上述勘察合同的法律特征及双方主要权利义务，同样适用于设计合同。

（2）建设工程设计合同当事人主要权利义务。

除上述类似于勘察合同的主要权利义务之外，设计合同更强调当事人如下主要权利义务。

①尊重对方著作权等知识产权。设计人对工程设计作品享有著作权，也可能对工艺流程或施工方法享有专利权。如果设计合同未约定著作权的归属，则应推定该著作权属于完成设计的作者——设计人；设计合同也可能对著作权的归属作出明确约定，署名权等人身性质的权利除外。

如果设计文件内包含了设计人享有专利权的成果，如果未约定设计人是否转移专利权给发包人，一般视为发包人未受让专利权而只有获得许可在本工程项目使用该专利的权利，但是，也有例外；如果有约定，应按照约定。

著作权、专利权等知识产权应得到尊重，一方使用设计作品不应侵犯知识产权人未转让或者未许可的权利。

②设计人的知识产权保障义务。通常，设计人应当保障发包人免于遭受因设计人侵犯他人知识产权而被第三人索赔、诉讼或受到其他损害。

③施工图设计须接受政府审查。施工图设计文件未经政府认可的审图机构审查合格的，不得使用。这是发包人在接受行政监督管理上所应当承担的义务，但是，施工图审查制度也直接影响设计合同当事人的权利义务。

④外国设计人的特别义务。

A. 与中国企业合作。外国机构承担中华人民共和国境内建设工程设计(初步设计之前的方案设计除外),必须选择至少一家具备设计资质的中方设计企业进行中外合作设计。这是对外国机构的签约模式的行政限制,却对各方当事人的合同权利义务产生影响。

B. 接受政府特别监督。外国机构承接工程设计业务相关的工程设计合同(副本)、合作设计协议(副本)和能证明其具备建设工程项目设计能力的有效证明材料(复印件)应报该工程项目所在地省级建设行政主管部门备案。

【相关知识】

◎提供服务的合同

《合同法》分则规定的以下合同,被统称为提供服务的合同:运输合同(《合同法》第十七章)、保管合同(《合同法》第十九章)、仓储合同(《合同法》第二十章)、委托合同(《合同法》第二十一章)、行纪合同(《合同法》第二十二章)、居间合同(《合同法》第二十三章)。根据与建设工程施工的密切程度,简要简单介绍如下。

1)运输合同

(1)概述。

运输合同,是指承运人将旅客或者货物从起运点运输到约定地点,旅客、托运人或者收货人支付票款或者运输费用的合同。提供运输服务的一方称为承运人,支付费用的一方称为旅客、托运人或者收货人。

运输合同分为客运合同、货运合同和多式联运合同,下文重点介绍货运合同。在建设工程施工中,货物运输合同的使用相当普遍。

(2)货物运输合同当事人的主要权利义务。

①托运人的主要义务。

A. 支付运输费用。这是托运人的最主要义务。托运人不支付运费、保管费等运输费用的,除非有相反约定,否则完成运送的承运人有留置权。

B. 包装义务。由托运人包装的货物,托运人应当按照约定或者货物的状况,以适宜保护货物的方法包装货物。若是托运危险品,还应作一定警示标志。

C. 移交义务。托运人应将货物移交到约定地点,或者按约定向承运人指示货物存放地点。

D. 告知义务。托运人应当向承运人准确说明如下内容:收货人的名称或者姓名,货物名称、性质、重量、数量、收货地点等。

②承运人的主要义务。

A. 运送货物。承运人应按照约定时间、地点,安全无损地将货物运抵目的地。如因承运人原因出现到达地错误或者时间延误,承运人应当承担违约责任。

B. 货物毁损灭失的赔偿责任。如货物运输过程中发生毁损、灭失的,承运人应当承担赔偿责任;但是,因不可抗力、货物本身自然属性、合理磨损或者托运人、收货人过错造成的,不承担赔偿责任。

C. 及时通知收货人的义务。货物运输到达指定地点后,承运人应当及时通知收货人领取货物。收货人逾期的,承运人可以收取保管费,也可以提存。

③收货人的主要义务。收货人可能与托运人不是同一人,此时,托运人的部分义务就依据托运人和承运人的约定转移给了收货人,如领取货物、支付运输费用。收货人不履行这些义务的,仍由托运人承担责任。

2)仓储合同

(1)概述。

仓储合同,也称仓储保管合同,是指保管人储存存货人交付的仓储物,存货人支付仓储费用的合同。

仓储合同的主要特征如下:

①仓储保管人必须具备仓储业务资质证书或者营业许可证;

②仓单是存货人提交货物和提取货物的凭证。而且仓单起到仓储物所有权凭证的作用。

在建设工程施工实践中,施工企业的仓储行为时有发生。

(2)仓储合同当事人的主要权利义务。

①保管人的主要义务。

A. 验收和接受仓储物。保管人经过验收,发现入库的仓储物与约定不符,应当及时通知存货人。

B. 提交仓单。在接受仓储物后,保管人应当及时向存货人给付仓单。

C. 仓储和保管。保管人不得擅自改变保管条件和方式。对于危险物品的保管,保管人还应当具备相应的资格条件。

D. 危险处置。如果仓储物出现变质或者其他损坏的危险,保管人应当及时通知存货人或者仓单持有人;危及其他仓储物的,应当催告存货人或者仓单持有人及时处置,必要时,可自行适当处置。

E. 必要的容忍。在仓储期间,保管人应当允许存货人或者仓单持有人检查仓储物或者提取样品。

F. 返还仓储物。仓储期间届满,保管人应当将仓储物返还给存货人或仓单持有人;如果未约定存储期间,则存货人或者仓单持有人有权随时提取仓储物,保管人也有权随时要求存货人或仓单持有人提货,但均应给对方必要的准备时间。

②存货人的主要义务。

A. 说明。存货人应当说明仓储物的性质、状况等,并提供有关资料;违反此项义务,保管人可拒收仓储物,也可采取相应措施并由存货人承担相应费用。

B. 支付仓储费用。存货人应按照合同约定支付仓储费。逾期提货的应加付仓储费;提前提货的不减收仓储费。

C. 提取仓储物。储存期间届满,存货人应提取仓储物;逾期不提取的,保管人可提存仓储物。

3)委托合同

(1)概述。

委托合同,指委托人与受托人约定,由受托人处理委托人事务的合同。

委托合同的主要特征：

①委托合同的标的(客体)是行为，即处理事务。

该受托事务既可以是法律行为(例如，受托人与第三人签订建材供货合同)，也可以是事实行为(例如，受托关闭计算机)。但是，对于必须当事人亲自完成的身份行为(例如，订立婚约)和需要利用自身特定技能完成的行为，不适用委托。

②委托合同建立在双方互相信任的基础上。

订立委托合同的前提往往是委托人对受托人的能力和信誉充分信任。

③委托合同既可以是有偿的，也可以是无偿的。

(2)委托合同当事人的主要权利义务。

①受托人的主要义务。

A. 应当接受委托人的指示。受托人应当在委托人的授权范围内处理事务，并接受委托人的指示。因情况紧急，需要变更指示，又难以和委托人取得联系的，受托人应当妥善处理事务，并在事后及时报告。

B. 亲自处理委托事务。基于委托人的信任，受托人应当亲自处理受托事务。经委托人同意，受托人可以将事务转委托给他人，此时，受托人仅就第三人的选任及其对第三人的指示承担责任，第三人就自身行为向委托人承担责任。转委托未经委托人同意的，受托人应当对转委托的第三人行为承担责任，除非是紧急情况下受托人为了委托人的利益需要转委托的。

C. 报告义务。受托人应当按照委托人的要求，报告委托事务处理情况。

D. 交付财产。受托人因处理委托事务取得的财产应当交给委托人。

E. 注意义务。受托人处理委托事务，应当尽必要的注意义务。就有偿的委托合同，因受托人过错给委托人造成损失的，委托人可以要求受托人赔偿；就无偿的委托合同，因受托人故意或者重大过失给委托人造成损失的，委托人可以要求受托人赔偿。

②委托人的主要义务。

A. 支付费用。委托人应当预付处理委托事务的费用；受托人垫付的费用，委托人应当偿还并支付利息。

B. 支付报酬。受托人完成委托事务，委托人应当向其支付报酬。因不可归责于受托人的事由，委托合同解除或者委托事务不能完成，委托人仍应当向受托人支付相应报酬，除非当事人另有其他约定。

C. 赔偿义务。受托人处理委托事务时，因不可归责于自己的事由受到损失的，可以向委托人要求赔偿损失。委托人经受托人同意，在受托人之外委托第三人处理委托事务，因此给受托人造成损失的，受托人可以向委托人要求赔偿损失。

9

建设工程施工合同范本体系

JIANSHEGONGCHENGSHIGONGHETONGFANBENTIXI

9.1 《建设工程施工合同》(GF—1999—0201)

9.2 《建设工程施工专业分包合同》(GF—2003—0213)应用

9.1 《建设工程施工合同》(GF—1999—0201)

【要　　点】

《建设工程施工合同》(GF—1999—0201)由《协议书》、《通用条款》、《专用条款》三部分构成。

【解　　释】

◎《协议书》

1)工程概况

(1)工程名称,应当按照招标文件准确填写工程全称。

(2)工程地点,应当填写工程所在地的详细地址。

(3)工程内容,主要包括工程的建设规模、结构特征等。例如,对于房屋建筑工程,应该填写建筑面积、结构类型、层数等。群体工程包括的工程内容应列表说明,具体格式可以参考该合同范本附件《工程项目一览表》。

(4)工程立项批准文号。对于须经有关部门审批立项才能建设的工程,应填写立项批准文号。批准立项的部门是指按照工程立项的有关规定和审批权限有权审批工程立项的部门。

(5)资金来源,是指获得工程建设资金的方式或渠道,如政府财政拨款、银行贷款、单位自筹以及外商投资、国外金融机构贷款、赠款等。资金来源有多种方式的,应该列明不同方式所占比例。

2)工程承包范围

承包范围是指承包人承包的工作范围和内容。应当根据招标文件或施工图纸确定的承包范围填写。如可以填写土建工程,或者填写土建、线路、管道、设备安装及装饰装修工程。也可以更具体一些,填写是否包括采暖卫生与煤气、电气、通风与空调、电梯、通信、消防等专业工程的安装以及室外线路、管道、道路、围墙、绿化等工程。承包范围必须填写清楚,由于示范文本可供填写的地方有限,建议可通过附件进行准确界定。

3)合同工期

(1)开工日期。

双方约定可以填写绝对日期,也就是具体的日期(应填写完整的年月日)。双方也可约定填写相对日期,也就是相对某一特定事件的日期。例如,双方可以约定开工日期为签订合同后的第10天,也可以约定开工日期为收到发包人发出的开工指令的日期。但是对于后一种方式,特别是在竣工日期确定的情况下,如果不能相对确定开工日期,实际对承包人具有一定的风险。

(2)竣工日期。

竣工日期是验证合同是否如期履行的重要依据,同时也是计算工期顺延和工期提前的依据。同开工日期一样,既可以填写绝对日期,也可以填写相对日期。绝对日期应填写完整的年月日,相对日期应在相对开工日期后加上合同工期总天数。如合同工期为100天,开工日期为签订合同后第10天,竣工日期则为签订合同后第205天。

(3)合同工期。

合同工期应填写总日历天数,如合同工期为365天,不宜写为12个月,或1年。

4)质量标准

工程质量必须达到国家标准规定的合格标准,双方也可以约定以获得某种奖项作为质量标准,但应同时明确约定相应的奖罚标准。

5)合同价款

合同价款应填写双方确定的合同金额。对于招标工程,合同价款就是被发包人接受的承包人的投标报价(中标价等于合同价),合同价款应同时填写大小写。

6)组成合同的文件

组成合同的文件很多,不仅仅包括构成本示范文本的《协议书》、《通用条款》和《专用条款》三部分。为实现工程建设的目的,双方达成一致意见的协议或有关文件都应是合同文件的组成部分。对于招标工程,承包人的投标书及投标书附件,是承包人对发包人的要约,发包人授予承包人的中标通知书构成承诺,都应是合同文件的一部分。在发包人向承包人发出中标通知书之后,双方签订正式协议书之前,都要受投标书和中标通知书的约束。除此之外,工程施工所需的图纸、标准、规范及有关技术文件,工程计价所需的工程量清单、工程报价单或预算书,双方在招标投标过程中以及工程实施过程中的洽商记录、会议纪要以及工程变更的协议、文件等,也是合同文件的组成部分。《协议书》在此列出了组成合同的主要文件,合同双方可在此基础上进行补充。当合同文件内容不相一致时,双方按《通用条款》约定的顺序进行解释,双方也可以在《专用条款》内对合同文件的解释顺序进行调整。

7)词语含义

本协议书中有关词语含义与本合同第二部分《通用条款》中分别赋予它们的定义相同。

示范文本第二部分《通用条款》对23个关键词语作了定义,这些定义的词语在协议书中出现,含义是相同的。

8)质量保修

承包人向发包人承诺按照合同约定进行施工、竣工并在质量保修期内承担工程质量保修责任。

承包人据此向发包人承诺履行合同约定的义务,在合同工期内完成该工程,达到约定的质量标准,并在质量保证期内承担保修责任。

9)合同价款支付

发包人向承包人承诺按照合同约定的期限和方式支付合同价款及其他应当支付的款项。发包人据此向承包人承诺履行合同约定的义务,按照合同规定的时间和数额向承包人支付合同价款和其他应当支付的款项。

10)合同生效

《合同法》第44条规定,依法成立的合同,自成立时生效。同时还规定,法律、行政法规规定应当办理批准、登记等手续生效的,依照其规定。对于建设工程施工合同,目前,《建筑法》及其他法律、行政法规并未规定需要办理批准、登记手续才能生效。

同时,按照《合同法》第32条规定,当事人采用合同书形式订立合同的,自双方当事人签字或者盖章时合同成立。《建筑法》和《合同法》都要求以书面形式订立施工合同,即采用合同书的形式,示范文本就是合同书的形式。因此,施工合同自双方当事人签字或者盖章时生效。必须是双方当事人都签字或者盖章合同才能生效。签字或者盖章两者选其一即可,当然,为防止伪造公章或偷盖公章,最好同时签字又盖章。同时还应加盖骑缝章或由双方授权代表进行签字。

另外,《合同法》第45条还规定,当事人对合同的效力可以约定附条件。附生效条件的合同,自条件成就时生效。因此,发包人和承包人可以在协议书中约定合同生效的条件,如合同经公证、备案或鉴证后生效。

合同双方在此约定合同生效的方式或者条件。如不约定合同生效条件,可以写为:本合同双方约定双方签字盖章后生效。如约定合同生效条件,则写上双方约定合同生效的条件,如可以写为:本合同双方约定签字盖章并经公证后生效,或者写为:本合同双方约定签字盖章并经签证后生效。需要说明的是,公证或者签证都不是合同生效的法定条件,应根据双方当事人的自愿,协商确定,也可以约定其他生效条件。

合同订立时间是指合同双方签字盖章的时间。双方如不约定合同生效条件,则合同订立时间就是合同生效时间。在此应填写完整的年月日。

合同订立地点是指合同双方签字盖章的地点。在此应填写合同签订所在城市,设区的市应写明所在区县。

合同由发包人与承包人双方法定代表人或由法定代表人授权委托的代理人签署姓名并加盖双方单位公章。如果有规定要求承包人使用合同专用章的,可以加盖合同专用章。发包人是个人的,可加盖个人印章。《协议书》还列出了双方住所、电话、传真、开户银行、账号、邮政编码等内容,便于双方通讯联系及资金往来,应当完整填写(如对付款至指定账号有要求,也应明示)。双方可根据需要增加有关内容,如网址等。发包人住所按照发包人的不同性质分别填写企业法人的注册地址、非企业法人和其他组织的办公地或自然人的住所地等。邮政编码指双方住所的邮政编码。

◎《通用条款》

1)词语定义及合同文件

(1)词语定义。

《合同法》第125条规定:"当事人对合同条款的理解有争议的,应当按照合同所使用的词句、合同的有关条款、合同的目的、交易习惯以及诚实信用原则,确定该条款的真实意思。"因此,为减少对合同条款理解的争议,第1条(词语定义)对23个关键词语给出了定义。除非合同双方在专用条款中另有约定,这些词语在合同中的定义是相同的,即本条赋予的定义。如果需要,合同双方可对除此之外的其他词语给出定义,可以在专用条款中约定。

下列词语除专用条款另有约定外,应具有本条所赋予的定义。

①通用条款,是根据法律、行政法规规定及建设工程施工的需要订立,通用于建设工程施工的条款。

②专用条款,是发包人与承包人根据法律、行政法规规定,结合具体工程实际,经协商达

成一致意见的条款，是对通用条款的具体化、补充或修改。

③发包人，是指在协议书中约定，被发包人接受的具有工程施工承包主体资格的当事人以及取得该当事人资格的合法继承人。

④承包人，是指在协议书中约定，具有工程发包主体资格和支付工程价款能力的当事人，以及取得该当事人资格的合法继承人。

⑤项目经理，是指承包人在专用条款中指定的负责施工管理和合同履行的代表。

⑥设计单位，是指发包人委托的负责本工程设计并取得相应工程设计资质等级证书的单位。

⑦监理单位，是指发包人委托的负责本工程监理并取得相应工程监理资质等级证书的单位。

⑧工程师，是指本工程监理单位委派的总监理工程师或发包人指定的履行本合同的代表，其具体身份和职权由发包人与承包人在专用条款中约定。

⑨工程造价管理部门，是指国务院有关部门、县级以上人民政府建设行政主管部门或其委托的工程造价管理机构。

⑩工程，是指发包人与承包人在协议书中约定的承包范围内的工程。

⑪合同价款，按发包人与承包人在协议书中约定，发包人用以支付承包人按照合同约定完成承包范围内全部工程并承担质量保修责任的款项。

⑫追加合同价款，是指在合同履行中发生需要增加合同价款的情况，经发包人确认后按计算合同价款的方法增加的合同价款。

⑬费用，是指不包含在合同价款之内的应当由发包人或承包人承担的经济支出。

⑭工期，是指发包人与承包人在协议书中约定，按总日历天数(包括法定节假日)计算的承包天数。

⑮开工日期，是指发包人与承包人在协议书中约定，承包人开始施工的绝对或相对的日期。

⑯竣工日期，按发包人与承包人在协议书中约定，承包人完成承包范围内工程的绝对或相对的日期。

⑰图纸，是指由发包人提供或由承包人提供并经发包人批准，满足承包人施工需要的所有图纸(包括配套说明和有关资料)。

⑱施工场地，是指由发包人提供的用于工程施工的场所以及发包人在图纸中具体指定的供施工使用的任何其他场所。

⑲书面形式，是指合同书、信件和数据电文(包括电报、电传、传真、电子数据交换和电子邮件)等可以有形地表现所载内容的形式。

⑳违约责任，是指合同一方不履行合同义务或履行合同义务不符合约定所应承担的责任。

㉑索赔，是指在合同履行过程中，对于并非自己的过错，而是应由对方承担责任的情况造成的实际损失，向对方提出经济补偿和(或)工期顺延的要求。

㉒不可抗力，是指不能预见、不能避免并不能克服的客观情况。

㉓小时或天：本合同条款中规定按小时计算时间的，从事件有效开始时计算(不扣除休

息时间)；规定按天计算时间的，开始当天不计入，从次日开始计算。时限的最后一天是休息日或者其他法定节假日的，以节假日次日为时限的最后一天，但竣工日期除外。时限的最后一天的截止时间为当日 24 时。

(2)合同文件及解释顺序。

①合同文件应能相互解释，互为说明。除专用条款另有约定外，组成本合同的文件及优先解释顺序如下：

A. 本合同协议书；

B. 中标通知书；

C. 投标书及其附件；

D. 本合同专用条款；

E. 本合同通用条款；

F. 标准、规范及有关技术文件；

G. 图纸；

H. 工程量清单；

I. 工程报价单或预算书。

合同履行中，发包人与承包人有关工程的洽商、变更等书面协议或文件视为本合同的组成部分。

②当合同文件出现含糊不清或不相一致时，在不影响工程正常进行的情况下，由发包人与承包人协商解决。双方也可以提请负责监理的工程师作出解释。双方协商不成或不同意负责监理的工程师的解释时，按本通用条款第 37 条关于争议的约定处理。

(3)语言文字和适用法律、法规及标准、规范。

①语言文字。本合同文件使用汉语语言文字书写、解释和说明。若专用条款约定使用两种以上(含两种)语言文字时，汉语应为解释和说明本合同的标准语言文字。

在少数民族地区，双方可以约定使用少数民族语言文字书写和解释、说明本合同。

②适用法律、法规。本合同文件适用国家的法律和行政法规。需要明示的法律、行政法规，由双方在专用条款中约定。

③适用标准、规范。双方在专用条款内约定适用国家标准、规范的名称；没有国家标准、规范但有行业标准、规范的，约定适用行业标准、规范的名称；没有国家和行业标准、规范的，约定适用工程所在地地方标准、规范的名称。发包人应按专用条款约定的时间向承包人提供一式两份约定的标准、规范。

国内没有相应标准、规范的，由发包人按专用条款约定的时间向承包人提出施工技术要求，承包人按约定的时间和要求提出施工工艺，经发包人认可后执行。发包人要求使用国外标准、规范的，应负责提供中文译本。

本条所发生的购买、翻译标准、规范或制订施工工艺的费用，由发包人承担。

④图纸。

A. 发包人应按专用条款约定的日期和套数，向承包人提供图纸。承包人需要增加图纸套数的，发包人应代为复制，复制费用由承包人承担；发包人对工程有保密要求的，应在专用条款中提出保密要求，保密措施费用由发包人承担。承包人在约定保密期限内履行保密义务。

B. 承包人未经发包人同意,不得将本工程图纸转给第三人。工程质量保修期满后,除承包人存档需要的图纸外,应将全部图纸退还给发包人。

C. 承包人应在施工现场保留一套完整图纸,供工程师及有关人员进行工程检查时使用。

2)双方一般权利和义务

(1)工程师。

①实行工程监理的,发包人应在实施监理前将委托的监理单位名称、监理内容及监理权限以书面形式通知承包人。

②监理单位委派的总监理工程师在本合同中称为工程师,其姓名、职务、职权由发包人与承包人在专用条款内写明。工程师按合同约定行使职权,发包人在专用条款内要求工程师在行使某些职权前需要征得发包人批准的,工程师应征得发包人批准。

③发包人派驻施工场地履行合同的代表在本合同中也称为工程师,其姓名、职务、职权由发包人在专用条款内写明,但职权不得与监理单位委派的总监理工程师职权相互交叉。双方职权发生交叉或不明确时,由发包人予以明确,并以书面形式通知承包人。

④合同履行中,发生影响发包人与承包人双方权利或义务的事件时,负责监理的工程师应依据合同在其职权范围内客观公正地进行处理。一方对工程师的处理有异议时,按本通用条款第 37 条关于争议的约定处理。

⑤除合同内有明确约定或经发包人同意外,负责监理的工程师无权解除本合同约定的承包人的任何权利与义务。

⑥不实行工程监理的,本合同中工程师专指发包人派驻施工场地履行合同的代表,其具体职权由发包人在专用条款内写明。

(2)工程师的委派和指令。

①工程师可委派工程师代表,行使合同约定的自己的职权,并可在认为必要时撤回委派。委派和撤回均应提前 7 日以书面形式通知承包人,负责监理的工程师还应将委派和撤回通知发包人。委派书和撤回通知作为本合同附件。

②工程师的指令、通知由其本人签字后,以书面形式交给项目经理,项目经理在回执上签署姓名和收到时间后生效。确有必要时,工程师可发出口头指令,并在 48 小时内给予书面确认,承包人对工程师的指令应予执行。工程师不能及时给予书面确认的,承包人应于工程师发出口头指令后 7 天内提出书面确认要求。工程师在承包人提出确认要求后 48 小时内不予答复的,视为口头指令已被确认。

③工程师应按合同约定,及时向承包人提供所需指令、批准并履行约定的其他义务。由于工程师未能按合同约定履行义务造成工期延误,发包人应承担延误造成的追加合同价款,并赔偿承包人有关损失,顺延延误的工期。

④若需更换工程师,发包人应至少提前 7 天以书面形式通知承包人,后任继续行使合同文件约定的前任的职权,履行前任的义务。

(3)项目经理。

①项目经理的姓名、职务在专用条款内写明。

②承包人依据合同发出的通知,以书面形式由项目经理签字后送交工程师,工程师在回

执上签署姓名和收到时间后生效。

③项目经理按发包人认可的施工组织设计(施工方案)和工程师依据合同发出的指令组织施工。在情况紧急且无法与工程师联系时,项目经理应当采取保证人员生命和工程、财产安全的紧急措施,并在采取措施后 48 小时内向工程师送交报告。责任在发包人或第三人,由发包人承担由此发生的追加合同价款,相应顺延工期;责任在承包人,由承包人承担费用,不顺延工期。

④承包人如需更换项目经理,应至少提前 7 天以书面形式通知发包人,并征得发包人同意。后任继续行使合同文件约定的前任的职权,履行前任的义务。

⑤发包人可以与承包人协商,建议更换其认为不称职的项目经理。

(4)发包人工作。

①发包人按专用条款约定的内容和时间完成以下工作:

A. 办理土地征用、拆迁补偿、平整施工场地等工作,使施工场地具备施工条件,在开工后继续负责解决以上事项遗留问题;

B. 将施工所需水、电、电信线路从施工场地外部接至专用条款约定地点,保证施工期间的需要;

C. 开通施工场地与城乡公共道路的通道,以及专用条款约定的施工场地内的主要道路,满足施工运输的需要,保证施工期间运输畅通;

D. 向承包人提供施工场地的工程地质和地下管线资料,对资料的真实准确性负责;

E. 办理施工许可证及其他施工所需证件、批件和临时用地、停水、停电、中断道路交通、爆破作业等的申请批准手续(证明承包人自身资质的证件除外);

F. 确定水准点与坐标控制点,以书面形式交给承包人,进行现场交验;

G. 组织承包人和设计单位进行图纸会审和设计交底;

H. 协调处理施工场地周围地下管线和邻近建筑物、构筑物(包括文物保护建筑)、古树名木的保护工作,承担有关费用;

I. 发包人应做的其他工作,双方在专用条款内约定。

②发包人可以将第①款部分工作委托承包人办理,双方在专用条款内约定,其费用由发包人承担。

③发包人未能履行第①款各项义务,导致工期延误或给承包人造成损失的,发包人赔偿承包人有关损失,顺延延误的工期。

(5)承包人工作。

①承包人按专用条款约定的内容和时间完成工作。

②承包人未能履行第①款义务,造成发包人损失的,承包人赔偿发包人有关损失。本条对应当由承包人进行的工作,按一般情况和有关法律作了明确约定。按一般情况约定的工作有:接受发包人委托的工程设计,提供有关报表,向发包人提供办公及生活房屋及设施,保护已完尚未交付的工程等。

3)施工组织设计和工期

(1)进度计划。

①承包人应按专用条款约定的日期,将施工组织设计和工程进度计划提交工程师,工程

师按专用条款约定的时间予以确认或提出修改意见，逾期不确认也不提出书面意见的，视为同意。

②群体工程中单位工程分期进行施工的，承包人应按照发包人提供图纸及有关资料的时间，按单位工程编制进度计划，其具体内容双方在专用条款中约定。

③承包人必须按工程师确认的进度计划组织施工，接受工程师对其进度的检查、监督。工程实际进度与经确认的进度计划不符时，承包人应按工程师的要求提出改进措施，经工程师确认后执行。由于承包人的原因导致实际进度与进度计划不符，承包人无权就改进措施提出追加合同价款。

(2)开工及延期开工。

①承包人应当按照协议书约定的开工日期开工。承包人不能按时开工，应当不迟于协议书约定的开工日期前7日，以书面形式向工程师提出延期开工的理由和要求。工程师应当在接到延期开工申请后48小时内以书面形式答复承包人。工程师在接到延期开工申请后48小时内不答复，视为同意承包人要求，工期相应顺延。工程师不同意延期要求或承包人未在规定时间内提出延期开工要求，工期不予顺延。

②由于发包人原因不能按照协议书约定的开工日期开工，工程师应以书面形式通知承包人，推迟开工日期。发包人赔偿承包人因延期开工造成的损失，并相应顺延工期。

(3)暂停施工。

本条是关于暂停施工程序性条款。

工程师认为确有必要暂停施工时，应当以书面形式要求承包人暂停施工，并在提出要求后48小时内提出书面处理意见。承包人应当按工程师要求停止施工，并妥善保护已完工程。承包人实施工程师作出的处理意见后，可以书面形式提出复工要求，工程师应当在48小时内给予答复。工程师未能在规定时间内提出处理意见，或收到承包人复工要求后48小时内未予答复，承包人可自行复工。由于发包人原因造成停工的，由发包人承担所发生的追加合同价款，赔偿承包人由此造成的损失，相应顺延工期；由于承包人原因造成停工的，由承包人承担发生的费用。工期不予顺延。

(4)工期延误。

①由于以下原因造成工期延误，经工程师确认，工期相应顺延：

A. 发包人未能按专用条款的约定提供图纸及开工条件；

B. 发包人未能按约定日期支付工程预付款、进度款，致使施工不能正常进行；

C. 工程师未按合同约定提供所需指令、批准等，致使施工不能正常进行；

D. 设计变更和工程量增加；

E. 一周内由于非承包人原因停水、停电、停气造成停工累计超过8小时；

F. 不可抗力；

G. 专用条款中约定或工程师同意工期顺延的其他情况。

②承包人在第1)款情况发生后14天内，就延误的工期以书面形式向工程师提出报告。工程师在收到报告后14天内予以确认，逾期不予确认也不提出修改意见，视为同意顺延工期。

(5)工程竣工。

①承包人必须按照协议书约定的竣工日期或工程师同意顺延的工期竣工。

②由于承包人原因不能按照协议书约定的竣工日期或工程师同意顺延的工期竣工的，承包人承担违约责任。

③施工中发包人如需提前竣工，双方协商一致后应签订提前竣工协议，作为合同文件组成部分。提前竣工协议应包括承包人为保证工程质量和安全采取的措施、发包人为提前竣工提供的条件以及提前竣工所需的追加合同价款等内容。

4）质量与检验

（1）工程质量。

①工程质量应当达到协议书约定的质量标准，质量标准的评定以国家或行业的质量检验评定标准为依据。由于承包人原因工程质量达不到约定的质量标准，承包人承担违约责任。

②双方对工程质量有争议，由双方同意的工程质量检测机构鉴定，所需费用及因此造成的损失，由责任方承担。双方均有责任，由双方根据其责任分别承担。

（2）检查和返工。

①承包人应认真按照标准、规范和设计图纸要求以及工程师依据合同发出的指令施工，随时接受工程师的检查检验，为检查检验提供便利条件。

②工程质量达不到约定标准的部分，工程师一经发现，应要求承包人拆除和重新施工，承包人应按工程师的要求拆除和重新施工，直到符合约定标准。由于承包人原因达不到约定标准，由承包人承担拆除和重新施工的费用，工期不予顺延。

③工程师的检查检验不应影响施工正常进行。若影响施工正常进行，检查检验不合格时，影响正常施工的费用由承包人承担。除此之外影响正常施工的追加合同价款由发包人承担，相应顺延工期。

④由于工程师指令失误或其他非承包人原因发生的追加合同价款，由发包人承担。

（3）隐蔽工程和中间验收。

①工程具备隐蔽条件或达到专用条款约定的中间验收部位，承包人进行自检，并在隐蔽或中间验收前48小时以书面形式通知工程师验收。通知包括隐蔽和中间验收的内容、验收时间和地点。承包人准备验收记录，验收合格，工程师在验收记录上签字后，承包人可进行隐蔽和继续施工。验收不合格，承包人在工程师限定的时间内修改后重新验收。

②工程师不能按时进行验收，应在验收前24小时以书面形式向承包人提出延期要求，延期不能超过48小时。工程师未能按以上时间提出延期要求，不进行验收，承包人可自行组织验收，工程师应承认验收记录。

③经工程师验收，工程质量符合标准、规范和设计图纸等要求，验收24小时后，工程师不在验收记录上签字，视为工程师已经认可验收记录，承包人可进行隐蔽或继续施工。《合同法》第278条规定："隐蔽工程在隐蔽以前，承包人应当通知发包人检查。"《合同法》内也有关于中间交工工程的规定。

（4）重新检验。

无论工程师是否进行验收，当其要求对已经隐蔽的工程重新检验时，承包人应按要求进行剥离或开孔，并在检验后重新覆盖或修复。检验合格，发包人承担由此发生的全部追加合同价款，赔偿承包人损失，并相应顺延工期。检验不合格，承包人承担发生的全部费用，工期不予顺延。

在隐蔽工程隐蔽前，发包人接到承包人通知后没有及时检查，《合同法》第 278 条规定："承包人可以顺延工程日期，并有权要求赔偿停工、窝工等损失。"

(5)工程试车。

①双方约定需要试车的，试车内容应与承包人承包的安装范围相一致。

②设备安装工程具备单机无负荷试车条件，承包人组织试车，并在试车前 48 小时以书面形式通知工程师。通知包括试车内容、时间、地点。承包人准备试车记录，发包人根据承包人要求为试车提供必要条件。试车合格，工程师在试车记录上签字。

③工程师不能按时参加试车，须在开始试车前 24 小时以书面形式向承包人提出延期要求，延期不能超过 48 小时。工程师未能按以上时间提出延期要求，不参加试车，应承认试车记录。

④设备安装工程具备无负荷联动试车条件，发包人组织试车，并在试车前 48 小时以书面形式通知承包人。通知包括试车内容、时间、地点和对承包人的要求，承包人按要求做好准备工作。试车合格，双方在试车记录上签字。

⑤双方责任。

A. 由于设计原因试车达不到验收要求，发包人应要求设计单位修改设计，承包人按修改后的设计重新安装。发包人承担修改设计、拆除及重新安装的全部费用和追加合同价款，工期相应顺延。

B. 由于设备制造原因试车达不到验收要求，由该设备采购一方负责重新购置或修理，承包人负责拆除和重新安装。设备由承包人采购的，承包人承担修理或重新购置、拆除及重新安装的费用，工期不予顺延；设备由发包人采购的，发包人承担上述各项追加合同价款，工期相应顺延。

C. 由于承包人施工原因试车达不到验收要求，承包人按工程师要求重新安装和试车，并承担重新安装和试车的费用，工期不予顺延。

D. 试车费用除已包括在合同价款之内或专用条款另有约定外，均由发包人承担。

E. 工程师在试车合格后不在试车记录上签字，试车结束 24 小时后，视为工程师已经认可试车记录，承包人可继续施工或办理竣工手续。

⑥投料试车应在工程竣工验收后由发包人负责，如发包人要求在工程竣工验收前进行或需要承包人配合时，应征得承包人同意，另行签订补充协议。

5)安全施工

(1)安全施工与检查。

①承包人应遵守工程建设安全生产有关管理规定，严格按安全标准组织施工，并随时接受行业安全检查人员依法实施的监督检查，采取必要的安全防护措施，消除事故隐患。由于承包人安全措施不力造成事故的责任和因此发生的费用，由承包人承担。

②发包人应对其在施工场地的工作人员进行安全教育，并对他们的安全负责。发包人不得要求承包人违反安全管理的规定进行施工。由于发包人原因导致的安全事故，发包人承担相应责任及发生的费用。

(2)安全防护。

①承包人在动力设备、输电线路、地下管道、密封防震车间、易燃易爆地段以及临街交通要道附近施工时,施工开始前应向工程师提出安全防护措施,经工程师认可后实施,防护措施费用由发包人承担。

②实施爆破作业,在放射、毒害性环境中施工(含储存、运输、使用)及使用毒害性、腐蚀性物品施工时,承包人应在施工前14天以书面形式通知工程师,并提出相应的安全防护措施,经工程师认可后实施,由发包人承担安全防护措施费用。

(3)事故处理。

①发生重大伤亡及其他安全事故,承包人应按有关规定立即上报有关部门并通知工程师,同时按政府有关部门要求处理,由事故责任方承担发生的费用。

②发包人与承包人对事故责任有争议时,应按政府有关部门的认定处理。

6)合同价款与支付

(1)合同价款及调整。

①招标工程的合同价款由发包人与承包人依据中标通知书中的中标价格在协议书内约定。非招标工程的合同价款由发包人与承包人依据工程预算书在协议书内约定。

②合同价款在协议书内约定后,任何一方不得擅自改变。下列A、B、C三种确定合同价款的方式,双方可在专用条款内约定采用其中一种:

A. 固定价格合同;

B. 可调价格合同;

C. 成本加酬金合同。

③可调价格合同中合同价款的调整因素包括:

A. 法律、行政法规和国家有关政策变化影响合同价款;

B. 工程造价管理部门公布的价格调整;

C. 一周内由于非承包人原因停水、停电、停气造成停工累计超过8小时;

D. 双方约定的其他因素。

④承包人应当在第3)款情况发生后14天内,将调整原因、金额以书面形式通知工程师,工程师确认调整金额后作为追加合同价款,与工程款同期支付。工程师收到承包人通知后14天内不予确认也不提出修改意见,视为已经同意该项调整。

(2)工程预付款。

实行工程预付款的,双方应当在专用条款内约定发包人向承包人预付工程款的时间和数额,开工后按约定的时间和比例逐次扣回。预付时间应不迟于约定的开工日期前7天。发包人不按约定预付,承包人在约定预付时间7天后向发包人发出要求预付的通知,发包人收到通知后仍不能按要求预付,承包人可在发出通知后7天停止施工,发包人应从约定应付之日起向承包人支付应付款的贷款利息,并承担违约责任。

发包方支付工程预付款,通常需要承包方出具预付款担保,双方可在协议条款中对预付款担保的有关事项进行约定。

(3)工程量的确认。

①承包人应按专用条款约定的时间,向工程师提交已完工程量的报告。工程师接到报

告后7天内按设计图纸核实已完工程量(以下称为计量),并在计量前24小时通知承包人,承包人为计量提供便利条件并派人参加。承包人收到通知后不参加计量,计量结果有效,作为工程价款支付的依据。

②工程师收到承包人报告后7天内未进行计量,从第8天起,承包人报告中开列的工程量即视为被确认,作为工程价款支付的依据。工程师不按约定时间通知承包人,致使承包人未能参加计量,计量结果无效。

③对承包人超出设计图纸范围和由于承包人原因造成返工的工程量,工程师不予计量。工程量的确认是工程施工的一项重要内容,《建设工程监理规范》对工程量确认工作的程序和内容作出了详细规定。

(4)工程款(进度款)支付。

①在确认计量结果后14天内,发包人应向承包人支付工程款(进度款)。按约定时间发包人应扣回的预付款,与工程款(进度款)同期结算。

②本通用条款中确定调整的合同价款,工程变更调整的合同价款及其他条款中约定的追加合同价款,应与工程款(进度款)同期调整支付。

③发包人超过约定的支付时间不支付工程款(进度款),承包人可向发包人发出要求付款的通知,发包人收到承包人通知后仍不能按要求付款,可与承包人协商签订延期付款协议,经承包人同意后可延期支付。协议应明确延期支付的时间和从计量结果确认后第15天起应付款的贷款利息。

④发包人不按合同约定支付工程款(进度款),双方又未达成延期付款协议,导致施工无法进行,承包人可停止施工,由发包人承担违约责任。

7)材料设备供应

(1)发包人供应材料设备。

①实行发包人供应材料设备的,双方应当约定发包人供应材料设备的一览表,作为本合同附件(附件2)。一览表包括发包人供应材料设备的品种、规格、型号、数量、单价、质量等级、提供时间和地点。

②发包人按一览表约定的内容提供材料设备,并向承包人提供产品合格证明,对其质量负责。发包人在所供材料设备到货前24小时,以书面形式通知承包人,由承包人派人与发包人共同清点。

③发包人供应的材料设备,承包人派人参加清点后由承包人妥善保管,发包人支付相应保管费用。由于承包人原因发生丢失损坏,承包人负责赔偿。

发包人未通知承包人清点,承包人不负责材料设备的保管,丢失损坏由发包人负责。

④发包人供应的材料设备与一览表不符时,发包人承担有关责任。发包人应承担责任的具体内容由双方根据具体情况在专用条款内约定。

⑤发包人供应的材料设备使用前,由承包人负责检验或试验,不合格的不得使用,检验或试验费用由发包人承担。

⑥发包人供应材料设备的结算方法,双方在专用条款内约定。

(2)承包人采购材料设备。

①承包人负责采购材料设备的,应按照专用条款约定及设计和有关标准要求采购,并提

供产品合格证明,对材料设备质量负责。

承包人在材料设备到货前24小时通知工程师清点。

②承包人采购的材料设备与设计或标准要求不符时,承包人应按工程师要求的时间运出施工场地,重新采购符合要求的产品,承担由此发生的费用,由此延误的工期不予顺延。

③承包人采购的材料设备在使用前,承包人应按工程师的要求进行检验或试验,不合格的不得使用,检验或试验费用由承包人承担。

④工程师发现承包人采购并使用不符合设计和标准要求的材料设备时,应要求承包人负责修复、拆除或重新采购,由承包人承担发生的费用,由此延误的工期不予顺延。

⑤承包人需要使用代用材料时应经工程师认可后才能使用,由此增减的合同价款双方以书面形式议定。

⑥由承包人采购的材料设备,发包人不得指定生产厂或供应商。

8)工程变更

(1)工程设计变更。

①施工中发包人需对原工程设计进行变更,应提前14日以书面形式向承包人发出变更通知。变更超过原设计标准或批准的建设规模时,发包人应报规划管理部门和其他有关部门重新审查批准,并由原设计单位提供变更的相应图纸和说明。承包人按照工程师发出的变更通知及有关要求,进行变更。

②施工中承包人不得对原工程设计进行变更。因承包人擅自变更设计发生的费用和由此导致发包人的直接损失,由承包人承担,延误的工期不予顺延。

③承包人在施工中提出的合理化建议涉及对设计图纸或施工组织设计的更改及对材料、设备的换用,须经工程师同意。未经同意擅自更改或换用时,承包人承担由此发生的费用,并赔偿发包人的有关损失,延误的工期不予顺延。

工程师同意采用承包人合理化建议,所发生的费用和获得的收益,发包人与承包人另行约定分担或分享。

(2)其他变更。

合同履行中发包人要求变更工程质量标准及发生其他实质性变更,由双方协商解决。《合同法》第77条规定:“当事人协商一致,可以变更合同。”根据这条规定,工程其他变更事项,均需经过发包人和承包人协商一致。

(3)确定变更价款。

①承包人在工程变更确定后14日内,提出变更工程价款的报告,经工程师确认后调整合同价款。

②承包人在双方确定变更后14日内不向工程师提出变更工程价款报告时,视为该项变更不涉及合同价款的变更。

③工程师应在收到变更工程价款报告之日起14日内予以确认,工程师无正当理由不确认时,自变更工程价款报告送达之日起14日后视为变更工程价款报告已被确认。

④工程师不同意承包人提出的变更价款,按本通用条款第37条关于争议的约定处理。

⑤工程师确认增加的工程变更价款作为追加合同价款,与工程款同期支付。

⑥由于承包人自身原因导致的工程变更,承包人无权要求追加合同价款。

9)竣工验收与结算

(1)竣工验收。

①工程具备竣工验收条件,承包人按国家工程竣工验收有关规定,向发包人提供完整竣工资料及竣工验收报告。双方约定由承包人提供竣工图的,应当在专用条款内约定提供的日期和份数。

②发包人收到竣工验收报告后28日内组织有关单位验收,并在验收后14日内给予认可或提出修改意见。承包人按要求修改,并承担由自身原因造成修改的费用。

③发包人收到承包人送交的竣工验收报告后28日内不组织验收,或验收后14日内不提出修改意见,视为竣工验收报告已被认可。

④工程竣工验收通过,承包人送交竣工验收报告的日期为实际竣工日期。工程按发包人要求修改后通过竣工验收的,实际竣工日期为承包人修改后提请发包人验收的日期。

⑤发包人收到承包人竣工验收报告后28日内不组织验收,从第29日起承担工程保管及一切意外责任。

⑥中间交工工程的范围和竣工时间,双方在专用条款内约定,其验收程序按本通用条款第①~④款办理。

⑦由于特殊原因,发包人要求部分单位工程或工程部位甩项竣工的,双方另行签订甩项竣工协议,明确双方责任和工程价款的支付方法。

⑧工程未经竣工验收或竣工验收未通过的,发包人不得使用。发包人强行使用时,由此发生的质量问题及其他问题,由发包人承担责任。

(2)竣工结算。

①工程竣工验收报告经发包人认可后28日内,承包人向发包人递交竣工结算报告及完整的结算资料,双方按照协议书约定的合同价款及专用条款约定的合同价款调整内容,进行工程竣工结算。

②发包人收到承包人递交的竣工结算报告及结算资料后28日内进行核实,给予确认或者提出修改意见。发包人确认竣工结算报告后通知经办银行向承包人支付工程竣工结算价款。承包人收到竣工结算价款后14日内将竣工工程交付发包人。

③发包人收到竣工结算报告及结算资料后28日内无正当理由不支付工程竣工结算价款,从第29日起按承包人同期向银行贷款利率支付拖欠工程价款的利息,并承担违约责任。

④发包人收到竣工结算报告及结算资料后28日内不支付竣工结算价款,承包人可以催告发包人支付结算价款。发包人在收到竣工结算报告及结算资料后56日内仍不支付的,承包人可以与发包人协议将该工程折价,也可以由承包人申请人民法院将该工程依法拍卖,承包人就该工程折价或者拍卖的价款优先受偿。

⑤工程竣工验收报告经发包人认可后28日内,承包人未能向发包人递交竣工结算报告及完整的结算资料,造成工程竣工结算不能正常进行或工程竣工结算价款不能及时支付,发包人要求交付工程的,承包人应当交付;发包人不要求交付工程的,承包人承担保管责任。

⑥发包人与承包人对工程竣工结算价款发生争议时,按本通用条款中后续关于争议的约定处理。

(3)质量保修。

①承包人应按法律、行政法规或国家关于工程质量保修的有关规定,对交付发包人使用的工程在质量保修期内承担质量保修责任。

②质量保修工作的实施。承包人应在工程竣工验收之前,与发包人签订质量保修书,作为本合同附件。

③质量保修书的主要内容包括:

A. 质量保修项目内容及范围;

B. 质量保修期;

C. 质量保修责任;

D. 质量保修金的支付方法。

10)违约、索赔和争议

(1)违约。

①发包人违约。当发生下列情况时:

A. 本通用条款第6).(2)条提到的发包人不按时支付工程预付款;

B. 本通用条款第6).(4)条④款提到的发包人不按合同约定支付工程款,导致施工无法进行;

C. 本通用条款第9).(2)条③款提到的发包人无正当理由不支付工程竣工结算价款;

D. 发包人不履行合同义务或不按合同约定履行义务的其他情况。

发包人承担违约责任,赔偿因其违约给承包人造成的经济损失,顺延延误的工期。双方在专用条款内约定发包人赔偿承包人损失的计算方法或者发包人应当支付违约金的数额或计算方法。

②承包人违约。当发生下列情况时:

A. 本通用条款第3).(5)条②款提到的由于承包人原因不能按照协议书约定的竣工日期或工程师同意顺延的工期竣工;

B. 本通用条款第4).(1)条①款提到的由于承包人原因工程质量达不到协议书约定的质量标准;

C. 承包人不履行合同义务或不按合同约定履行义务的其他情况。

承包人承担违约责任,赔偿因其违约给发包人造成的损失。双方在专用条款内约定承包人赔偿发包人损失的计算方法或者承包人应当支付违约金的数额或计算方法。

③一方违约后,另一方要求违约方继续履行合同时,违约方承担上述违约责任后仍应继续履行合同。

(2)索赔。

①当一方向另一方提出索赔时,要有正当索赔理由,且有索赔事件发生时的有效证据。

②发包人未能按合同约定履行自己的各项义务或发生错误以及应由发包人承担责任的其他情况,造成工期延误和(或)承包人不能及时得到合同价款及承包人的其他经济损失,承包人可按程序以书面形式向发包人索赔。

③承包人未能按合同约定履行自己的各项义务或发生错误,给发包人造成经济损失,发包人可按本条第②款确定的时限向承包人提出索赔。

(3)争议。

①发包人与承包人在履行合同时发生争议,可以和解或者要求有关主管部门调解。当事人不愿和解、调解或者和解、调解不成的,双方可以在专用条款内约定以下任一种方式解决争议:

第一种解决方式:双方达成仲裁协议,向约定的仲裁委员会申请仲裁;

第二种解决方式:向有管辖权的人民法院起诉。

②发生争议后,除非出现下列情况的,双方都应继续履行合同,保持施工连续,保护好已完工程:

A. 单方违约导致合同确已无法履行,双方协议停止施工;

B. 调解要求停止施工,且为双方接受;

C. 仲裁机构要求停止施工;

D. 法院要求停止施工。

11)其他

(1)工程分包。

①承包人按专用条款的约定分包所承包的部分工程,并与分包单位签订分包合同。

非经发包人同意,承包人不得将承包工程的任何部分分包。

②承包人不得将其承包的全部工程转包给他人,也不得将其承包的全部工程肢解以后以分包的名义分别转包给他人。

③工程分包不能解除承包人任何责任与义务。承包人应在分包场地派驻相应管理人员,保证本合同的履行。分包单位的任何违约行为或疏忽导致工程损害或给发包人造成其他损失,承包人承担连带责任。

④分包工程价款由承包人与分包单位结算。发包人未经承包人同意不得以任何形式向分包单位支付各种工程款项。

(2)不可抗力。

①不可抗力包括因战争、动乱、空中飞行物体坠落或其他非发包人、承包人责任造成的爆炸、火灾,以及专用条款约定的风、雨、雪、洪、震等自然灾害。

②不可抗力事件发生后,承包人应立即通知工程师,并在力所能及的条件下迅速采取措施,尽力减少损失,发包人应协助承包人采取措施。工程师认为应当暂停施工的,承包人应暂停施工。不可抗力事件结束后48小时内承包人向工程师通报受害情况和损失情况,及时预计清理和修复的费用。不可抗力事件持续发生,承包人应每隔7日向工程师报告一次受害情况。不可抗力事件结束后14日内,承包人向工程师提交清理和修复费用的正式报告及有关资料。

③因不可抗力事件导致的费用及延误的工期由双方按以下方法分别承担:

A. 工程本身的损害、因工程损害导致第三人人员伤亡和财产损失以及运至施工场地用于施工的材料和待安装的设备的损害,由发包人承担;

B. 发包人、承包人人员伤亡由其所在单位负责,并承担相应费用;

C. 承包人机械设备损坏及停工损失,由承包人承担;

D. 停工期间,承包人应工程师要求留在施工场地的必要的管理人员及保卫人员的费用由发包人承担；

E. 工程所需清理、修复费用，由发包人承担；

F. 延误的工期相应顺延。

④因合同一方迟延履行合同后发生不可抗力的，不能免除迟延履行方的相应责任。

(3)保险。

①工程开工前，发包人为建设工程和施工场地内的自有人员及第三人人员生命财产办理保险，支付保险费用。

②运至施工场地内用于工程的材料和待安装设备，由发包人办理保险，并支付保险费用。

③发包人可以将有关保险事项委托承包人办理，费用由发包人承担。

④承包人必须为从事危险作业的职工办理意外伤害保险，并为施工场地内自有人员生命财产和施工机械设备办理保险，支付保险费用。

⑤保险事故发生时，发包人与承包人有责任尽力采取必要的措施，防止或者减少损失。

⑥具体投保内容和相关责任，发包人与承包人在专用条款中约定。

(4)担保。

①发包人与承包人为了全面履行合同，应互相提供以下担保：

A. 发包人向承包人提供履约担保，按合同约定支付工程价款及履行合同约定的其他义务；

B. 承包人向发包人提供履约担保，按合同约定履行自己的各项义务。

②一方违约后，另一方可要求提供担保的第三方承担相应责任。

③提供担保的内容、方式和相关责任，发包人与承包人除在专用条款中约定外，被担保方与担保方还应签订担保合同，作为本合同附件。

(5)专利技术及特殊工艺。

①发包人要求使用专利技术或特殊工艺，应负责办理相应的申报手续，承担申报、试验、使用等费用；承包人提出使用专利技术或特殊工艺，应取得工程师认可，承包人负责办理申报手续并承担有关费用。

②擅自使用专利技术侵犯他人专利权的，责任者依法承担相应责任。

(6)文物和地下障碍物。

①在施工中发现古墓、古建筑遗址等文物及化石或其他有考古、地质研究等价值的物品时，承包人应立即保护好现场并于4小时内以书面形式通知工程师，工程师应于收到书面通知后24小时内报告当地文物管理部门，发包人与承包人按文物管理部门的要求采取妥善保护措施。发包人承担由此发生的费用，顺延延误的工期。

如发现后隐瞒不报，致使文物遭受破坏，责任者依法承担相应责任。

②施工中发现影响施工的地下障碍物时，承包人应于8小时内以书面形式通知工程师，同时提出处置方案，工程师收到处置方案后24小时内予以认可或提出修正方案。发包人承担由此发生的费用，顺延延误的工期。

所发现的地下障碍物有归属单位时，发包人应报请有关部门协同处置。

(7)合同解除。

①发包人与承包人协商一致，可以解除合同。

②发生本通用条款第26.4款情况，停止施工超过56日，发包人仍不支付工程款(进度款)，承包人有权解除合同。

③发生本通用条款第38.2款禁止的情况，承包人将其承包的全部工程转包给他人或者肢解以后以分包的名义分别转包给他人，发包人有权解除合同。

④有下列情形之一的，发包人与承包人可以解除合同：

A. 因不可抗力致使合同无法履行；

B. 因一方违约(包括由于发包人原因造成工程停建或缓建)致使合同无法履行。

⑤一方依据第②、③、④款约定要求解除合同的，应以书面形式向对方发出解除合同的通知，并在发出通知前7日告知对方，通知到达对方时合同解除。对解除合同有争议的，按本通用条款(37)条关于争议的约定处理。

⑥合同解除后，承包人应妥善做好已完工程和已购材料、设备的保护和移交工作，按发包人要求将自有机械设备和人员撤出施工场地。发包人应为承包人撤出提供必要条件，支付以上所发生的费用，并按合同约定支付已完工程价款。已经订货的材料、设备由订货方负责退货或解除订货合同，不能退还的贷款和因退货、解除订货合同发生的费用，由发包人承担，因未及时退货造成的损失由责任方承担。除此之外，有过错的一方应当赔偿因合同解除给对方造成的损失。

⑦合同解除后，不影响双方在合同中约定的结算和清理条款的效力。

(8)合同生效与终止。

①双方在协议书中约定合同生效方式。

②除本通用条款第34条外，发包人与承包人履行合同全部义务，竣工结算价款支付完毕，承包人向发包人交付竣工工程后，本合同即告终止。

③合同的权利义务终止后，发包人与承包人应当遵循诚实信用原则，履行通知、协助、保密等义务。

(9)合同份数。

①本合同正本两份，具有同等效力，由发包人与承包人分别保存一份。

②本合同副本份数，由双方根据需要在专用条款内约定。

本条是根据常规和惯例约定的条款内容。

(10)补充条款。

双方根据有关法律、行政法规规定，结合工程实际，经协商一致后，可对本通用条款内容具体化、补充或修改，在专用条款内约定。

《合同法》第12条规定："当事人可以参照各类合同的示范文本订立合同。"根据这一规定约定了本条的内容。

◎《专用条款》

《建设工程施工合同》(示范文本)的《专用条款》是供发包人和承包人结合具体工程情况，经双方充分协商一致约定的条款。由于建设工程的单件性，每个具体工程都有一些特殊情况，发包人和承包人除使用《通用条款》外，还要根据具体工程的特殊情况，进行充分协商，取得一致意见后，在《专用条款》内约定。

《专用条款》作为招标文件的组成部分，其条款内容应当由招标人也就是发包人提出。但在招标文件内，由于承包人/中标人尚未最终选定，因此，招标文件内的《专用条款》通常涉及一些基本实质性的主要内容，而个别条款细节，一般需要在选定承包人后，才能详细谈判约定（但必须限定在法律允许的范围内）。

【相关知识】

◎《协议书》制定的目的

制定《协议书》并单独作为文本的一个部分，主要有以下几个方面的目的：

①确认双方达成一致意见的合同主要内容，使合同主要内容清楚明了；

②确认合同文件的组成部分，有利于合同双方正确理解并全面履行合同；

③确认合同主体双方并签字盖章，约定合同生效；

④合同双方郑重承诺履行自己的义务，有助于增强履约意识。

9.2　《建设工程施工专业分包合同》（GF—2003—0213）应用

【要　　点】

《建设工程施工专业分包合同》（以下简称为“本合同”）（GF—2003—0213）应用包括《协议书》、《通用条款》和《专用条款》三部分。

【解　　释】

◎《协议书》

分包合同的组成文件包括：

（1）本合同协议书；

（2）中标通知书（如有时）；

（3）分包人的报价书；

（4）除总包合同工程价款之外的总包合同文件；

（5）本合同专用条款；

（6）本合同通用条款；

（7）本合同工程建设标准、图纸及有关技术文件；

（8）合同履行过程中，承包人和分包人协商一致的其他书面文件。

◎《通用条款》

1）双方一般权利和义务

（1）总包合同。

①分包人对总包合同的了解。承包人应提供总包合同（有关承包工程的价格内容除外）供分包人查阅。当分包人要求时，承包人应向分包人提供一份总包合同（有关承包工程的价格内容除外）的副本或复印件。分包人应全面了解总包合同（有关承包工程的价格内容除

外)的各项规定。

②分包人对有关分包工程的责任。除本合同条款另有约定,分包人应履行并承担总包合同中与分包工程有关的承包人的所有义务与责任,同时应避免因分包人自身行为或疏漏造成承包人违反总包合同中约定的承包人义务的情况发生。

③分包人与发包人的关系。分包人须服从承包人转发的发包人或工程师与分包工程有关的指令。未经承包人允许,分包人不得以任何理由与发包人或工程师发生直接工作联系,分包人不得直接致函发包人或工程师,也不得直接接受发包人或工程师的指令。如分包人与发包人或工程师发生直接工作联系,将被视为违约,并承担违约责任。

(2)指令和决定。

①承包人指令。就分包工程范围内的有关工作,承包人随时可以向分包人发出指令,分包人应执行承包人根据分包合同所发出的所有指令。分包人拒不执行指令,承包人可委托其他施工单位完成该指令事项,发生的费用从应付给分包人的相应款项中扣除。

②发包人或工程师指令。就分包工程范围内的有关工作,分包人应执行经承包人确认和转发的发包人或工程师发出的所有指令和决定。

(3)项目经理。

①项目经理的姓名、职称在本合同专用条款内写明。

②项目经理可授权具体的管理人员行使自己的部分权利,并在认为有必要时可撤回授权,授权和撤回均应提前7日以书面形式通知分包人,委派书及撤回通知作为分包合同的附件。

③承包人所发出的指令、通知,由项目经理(或其授权人)签字后,以书面形式交给分包人,分包项目经理在回执上签署自己的姓名及收到时间后生效。确有必要时,项目经理可发出口头指令,并在48小时内给予书面确认。项目经理在48小时后未予书面确认的,分包人应于承包人发出口头指令后7天内提出书面确认要求,项目经理在分包人提出确认要求后7天内不予答复,应视为分包人要求已被确认。分包人认为承包人指令不合理,应在收到指令后24小时内提出书面申告,承包人在收到分包人申告后24小时内作出修改指令或继续执行原指令的决定,并以书面形式通知分包人。紧急情况下,项目经理可发出要求分包人立即执行的指令,分包人如有异议也应执行。如承包人发出错误的指令,并给分包人造成经济损失的,则承包人应给予分包人相应的补偿,但因分包人违反分包合同引起的损失除外。

④项目经理应按分包合同的约定,及时向分包人提供所需的指令、批准、图纸并履行其他约定的义务,否则分包人应在约定时间后24小时内将具体要求、需要的理由及延误的后果通知承包人,项目经理在收到通知后48小时内不予答复,应承担因延误造成的损失。

⑤承包人如需更换项目经理,应至少提前7天以书面形式通知分包人,后任继续行使前任的职权,履行前任的义务。

(4)分包项目经理。

①分包项目经理的姓名、职称在本合同专用条款内写明。

②分包人依据合同发出的请求和通知,以书面形式由分包项目经理签字后送交项目经理,项目经理在回执上签署姓名和收到的时间后生效。

③分包项目经理按项目经理批准的施工组织设计(或施工方案)和依据分包合同发出的

指令组织施工。在情况紧急且无法与项目经理取得联系时，分包项目经理应采取保证人员生命和工程、财产安全的紧急措施，并在采取措施后48小时内向项目经理送交报告。责任在承包人或第三人，由承包人承担由此发生的追加合同价款，相应顺延工期；责任在分包人，由分包人承担费用，不顺延工期。

④分包人如需更换分包项目经理，应至少提前7天以书面形式通知承包人，并征得承包人同意，后任继续行使前任的职权，履行前任的义务。

⑤承包人可与分包人协商，建议更换其认为不称职的分包项目经理。

(5)承包人的工作。

①承包人应按本合同专用条款约定的内容和时间，一次或分阶段完成下列工作：

A. 向分包人提供根据总包合同由发包人办理的与分包工程相关的各种证件、批件、各种相关资料，向分包人提供具备施工条件的施工场地；

B. 按本合同专用条款约定的时间，组织分包人参加发包人组织的图纸会审，向分包人进行设计图纸交底；

C. 提供本合同专用条款中约定的设备和设施，并承担因此发生的费用；

D. 随时为分包人提供确保分包工程的施工所要求的施工场地和通道等，满足施工运输的需要，保证施工期间的畅通；

E. 负责整个施工场地的管理工作，协调分包人与同一施工场地的其他分包人之间的交叉配合，确保分包人按照经批准的施工组织设计进行施工；

F. 承包人应做的其他工作，双方在本合同专用条款内约定。

②承包人未履行前款各项义务，导致工期延误或给分包人造成损失的，承包人赔偿分包人的相应损失，顺延延误的工期。

(6)分包人的工作。

①分包人应按本合同专用条款约定的内容和时间，完成下列工作：

A. 分包人应按照分包合同的约定，对分包工程进行设计(分包合同有约定时)、施工、竣工和保修。分包人在审阅分包合同和(或)总包合同时，或在分包合同的施工中，如发现分包工程的设计或工程建设标准、技术要求存在错误、遗漏、失误或其他缺陷，应立即通知承包人。

B. 按照本合同专用条款约定的时间，完成规定的设计内容，报承包人确认后在分包工程中使用。承包人承担由此发生的费用。

C. 在本合同专用条款约定的时间内，向承包人提供年、季、月度工程进度计划及相应进度统计报表。分包人不能按承包人批准的进度计划施工时，应根据承包人的要求提交一份修订的进度计划，以保证分包工程如期竣工。

D. 分包人应在专用条款约定的时间内，向承包人提交一份详细施工组织设计，承包人应在专用条款约定的时间内批准，分包人方可执行。

E. 遵守政府有关主管部门对施工场地交通、施工噪声以及环境保护和安全文明生产等的管理规定，按规定办理有关手续，并以书面形式通知承包人，承包人承担由此发生的费用，因分包人责任造成的罚款除外。

F. 分包人应允许承包人、发包人、工程师及其三方中任何一方授权的人员在工作时间内,合理进入分包工程施工场地或材料存放的地点,以及施工场地以外与分包合同有关的分包人的任何工作或准备的地点,分包人应提供方便。

G. 已竣工工程未交付承包人之前,分包人应负责已完分包工程的成品保护工作,保护期间发生损坏,分包人自费予以修复;承包人要求分包人采取特殊措施保护的工程部位和相应的追加合同价款,双方在本合同专用条款内约定。

H. 分包人应做的其他工作,双方在本合同专用条款内约定。

②分包人未履行前款各项义务,造成承包人损失的,分包人赔偿承包人有关损失。

(7)总包合同解除。

①如在分包人没有全面履行分包合同义务之前,总包合同解除,则承包人应及时通知分包人解除分包合同,分包人接到通知后应尽快撤离现场。

②因本合同第 11.1 款原因终止分包合同,分包人可以得到:已完工程价款、分包人员工的遣散费、二次搬运费等补偿。如本合同第 11.1 款约定的总包合同终止是因为分包人的严重违约,则只能得到已完工程价款补偿。

③在本合同第 11.1 款解除分包合同的情况下,分包人经承包人同意为分包工程已采购或已运至施工场地的材料设备,应全部移交给承包人,由承包人按本合同专用条款约定的价格支付给分包人。

(8)转包与再分包。

①除②款规定的情况外,分包人不得将其承包的分包工程转包给他人,也不得将其承包的分包工程的全部或部分再分包给他人。如分包人将其承包的分包工程转包或再分包,将被视为违约,并承担违约责任。

②分包人经承包人同意可以将劳务作业再分包给具有相应劳务分包资质的劳务分包企业。

③分包人应对再分包的劳务作业的质量等相关事宜进行督促和检查,并承担相关连带责任。

2)工期

(1)开工与延期开工。

①分包人应当按照本合同协议书约定的开工日期开工。分包人不能按时开工,应当不迟于本合同协议书约定的开工日期前 5 天,以书面形式向承包人提出延期开工的理由。承包人应当在接到延期开工申请后 48 小时内以书面形式答复分包人。承包人在接到延期开工申请后 48 小时内不答复,视为同意分包人要求,工期相应顺延。承包人不同意延期要求或分包人未在规定时间内提出延期开工要求,工期不予顺延。

②由于承包人原因不能按照本合同协议书约定的开工日期开工,项目经理应以书面形式通知分包人,推迟开工日期。承包人赔偿分包人因延期开工造成的损失,并相应顺延工期。

(2)工期延误。

由于下列原因之一造成分包工程工期延误,经项目经理确认,工期相应顺延:

①承包人根据总包合同从工程师处获得与分包合同相关的竣工时间延长;

②承包人未按本合同专用条款的约定提供图纸、开工条件、设备设施、施工场地;

③承包人未按约定日期支付工程预付款、进度款,致使分包工程施工不能正常进行;

④项目经理未按分包合同约定提供所需的指令、批准或所发出的指令错误,致使分包工程施工不能正常进行;

⑤由于非分包人原因的分包工程范围内的工程变更及工程量增加;

⑥由于不可抗力的原因;

⑦本合同专用条款中约定的或项目经理同意工期顺延的其他情况;

⑧分包人应在本合同14.1款约定情况发生后14日内,就延误的工期以书面形式向承包人提出报告。承包人在收到报告后14日内予以确认,逾期不予确认也不提出修改意见,视为同意顺延工期。

(3)暂停施工。

发包人或工程师认为确有必要暂停施工时,应以书面形式通过承包人向分包人发出暂停施工指令,并在提出要求后48小时内提出书面处理意见。分包人停工和复工程序以及暂停施工所发生的费用,按总包合同相应条款履行。

(4)工程竣工。

①分包人应按照本合同协议书约定的竣工日期或承包人同意顺延的工期竣工。

②由于分包人原因不能按照本合同协议书约定的竣工日期或承包人同意顺延的工期竣工的,分包人承担违约责任。

③提前竣工程序按总包合同相应条款履行。

3)质量与安全

(1)质量检查与验收。

①分包工程质量应达到本合同协议书和本合同专用条款约定的工程质量标准,质量评定标准按照总包合同相应条款履行。由于分包人原因工程质量达不到约定的质量标准,分包人应承担违约责任,违约金计算方法或额度在本合同专用条款内约定。

②双方对工程质量的争议,按照总包合同相应的条款履行。

③分包工程的检查、验收及工程试车等,按照总包合同相应的条款履行。分包人应就分包工程向承包人承担总包合同约定的承包人应承担的义务,但并不免除承包人根据总包合同应承担的总包质量管理的责任。

④分包人应允许并配合承包人或工程师进入分包人施工场地检查工程质量。

(2)安全施工。

①分包人应遵守工程建设安全生产有关管理规定,严格按照安全标准组织施工,承担由于自身安全措施不力造成事故的责任和因此发生的费用。

②在施工场地涉及危险地区或需要安全防护措施施工时,分包人应提出安全防护措施,经承包人批准后实施,发生的相应费用由承包人承担。

③发生安全事故,按照总包合同相应条款处理。

4)合同价款与支付

(1)合同价款及调整。

①招标工程的合同价款由承包人与分包人依据中标通知书中的中标价格在本合同协议书内约定;非招标工程的合同价款由承包人与分包人依据工程报价书在本合同协议书内约定。

②分包工程合同价款在本合同协议书内约定后,任何一方不得擅自改变。下列三种确定合同价款的方式,双方可在本合同专用条款内约定采用其中一种(应与总包合同约定的方式一致)。

A. 固定价格。双方在本合同专用条款内约定合同价款包含的风险范围和风险费用的计算方法,在约定的风险范围内合同价款不再调整。风险范围以外的合同价款调整方法,应当在专用条款内约定。

B. 可调价格。合同价款可根据双方的约定而调整,双方在本合同专用条款内约定合同价款调整方法。

C. 成本加酬金。合同价款包括成本和酬金两部分,双方在本合同专用条款内约定成本构成和酬金的计算方法。

③可调价格计价方式中合同价款的调整因素包括:

A. 法律、行政法规和国家有关政策变化影响合同价款;

B. 工程造价管理部门公布的价格调整;

C. 一周内由于非分包人原因停水、停电、停气造成停工累计超过 8 小时;

D. 双方约定的其他因素。

④分包人应当在本合同 19.3 款情况发生后 10 日内,将调整原因、金额以书面形式通知承包人,承包人确认调整金额后作为追加合同价款,与工程价款同期支付。承包人收到通知后 10 日内不予确认也不提出修改意见,视为已经同意该项调整。

⑤分包合同价款与总包合同相应部分价款无任何连带关系。

(2)工程量的确认。

①分包人应按本合同专用条款约定的时间向承包人提交已完工程量报告,承包人接到报告后 7 日内自行按设计图纸计量或报经工程师计量。承包人在自行计量或由工程师计量前 24 小时应通知分包人,分包人为计量提供便利条件并派人参加。分包人收到通知后不参加计量,计量结果有效,作为工程价款支付的依据;承包人不按约定时间通知分包人,致使分包人未能参加计量,计量结果无效。

②承包人在收到分包人报告后 7 日内未进行计量或因工程师的原因未计量的,从第 8 日起,分包人报告中开列的工程量即视为被确认,作为工程价款支付的依据。

③分包人未按本合同专用条款约定的时间向承包人提交已完工程量报告,或其所提交的报告不符合承包人要求且未做整改的,承包人不予计量。

④对分包人自行超出设计图纸范围和由于分包人原因造成返工的工程量,承包人不予计量。

(3)合同价款的支付。

①实行工程预付款的,双方应在本合同专用条款内约定承包人向分包人预付工程款的时间和数额,开工后按约定的时间和比例逐次扣回。

②在确认计量结果后 10 日内,承包人应按专用条款约定的时间和方式,向分包人支付工程款(进度款)。按约定时间承包人应扣回的预付款,与工程款(进度款)同期结算。

③分包合同约定的工程变更调整的合同价款、合同价款的调整、索赔的价款或费用以及其他约定的追加合同价款,应与工程进度款同期调整支付。

④承包人超过约定的支付时间不支付工程款(预付款、进度款),分包人可向承包人发出要求付款的通知。

⑤承包人不按分包合同约定支付工程款(预付款、进度款),导致施工无法进行,分包人可停止施工,由承包人承担违约责任。

5)工程变更

(1)分包人应根据以下指令,以更改、增补或省略的方式对分包工程进行变更。

①工程师根据总包合同作出的变更指令。该变更指令由工程师作出并经承包人确认后通知分包人。

②除上述 A. 项以外的承包人作出的变更指令。

(2)分包人不执行从发包人或工程师处直接收到的未经承包人确认的有关分包工程变更的指令。如分包人直接收到此类变更指令,应立即通知项目经理并向项目经理提供一份该直接指令的复印件。项目经理应在 24 小时内提出关于对该指令的处理意见。

(3)分包工程变更价款的确定应按照总包合同的相应条款履行。分包人应在工程变更确定后 11 日内向承包人提出变更分包工程价款的报告,经承包人确认后调整合同价款。

(4)分包人在双方确定变更后 11 日内不向承包人提出变更分包工程价款的报告,视为该项变更不涉及合同价款的变更。

(5)承包人在收到变更分包工程价款报告之日起 17 日内予以确认,无正当理由逾期未予确认时,视为该报告已被确认。

6)竣工验收及结算

(1)竣工验收。

①分包工程具备竣工验收条件的,分包人应向承包人提供完整的竣工资料及竣工验收报告。双方约定由分包人提供竣工图的,应在专用条款内约定提交日期和份数。

②承包人应在收到分包人提供的竣工验收报告之日起 3 日内通知发包人进行验收,分包人应配合承包人进行验收。根据总包合同无须由发包人验收的部分,承包人应按照总包合同约定的验收程序自行验收。发包人未能按照总包合同及时组织验收的,承包人应按照总包合同规定的发包人验收的期限及程序自行组织验收,并视为分包工程竣工验收通过。

③分包工程竣工验收未能通过且属于分包人原因的,分包人负责修复相应缺陷并承担相应的质量责任。

④分包工程竣工日期为分包人提供竣工验收报告之日。需要修复的,为提供修复后竣工报告之日。

(2)竣工结算及移交。

①分包工程竣工验收报告经承包人认可后 14 日内,分包人向承包人递交分包工程竣工结算报告及完整的结算资料,双方按照本合同协议书约定的合同价款及本合同专用条款约定的合同价款调整内容,进行工程竣工结算。

②承包人收到分包人递交的分包工程竣工结算报告及结算资料后 28 日内进行核实,给予确认或者提出明确的修改意见。承包人确认竣工结算报告后 7 日内向分包人支付分包工程竣工结算价款。分包人收到竣工结算价款之日起 7 日内,将竣工工程交付承包人。

③承包人收到分包工程竣工结算报告及结算资料后 28 日内无正当理由不支付工程竣

工结算价款,从第29日起按分包人同期向银行贷款利率支付拖欠工程价款的利息,并承担违约责任。

(3)质量保修。

在包括分包工程的总包工程竣工交付使用后,分包人应按国家有关规定对分包工程出现的缺陷进行保修,具体保修责任按照分包人与承包人在工程竣工验收之前签订的质量保修书执行。

7)违约、索赔及争议

(1)违约。

①当发生下列情况之一时,视为承包人违约:

A. 本合同通用条款第21.5款提到的承包人不按分包合同的约定支付工程预付款、工程进度款,导致施工无法进行;

B. 本合同通用条款第24.3款提到的承包人不按分包合同的约定支付工程竣工结算价款;

C. 承包人不履行分包合同义务或不按分包合同约定履行义务的其他情况。承包人承担违约责任,赔偿因其违约给分包人造成的经济损失,顺延延误的工期。双方在本合同专用条款内约定承包人赔偿分包人损失的计算方法或承包人应当支付违约金的数额。

②当发生下列情况之一时,视为分包人违约:

A. 本合同通用条款第5.3款提到的如分包人与发包人或工程师发生直接工作联系;

B. 本合同通用条款第12.1款提到的分包人将其承包的分包工程转包或再分包;

C. 本合同通用条款第16.2款提到的由于分包人原因不能按照本合同协议书约定的竣工日期或承包人同意顺延的工期竣工的;

D. 本合同通用条款第17.1款提到的由于分包人原因工程质量达不到约定的质量标准;

E. 分包人不履行分包合同义务或不按分包合同约定履行义务的其他情况。分包人承担违约责任,赔偿因其违约给承包人造成的经济损失。双方在本合同专用条款内约定分包人赔偿承包人损失的计算方法或分包人应当支付违约金的数额。

③分包人违反本合同可能产生的后果。

如分包人有违反分包合同的行为,分包人应保障承包人免于承担因此违约造成的工期延误、经济损失及根据总包合同承包人将负责的任何赔偿费,在此情况下,承包人可从本应支付分包人的任何价款中扣除此笔经济损失及赔偿费,并且不排除采用其他补救方法的可能。

(2)索赔。

①当一方向另一方提出索赔时,要有正当的索赔理由,且有索赔事件发生时的有效证据。

②承包人未能按分包合同的约定履行自己的各项义务或发生错误以及应由承包人承担责任的其他情况,造成工期延误和(或)分包人不能及时得到合同价款或分包人的其他经济损失,分包人可按总包合同约定的程序以书面形式向承包人索赔。

③在分包工程施工过程中,如分包人遇到不利外部条件等根据总包合同可以索赔的情况,分包人可按照总包合同约定的索赔程序通过承包人提出索赔要求。在承包人收到分包人索赔报告后21日内给予分包人明确的答复,或要求进一步补充索赔理由和证据。索赔成

功后，承包人应将相应部分转交分包人。

分包人应按照总包合同的规定及时向承包人提交分包工程的索赔报告，以保证承包人可以及时向发包人进行索赔。承包人在35日内未能对分包人的索赔报告给予答复，视为分包人的索赔报告已经得到批准。

④承包人根据总包合同的约定向工程师递交任何索赔意向通知或其他资料，要求分包人协助时，分包人应就分包工程方面的情况，以书面形式向承包人发出相关通知或其他资料以及保持并出示同期施工记录，以便承包人能遵守总包合同有关索赔的约定。分包人未予积极配合，使得承包人涉及分包工程的索赔未获成功，则承包人可在按分包合同约定应支付给分包人的金额中扣除上述本应获得的索赔款项中适当比例的部分。

(3)争议。

①承包人与分包人在履行合同时发生争议，可以和解或者要求有关部门调解。当事人不愿和解、调解或者和解、调解不成的，双方可以在本合同专用条款内约定以下一种方式解决争议：

A. 双方达成仲裁协议，向约定的仲裁委员会申请仲裁；

B. 向有管辖权的人民法院起诉。

②发生争议后，除非出现下列情况，双方应继续履行合同，保持分包工程施工连续，保护好已完工程。

A. 单方违约导致合同确已无法履行，双方协议停止施工。

B. 调解要求停止施工，且为双方接受。

C. 仲裁机构要求停止施工。

D. 法院要求停止施工。

8)保障、保险及担保

(1)保障。

①除应由承包人承担的风险外，分包人应保障承包人免于承受在分包工程施工过程中及修补缺陷引起的下列损失、索赔及与此有关的索赔、诉讼、损害赔偿。

A. 人员的伤亡。

B. 分包工程以外的任何财产的损失或损害。

上列损失应由造成损失的责任方承担。

②承包人应保障分包人免于承担与下列事宜有关的索赔、诉讼、损害赔偿费、诉讼费、指控费和其他开支。

A. 按分包合同约定，实施和完成分包合同以及保修过程当中所导致的无法避免的对财产的损害。

B. 由于发包人、承包人或其他分包商的行为或疏忽造成的人员伤亡或财产损失或损害，或与此相关的索赔、诉讼等。

上列损失应由造成损失的责任方承担。

(2)保险。

①承包人应为运至施工场地内用于分包工程的材料和待安装设备办理保险。发包人已经办理的保险视为承包人办理的保险。

②分包人必须为从事危险作业的职工办理意外伤害保险，并为施工场地内自有人员生命财产和施工机械设备办理保险，支付保险费用。

③保险事故发生时，承包人与分包人均有责任尽力采取必要的措施，防止或者减少损失。

④具体投保内容和相关责任，承包人与分包人在本合同专用条款内约定。

(3)担保。

①若分包合同要求承包人向分包人提供支付担保时，承包人应与分包人协商担保方式和担保额度，在本合同专用条款内约定。

②若分包合同要求分包人向承包人提供履约担保时，分包人应与承包人协商担保方式和担保额度，在本合同专用条款内约定。

③分包人提供的履约担保，不应超过总包合同中承包人向发包人提供的履约担保的额度。

9)其他

(1)材料设备供应。

①有关材料设备供应的数量、程序及责任均按总包合同中发包人与承包人的有关约定履行。

②总包合同约定就分包工程部分由发包人供应的材料设备，视为承包人供应的材料设备。

③除②款外的材料设备应由分包人按照本合同专用条款的约定采购，并提供产品合格证明，承包人不得指定生产厂或供应商。

(2)文物。

①承包人根据总包合同，应将涉及分包人施工场地以内需要保护的文物或古树名木通知分包人，分包人在施工中应认真保护，需要采取保护措施时，由承包人承担所需费用。

②分包人在其施工场地内发现文物，应采取保护措施，并按照总包合同约定的时间和程序报告承包人。

(3)不可抗力。

①不可抗力包括的范围以及事件处理同总包合同相应条款。

②不可抗力事件发生涉及分包人施工场地的，分包人应立即通知承包人，在力所能及的条件下，迅速采取措施，尽力减少损失。

③分包人承担自身的人员和财产的损失。

④因合同一方延迟履行合同后发生不可抗力的，不能免除延迟履行方的相应责任。

(4)分包合同解除。

①承包人和分包人协商一致，可以解除分包合同。

②发生本合同通用条款 21.5 款情况，停止施工超过 28 日，承包人仍不支付工程款(预付款、进度款)，分包人有权解除合同。

③若分包人再分包或转包其承包的工程，承包人有权解除合同。

④有下列情形之一的，承包人与分包人可以解除合同。

A. 因不可抗力导致合同无法履行。

B. 因一方违约(包括因发包人原因造成工程停建或缓建)导致合同无法履行。

⑤分包合同解除程序以及善后处理均按总包合同相应条款履行。

⑥分包合同解除后,不影响双方在合同中约定的结算条款的效力。

(5)合同生效与终止。

①承包人与分包人在本合同协议书中约定合同生效方式。

②承包人与分包人履行合同全部义务,竣工结算价款支付完毕,分包人向承包人交付竣工的分包工程后,本合同即告终止。

③分包合同的权利义务终止后,承包人与分包人应遵循诚实信用原则,履行通知、协助、保密等义务。

(6)合同份数。

①本合同正本两份,具有同等效力,由承包人与分包人分别保存一份。

②本合同副本份数,由双方根据需要在本合同专用条款内约定。

(7)补充条款。

双方根据有关法律、行政法规规定,结合工程实际,经协商一致后,可对本合同通用条款内容具体化、补充或修改,在本合同专用条款内约定。

【相关知识】

◎国内建设工程分包合同(劳务)的主要内容

1)合同价款的确定原则

(1)定额单价。

按定额单价确定各工种的工日单价,如确定混凝土工、钢筋工、抹灰工的工日单价等。

(2)按建筑面积确定承包价。

按建筑面积确定承包价一般适用于一个劳务分包单位承担绝大部分劳务工作的情况,一般按地上结构、地下结构、初装修工程、水电工程分别计算平方米单价,也可以统一按建筑面积确定平方米单价,有时总包单位还规定将辅材、小型机具和劳保用品所需费用折算成平方米单价,包含在承包价中。

(3)分项工程承包。

在各分项工程由不同的分包单位承包的情况下,常常采用按分项工程工作量(通常以平方米为单位),如外墙面砖、内墙普通抹灰、水磨石地面、屋面防水、水泥砂浆等分项工程。

(4)对于定额工以外发生的零星用工,一般按工日单价的形式确定,以实际发生,书面签证资料为准。

(5)对于非因分包单位原因,如不可抗力,总包单位安排任务不及时等造成的窝工、停工,一般规定一个补偿标准。补偿标准考虑人工调配的因素,要低于一般的工日单价。

2)合同价款的支付

(1)预付款。

与总包合同预付款通常以备料款形式不同,劳务分包合同的预付款一般是以预支生活费的形式支付,在下月结算时扣回。

(2)劳务费。

劳务费一般按每月劳务分包单位完成的工程量支付。各地的劳务分包合同示范文本一般都规定:分期支付劳务费的,每期支付的劳务费数额不得少于已办理结算额的80%,余款在总包单位对结算资料予以确认后28日内付清。

另外,有的总包单位还要求,对分包的付款计划要与发包人的付款条件保持同步,这实际上是总包单位被迫转嫁垫资压力的一种手段。从这个角度来看,解决工程款拖欠问题的根本还在于规范发包人市场,只有从源头解决工程款支付问题,才能治标又治本。

(3)支付形式。

分包合同价款的支付必须以银行转账的形式办理,付款时总包单位不得以现金方式向分包单位支付劳务费。在国内很多地方规定,如果分包单位是外地施工企业的,分包单位还必须向总包单位出具外地施工企业专用发票。

3)材料、机具设备的供应及限额领料制度

(1)材料供应。

在劳务分包工程中,主要材料如水泥、钢材、商品构件、五金、油毡、沥青及水、电、暖、卫等专项用料一般均由总包单位供应,辅助材料通常由分包单位负责。

(2)机具设备供应。

大型工具由总包单位负责,手工工具由分包单位负责。施工中的中、小型机械设备通常由总包单位提供,并且配备专门的操作人员,劳务分包单位一般不得擅自操作。

(3)限额领料制度。

分包单位应当遵守总包单位的限额领料制度。对领用的材料、机具要与总包单位共同清点,履行书面领、还手续,对借用的发包人的机具,要严格按操作规程使用,加强维修保养。分包单位施工中用料浪费及不合理的超出限额部分,由分包单位负担。

10

工程建设强制性标准制度

GONGCHENGJIANSHEQIANGZHIXINGBIAOZHUNZHIDU

10.1　工程建设标准的分类

10.2　工程建设强制性标准的实施与监督管理

10.1 工程建设标准的分类

【要　　点】

我国实行工程建设标准管理体系，是在1988年《中华人民共和国标准化法》（以下简称《标准化法》）和1990年《中华人民共和国标准化法实施条例》（以下简称《标准化法实施条例》）相继发布实施后逐步确立的。工程建设标准的分类依据《标准化法》又分为四个标准。本节要掌握我国工程建设标准的基本法律体系、工程建设标准的分级及工程建设强制性标准和推荐性标准。

【解　　释】

◎我国工程建设标准的基本法律体系

（1）《建筑法》、《消防法》、《标准化法》、《标准化法实施条例》和《建设工程质量管理条例》、《建设工程安全生产管理条例》等法律、行政法规，对工程建设标准的制定、实施、监督和管理等内容进行总体规定。其中，《标准化法实施条例》第42条规定："工程建设标准化管理规定，由国务院工程建设主管部门依据《标准化法》和本条例的有关规定另行制定，报国务院批准后实施。"

（2）国务院建设行政主管部门、国务院各有关部门颁布的有关工程建设标准化的部门规章（及配套规范性文件），包括《工程建设国家标准管理办法》（1992年12月30日建设部令第24号发布）、《工程建设行业标准管理办法》（1992年12月30日建设部令第25号发布）、《实施工程建设强制性标准监督规定》（2000年8月25日建设部令第81号发布）以及《交通部水运工程建设行业标准管理办法》（2001年12月1日交水发[2001]710号）、《水利标准化工作管理办法》（2003年11月13日水国科[2003]546号）、《铁路工程建设标准管理办法》（铁建设[2004]143号）等。

（3）地方建设主管部门组织制定的有关工程建设标准化工作的地方性法规和地方政府规章。

◎工程建设标准的分级

《标准化法》根据标准的级别不同，把标准分为国家标准、行业标准、地方标准和企业标准。

（1）国家标准。

《标准化法》第6条规定，对需要在全国范围内统一的技术标准，应当制定国家标准。《工程建设国家标准管理办法》规定了应当制定国家标准的种类。

（2）行业标准。

《标准化法》第6条规定，对没有国家标准而又需要在全国某个行业范围内统一的技术要求，可以制定行业标准。《工程建设行业标准管理办法》规定了可以制定行业标准的种类。

(3)地方标准。

《标准化法》第6条规定，对没有国家标准和行业标准而又需要在省、自治区、直辖市范围内统一的工业产品的安全、卫生要求，可以制定地方标准。

(4)企业标准。

《标准化法实施条例》第17条规定，企业生产的产品没有国家标准、行业标准和地方标准的，应当制定相应的企业标准，作为组织生产的依据。

◎工程建设强制性标准和推荐性标准

《标准化法》第7条规定，国家标准、行业标准分为强制性标准和推荐性标准。保障人体健康，人身、财产安全的标准和法律、行政法规规定强制执行的标准是强制性标准，其他标准是推荐性标准。省、自治区、直辖市标准化行政主管部门制定的工业产品的安全、卫生要求的地方标准，在本行政区域内是强制性标准。与上述规定相对应，工程建设标准也分为强制性标准和推荐性标准。

1)工程建设国家强制性标准

根据《工程建设国家标准管理办法》第3条的规定，下列工程建设国家标准属于强制性标准：

(1)工程建设勘察、规划、设计、施工(包括安装)及验收等通用的综合标准和重要的通用的质量标准；

(2)工程建设通用的有关安全、卫生和环境保护的标准；

(3)工程建设通用的术语、符号、代号、量与单位、建筑模数和制图方法标准；

(4)工程建设重要的、通用的试验、检验和评定方法等标准；

(5)工程建设重要的、通用的信息技术标准；

(6)国家需要控制的其他工程建设通用的标准。

2)工程建设行业强制性标准

根据《工程建设行业标准管理办法》第3条的规定，下列工程建设行业标准属于强制性标准：

(1)工程建设勘察、规划、设计、施工(包括安装)及验收等行业专用的综合性标准和重要的行业专用的质量标准；

(2)工程建设行业专用的有关安全、卫生和环境保护的标准；

(3)工程建设重要的行业专用的术语、符号、代号、量与单位和制图方法等标准；

(4)工程建设重要的行业专用的试验、检验和评定方法等标准；

(5)工程建设重要的行业专用的信息技术标准；

(6)行业需要控制的其他工程建设标准。

为了更加明确必须严格执行的工程建设强制性标准，《实施工程建设强制性标准监督规定》进一步规定："工程建设强制性标准是指直接涉及工程质量、安全、卫生及环境保护等方面的工程建设标准强制性条文。国家工程建设标准强制性条文由国务院建设行政主管部门会同国务院有关行政主管部门确定。"据此，自2000年起，国家建设行政主管部门对工程建设强制性标准进行了全面的改革，严格按照《标准化法》的规定，把现行工程建设强制性国家标准、行业标准中必须严格执行的直接涉及工程安全、人体健康、环境保护和公众利益的技术规定摘编出来，以工程项目类别为对象，编制完成了包括城乡规划、城市建设、房屋建筑、工业建筑、水利工程、电力工程、信息工程、水运工程、公路工程、铁道工程、石油和化工建设工程、矿业工程、人防工程、广播电影电视工程和民航机场工程在内的《工程建设标准强制性条文》。同时，对于新批准发布的，除明确其必须执行的强制性条文外，已经不再确定标准本身的强制性或推荐性。

【相关知识】

◎《标准化法》标准的制定

（1）对需要在全国范围内统一的技术要求，应当制定国家标准。国家标准由国务院标准化行政主管部门制定。对没有国家标准而又需要在全国某个行业范围内统一的技术要求，可以制定行业标准。行业标准由国务院有关行政主管部门制定，并报国务院标准化行政主管部门备案，在公布国家标准之后，该项行业标准即行废止。对没有国家标准和行业标准而又需要在省、自治区、直辖市范围内统一的工业产品的安全、卫生要求，可以制定地方标准。地方标准由省、自治区、直辖市标准化行政主管部门制定，并报国务院标准化行政主管部门和国务院有关行政主管部门备案，在公布国家标准或者行业标准之后，该项地方标准即行废止。

企业生产的产品没有国家标准和行业标准的，应当制定企业标准，作为组织生产的依据。企业的产品标准须报当地政府标准化行政主管部门和有关行政主管部门备案。已有国家标准或者行业标准的，国家鼓励企业制定严于国家标准或者行业标准的企业标准，在企业内部适用。

法律对标准的制定另有规定的，依照法律的规定执行。

（2）国家标准、行业标准分为强制性标准和推荐性标准。保障人体健康，人身、财产安全的标准和法律、行政法规规定强制执行的标准是强制性标准，其他标准是推荐性标准。

省、自治区、直辖市标准化行政主管部门制定的工业产品的安全、卫生要求的地方标准，在本行政区域内是强制性标准。

（3）制定标准应当有利于保障安全和人民的身体健康，保护消费者的利益，保护环境。

（4）制定标准应当有利于合理利用国家资源，推广科学技术成果，提高经济效益，并符合使用要求，有利于产品的通用互换，做到技术上先进，经济上合理。

（5）制定标准应当做到有关标准的协调配套。

（6）制定标准应当有利于促进对外经济技术合作和对外贸易。

（7）制定标准应当发挥行业协会、科学研究机构和学术团体的作用。

制定标准的部门应当组织由专家组成的标准化技术委员会，负责标准的草拟，参加标准草案的审查工作。

（8）标准实施后，制定标准的部门应当根据科学技术的发展和经济建设的需要适时进行复审，以确认现行标准继续有效或者予以修订、废止。

10.2 工程建设强制性标准的实施与监督管理

【要　点】

工程建设强制性标准是指直接涉及工程质量、安全、卫生及环境保护等方面的工程建设标准强制性条文，包括强制性标准监督检查的内容和施工单位、监理单位、建设单位以及建设行政主管部门等相关部门违反规定的处理措施。

【解　释】

◎工程建设强制性标准的实施

《标准化法》第 14 条规定，强制性标准，必须执行。推荐性标准，国家鼓励企业自愿采用。

在国家颁布的有关工程建设的法律和法规中，在工程建设强制性标准实施方面都有明确的要求，并对不执行或不严格执行强制性标准的行为所应承担的法律责任也做出了相应的规定。

1）建设单位

《建设工程质量管理条例》第 10 条第 2 款规定："建设单位不得明示或者暗示设计单位或施工单位违反工程建设强制性标准，降低建设工程质量。"

2）勘察、设计单位

《建设工程质量管理条例》第 19 条第 1 款规定："勘察、设计单位必须按照工程建设强制性标准进行勘察、设计，并对其勘察、设计的质量负责。"

3）施工单位

《建设工程质量管理条例》第 28 条第 1 款规定："施工单位必须按照工程设计图纸和施工技术标准施工，不得擅自修改工程设计，不得偷工减料。"

4）工程监理单位

《建设工程质量管理条例》第 36 条规定："工程监理单位应当依照法律、法规以及有关技术标准、设计文件和建设工程承包合同，代表建设单位对施工质量实施监理，并对施工质量承担监理责任。"

现行有关法律、法规对强制性标准的规定，为工程建设强制性标准的实施提供了法律依据。违反了关于强制性标准的规定，就是违法，要承担相应的民事、行政甚至刑事法律责任。对于推荐性标准，虽然不是国家强制执行的，但是一经约定采用，即在当事人之间将产生法律约束力；工程质量等达不到约定标准的，应当承担相应的违约责任。

◎实施工程建设强制性标准的监督管理

严格贯彻执行工程建设强制性标准，是工程建设各方主体的法定义务。对实施强制性标准进行监督，是加强工程建设管理不可或缺的关键环节。《建设工程质量管理条例》明确规定，国务院建设行政主管部门和国务院铁路、交通、水利等有关部门应当加强对有关建设工程质量的法律、法规和强制性标准执行情况的监督检查；县级以上地方人民政府建设行政主管部门和其他有关部门应当加强对有关建设工程质量的法律、法规和强制性标准执行情况的监督检查。

1)监督机构

《实施工程建设强制性标准监督规定》规定了实施工程建设强制性标准的监督机构,包括:

(1)建设项目规划审查机关应当对工程建设规划阶段执行强制性标准的情况实施监督;

(2)施工图设计审查单位应当对工程建设勘察、设计阶段执行强制性标准的情况实施监督;

(3)建筑安全监督管理机构应当对工程建设施工阶段执行施工安全强制性标准的情况实施监督;

(4)工程质量监督机构应当对工程建设施工、监理、验收等阶段执行强制性标准的情况实施监督;

(5)工程建设标准批准部门应当对工程项目执行强制性标准情况进行监督检查。监督检查可以采取重点检查、抽查和专项检查的方式。

2)监督检查内容

根据《实施工程建设强制性标准监督规定》第10条的规定,强制性标准监督检查的内容包括:

(1)有关工程技术人员是否熟悉、掌握强制性标准;

(2)工程项目的规划、勘察、设计、施工、验收等是否符合强制性标准的规定;

(3)工程项目采用的材料、设备是否符合强制性标准的规定;

(4)工程项目的安全、质量是否符合强制性标准的规定;

(5)工程项目中采用的导则、指南、手册、计算机软件的内容是否符合强制性标准的规定。

【相关知识】

◎工程建设标注的制定原则

工程建设标注的制定应遵循以下几个原则。

(1)遵守国家的有关法律、法规和相关方针、政策,密切结合自然条件,合理利用资源,充分考虑使用和维修的要求,做到安全适用、技术先进、经济合理。

(2)积极开展测试验证或科学实验。有关项目应纳入主管部门的科研计划,认真组织实施,并写出成果报上。

(3)应积极采用新技术、新工艺、新设备和新材料。经有关主管部门或受托单位的鉴定,有完整的技术文件,且经实践检验的新技术、新工艺等应纳入标准。

(4)积极采用国际标准和国外先进标准。凡经认真分析论证或测试验证,并符合我国国情的国际标准和国外先进标准,均应纳入标准。

(5)条文规定严谨明确,文字简练,切不得模棱两可。内容深度、术语、符号、计量单位等应前后一致,不得互相矛盾。

(6)注意同先行标准的协调。要遵守先行的工程建设标准,确有更改需要的,必须经过审批。工程建设标准中,不得规定产品标准的内容。

(7)发扬民主、充分讨论。对有关政策问题应认真研究、统一认识;对有争论的技术性问题,应在调查研究、实验验证或专题讨论的基础上充分协商,再作结论。

11

建设工程纠纷的处理

JIANSHEGONGCHENGJIUFENDECHULI

11.1　民事纠纷处理的方式

11.2　证据

11.3　民事诉讼法

11.4　仲裁法

11.5　行政复议法与行政诉讼法

11.1 民事纠纷处理的方式

【要　点】

民事纠纷,特别是发包人和承包人就有关工期、质量、造价等方面产生的建设工程合同争议,是工程建设领域最常见的纠纷形式。建设工程民事纠纷的处理方式主要有四种,分别是和解、调解、仲裁和诉讼。我国《合同法》第128条规定,当事人可以通过和解或者调解解决合同争议。当事人不愿和解、调解或者和解、调解不成的,可以根据仲裁协议向仲裁机构申请仲裁。当事人没有订立仲裁协议或者仲裁协议无效的,可以向人民法院起诉。当事人应当履行发生法律效力的判决、仲裁裁决、调解书;拒不履行的,对方可以请求人民法院执行。

【解　释】

◎民事诉讼的特点

1)民事诉讼的概念

民事诉讼是指人民法院在当事人和其他诉讼参与人的参加下,以审理、裁判、执行等方式解决民事纠纷的活动,以及由此产生的各种诉讼关系的总和。诉讼参与人包括原告、被告、第三人、证人、鉴定人、勘验人等。

在我国,《中华人民共和国民事诉讼法》(以下简称《民事诉讼法》)是调整和规范法院和诉讼参与人的各种民事诉讼活动的基本法律。

2)民事诉讼的基本特征

(1)公权性。

民事诉讼是由人民法院代表国家意志行使司法审判权,通过司法手段解决平等民事主体之间的纠纷,这使得民事诉讼与具有民间性质的调解和仲裁有所不同。

(2)强制性。

民事诉讼的公权性,决定了其在案件的受理和执行等方面具有强制性。调解、仲裁均建立在当事人自愿的基础上,如果一方当事人不愿意进行调解、仲裁,调解和仲裁将不会发生。但民事诉讼则不同,只要原告起诉符合法定的条件,无论被告是否愿意,诉讼都会发生。此外,民间的和解、调解协议的履行依靠当事人的自觉,不具有强制执行的效力,但法院的裁判则具有强制执行的效力,当事人不自动履行生效裁判,法院依另一方当事人申请可依法强制执行。

(3)程序性。

民事诉讼是依照法定程序进行的诉讼活动,无论是法院,还是当事人和其他诉讼参与人,均须按照民事诉讼法律规定的程序实施诉讼行为。与民事诉讼相比,民间调解通常没有严格的程序规则,仲裁虽然也要按照预先确定的程序进行,但相对灵活,当事人的选择权也较大。

3)民事诉讼法律基本制度

《民事诉讼法》第10条规定:"人民法院审理民事案件,依照法律规定实行合议、回避、公开审判和两审终审制度。"

(1)合议制度。

合议制度是指由三人以上单数的审判人员组成合议庭,对民事案件进行审理的制度。合议庭评议案件,实行少数服从多数的原则。实行合议制度,是为了发挥集体的力量,弥补个人能力的不足,以保证案件的审判质量。

(2)回避制度。

回避制度是指为了保证案件的公正审判,而要求与案件有一定利害关系的审判人员或其他有关人员,不得参与本案的审理活动或诉讼活动的审判制度。

(3)公开审判制度。

公开审判制度是指人民法院审理民事案件,除法律规定的情况外,审判过程及结果应当向社会公开,允许群众旁听庭审和宣判过程,允许新闻媒体对庭审过程进行采访、报道,并将案件向社会披露。

(4)两审终审制度。

两审终审制度是指一个民事诉讼案件经过两级法院审判后即告终结的制度。根据两审终审制度,对于一般民事诉讼案件,当事人不服一审法院的判决或裁定,可上诉至二审法院。二审法院所作的判决、裁定为生效判决、裁定,当事人不得再上诉。最高人民法院所做的一审判决、裁定,为终审判决、裁定,当事人不得上诉。

◎仲裁的特点

1)仲裁的概念和适用范围

仲裁作为一个法律概念有其特定的含义,即指发生争议的当事人(申请人与被申请人),根据其达成的仲裁协议,自愿将该争议提交中立的第三者(仲裁机构)进行裁判的争议解决制度。

在我国,《中华人民共和国仲裁法》(以下简称《仲裁法》)是调整和规范仲裁制度的基本法律,但《仲裁法》的调整范围仅限于民商事仲裁,即"平等主体的公民、法人和其他组织之间发生的合同纠纷和其他财产权纠纷"仲裁,劳动争议仲裁和农业承包合同纠纷仲裁不受《仲裁法》的调整。此外,根据《仲裁法》第3条的规定:"下列纠纷不能仲裁:

(1)婚姻、收养、监护、扶养、继承纠纷;

(2)依法应当由行政机关处理的行政争议。"

2)仲裁的基本特点

(1)自愿性。

当事人的自愿性是仲裁最突出的特点。仲裁以当事人的意思自治为前提,即是否将纠纷提交仲裁,向哪个仲裁委员会申请仲裁,仲裁庭如何组成,仲裁员的选择,以及仲裁的审理方式等都是在当事人自愿的基础上,由当事人协商确定的。仲裁的自愿性也决定了仲裁与诉讼相比,前者更加灵活和方便。

(2)专业性。

专家裁案,是民商事仲裁的重要特点之一。民商事仲裁往往涉及不同行业的专业知识。

(3)独立性。

根据《仲裁法》第14条的规定:"仲裁委员会独立于行政机关,与行政机关没有隶属关系。仲裁委员会之间也没有隶属关系。”在仲裁过程中，仲裁庭独立进行仲裁，不受任何行政机关、社会团体和个人的干涉，也不受其他仲裁机构的干涉，具有独立性。

(4)保密性。

仲裁以不公开审理为原则。同时，按照各仲裁规则的规定，当事人及其代理人、证人、翻译、仲裁员、仲裁庭咨询的专家和指定的鉴定人、仲裁委员会有关工作人员亦要遵守保密义务，不得对外界透露案件实体和程序的有关情况。因此，当事人之间的纠纷及有关的商业秘密，不会因仲裁活动而泄露。

(5)快捷性。

仲裁实行一裁终局制度，仲裁裁决一经作出即发生法律效力。这使得当事人之间的纠纷能够迅速得以解决。

3)仲裁法律基本制度

(1)协议仲裁制度。

仲裁协议是当事人仲裁自愿的体现，当事人申请仲裁、仲裁委员会受理仲裁、仲裁庭对仲裁案件的审理和裁决，都必须以当事人依法订立的仲裁协议为前提。可以说，没有有效的仲裁协议，就不会有仲裁。《仲裁法》第4条规定：“没有仲裁协议，一方申请仲裁的，仲裁委员会不予受理。”

(2)或裁或审制度。

仲裁和诉讼是两种不同的争议解决方式，当事人只能选择其中一种加以采用。《仲裁法》第5条明确规定：“当事人达成裁协议，一方向人民法院起诉的，人民法院不予受理，但仲裁协议无效的除外。”因此，有效的仲裁协议即排除法院对案件的司法管辖权，只有在没有仲裁协议或者仲裁协议无效的情况下，人民法院才可以对当事人的纠纷予以受理。

(3)一裁终局制度。

《仲裁法》第9条第1款规定：“仲裁实行一裁终局的制度。裁决作出后，当事人就同一纠纷再申请仲裁或者向人民法院起诉的，仲裁委员会或者人民法院不予受理。”当事人应当履行仲裁裁决。一方当事人不履行的，另一方当事人可以依照民事诉讼法的有关规定向人民法院申请强制执行。

◎和解与调解

诉讼不仅成本高，而且诉讼过程漫长而反复，单纯的诉讼，甚至仲裁都无法满足社会对司法救济制度多样化的需求。通过和解或调解解决纠纷，理性的当事人可以积极寻求双方利益的平衡点，以最大限度地满足自己的需求，并化解矛盾纠纷，有效防止矛盾激化和事态扩大。

1)和解的概念、适用与特点

(1)和解的概念。

和解是指当事人在自愿互谅的基础上，就已经发生的争议进行协商并达成协议，自行解决争议的一种方式。

(2)和解的适用。

和解的适用非常广泛，发生争议后，当事人即可自行和解；即使在申请仲裁或诉讼后仍然可以和解。当事人申请仲裁后，自行和解，达成和解协议的，可以请求仲裁庭根据和解协议作出裁决书，也可以撤回仲裁申请。当事人达成和解协议，撤回仲裁申请后反悔的，可以根据仲裁协议申请仲裁。和解可以发生在民事诉讼的任何阶段。当事人在诉讼中和解的，应由原告申请撤诉，经法院裁定撤诉后结束诉讼，当事人通过和解处理纠纷，但审判阶段的和解没有法律效力。当事人和解以后，可以请求法院调解，制作调解书，产生法律效力。在执行中，双方当事人在自愿协商的基础上，达成的和解协议，产生结束执行程序的效力。如果一方当事人不履行和解协议或者反悔的，对方当事人只可以申请人民法院按照原生效法律文书强制执行。

(3)和解的特点。

和解具有以下 3 个特点。

①有利于维持和发展双方的合作关系，而且经协商达成的协议，当事人一般也能自觉遵守。

②当事人在不违反法律、行政法规强制性规定的前提下，可以根据实际需要以多种方式进行磋商，以使争议得到灵活的解决。

③能够节省大量费用和时间，从而使当事人之间的争议得以较为经济和及时的解决。

2)调解的概念、形式与特点

(1)调解的概念。

调解是指第三人(即调解人)应纠纷当事人的请求，依法或依合同约定，对双方当事人进行说服教育，居中调停，使其在互相谅解、互相让步的基础上解决其纠纷的一种途径。

(2)调解的形式。

调解包括法院调解与诉讼外调解。法院调解是指在人民法院的主持下，在双方当事人自愿的基础上，以制作调解书的形式，从而解决纠纷的一种方式。诉讼外调解可以分为三种形式：一是民间调解，即在当事人以外的第三人或组织的主持下，通过相互谅解，使纠纷得到稳妥的解决；二是行政调解，或称行政调处，是指在有关行政机关的主持下，依据相关法律、行政法规、规章及政策，处理纠纷的一种方式；三是仲裁调解。仲裁庭在作出裁决前，可以进行调解。当事人自愿调解的，仲裁庭应当调解。仲裁的调解达成协议，应当制作调解书或者裁决书。

(3)诉讼外调解特征。

诉讼外调解的特征如下。

①当事人的行为无诉讼上的意义。

②主持者可以是人民调解委员会、行政机关、仲裁机关、双方当事人所信赖的个人。

③除仲裁机构制作的调解书对当事人有约束力外，其他机构或个人主持下达成调解协议而形成的调解书，均无约束力，当事人反悔的，可向人民法院起诉。

(4)法院调解的特征。

法院调解的特征如下。

①发生在诉讼过程中。

②在人民法院主持下进行。

③调解书送达双方当事人并经签收后产生法律效力。

④若一方不执行，另一方有权请求法院强制执行。

【相关知识】

◎司法改革

司法改革涉及面相当广,其核心内容是有关司法制度的变革,在各类司法制度的改革过程中,目前以民事审判方式的改革最为引人注目。在对民事审判方式改革的讨论过程中,无论是学术界,还是实践部门,都把焦点集中在民事诉讼制度改革的问题上,而很少有人对与民事诉讼密切相关的非诉讼解决民事纠纷的有关制度作讨论。实际上,这些非诉讼解决民事纠纷的有关制度与司法改革同样有很密切的关联。

之所以要进行司法改革,一个主要的原因,是日益增长的各类案件使得司法机关不堪重负。司法改革的目的之一就是通过对有关司法制度的完善和加强司法队伍的建设来提高司法的效率,民事审判方式改革的目的之一也在于此。

鉴于此,一方面,充分发挥现有的非诉讼的解决纠纷的方式的作用,考虑到各种民事纠纷的解决方式和民事纠纷的适应性,尽量让各类民事纠纷都能适用比较适合于其解决的民事纠纷解决方式来解决,并由此产生高效率地解决民事纠纷的效应。另一方面,在总结国内经验的同时,借鉴国外的一些先进经验,设立一些我国现在还没有,但是在实践中可能会发挥作用的解决民事纠纷的方式。

11.2 证据

【要　　点】

证据是指在诉讼中能够证明案件真实情况的各种资料。当事人要证明自己提出的主张,需要向法院提供相应的证据资料。

【解　　释】

◎证据的种类

根据《民事诉讼法》第63条的规定,根据表现形式的不同,民事证据有七种,分别为:书证、物证、视听资料、证人证言、当事人的陈述、鉴定结论、勘验笔录。

1)书证和物证

书证是指以所载文字、符号、图案等方式所表达的思想内容来证明案件事实的书面材料或者其他物品。书证在民事诉讼和仲裁中普遍存在,大量运用,具有非常重要的作用。书证一般表现为各种书面形式文件或纸面文字材料(但非纸类材料亦可成为书证载体),如合同文件、各种信函、会议纪要、电报、传真、电子邮件、图纸、图表等。

物证是指能够证明案件事实的物品及其痕迹,凡是以其存在的外形、重量、规格、损坏程度等物体的内部或者外部特征来证明待证事实的一部或者全部的物品及痕迹,均属于物证范畴。例如,在工程实践中,在对建筑材料、设备以及工程质量进行鉴定的过程中所涉及的各种证据,往往表现为物证这种形式。

在民事诉讼和仲裁过程中,应当遵循“优先提供原件或者原物”原则。根据《民事诉讼法》第68条的规定:"书证应当提交原件。物证应当提交原物。提交原件或者原物确有困难的,可以提交复制品、照片、副本、节录本。"但必须注意的是,根据最高人民法院《关于民事诉讼证据的若干规定》的有关规定,当事人"如需自己保存证据原件、原物或者提供原件、原物确有困难的,可以提供经人民法院核对无异的复制件或者复制品",无法与原件、原物核对的复制件、复制品,不能单独作为认定案件事实的依据。

2)视听资料

视听资料是指利用录音、录像等技术手段反映的声音、图像以及电子计算机储存的数据证明案件事实的证据。在实践中,常见的视听资料包括录像带、录音带、传真资料、胶卷、电话录音、雷达扫描资料,以及储存于软盘、硬盘或光盘中的电脑数据等。视听资料虽然具有易于保存、生动逼真等优点,但另一方面,视听资料也有容易通过技术手段被篡改的缺点。因此,最高人民法院《关于民事诉讼证据的若干规定》规定,存有疑点的视听资料,不能单独作为认定案件事实的依据。

此外,对于未经对方当事人同意私自录制其谈话取得的资料,根据最高人民法院《关于民事诉讼证据的若干规定》的有关规定,只要不是以侵害他人合法权益(如侵害隐私)或者违反法律禁止性规定的方法(如窃听)取得的,仍可以作为认定案件事实的依据。

3)证人证言和当事人陈述

(1)证人证言。

证人是指了解案件情况并向法院、仲裁机构或当事人提供证词的人。证人就案件情况所作的陈述即为证人证言。

根据《民事诉讼法》第70条的规定,凡是知道案件情况的单位和个人,都有义务出庭作证。有关单位的负责人应当支持证人作证。证人确有困难不能出庭的,经人民法院许可,可以提交书面证言。不能正确表达其意志的人,不能作证。最高人民法院《关于民事诉讼证据的若干规定》第69条则进一步规定,与一方当事人或者其代理人有利害关系的证人出具的证言,以及无正当理由未出庭作证的证人证言,不能单独作为认定案件事实的依据。

(2)当事人陈述。

当事人陈述是指当事人在诉讼或仲裁中,就本案的事实向法院或仲裁机构所作的陈述。根据《民事诉讼法》第71条的规定:"人民法院对当事人的陈述,应当结合本案的其他证据,审查确定能否作为认定事实的根据。"最高人民法院《关于民事诉讼证据的若干规定》第76条则进一步规定:"当事人对自己的主张,只有本人陈述而不能提出其他相关证据的,其主张不予支持。但对方当事人认可的除外。"

4)鉴定结论和勘验笔录

(1)鉴定结论。

在对工程建设领域诸如工程质量、造价等方面的纠纷进行处理的过程中,针对有关的专业问题,由法院或仲裁机构委托具有相应资格的专业鉴定机构进行鉴定,并出具相应的鉴定结论,是法院或仲裁机构据以查明案件事实、进行裁判的重要手段之一。因此,鉴定结论作为我国民事证据的一种,在建设工程纠纷的处理过程中,具有特殊的重要性。

当事人申请鉴定,应当注意在举证期限内提出。根据最高人民法院《关于民事诉讼证据的若干规定》的有关规定,对需要鉴定的事项负有举证责任的当事人,在人民法院指定的期限内无正当理由不提出鉴定申请,应当对该事实承担举证不能的法律后果。当事人申请鉴定经人民法院同意后,由双方当事人协商确定有鉴定资格的鉴定机构、鉴定人员,协商不成的,由人民法院指定。

当事人对人民法院委托的鉴定部门作出的鉴定结论有异议申请重新鉴定,提出证据证明存在下列情形之一的,人民法院应予准许:

①鉴定程序或者鉴定人员不具备相关的鉴定资格的;

②鉴定程序严重违法的;

③鉴定结论明显依据不足的;

④经过质证认定不能作为证据使用的其他情形。

对于有缺陷的鉴定结论,可以通过补充鉴定、重新质证或者补充质证等方法解决的,不予重新鉴定。

一方当事人自行委托有关部门作出的鉴定结论,另一方当事人有证据足以反驳并申请重新鉴定的,人民法院应予准许。

(2)勘验笔录。

勘验笔录是指人民法院为了查明案件的事实,指派勘验人员对与案件争议有关的现场、物品或物体进行查验、拍照、测量,并将查验的情况与结果制成的笔录。根据《民事诉讼法》第 73 条规定,勘验物证或者现场,勘验人必须出示人民法院的证件,并邀请当地基层组织或者当事人所在单位派人参加。当事人或者当事人的成年家属应当到场,拒不到场的,不影响勘验的进行。勘验笔录应由勘验人、当事人和被邀参加人签名或者盖章。

◎证据的保全

解决纠纷的过程就是证明的过程,在诉讼或仲裁中,哪些事实需要证据证明,哪些事实无须证据证明;需要证明的事实由谁证明;靠什么证明;怎么证明;证明到什么程度,这五个问题构成了证据应用的全部内容,即证明对象、举证责任、证据收集、证明过程、证明标准。证据保全是重要的证据固定措施。

1)证据保全的概念和作用

证据保全是指在证据可能灭失或以后难以取得的情况下,人民法院根据申请人的申请或依职权,对证据加以固定和保护的制度。

民事诉讼或仲裁均是以证据为基础展开的。依据有关证据,当事人和法院、仲裁机构才能够了解或查明案件真相,确定争议的原因,从而正确地处理纠纷。但是,从纠纷的产生直至案件开庭审理必然有一个时间间隔。在这段时间内,有些证据由于自然原因或人为原因,可能会灭失或难以取得。为了防止这种情况可能给当事人的举证以及法院、仲裁机构的审理带来困难,《民事诉讼法》规定了证据保全制度。根据《民事诉讼法》第 74 条的规定:“在证据可能灭失或者以后难以取得的情况下,诉讼参加人可以向人民法院申请保全证据,人民法院也可以主动采取保全措施。”

2)证据保全的申请

根据最高人民法院《关于民事诉讼证据的若干规定》第 23 条规定,当事人依据《民事诉讼法》第 74 条的规定向人民法院申请保全证据的,不得迟于举证期限届满前 7 日。当事人申请保全证据的，人民法院可以要求其提供相应的担保。

《仲裁法》第46条规定："在证据可能灭失或者以后难以取得的情况下，当事人可以申请证据保全。当事人申请证据保全的，仲裁委员会应当将当事人的申请提交证据所在地的基层人民法院。"

3）证据保全的实施

根据最高人民法院《关于民事诉讼证据的若干规定》第24条的规定，人民法院进行证据保全，可以根据具体情况，采用查封、扣押、拍照、录音、录像、复制、鉴定、勘验、制作笔录等方法。人民法院进行证据保全，可以要求当事人或者诉讼代理人到场。

◎证据的应用

1）举证时限

举证时限是指法律规定或法院、仲裁机构指定的当事人能够有效举证的期限。举证时限是一种限制当事人诉讼行为的制度，其主要目的在于促使当事人积极举证，提高诉讼效率，防止当事人违背诚实信用原则，在证据上搞"突然袭击"。

举证时限制度对当事人举证的有效性和法院裁判有很大的影响，如果当事人没有在法律规定或法院、仲裁机构指定的期限内提交证据，将视为当事人放弃举证权利，法院、仲裁机构有权利不组织质证或不予接受，当事人将承担举证不能的法律后果。

根据最高人民法院《关于民事诉讼证据的若干规定》的有关规定，人民法院在送达案件受理通知书和应诉通知书的同时向当事人送达举证通知书，举证通知书应载明人民法院根据案件情况指定的举证期限以及逾期提供证据的法律后果。由人民法院指定举证期限的，该指定的期限不得少于30日，自当事人收到案件受理通知书和应诉通知书的次日起计算。举证期限也可以由当事人协商一致，并经人民法院认可。

当事人应当在举证期限内向人民法院提交证据材料，当事人在举证期限内不提交的，视为放弃举证权利。对于当事人逾期提交的证据材料，人民法院审理时不组织质证。当事人增加、变更诉讼请求或者提起反诉的，也应当在举证期限届满前提出。当事人在举证期限内提交证据材料确有困难的，应在举证期限内申请延期举证，经人民法院批准，可以适当延长举证期限。

2）证据交换

我国民事诉讼中的证据交换是指在诉讼答辩期届满后开庭审理前，在人民法院的主持下，当事人之间相互明示其持有证据的过程。证据交换制度的设立，有利于当事人之间明确争议焦点，集中辩论；有利于法院尽快了解案件争议焦点，集中审理；有利于当事人尽快了解对方的事实依据，促进当事人进行和解和调解。

根据最高人民法院《关于民事诉讼证据的若干规定》的有关规定，人民法院对于证据较多或者复杂疑难的案件，应当组织当事人在答辩期届满后、开庭审理前交换证据。人民法院组织当事人交换证据的，交换证据之日举证期限届满。当事人申请延期举证经人民法院准许的，证据交换日相应顺延。

证据交换应当在审判人员的主持下进行。在证据交换的过程中，审判人员对当事人无异议的事实、证据应当记录在卷；对有异议的证据，按照需要证明的事实分类记录在卷，并记载异议的理由。通过证据交换,确定双方当事人争议的主要问题。

3)质证

质证是指当事人在法庭的主持下,围绕证据的真实性、合法性、关联性,针对证据证明力有无以及证明力大小,进行质疑、说明与辩驳的过程。根据最高人民法院《关于民事诉讼证据的若干规定》第47条的规定,证据应当在法庭上出示,由当事人质证。未经质证的证据,不能作为认定案件事实的依据。

(1)书证、物证、视听资料的质证。

根据最高人民法院《关于民事诉讼证据的若干规定》第49条的规定,一对书证、物证、视听资料进行质证时,当事人有权要求出示证据的原件或者原物,但有下列情况之一的除外:

①出示原件或者原物确有困难并经人民法院准许出示复制件或者复制品的;

②原件或者原物已不存在,但有证据证明复制件、复制品与原件或原物一致的。

(2)证人、鉴定人和勘验人的质证。

根据最高人民法院《关于民事诉讼证据的若干规定》的有关规定,证人应当出庭作证。证人确有困难不能出庭的,经人民法院许可,证人可以提交书面证言或者视听资料或者通过双向视听传输技术手段作证。审判人员和当事人可以对证人进行询问。证人不得旁听法庭审理;询问证人时,其他证人不得在场。人民法院认为有必要的,可以让证人进行对质。

鉴定人应当出庭接受当事人质询。鉴定人确因特殊原因无法出庭的,经人民法院准许,可以书面答复当事人的质询。经法庭许可,当事人可以向证人、鉴定人、勘验人发问。

4)认证

认证,即证据的审核认定,是指人民法院对经过质证或当事人在证据交换中认可的各种证据材料作出审查判断,确认其能否作为认定案件事实的根据。认证是正确认定案件事实的前提和基础,其具体内容是对证据有无证明力和证明力大小进行审查确认。

最高人民法院《关于民事诉讼证据的若干规定》规定,审判人员应当依照法定程序,全面、客观地审核证据,依据法律的规定,遵循法官职业道德,运用逻辑推理和日常生活经验,对证据有无证明力和证明力大小独立进行判断,并公开判断的理由和结果。人民法院及审判人员在对证据的审核认定过程中,应遵循以下规则。

(1)审判人员对单一证据可以从以下方面进行审核认定:

①证据原件、原物,复印件、复制品与原件、原物是否相符;

②证据与本案事实是否相关;

③证据的形式、来源是否符合法律规定;

④证据的内容是否真实;

⑤证人或者提供证据的人,与当事人有无利害关系。

审判人员对案件的全部证据,应当从各证据与案件事实的关联程度、各证据之间的联系等方面进行综合审查判断。

(2)不能作为或不能单独作为认定案件事实的依据。

①在诉讼中,当事人为达成调解协议或者和解目的作出妥协所涉及的对案件事实的认可,不得在其后的诉讼中作为对其不利的证据。

②以侵害他人合法权益或者违反法律禁止性规定的方法取得的证据,不能作为认定案

件事实的依据。

③下列证据不能单独作为认定案件事实的依据：

A. 未成年人所作的与其年龄和智力状况不相当的证言；

B. 与一方当事人或者其代理人有利害关系的证人出具的证言；

C. 存有疑点的视听资料；

D. 无法与原件、原物核对的复印件、复制品；

E. 无正当理由未出庭作证的证人证言。

④当事人对自己的主张，只有本人陈述而不能提出其他相关证据的，其主张不予支持（但对方当事人认可的除外）。

(3)可以作为认定案件事实的依据。

①一方当事人提出的下列证据，对方当事人提出异议但没有足以反驳的相反证据的，人民法院应当确认其证明力：

A. 书证原件或者与书证原件核对无误的复印件、照片、副本、节录本；

B. 物证原物或者与物证原物核对无误的复制件、照片、录像资料等；

C. 有其他证据佐证并以合法手段取得的，无疑点的视听资料或者与视听资料核对无误的复制件；

D. 一方当事人申请人民法院依照法定程序制作的对物证或者现场的勘验笔录。

②人民法院委托鉴定部门作出的鉴定结论，当事人没有足以反驳的相反证据和理由的，可以认定其证明力。

③一方当事人提出的证据，另一方当事人认可或者提出的相反证据不足以反驳的，人民法院可以确认其证明力。

④诉讼过程中，当事人在起诉状、答辩状、陈述及其委托代理人的代理词中承认的对己方不利的事实和认可的证据，人民法院应当予以确认，但当事人反悔并有相反证据足以推翻的除外。

⑤有证据证明一方当事人持有证据无正当理由拒不提供，如果对方当事人主张该证据的内容不利于证据持有人，可以推定该主张成立。

人民法院就数个证据对同一事实的证明力，可以依照下列原则认定：

A. 国家机关、社会团体依职权制作的公文书证的证明力一般大于其他书证；

B. 物证、档案、鉴定结论、勘验笔录或者经过公证、登记的书证，其证明力一般大于其他书证、视听资料和证人证言；

C. 证人提供的对与其亲属或者其他有密切关系的当事人有利的证言，其证明力一般小于其他证人证言。

【相关知识】

◎证据的特点

证据主要有客观性、相关性和合法性三个特点。这三个因素是互相联系，缺一不可的。

(1)证据的客观性。

证据必须是客观存在的事实。客观性是指证据在社会中实际发生，或者是实际存在的事实,而不是主观推测、主观想象或者是人们捏造的东西。证据所具有的客观性,是由案件事实本身的客观性所决定的。证据的客观性要求证据必须要有合法的来源,并且是经过查证属实的。

(2)证据的相关性。

作为证据必须是能够证明案件真实情况的事实。相关性是指作为证据的事实,必须和刑事案件具有客观的必然的联系,是对查明刑事案件有意义的事实。证据和证明对象之间的客观联系是多种多样的。有的是因果联系,有的是时间、空间上的联系,等等,只要与案件的某一方面、某种情节具有必然的客观联系,因而对查明案情有意义的,就可以作为证据。

(3)证据的合法性。

证据只能由审判人员、检察人员、侦查人员依照法律规定的诉讼程序,进行收集、固定、保全和审查认定。证据的合法性是证据客观性和相关性的重要保证,也是证据具有法律效力的重要条件。

11.3 民事诉讼法

【要　　点】

民事诉讼法是指国家制定的规范法院与民事诉讼参加人诉讼活动、调整法院与民事诉讼参加人法律关系的法律规范的总称。狭义的民事诉讼法是指《中华人民共和国民事诉讼法》(下文简称《民事诉讼法》),广义的民事诉讼法还包括其他法律中关于民事诉讼的具体规定以及最高人民法院的有关司法解释。

【解　　释】

◎诉讼管辖

民事诉讼中的管辖,是指各级法院之间和同级法院之间受理第一审民事案件的分工和权限。

(1)级别管辖。

级别管辖,是指按照一定的标准,划分上下级法院之间受理第一审民事案件的分工和权限。我国法院有四级,分别是基层人民法院、中级人民法院、高级人民法院和最高人民法院,每一级均受理一审民事案件。我国《民事诉讼法》主要根据案件的性质、复杂程度和案件影响来确定级别管辖。在实践中,争议标的金额的大小,往往是确定级别管辖的重要依据,但各地人民法院确定的级别管辖的争议标的数额标准不尽相同。

(2)地域管辖。

地域管辖,是指按照各法院的辖区和民事案件的隶属关系,划分同级法院受理第一审民事案件的分工和权限。地域管辖实际上是以法院与当事人、诉讼标的以及法律事实之间的隶属关系和关联关系来确定的,主要包括如下几种情况。

①一般地域管辖。一般地域管辖,是以当事人与法院的隶属关系来确定诉讼管辖,通常实行“原告就被告”原则,即以被告住所地作为确定管辖的标准。根据《民事诉讼法》第22条规定:

A. 对公民提起的民事诉讼,由被告住所地人民法院管辖;被告住所地与经常居住地不一致的,由经常居住地人民法院管辖。其中,公民的住所地是指该公民的户籍所在地。经常居住地是指公民离开住所至起诉时已连续居住满 1 年的地方,但公民住院就医的地方除外。

B. 对法人或者其他组织提起的民事诉讼,由被告住所地人民法院管辖。在这里,被告住所地是指法人或者其他组织的主要办事机构所在地或者主要营业地。

②特殊地域管辖。特殊地域管辖,是指以被告住所地,诉讼标的所在地、法律事实所在地为标准确定的管辖。我国《民事诉讼法》规定了九种特殊地域管辖的诉讼,其中与工程建设领域关系最为密切的是因合同纠纷提起的诉讼。

《民事诉讼法》第 24 条规定:"因合同纠纷提起的诉讼,由被告住所地或者合同履行地人民法院管辖。"在这里,合同履行地是指合同约定的履行义务的地点,主要是指合同标的的交付地点。合同履行地应当在合同中明确约定,没有约定或约定不明的,当事人既不能协商确定,又不能按照合同有关条款和交易习惯确定的,按照《合同法》第 62 条的有关规定确定。对于建设工程施工合同纠纷,最高人民法院《关于审理建设工程施工合同纠纷案件适用法律问题的解释》第 24 条规定:"建设工程施工合同纠纷以施工行为地为合同履行地。"

发生合同纠纷的,我国《民事诉讼法》还规定了协议管辖制度。所谓协议管辖,是指合同当事人在纠纷发生前后,在法律允许的范围内,以书面形式约定案件的管辖法院。协议管辖仅适用于合同纠纷。《民事诉讼法》第 25 条规定:"合同的当事人可以在书面合同中协议选择被告住所地、合同履行地、合同签订地、原告住所地、标的物所在地人民法院管辖,但不得违反本法对级别管辖和专属管辖的规定。"

③专属管辖。专属管辖,是指法律规定某些特殊类型的案件和专门由特定的法院管辖。专属管辖是排他性管辖,排除了诉讼当事人协议选择管辖法院的权利。专属管辖与一般地域管辖和特殊地域管辖的关系是:凡法律规定为专属管辖的诉讼,均适用专属管辖。

我国《民事诉讼法》第 34 条规定了三种适用专属管辖的案件。其中,因不动产纠纷提起的诉讼,由不动产所在地人民法院管辖,如房屋买卖纠纷、土地使用权转让纠纷等。但是应当注意的是,根据最高人民法院《关于审理建设工程施工合同纠纷案件适用法律问题的解释》的规定,建设工程施工合同纠纷不适用专属管辖,而应当按照《民事诉讼法》第 24 条的规定,适用合同纠纷的地域管辖原则,即由被告住所地或合同履行地人民法院管辖。发包人和承包人也可根据《民事诉讼法》第 25 条的规定,在发包人住所地、承包人住所地、合同签订地、施工行为地(工程所在地)的范围内,通过协议确定管辖法院。

(3)管辖权异议。

管辖权异议,是指当事人向受诉法院提出的该法院对案件无管辖权的主张。《民事诉讼法》第 38 条规定:"人民法院受理案件后,当事人对管辖权有异议的,应当在提交答辩状期间提出。人民法院对当事人提出的异议,应当审查。异议成立的,裁定将案件移交有管辖权的人民法院;异议不成立的,裁定驳回。"

◎诉讼参加人的规定

1)当事人

民事诉讼中的当事人,是指因民事权利和义务发生争议,以自己的名义进行诉讼,请求人民法院进行裁判的公民、法人或其他组织。民事诉讼当事人主要包括原告和被告。原告，是指维护自己的权益或自己所管理的他人权益，以自己名义起诉，从而引起民事诉讼程序的当事人。被告，是指原告诉称侵犯原告民事权益而由法院通知其应诉的当事人。

根据《民事诉讼法》第49条规定："公民、法人和其他组织可以作为民事诉讼的当事人。法人由其法定代表人进行诉讼。其他组织由其主要负责人进行诉讼。"公民、法人和其他组织虽然都可以成为民事诉讼中的原告或被告，但在实践中，情况还是比较复杂的，需要进一步结合最高人民法院《关于适用〈中华人民共和国民事诉讼法〉若干问题的意见》及相关规定进行正确认定。

2）诉讼代理人

诉讼代理人，是指根据法律规定或当事人的委托，代理当事人进行民事诉讼活动的人。与代理分为法定代理、委托代理和指定代理相一致，诉讼代理人通常也可分为法定诉讼代理人、委托诉讼代理人和指定诉讼代理人。在工程建设领域，最常见的是委托诉讼代理人。

《民事诉讼法》第58条第1款规定："当事人、法定代理人可以委托一至二人作为诉讼代理人。"委托诉讼代理人既可以是律师，也可以是当事人的近亲属、有关的社会团体或者所在单位推荐的人，以及经人民法院许可的其他公民。

委托他人代为诉讼的，必须向人民法院提交由委托人签名或盖章的授权委托书，授权委托书必须记明委托事项和权限。根据《民事诉讼法》第59条的规定："诉讼代理人代为承认、放弃、变更诉讼请求，进行和解，提起反诉或者上诉，必须有委托人的特别授权。"针对实践中经常出现的授权委托书仅写"全权代理"而无具体授权的情形，最高人民法院还特别规定，在这种情况下不能认定为诉讼代理人已获得特别授权，即诉讼代理人无权代为承认、放弃、变更诉讼请求，进行和解，提起反诉或者上诉。

◎财产保全与先予执行的规定

在民事诉讼中，从人民法院受理当事人的起诉开始，到作出生效的法律文书并实现文书所确定的权利，往往需要较长的时间。为了防止过长的诉讼时间带来的对当事人权利无法周密保护问题，民事诉讼法规定了财产保全和先予执行制度。

1）财产保全

（1）财产保全的概念。

所谓财产保全，是指当可能因发生有关财产被一方当事人转移、隐匿、毁损等情形，导致法院将来的判决不能执行或难以执行，进而另一方当事人（或利害关系人）的合法利益受到损害的，根据当事人或者利害关系人的申请或人民法院的裁定，由人民法院对有关财产采取保全措施的诉讼法律制度。

（2）财产保全的种类。

①诉讼财产保全。诉讼财产保全，是指在诉讼过程中，为了保证人民法院的判决能够执行，人民法院根据当事人的申请，或在必要时依职权裁定对有关财产采取保全措施的制度。

根据《民事诉讼法》第92条的规定，人民法院采取诉讼财产保全措施的，可以责令申请人提供担保。申请人不提供担保的，驳回申请。人民法院接受申请后，对情况紧急的，必须在48小时内作出裁定。裁定采取诉讼财产保全措施的，应当立即开始执行。

②诉前财产保全。诉前财产保全,是指在诉讼发生前,利害关系人因情况紧急,不立即申请财产保全将会使其合法权益受到难以弥补的损害的情况下,人民法院根据利害关系人的申请,对有关的财产采取保全措施的制度。

根据《民事诉讼法》第93条的规定,利害关系人请求人民法院采取诉前财产保全措施,应当提供担保,不提供担保的,驳回申请。人民法院接受申请后,必须在48小时内作出裁定。裁定采取诉前财产保全措施的,应当立即开始执行。申请人应当在人民法院采取诉前财产保全措施后15日内起诉。未在该期限内起诉的,人民法院应当解除诉前财产保全。

(3)财产保全的实施。

根据《民事诉讼法》的有关规定,"财产保全限于请求的范围,或者与本案有关的财物"。其中,"请求的范围"一般指保全的财产其价值与诉讼请求相当或与利害关系人的请求相当;"与本案有关的财物"一般指本案的标的物。财产保全的措施包括"查封、扣押、冻结或者法律规定的其他方法"。

被申请人提供担保的,人民法院应当解除财产保全。申请有错误的,申请人应当赔偿被申请人因财产保全所遭受的损失。

2)先予执行

所谓先予执行,是指人民法院在作出终审判决以前,为解决权利人生活或生产经营的急需,根据当事人申请,依法裁定义务人预先履行义务的诉讼法律制度。

(1)先予执行的适用范围。

根据《民事诉讼法》第97条的规定,人民法院对下列案件,根据当事人的申请,可以裁定先予执行。

①追索赡养费、抚养费、抚育费、抚恤金、医疗费用的。

②追索劳动报酬的。

③因情况紧急需要先予执行的。

(2)先予执行的适用条件。

根据《民事诉讼法》第98条的规定,人民法院裁定先予执行的,应当符合下列条件。

①当事人之间权利义务关系明确,不先予执行将严重影响申请人的生活或者生产经营的。

②被申请人有履行能力的。

人民法院可以责令申请人提供担保,申请人不提供担保的,驳回申请。申请人败诉的,应当赔偿被申请人因先予执行遭受的财产损失。

◎审判程序

审判程序是民事诉讼法规定的最为重要的内容,它是人民法院审理案件适用的程序,可以分为第一审程序、第二审程序和审判监督程序。

1)第一审程序

第一审程序包括普通程序和简易程序,普通程序是指人民法院审理第一审民事案件通常适用的程序。普通程序是第一审程序中最基本的程序,具有独立性和广泛性,是整个民事审判程序的基础。本节主要介绍普通程序。

普通程序是《民事诉讼法》规定的民事诉讼当事人进行第一审民事诉讼和人民法院审理第一审民事案件所通常适用的诉讼程序。同时,由于我国现行《民事诉讼法》并未单独规定有关审判程序的总则,普通程序的有关规定在一定程度上还起着程序总则的作用。

根据《民事诉讼法》第135条的规定,适用普通程序审理的案件,应当在立案之日起6个月内审结。有特殊情况需要延长的,由本院院长批准,可以延长6个月;还需要延长的,报请上级法院批准。

(1)起诉和受理。

①起诉。根据《民事诉讼法》第108条规定,起诉必须符合下列条件。

A. 原告是与本案有直接利害关系的公民、法人和其他组织。

B. 有明确的被告。

C. 有具体的诉讼请求、事实和理由。

D. 属于人民法院受理民事诉讼的范围和受诉人民法院管辖。

起诉方式,应当以书面起诉为原则,口头起诉为例外。在工程实践中,基本都是采用书面起诉方式。《民事诉讼法》第109条第1款规定:"起诉应当向人民法院提交起诉状,并按照被告人数提出副本。"根据《民事诉讼法》第119条规定,起诉状应当记明下列事项。

A. 当事人的姓名、性别、年龄、民族、职业、工作单位和住所,法人或者其他组织的名称、住所和法定代表人或者主要负责人的姓名、职务。

B. 诉讼请求和所根据的事实和理由。

C. 证据和证据来源,证人姓名和住所。

②受理。根据《民事诉讼法》第112条的规定,人民法院收到起诉状,经审查,认为符合起诉条件的,应当在7日内立案并通知当事人。认为不符合起诉条件的,应当在7日内裁定不予受理。原告对裁定不服的,可以提起上诉。

(2)审理前的主要准备工作。

①送达起诉状副本和提出答辩状。《民事诉讼法》第113条规定:"人民法院应当在立案之日起五日内将起诉状副本发送被告,被告在收到之日起十五日内提出答辩状。被告提出答辩状的,人民法院应当在收到之日起五日内将答辩状副本发送原告。被告不提出答辩状的,不影响人民法院审理。"此外,当事人对管辖权有异议的,应当在提交答辩状期间提出。

②告知当事人诉讼权利义务及组成合议庭。人民法院对决定受理的案件,应当在受理案件通知书和应诉通知书中向当事人告知有关的权利和义务,或者口头告知。

普通程序的审判组织应当采用合议制。《民事诉讼法》第115条规定:"合议庭组成人员确定后,应当在三日内告知当事人。"

(3)开庭审理。

①法庭调查。根据《民事诉讼法》第124条的规定,法庭调查按照下列程序进行。

A. 当事人陈述。

B. 告知证人的权利义务,证人作证,宣读未到庭的证人证言。

C. 出示书证、物证和视听资料。

D. 宣读鉴定结论。

E. 宣读勘验笔录。

②法庭辩论。法庭辩论，是当事人及其诉讼代理人在法庭上行使辩论权，针对有争议的事实和法律问题进行辩论的程序。法庭辩论的目的，是通过当事人及其诉讼代理人的辩论，对有争议的问题逐一进行审查和核实，借此查明案件的真实情况和正确适用法律。

③法庭笔录。《民事诉讼法》第 133 条规定，书记员应当将法庭审理的全部活动记入笔录，由审判人员和书记员签名。

法庭笔录应当当庭宣读，也可以告知当事人和其他诉讼参与人当庭或者在 5 日内阅读。当事人和其他诉讼参与人认为对自己的陈述记录有遗漏或者差错的，有权申请补正。法庭笔录由当事人和其他诉讼参与人签名或者盖章。

④宣判。法庭辩论终结，应当依法作出判决。根据《民事诉讼法》的有关规定，判决前能够调解的，还可以进行调解。调解书经双方当事人签收后，即具有法律效力。调解不成的，如调解未达成协议或者调解书送达前一方反悔的，人民法院应当及时判决。

根据《民事诉讼法》第 129 条、第 130 条的规定，原告经传票传唤，无正当理由拒不到庭的，或者未经法庭许可中途退庭的，可以按撤诉处理；被告反诉的，可以缺席判决。被告经传票传唤，无正当理由拒不到庭的，或者未经法庭许可中途退庭的，可以缺席判决。

人民法院一律公开宣告判决，同时必须告知当事人上诉权利、上诉期限和上诉的法院。最高人民法院的判决、裁定，以及超过上诉期限没有上诉的判决、裁定，是发生法律效力的判决、裁定。

2)第二审程序

第二审程序，又称上诉程序或终审程序，是指由于民事诉讼当事人不服地方各级人民法院尚未生效的第一审判决或裁定，在法定上诉期间内，向上一级人民法院提起上诉而引起的诉讼程序。由于我国实行两审终审制，上诉案件经二审法院审理后，作出的判决、裁定为终审的判决、裁定，诉讼程序即告终结。

(1)上诉期间。

根据《民事诉讼法》第 147 条的规定，当事人不服地方人民法院第一审判决的，有权在判决书送达之日起 15 日内向上一级人民法院提起上诉；不服地方人民法院第一审裁定的，有权在裁定书送达之日起 10 日内向上一级人民法院提起上诉。

(2)上诉状。

《民事诉讼法》规定当事人提起上诉，应当递交上诉状。上诉状应当通过原审法院提出，并按照对方当事人的人数提出副本。

(3)第二审法院对上诉案件的处理。

根据《民事诉讼法》第 153 条的规定，第二审人民法院对上诉案件，经过审理，按照下列情形，分别处理。

①原判决认定事实清楚，适用法律正确的，判决驳回上诉，维持原判决。

②原判决适用法律错误的，依法改判。

③原判决认定事实错误，或者原判决认定事实不清，证据不足，裁定撤销原判决，发回原审人民法院重审，或者查清事实后改判。

④原判决违反法定程序，可能影响案件正确判决的，裁定撤销原判决，发回原审人民法院重审。

第二审人民法院的判决、裁定,是终审的判决、裁定。第二审法院作出的具有给付内容的判决,具有强制执行力,如果有履行义务的当事人拒不履行,对方当事人有权向法院申请强制执行。

对于发回原审法院重审的案件,原审法院仍将按照一审程序进行审理。因此,当事人对重审案件的判决、裁定,仍然可以上诉。

3)审判监督程序

审判监督程序,即再审程序,是指对已经发生法律效力的判决、裁定、调解书,人民法院认为确有错误,对案件再行审理的程序。审判监督程序不是独立审级,也不是案件审理的必经程序。

再审程序既可由法院系统内部主动提起,也可依人民检察院的抗诉而提起,还可以根据当事人的申请而提起。当事人申请再审,应当在判决、裁定发生法律效力后2年内提出。

【相关知识】

◎回避制度

根据《民事诉讼法》第45条规定,审判人员、书记员、翻译人员、鉴定人、勘验人有下列情形之一的,必须回避,当事人有权用口头或者书面方式申请回避。

(1)是本案当事人或者当事人、诉讼代理人的近亲属。

(2)与本案有利害关系。

(3)与本案当事人有其他关系,可能影响对案件公正审理的。

根据《民事诉讼法》的有关规定,当事人提出回避申请,应当说明理由,在案件开始审理时提出。回避事由在案件开始审理后知道的,也可以在法庭辩论终结前提出。被申请回避的人员在人民法院作出是否回避的决定前,应当暂停参与本案的工作。

11.4 仲裁法

【要　　点】

《中华人民共和国仲裁法》(下文简称《仲裁法》)于1994年8月31日第八届全国人民代表大会常务委员会第九次会议通过,自1995年9月1日起施行。

《仲裁法》的立法目的在于为保证公正、及时地仲裁经济纠纷,保护当事人的合法权益,保障社会主义市场经济健康发展。

《仲裁法》分为8章,共80条。本书仅对与工程建设密切相关的规定予以介绍。

【解　　释】

◎仲裁协议

仲裁协议是指当事人自愿将已经发生或者可能发生的争议通过仲裁解决的书面协议。在民商事仲裁中,仲裁协议是仲裁的前提,没有仲裁协议,就不存在有效的仲裁。

1)仲裁协议的类型

根据《仲裁法》第16条第1款的规定:"仲裁协议包括合同中订立的仲裁条款和其他以书面形式在纠纷发生前或者纠纷发生后达成的请求仲裁的协议。"据此,仲裁协议应当采用书面形式,口头方式达成的仲裁的意思表示无效。仲裁协议既可以表现为合同中的仲裁条款,也可以表现为独立于合同而存在的仲裁协议书。而在实践中,仲裁条款是最常见的仲裁协议形式。

2)仲裁协议的内容

根据《仲裁法》第16条的规定,仲裁协议应当具有下列内容:

(1)请求仲裁的意思表示;

(2)仲裁事项;

(3)选定的仲裁委员会。

这三项内容必须同时具备,仲裁协议才能有效。其中,由于仲裁没有法定管辖的规定,因此当事人选择仲裁委员会可以不受地点的限制,但必须明确、具体。如果仲裁协议对仲裁事项或者仲裁委员会没有约定或约定不明确,且当事人达不成补充协议的,仲裁协议无效。

3)仲裁协议的效力

(1)对当事人的法律效力。

仲裁协议一经有效成立,即对当事人产生法律约束力。发生纠纷后,当事人只能通过向仲裁协议中所约定的仲裁机构申请仲裁的方式解决该纠纷,而丧失了就该纠纷向法院提起诉讼的权利。

(2)对法院的约束力。

有效的仲裁协议将排除法院的司法管辖权。根据《仲裁法》第26条的规定,当事人达成仲裁协议,一方向人民法院起诉未声明有仲裁协议,人民法院受理后,另一方在首次开庭前提交仲裁协议的,人民法院应当驳回起诉(但仲裁协议无效的除外)。

(3)对仲裁机构的法律效力。

仲裁协议是仲裁委员会受理仲裁案件的基础,是仲裁庭审理和裁决仲裁案件的依据。没有有效的仲裁协议,仲裁委员会将不能获得仲裁案件的管辖权。同时,仲裁委员会只能对当事人在仲裁协议中约定的争议事项进行仲裁,对超出仲裁协议约定范围的其他争议无权仲裁。

(4)仲裁协议的独立性。

《仲裁法》第19条规定,仲裁协议独立存在,合同的变更、解除、终止或者无效,不影响仲裁协议的效力。

◎仲裁程序

1)申请和受理

(1)申请仲裁的条件。

根据《仲裁法》第21条的规定,当事人申请仲裁,应当符合下列条件:

①有仲裁协议;

②有具体的仲裁请求和事实、理由;

③属于仲裁委员会的受理范围。

(2)申请仲裁的方式。

根据《仲裁法》第22条、第23条的规定,当事人申请仲裁,应当向仲裁委员会递交仲裁协议、仲裁申请书及副本。其中,仲裁申请书应当载明下列事项:

①当事人的姓名、性别、年龄、职业、工作单位和住所,法人或者其他组织的名称、住所和法定代表人或者主要负责人的姓名、职务;

②仲裁请求和所根据的事实、理由;

③证据和证据来源、证人姓名和住所。

(3)审查与受理。

根据《仲裁法》的有关规定,仲裁委员会收到仲裁申请书之日起5日内,认为符合受理条件的应当受理,并通知当事人;认为不符合受理条件的,应当书面通知当事人不予受理,并说明理由。

仲裁委员会受理仲裁申请后,应当在仲裁规则规定的期限内将仲裁规则和仲裁员名册送达申请人,并将仲裁申请书副本和仲裁规则、仲裁员名册送达被申请人。被申请人收到仲裁申请书副本后,应当在仲裁规则规定的期限内向仲裁委员会提交答辩书。仲裁委员会收到答辩书后,应当在仲裁规则规定的期限内将答辩书副本送达申请人。被申请人未提交答辩书的,不影响仲裁程序的进行。被申请人有权提出反请求。

当事人申请财产保全的,仲裁委员会应当将当事人的申请依照《民事诉讼法》的有关规定提交人民法院进行处理。

2)仲裁庭的组成

(1)仲裁庭的组成形式和程序。

根据《仲裁法》第30条的规定,仲裁庭可以由三名仲裁员或者一名仲裁员组成。由三名仲裁员组成的,设首席仲裁员。根据该规定,仲裁庭的组成形式包括合议仲裁庭和独任仲裁庭两种。

①合议仲裁庭组成程序。根据《仲裁法》第31条的规定,当事人约定由三名仲裁员组成仲裁庭的,应当各自选定或者各自委托仲裁委员会主任指定一名仲裁员,第三名仲裁员由当事人共同选定或者共同委托仲裁委员会主任指定。第三名仲裁员是首席仲裁员。

②独任仲裁庭组成程序。根据《仲裁法》第31条的规定,当事人约定由一名仲裁员成立仲裁庭的,应当由当事人共同选定或者共同委托仲裁委员会主任指定仲裁员。

《仲裁法》第32条还规定,当事人没有在仲裁规定的期限内约定仲裁庭的组成方式或者选定仲裁员的,由仲裁委员会主任指定。

(2)仲裁员的回避。

《仲裁法》第34条规定,仲裁员有下列情形之一的,必须回避,当事人也有权提出回避申请:

①是本案当事人或者当事人、代理人的近亲属;

②与本案有利害关系;

③与本案当事人、代理人有其他关系,可能影响公正仲裁的;

④私自会见当事人、代理人,或者接受当事人、代理人的请客送礼的。

3)开庭和裁决

(1)仲裁开庭和审理。

仲裁应当开庭进行,当事人可以协议不开庭。当事人应当对自己的主张提供证据。仲裁庭认为有必要收集的证据,可以自行收集。证据应当在开庭时出示,当事人可以质证。

当事人在仲裁过程中有权进行辩论。仲裁庭应当将开庭情况记入笔录。

(2)仲裁中的和解、调解。

①仲裁中的和解。根据《仲裁法》的规定,当事人申请仲裁后,可以自行和解。达成和解协议的,可以请求仲裁庭根据和解协议作出裁决书,也可以撤回仲裁申请。

当事人达成和解协议,撤回仲裁申请后反悔的,可以根据仲裁协议申请仲裁。

②仲裁中的调解。根据《仲裁法》的有关规定,仲裁庭在作出裁决前,可以先行调解。当事人自愿调解的,仲裁庭应当调解;调解不成的,应当及时作出裁决。

调解达成协议的,仲裁庭应当制作调解书或者根据协议的结果制作裁决书。调解书与裁决书具有同等法律效力。调解书经双方当事人签收后,即发生法律效力。在调解书签收前当事人反悔的,仲裁庭应当及时作出裁决。

(3)仲裁裁决。

根据《仲裁法》的有关规定,仲裁裁决应当按照多数仲裁员的意见作出,少数仲裁员的不同意见可以记入笔录。仲裁庭不能形成多数意见时,裁决应当按照首席仲裁员的意见作出。裁决书自作出之日起发生法律效力,具体体现在以下几个方面。

①当事人不得就已经裁决的事项再申请仲裁,也不得就此提起诉讼。

②仲裁裁决具有强制执行力。

◎仲裁裁决的撤销

仲裁实行一裁终局制度,仲裁裁决一经作出,即发生法律效力。如果仲裁裁决发生错误就必然损害当事人的合法权益,而仲裁制度没有内部的监督制度,因此,只能由法院进行外部监督,具体体现在仲裁裁决的撤销与不予执行。

1)申请撤销仲裁裁决的理由和条件

根据《仲裁法》第 58 条、第 59 条的规定,当事人提出证据证明裁决有下列情形之一的,可以向仲裁委员会所在地的中级人民法院申请撤销裁决:

(1)没有仲裁协议的;

(2)裁决的事项不属于仲裁协议的范围或者仲裁委员会无权仲裁的;

(3)仲裁庭的组成或者仲裁的程序违反法定程序的;

(4)裁决所依据的证据是伪造的;

(5)对方当事人隐瞒了足以影响公正裁决的证据的;

(6)仲裁员在仲裁该案时有索贿受贿、徇私舞弊、枉法裁决行为的。

当事人申请撤销裁决的,应当自收到裁决书之日起 6 个月内提出。

2)仲裁裁决被撤销的法律后果

仲裁裁决被人民法院依法撤销后,当事人之间的纠纷并未解决。在这种情况下,根据《仲裁法》第 9 条的规定,当事人就该纠纷可以根据双方重新达成的仲裁协议申请仲裁,也可以向人民法院起诉。

【相关知识】

◎仲裁裁决的执行

1) 仲裁裁决的强制执行

《仲裁法》第 62 条规定："当事人应当履行裁决。一方当事人不履行的，另一方当事人可以依照民事诉讼法的有关规定，向人民法院申请执行。"

2) 仲裁裁决的不予执行

根据《仲裁法》第 63 条和《民事诉讼法》的相关规定，被申请人提出证据证明裁决有下列情形之一的，经人民法院组成合议庭审查核实，裁定不予执行：

(1) 当事人在合同中没有仲裁条款或者事后没有达成书面仲裁协议的；

(2) 裁决的事项不属于仲裁协议的范围或者仲裁机构无权仲裁的；

(3) 仲裁庭的组成或者仲裁的程序违反法定程序的；

(4) 认定事实的主要证据不足的；

(5) 适用法律确有错误的；

(6) 仲裁员在仲裁该案时有索贿受贿、徇私舞弊、枉法裁决行为的。

仲裁裁决被人民法院依法裁定不予执行的，当事人就该纠纷可以重新达成仲裁协议，并依据该仲裁协议申请仲裁，也可以向人民法院提起诉讼。

11.5 行政复议法与行政诉讼法

【要　　点】

行政复议，是指行政机关根据上级行政机关对下级行政机关的监督权，在当事人的申请和参加下，按照行政复议程序对具体行政行为进行合法性和适当性审查，并作出裁决解决行政侵权争议的活动。在我国，行政复议的基本法律依据是《中华人民共和国行政复议法》（以下简称《行政复议法》）。

行政诉讼，是指人民法院应当事人的请求，通过审查行政行为合法性的方式，解决特定范围内行政争议的活动。在我国，行政诉讼的基本法律依据是《中华人民共和国行政诉讼法》（以下简称《行政诉讼法》）。行政诉讼和民事诉讼、刑事诉讼构成我国基本诉讼制度。

行政复议与行政诉讼的基本关系是：除法律、法规规定必须先申请行政复议的以外，行政纠纷当事人可以自由选择是申请行政复议还是提起行政诉讼。行政纠纷当事人对行政复议决定不服的，除法律规定行政复议决定为最终裁决的以外，可以依照《行政诉讼法》的规定向人民法院提起行政诉讼。

【解　　释】

◎行政复议申请

当事人认为具体行政行为侵犯其合法权益的，可以自知道该具体行政行为之日起 60 日内提出行政复议申请，但法律规定的申请期限超过 60 日的除外。因不可抗力或者其他正当理由耽误法定申请期限的，申请期限自障碍消除之日起继续计算。

申请人对县级以上地方各级人民政府工作部门的具体行政行为不服的，申请人可以向该部门的本级人民政府申请行政复议，也可以向上一级主管部门申请行政复议。

◎行政复议受理范围

1）可以申请行政复议的事项

行政复议保护的是公民、法人或其他组织的合法权益。行政争议当事人认为行政机关的行政行为侵犯其合法权益的，有权依法提出行政复议申请。根据《行政复议法》第 6 条的有关规定，在工程建设领域，建设工程行政纠纷当事人可以申请行政复议的情形通常包括以下几个方面。

（1）行政处罚。

即当事人对行政机关作出的警告、罚款、没收违法所得、没收非法财物、责令停产停业、暂扣或者吊销许可证、暂扣或者吊销执照、行政拘留等行政处罚决定不服的。

（2）行政强制措施。

即当事人对行政机关作出的限制人身自由或者查封、扣押、冻结财产等行政强制措施决定不服的。

（3）行政许可。

即当事人对行政机关作出的有关许可证、执照、资质证、资格证等证书变更、中止、撤销的决定不服的，以及当事人认为符合法定条件，申请行政机关颁发许可证、执照、资质证、资格证等证书，或者申请行政机关审批、登记等有关事项，行政机关没有依法办理的。

（4）认为行政机关侵犯其合法的经营自主权的。

（5）认为行政机关违法集资、征收财物、摊派费用或者违法要求履行其他义务的。

（6）认为行政机关的其他具体行政行为侵犯其合法权益的等。

2）不得申请行政复议的事项

根据《行政复议法》第 8 条的规定，下列事项应按规定的纠纷处理方式解决，而不能提起行政复议。

（1）行政机关的行政处分或者其他人事处理决定。

当事人不服行政机关作出的行政处分的，应当依照有关法律、行政法规的规定（如《中华人民共和国国家公务员法》等）提起申诉。

（2）行政机关对民事纠纷作出的调解或者其他处理。

当事人不服行政机关对民事纠纷作出的调解或者处理，如建设行政管理部门对有关建设工程合同争议进行的调解、劳动部门对劳动争议的调解、公安部门对治安争议的调解等，当事人应当依法申请仲裁，或者向法院提起民事诉讼。

【相关知识】

◎行政诉讼程序

1）行政诉讼证据的特别规则

行政诉讼证据的规则与民事诉讼证据规则有相近之处，但也有其自身的特别规则。根据《行政诉讼法》第 31 条、第 32 条规定，主要表现在以下几个方面。

(1)民事诉讼举证责任分配的基本规则是“谁主张，谁举证”。而在行政诉讼中，被告对其作出的具体行政行为负有举证责任，并应当提供该具体行政行为的证据和所依据的规范性文件。

(2)在行政诉讼中，行政诉讼证据主要是在作出具体行政行为程序中已产生或确定的证据，并主要由被告提供。在诉讼过程中，被告不得自行向原告和证人收集证据。

2)起诉和受理

(1)起诉。

公民、法人或者其他组织(原告)提起行政诉讼，应当在法定期间内进行，具体包括以下几个方面。

①除法律另有规定的以外，行政复议申请人不服行政复议决定，可以在收到行政复议决定书之日起 15 日内向法院提起诉讼。行政复议机关逾期不作决定的，申请人可以在复议期满之日起 15 日内向法院提起诉讼。

②不申请行政复议，直接向法院提起行政诉讼的，除法律另有规定的以外，应当在知道作出具体行政行为之日起 3 个月内提出。

此外，根据《行政诉讼法》和《中华人民共和国国家赔偿法》的有关规定，原告认为其合法权益受到行政机关或其工作人员作出的具体行政行为侵犯造成损害，有权在提起行政诉讼时一并提出。

(2)受理。

根据《行政诉讼法》第 42 条及相关规定，人民法院接到起诉状，经审查，应当在 7 日内立案或者作出裁定不予受理。原告对裁定不服的，可以在裁定送达之日起 10 日内提起上诉。

3)审理和判决

根据《行政诉讼法》的规定，行政诉讼期间，除法律规定的情形外，不停止具体行政行为的执行。法院审理行政案件，不适用调解。

人民法院审理行政案件，应主要对具体行政行为是否合法进行审查。根据《行政诉讼法》第 54 条的规定，人民法院经过审理，根据不同情况，分别作出如下判决。

(1)具体行政行为证据确凿，适用法律、法规正确，符合法定程序的，判决维持。

(2)具体行政行为有下列情形之一的，判决撤销或者部分撤销，并可以判决被告重新作出具体行政行为。

①主要证据不足的。

②使用法律、法规错误的。

③违反法定程序的。

④超越职权的。

⑤滥用职权的。

(3)被告不履行或者拖延履行法定职责的，判决其在一定期限内履行。

(4)行政处罚显失公平的，可以判决变更。当事人不服第一审判决的，有权在判决书送达之日起 15 日内提起上诉。第二审判决、裁定，是终审判决、裁定。当事人对已经发生法律效力的判决、裁定，认为确有错误的，可以提出申诉，申请再审，但判决、裁定不停止执行。

4）执行

《行政诉讼法》第65条规定，当事人必须履行人民法院发生法律效力的判决、裁定。原告拒绝履行判决、裁定的，被告行政机关可以向第一审法院申请强制执行，或者依法强制执行。被告行政机关拒绝履行判决、裁定的，第一审法院可以采取以下措施。

（1）对应当归还的罚款或者应当给付的赔偿金，通知银行从该行政机关的账户内划拨。

（2）在规定期限内不履行的，从期满之日起，对该行政机关按日处以罚款。

（3）向该行政机关的上一级行政机关或者监察、人事机关提出司法建议，接受司法建议的机关，根据有关规定进行处理，并将处理情况告知人民法院。

（4）拒不履行判决、裁定，情节严重构成犯罪的，依法追究主管人员和直接责任人员的刑事责任。

12

建设工程法律责任

JIANSHEGONGCHENGFALVZERENk

12.1 民事责任与行政责任

【要　　点】

民事责任,是指行为人违反民事法律上的约定或者法定义务所应承担的对其不利的法律后果,其目的主要是恢复受害人的权利和补偿权利人的损失。我国《民法通则》根据民事责任的承担原因将民事责任主要划分为两类,即违反合同的民事责任(违约责任)和侵权的民事责任(侵权责任)。

行政责任,是指有违反有关行政管理的法律规范的规定,但尚未构成犯罪的行为所依法应当受到的法律制裁。行政责任主要包括行政处罚和行政处分。

【解　　释】

◎民事责任的种类

1)违约责任

违约责任是指合同当事人不履行合同或者履行合同不符合约定而应承担的民事责任。

2)侵权责任

侵权责任,是指行为人不法侵害社会公共财产或者他人财产、人身权利而应承担的民事责任。

根据《民法通则》及相关司法解释的有关规定,工程建设领域较常见的侵权行为有以下几种。

(1)侵害公民身体造成伤害的侵权行为。

侵害公民身体造成伤害的,应当赔偿医疗费、因误工减少的收入、残废者生活补助费等费用;造成死亡的,应当支付丧葬费、死者生前扶养的人必要的生活费等费用。例如,施工单位将工程违法分包给不具有相应资质和用人单位资格的“包工头”,后者雇佣的雇员在从事施工活动中因安全生产事故遭受人身损害的,施工单位与该“包工头”构成共同侵权,应当承担连带赔偿责任。

(2)环境污染导致人损害的侵权行为。

违反国家保护环境防止污染的规定,污染环境造成他人损害的,应当依法承担民事责任。例如,施工单位在城市市区施工,向周边环境排放的建筑施工噪声超出国家规定的建筑施工场界环境噪声排放标准的,受到环境噪声污染危害的单位和个人,有权要求加害人排除危害;造成损失的,依法赔偿损失。

(3)地面施工导致人损害的侵权行为。

在公共场所、道旁或者在通道上挖坑、修缮安装地下设施等没有设置明显标志和采取安全措施造成他人损害的,施工人应当承担民事责任。

(4)建筑物及地上物致人损害的侵权行为。

建筑物或者其他设施以及建筑物上的搁置物、悬挂物发生倒塌、脱落、坠落造成他人损害的,其所有人或者管理人应当承担民事责任,但能够证明自己没有过错的除外。道路、桥梁、隧道等人工建造的构筑物因维护、管理瑕疵致人损害的,也适用上述规定,而且如果是因设计、施工缺陷造成损害的,由所有人、管理人与设计、施工者承担连带责任。

◎民事责任的担当方式

《民法通则》第134条规定:承担民事责任的方式主要有以下几种。

1)停止侵害

停止侵害,是指侵害人终止其正在进行或者延续的损害他人合法权益的行为。其目的在于及时制止侵害行为,防止损失的扩大。

2)排除妨碍

排除妨碍,是指侵害人排除由其行为引起的妨碍他人权利正常行使和利益实现的客观事实状态。其目的在于保证他人能够行使自己的合法权益。

3)消除危险

消除危险,是指侵害人消除由其行为或者物件引起的现实存在的某种有可能对他人的合法权益造成损害的紧急事实状态。其目的在于防止损害或妨碍的发生。

4)返还财产

返还财产,是指侵害人将其非法占有或者获得的财产转移给所有人或者权利人。返还的财产包括三种情形。

(1)因不当得利所获得的财产。

(2)民事行为被确认无效或者被撤销而应当返还的财产。

(3)非法侵占他人的财产。

5)恢复原状

恢复原状,是指使受害人的财产恢复到受侵害之前的状态。使用这种责任形式需要具有两个前提条件:财产恢复的可能性与财产恢复的必要性。

6)修理、重作、更换

修理、重作、更换,主要适用于违反合同质量条款的民事责任形式。修理,是指使受损害的财产或者不符合合同约定质量的标的物具有应当具备的功能、质量。重作,是指重新加工、制作标的物。更换,是指以符合质量要求的标的物替代已交付的质量不符合要求的标的物。修理和重作可以适用于种类物或者特定物,而更换只能适用于种类物。

种类物是指不具有独立特征,可以互相代替,并可以用品种、规格、度量衡加以计算的物,如一般商店中的商品等。

特定物是指具有独立特征,不能相互代替,可以与其他物相区别的物。它主要包括以下两类。

(1)独一无二的物,如某画家的某幅画等。

(2)特定化的种类物,就是从一般商品中独立出来的物,它可能与一般种类物差不多,规格、质量、性能等方面都一样,但是它却具有特殊的意义,具有不可代替性,如结婚纪念照等。

7)赔偿损失

赔偿损失,是指行为人因违反民事义务致人损害,应以财产赔偿受害人所受的损失。

对于违约责任,赔偿额应当相当于对方因违约造成的损失。对于侵权责任,包括对财产损失和精神损失的赔偿。

8)支付违约金。

9)消除影响,恢复名誉

消除影响,是指加害人在其不良影响所及范围内消除对受害人不利后果的民事责任。恢复名誉,是指加害人在其侵权后果所及范围内使受害人的名誉恢复到未曾受损害的状态。

加害人拒不执行生效判决,不为受害人消除影响、恢复名誉的,人民法院可以采取公告、登报方式,将判决的内容和有关情况公布于众,达到消除影响、恢复名誉的目的。公告、登记的费用由加害人承担。

10)赔礼道歉

赔礼道歉,是指加害人以口头或者书面的方式向受害人承认过错、表示歉意。赔礼道歉一般应当公开进行,否则不足以消除影响。但是,受害人不要求公开进行的,也可以秘密进行。由法院判决加害人承担赔礼道歉责任的,赔礼道歉的内容应当经法院审查同意。

以上承担民事责任的方式,可以单独适用,也可以合并适用。

在上述十种民事责任承担方式中,除修理、重作、更换和支付违约金仅适用于违约责任外,其余八种均可适用于侵权责任。除此之外,法院在审理民事案件时,还可以予以训诫、责令具结悔过、收缴进行非法活动的财物和非法所得,并可以依法处以罚款和拘留。

◎工程建设领域常见的行政责任种类

1)行政处罚

行政处罚是指国家行政机关及其他依法可以实施行政处罚权的组织,对违反经济、行政管理法律、法规、规章,尚不构成犯罪的公民、法人及其他组织实施的一种法律制裁。

在我国工程建设领域,对于建设单位、勘察、设计单位、施工单位、工程监理单位等参建单位而言,行政处罚是更为常见的行政责任承担形式。《中华人民共和国行政处罚法》(以下简称《行政处罚法》)是规范和调整行政处罚的设定和实施的法律依据。

(1)行政处罚的种类。

行政处罚包括治安、工商行政、财政金融、文教卫生、环境保护等方面的各类处罚。根据《行政处罚法》第8条的规定,行政处罚的种类包括以下几种。

①警告。这是违法者承担的行政责任中最为轻微的一种。它是由行政机关依法对违法者提出的一种谴责性的警示。

②罚款。这是行政机关对违法者的一种经济制裁,是行政机关责令违法者交纳一定数额金钱的责任承担形式。在违反工程建设法律规范的行政责任中,罚款是适用范围较为广泛的一种。

③没收违法所得、没收非法财物。例如,根据《招标投标法》的规定,投标人相互串通投标或者与招标人串通投标的,投标人以向招标人或者评标委员会成员行贿的手段谋取中标的,中标无效,处中标项目金额5‰以上10‰以下的罚款,对单位直接负责的主管人员和其他直接责任人员处单位罚款数额5%以上10%以下的罚款;有违法所得的,并处没收违法所得。

④责令停产停业。它是行政主体对违反行政法律规范的企业,在一定期限内剥夺其从事生产或经营活动权利的一种行政处罚。责令停产停业有一定期限,指令违法企业在此期

间整改。在违法企业整改并认识到自己的违法行为之后,应允许其恢复营业。例如,某市消防部门在检查中发现该市某石油液化气公司违法储存易燃易爆危险化学物品,就可以依据其职权对该公司采取责令停产停业的行政处罚措施。

⑤暂扣或者吊销许可证、执照。它是指行政主体对于具有违法行为的相对人,暂时地扣留或者吊销其许可证或执照,从而停止或撤销了违法者从事某项活动或享有某项权利的一种处罚。这是一种比责令停产停业更为严厉的处罚,主要适用于比较严重的违法行为。例如,根据《安全生产法》的规定,生产经营单位不具备《安全生产法》和其他有关法律、行政法规和国家标准或者行业标准规定的安全生产条件,经停产停业整顿仍不具备安全生产条件的,予以关闭;有关部门应当依法吊销其有关证照。

⑥行政拘留。这是行政责任中一种较为严厉的责任形式,是公安机关短期剥夺违法者人身自由的行政责任形式。行政拘留的期限是1日以上,15日以下。

⑦法律、行政法规规定的其他行政处罚。结合《行政处罚法》规定的六种具体行政处罚种类,我国工程建设领域的法律、行政法规所设定的行政处罚种类主要有:警告、罚款、没收违法所得、没收违法建筑与构筑物和其他设施、责令停业整顿、责令停止执业业务、降低资质等级、吊销资质证书(同时吊销营业执照)、吊销执业资格证书或其他许可证、执照等。

(2)行政处罚的设定。

行政处罚的设定,是指国家有权依法设立行政处罚,赋予行政机关行政处罚职权的立法活动。《行政处罚法》根据我国的立法体系,对不同法律规范性文件设定各类行政处罚的权限划分作出了如下规定。

①法律。法律可以设定各种行政处罚。其中,限制人身自由的行政处罚,只能由法律设定。

②行政法规。行政法规可以设定除限制人身自由以外的行政处罚。

③地方性法规。地方性法规可以设定除限制人身自由、吊销企业营业执照以外的行政处罚。

④部门规章。部门规章可以在法律、行政法规规定的给予行政处罚的行为、种类和幅度的范围内作出具体规定。尚未制定法律、行政法规的,部门规章对违反行政管理秩序的行为,可以设定警告或者一定数量罚款的行政处罚。

⑤地方政府规章。地方政府规章可以在法律、法规(包括行政法规和地方性法规)规定的给予行政处罚的行为、种类和幅度的范围内作出具体规定。尚未制定法律、法规的,地方政府规章可以设定警告或者一定数量罚款的行政处罚。

根据《行政处罚法》第14条的规定,除了法律、法规、规章(包括部门规章和地方政府规章)以外,其他规范性文件不得设定行政处罚。

2)行政处分

《中华人民共和国公务员法》(以下简称《公务员法》)第55条规定:“公务员因违法违纪行为应当承担纪律责任的,依照本法给予处分。”

依据《公务员法》第56条的规定,行政处分分为:警告、记过、记大过、降级、撤职、开除。受撤职处分的,按照规定降低级别。受行政处分期间,不得晋升职务和级别;其中受到除警告以外的行政处分的,不得晋升工资档次。

【相关知识】

◎行政处罚程序

1)一般规则

(1)公民、法人或者其他组织违反行政管理秩序的行为,依法应当给予行政处罚的,行政机关必须查明事实。违法事实不清的,不得给予行政处罚。

(2)行政机关在作出行政处罚决定之前,应当告知当事人作出行政处罚决定的事实理由和依据,并告知当事人依法享有的权利。行政机关及其执法人员违反该规定,未向当事人告知行政处罚的事实、理由和依据的,行政处罚决定不能成立。

(3)当事人有权进行陈述和申辩;行政机关必须充分听取当事人的意见,对当事人提出的事实、理由和证据,应当进行复核;当事人提出的事实、理由或者证据成立的,行政机关应当采纳。行政机关不得因当事人申辩而加重处罚。行政机关及其执法人员违反该规定,拒绝听取当事人的陈述、申辩的,行政处罚决定不成立。

2)程序种类

《行政处罚法》、《建设行政处罚程序暂行规定》基于建设行政处罚的不同情况,规定了简易程序、一般程序和听证程序。

(1)简易程序。

简易程序,是指针对违法事实确凿并有法定依据,对公民处以50元以下、对法人或者其他组织处以1000元以下罚款或警告的行政处罚而设定的行政处罚程序。适用简易程序可以当场作出行政处罚决定。

(2)一般程序。

一般程序,是指普遍适用的行政处罚程序,适用于除适用简易程序的行政处罚以外的其他行政处罚。

(3)听证程序。

听证程序,是指针对行政执法机关作出吊销资质证书、执业资格证书、责令停产停业、责令停业整顿(包括属于停业整顿性质的,责令在规定的时限内不得承接新的业务)、责令停止执业业务、没收违法建筑物与构筑物和其他设施以及处以较大数额罚款等行政处罚,而设定的行政处罚程序。对于适用听证程序的行政处罚,行政机关在作出行政处罚决定前,应当告知当事人有要求举行听证的权利;当事人要求听证的,行政机关应当组织听证。当事人不承担行政机关组织听证的费用。

12.2 刑事责任

【要　点】

刑事责任,是指犯罪主体因违反刑法,实施了犯罪行为所应承担的法律责任。刑事责任是法律责任中最强烈的一种,其承担方式主要是刑罚,也包括一些非刑罚的处罚方法。

刑法,是规定犯罪及其法律后果(主要是刑罚)的法律规范的总和。在我国,“罪刑法定原则”、“平等适用刑法原则”以及“罪刑相适应原则”,是刑法的基本原则。

【解　　释】

◎犯罪构成与刑罚种类

1)犯罪构成

犯罪,是指具有社会危害性、刑事违法性并应受到刑事处罚的违法行为。犯罪构成,则是指认定犯罪的具体法律标准,是我国刑法规定的某种行为构成犯罪所必须具备的主观要件和客观要件的总和。按照我国犯罪构成的一般理论,我国刑法规定的犯罪都必须具备犯罪客体、犯罪的客观方面、犯罪主体、犯罪的主观方面这四个共同要件。

(1)犯罪客体。

犯罪客体,是指我国刑法所保护的而被犯罪所侵害的社会关系。我国《刑法》第13条和分则的规定,具体指明了刑法所保护的社会关系的种类。例如,《刑法》第137条规定的工程重大安全事故罪,侵害的是公共安全和国家有关工程建设管理的法律制度。

(2)犯罪的客观方面。

犯罪的客观方面,是指刑法所规定的构成犯罪在客观上必须具备的危害社会的行为和由这种行为所引起的危害社会的结果。该要件说明了犯罪客体在什么样的条件下,通过什么样的危害行为而受到什么样的侵害。因此,犯罪客观方面也是犯罪构成不可缺少的要件。

(3)犯罪主体。

犯罪主体是指实施了犯罪行为,依法应当承担刑事责任的人。我国《刑法》对犯罪主体的规定包含了两种人:一种是达到刑事责任年龄,具有刑事责任能力,实施了犯罪行为的自然人;另一种是实施了犯罪行为的企业事业单位、国家机关、社会团体等单位。按照对犯罪主体是否有特定要求,又可分为一般主体和特殊主体。

(4)犯罪的主观方面。

犯罪的主观方面,是指犯罪主体对自己实施的危害社会行为及其结果所持的心理态度。根据我国《刑法》规定,一个人只有在故意或过失地实施某种危害社会的行为时,才负刑事责任。所以,故意或过失作为犯罪的主观方面,也是构成犯罪必不可少的要件之一。

2)刑罚种类

根据我国《刑法》第32条规定,刑罚分为主刑和附加刑。主刑只能单独适用,不能附加适用。一个罪只能适用一个主刑,不能同时适用两个以上主刑。附加刑(从刑),是指补充主刑适用的刑罚方法。附加刑可以附加主刑适用,也可以单独适用。

(1)主刑。

根据《刑法》第33条的规定,主刑的种类如下。

①管制。管制是对罪犯不予关押,但限制其一定自由,由公安机关执行和群众监督改造的刑罚方法。管制具有一定的期限,管制的期限为3个月以上2年以下,数罪并罚时不得超过3年。管制的刑期从判决执行之日起计算,判决前先行羁押的,羁押1日抵折刑期2日。

数罪并罚是指人民法院对一人犯数罪分别定罪量刑,并根据法定原则与方法决定应当执行的刑罚。

②拘役。拘役是短期剥夺犯罪人自由,就近实行劳动的刑法方法。拘役的期限为1个

月以上6个月以下,数罪并罚时不得超过1年。拘役的刑期从判决执行之日起计算,判决执行前先行羁押的,羁押1日抵折刑期1日。

拘役由公安机关在就近的拘役所、看守所或者其他监管场所执行。在执行期间,受刑人每月可以回家一至两天。参加劳动的,可以酌量发给报酬。

③有期徒刑。有期徒刑是剥夺犯罪人一定期限的自由,实行强制劳动改造的刑罚方法。有期徒刑的犯罪人拘押于监狱或其他执行场所。有期徒刑的基本内容是对犯罪人实行劳动改造。《刑法》第46条规定,被判处徒刑的人凡有劳动能力的,都应当参加劳动,接受教育和改造。

有期徒刑的刑期为6个月以上15年以下,数罪并罚时不得超过20年。刑期从判决执行之日起计算,判决执行以前先行羁押的,羁押1日抵折刑期1日。

④无期徒刑。无期徒刑是剥夺犯罪人终身自由,实行强迫劳动改造的刑罚方法。无期徒刑的基本内容也是对犯罪人实施劳动改造。无期徒刑不可能孤立适用,即对于被判处无期徒刑的犯罪分子,应当附加剥夺政治权利终身。而对于被判处管制、拘役、有期徒刑的犯罪分子,不是必须附加剥夺政治权利。

⑤死刑。死刑是剥夺犯罪人生命的刑罚方法,包括立即执行与缓期2年执行两种情况。死刑是刑法体系中最为严厉的刑罚方法。

(2)附加刑。

根据《刑法》第34条的规定,附加刑的种类如下。

①罚金。罚金是人民法院判处犯罪分子向国家交纳一定数额金钱的刑罚方法。《刑法》第52条规定,判处刑罚,应当根据犯罪情节决定罚金数额。

②剥夺政治权利。剥夺政治权利,是指剥夺犯罪人参加管理国家和政治活动的权利的刑罚方法。剥夺政治权利是同时剥夺下列权利。

A. 选举权与被选举权。

B. 言论、出版、集会、结社、游行、示威自由的权利。

③没收财产。没收财产是将犯罪人所有财产的一部分或者全部强制无偿收归国有的刑罚方法。没收财产与没收犯罪物品有本质区别,没收财产是没收犯罪人合法所有并且没有用于犯罪的财产。

《刑法》第59条规定,判处没收财产时,既可以判处没收犯罪人的全部财产,也可以判处没收犯罪人所有的部分财产。没收全部财产的,应当对犯罪分子个人及其抚养的家属保留必要的生活费用。

附加刑可以与主刑合并适用,也可以独立适用。

◎工程建设领域重大责任事故犯罪构成

1)重大责任事故罪

根据《刑法》第134条及《刑法修正案》(六)的规定,重大责任事故罪,是指在生产、作业中违反有关安全管理的规定,或者强令他人违章冒险作业,因而发生重大伤亡事故或者造成其他严重后果的行为。重大责任事故罪的犯罪构成及其特征包括以下几个方面。

(1)犯罪客体。

本罪的客体,是生产安全。

(2)犯罪的客观方面。

本罪的客观方面,表现为在生产、作业中违反有关安全管理的规定,或者强令他人违章冒险作业,因而发生重大伤亡事故或者造成其他严重后果的行为。

(3)犯罪主体。

本罪的主体是一般主体,包括建筑企业的安全生产从业人员、安全生产管理人员以及对安全事故负有责任的包工头、无证从事生产、作业的人员等。

(4)犯罪的主观方面。

本罪的主观方面表现为过失。这种过失不论是表现为疏忽大意,还是表现为过于自信,行为人在主观上的心理状态都是一样的,即在主观上都不希望发生危害社会的严重后果。但行为人对于在生产、作业中违反有关安全管理的规定,或者强令他人违章冒险作业行为本身,则可能是故意的。

(5)刑罚。

《刑法修正案》(六)规定:"在生产、作业中违反有关安全管理的规定,因而发生重大伤亡事故或者造成其他严重后果的,处 3 年以下有期徒刑或者拘役;情节特别恶劣的,处 3 年以上 7 年以下有期徒刑。

强令他人违章冒险作业,因而发生重大伤亡事故或者造成其他严重后果的,处 5 年以下有期徒刑或者拘役;情节特别恶劣的,处 5 年以上有期徒刑。"

2)重大劳动安全事故罪

根据《刑法》第 135 条及《刑法修正案》(六)的规定,重大劳动安全事故罪,主要是指安全生产设施或者安全生产条件不符合国家规定,因而发生重大伤亡事故或者造成其他严重后果的行为。重大劳动安全事故罪的犯罪构成及其特征包括以下几个方面。

(1)犯罪客体。

本罪的客体,是劳动安全。

(2)犯罪的客观方面。

本罪的客观方面,表现为安全生产设施或者安全生产条件不符合国家规定,因而发生重大伤亡事故或者造成其他严重后果的行为。

(3)犯罪主体。

本罪的主体是特殊主体,即直接负责的主管人员和其他直接责任人员。其中,"直接负责的主管人员"包括生产经营单位的负责人、生产经营的指挥人员、实际控制人、投资人。"其他直接责任人员"包括对安全生产设施、安全生产条件负有提供、维护、管理职责的人。

(4)犯罪的主观方面。

本罪的主观方面表现为过失,即在主观上都不希望发生危害社会的严重后果。但行为人对安全生产设施或者安全生产条件不符合国家规定,则可能是故意的,也可能是过失。

(5)刑罚。

《刑法修正案》(六)规定:"安全生产设施或者安全生产条件不符合国家规定,因而发生重大伤亡事故或者造成其他严重后果的,对直接负责的主管人员和其他直接责任人员,处 3 年以下有期徒刑或者拘役;情节特别恶劣的,处 3 年以上 7 年以下有期徒刑。"

3）工程重大安全事故罪

根据《刑法》第 137 条的规定，工程重大安全事故罪，是指建设单位、设计单位、施工单位、工程监理单位违反国家规定，降低工程质量标准，造成重大安全事故的行为。工程重大安全事故罪的犯罪构成及其特征包括以下几个方面。

（1）犯罪客体。

本罪的客体，是公共安全和国家有关工程建设管理的法律制度。

（2）犯罪的客观方面。

本罪的客观方面，表现为违反国家规定，降低工程质量标准，造成重大安全事故的行为。

（3）犯罪主体。

本罪的主体是特殊主体，仅限于建设单位、设计单位、施工单位和工程监理单位。

（4）犯罪的主观方面。

本罪的主观方面表现为过失。但行为人违反国家规定、降低质量标准则可能是故意，也可能是过失。

（5）刑罚。

《刑法》第 137 条规定："建设单位、设计单位、施工单位、工程监理单位违反国家规定，降低工程质量标准，造成重大安全事故的，对直接责任人员，处 5 年以下有期徒刑或者拘役，并处罚金；后果特别严重的，处 5 年以上 10 年以下有期徒刑，并处罚金。"

【相关知识】

◎工程建设领域的其他犯罪构成

1）串通投标罪

根据《刑法》第 223 条规定，串通投标罪，是指投标人相互串通投标报价，损害招标人或者其他投标人利益，情节严重的行为，以及投标人与招标人串通投标，损害国家、集体、公民的合法利益的行为。

（1）犯罪客体。

本罪的客体，是市场交易（特别是建设工程交易市场）的正常秩序和招标人、投标人的合法权益。

（2）犯罪的客观方面。

本罪的客观方面，表现为投标人相互串通投标报价，损害招标人或者其他投标人利益，或者投标人与招标人串通投标，损害国家、集体、公民的合法权益的行为。

（3）犯罪主体。

本罪的犯罪主体，是投标人（两个以上）或者投标人与招标人。

（4）犯罪的主观方面。

本罪的主观方面，表现为故意。

（5）刑罚。

《刑法》第 223 条规定："投标人相互串通投标报价，损害招标人或者其他投标人利益，情节严重的，处 3 年以下有期徒刑或者拘役，并处或者单处罚金。投标人与招标人串通投标，损害国家、集体、公民的合法利益的，依照前款的规定处罚。"

2)贪污罪

根据《刑法》第382条规定,贪污罪,是指国家工作人员利用职务上的便利,侵吞、窃取、骗取或者以其他手段非法占有公共财物的行为。

受国家机关、国有公司、企业、事业单位、人民团体委托管理、经营国有财产的人员,利用职务上的便利,侵吞、窃取、骗取或者以其他手段非法占有国有财物的,以贪污论。

(1)犯罪客体。

本罪的客体,是国家工作人员职务行为的廉洁性和公共财产权。

(2)犯罪的客观方面。

本罪的客观方面,表现为利用职务上的便利,侵吞、窃取、骗取或者以其他手段非法占有公共财物的行为。

(3)犯罪主体。

本罪的犯罪主体是特殊主体,专指国家工作人员以及受国家机关、国有公司、企业、事业单位、人民团体委托管理、经营国有财产的人员。其中,所谓国家工作人员,根据《刑法》第93条的规定包括以下几类人员。

①国家机关中从事公务的人员。

②国有公司、企业、事业单位、人民团体中从事公务的人员。

③国家机关、国有公司、企业、事业单位委派到非国有公司、企业、事业单位、社会团体中从事公务的人员。

④其他依照法律从事公务的人员。

(4)犯罪的主观方面。

本罪的主观方面,表现为故意。

(5)刑罚。

《刑法》第383条规定:“对犯贪污罪的,根据情节轻重,分别依照下列规定处罚:

①个人贪污数额在十万元以上的,处10年以上有期徒刑或者无期徒刑,可以并处没收财产;情节特别严重的,处死刑,并处没收财产。

②个人贪污数额在五万元以上不满十万元的,处5年以上有期徒刑,可以并处没收财产;情节特别严重的,处无期徒刑,并处没收财产。

③个人贪污数额在五千元以上不满五万元的,处1年以上7年以下有期徒刑;情节严重的,处7年以上10年以下有期徒刑。个人贪污数额在五千元以上不满一万元,犯罪后有悔改表现、积极退赃的,可以减轻处罚或者免予刑事处罚,由其所在单位或者上级主管机关给予行政处分。

④个人贪污数额不满五千元,情节较重的,处2年以下有期徒刑或者拘役;情节较轻的,由其所在单位或者上级主管机关酌情给予行政处分。

对多次贪污未经处理的,按照累计贪污数额处罚。”

3)受贿罪

根据《刑法》第385条的规定,受贿罪,是指国家工作人员利用职务上的便利,索取他人财物的,或者非法收受他人财物的。为他人谋取利益的行为。

(1)犯罪客体。

本罪的客体,是国家工作人员职务行为的廉洁性。

(2)犯罪的客观方面。

本罪的客观方面,表现为行为人的以下行为。

①利用职务上的便利,索取他人财物的行为。

②利用职务上的便利,非法收受他人财物的,为他人谋取利益的行为。

③在经济往来中,违反国家规定,收受各种名义的回扣、手续费,归个人所有的。

④利用本人职权或者地位形成的便利条件,通过其他国家工作人员职务上的行为,为请托人谋取不正当利益,索取请托人财物或者收受请托人财物的行为。

(3)犯罪主体。

本罪的犯罪主体是特殊主体,专指国家工作人员。

(4)犯罪的主观方面。

本罪的主观方面,表现为故意。

(5)刑罚。

《刑法》第386条规定:"对犯受贿罪的,根据受贿所得数额及情节,依照本法第383条的规定处罚。索贿的从重处罚。"

4)行贿罪

根据《刑法》第389条规定,行贿罪,是指为谋取不正当利益,给予国家工作人员以财物的行为。

(1)犯罪客体。

本罪的客体,是国家工作人员职务行为的廉洁性。

(2)犯罪的客观方面。

本罪的客观方面,表现为行为人的以下行为。

①为谋取不正当利益,给予国家工作人员以财物的行为。

②在经济往来中,违反国家规定,给予国家工作人员以财物,数额较大的。

③在经济往来中,违反国家规定,给予国家工作人员以各种名义的回扣、手续费的。行为人因被勒索给予国家工作人员以财物,没有获得不正当利益的,不是行贿。

(3)犯罪主体。

本罪的犯罪主体是一般主体,即达到刑事责任年龄并具有刑事责任能力的自然人。

(4)犯罪的主观方面。

本罪的主观方面,表现为故意。

(5)刑罚。

《刑法》第390条规定:"对犯行贿罪的,处5年以下有期徒刑或者拘役;因行贿谋取不正当利益,情节严重的,或者使国家利益遭受重大损失的,处5年以上10年以下有期徒刑;情节特别严重的,处10年以上有期徒刑或者无期徒刑,可以并处没收财产。行贿人在被追诉前主动交代行贿行为的,可以减轻处罚或者免除处罚。"

参 考 文 献

[1] 王春芳,李麦详.法律基础[M].北京:高等教育出版社,2005.
[2]国务院法制局,建设部.《中华人民共和国建筑法》释义[M].北京:中国建筑工业出版社,1999.
[3]全国人大常委会法制工作委员会.《中华人民共和国合同法》释义[M].北京:法律出版社,1999.
[4]张培新.建筑工程法规[M].北京:中国电力出版社,2004.
[5]武家国,徐国忠.中国建设法概论[M].上海:同济大学出版社,2005.
[6]何佰洲.工程建设法规与案例[M].北京:中国建筑工业出版社,2003.